Poesía española

CLÁSICOS HISPÁNICOS

Poesía española

Edición de

Francisco Antón

José Ramón López

Agustín Sánchez Aguilar

Con la colaboración de

Jordi Ardanuy

Juan Ramón Torregrosa

Ilustración

Jesús Gabán

Vicens Vives

Primera edición, 2010
Segunda edición 2010
Reimpresiones, 2010, 2011, 2012
Cuarta reimpresión, 2013

Depósito Legal: B. 25.254-2011
ISBN: 978-84-316-9758-7
Núm. de Orden V.V.: FX67

IMPRESO EN ESPAÑA. PRINTED IN SPAIN.

ÍNDICE

INTRODUCCIÓN

POESÍA ESPAÑOLA

ESTUDIO DE LA OBRA

INTRODUCCIÓN

EDAD MEDIA

Durante la Edad Media, la poesía elaborada por poetas cultos, que se creaba y difundía por escrito, convivió con una poesía nacida entre el pueblo que se divulgaba por medio del canto. La poesía oral debió de proliferar mucho más que la culta, pues la gente cantaba en todo tipo de situaciones: durante el trabajo, en las fiestas, mientras peregrinaba a un lugar santo... El tema dominante en la **lírica popular** era el amor, y buena parte de las canciones hablaba de muchachas que vivían atormentadas por el desdén o la ausencia de su amado. A pesar de su extremada sencillez, la lírica tradicional poseía una sobrecogedora intensidad dramática, gracias a la fuerza de sus símbolos y al valor universal de los sentimientos expresados. Por desgracia, la mayor parte de las canciones populares de la Edad Media se ha perdido, pues rara vez fueron puestas por escrito. La lírica tradicional sólo empezó a compilarse en el siglo XV, cuando algunos poetas cultos reconocieron por vez primera su profundo valor estético.

Precisamente a la lírica popular pertenecen los versos más antiguos que conservamos en la tradición poética española: las **jarchas**. Datan de comienzos del siglo XI, época en que buena parte de la Península Ibérica se hallaba bajo dominación árabe. Los cristianos que vivían en territorio musulmán hablaban entonces el mozárabe, una lengua románica contaminada de árabe muy próxima al castellano. Las canciones mozárabes que se cantaban en la calle fascinaron a algunos poetas cultos que escribían en árabe o hebreo y que cultivaban un tipo de poema muy refinado: la moaxaja. La moaxaja concluía con una jarcha, es decir, unos pocos versos en mozárabe sacados de una canción popular. Por lo general, la jarcha exponía el lamento de una joven enamorada que le confiaba a su madre, hermanas o amigas sus penas de amor, aunque también podía invocar directamente al amado, como pasa en los siguientes versos:

Como si filyol' alyenu,
non mas adormis a meu senu.

'Como si fueras un extraño, ya no dormirás más en mi pecho', le advierte la joven al amado en su lengua mozárabe.

También la poesía narrativa nació para ser escuchada. A ella pertenecen los **cantares de gesta**, largos poemas épicos que relataban hazañas de héroes admirables, casi siempre guerreros. Los más antiguos debieron de surgir en el siglo X. Eran cantados en público por los juglares, artistas ambulantes que actuaban lo mismo en las plazas de las ciudades que en los salones de los nobles. Aunque la mayoría de los cantares de gesta en castellano se ha perdido, conservamos una muestra excepcional del género: el *Cantar de mio Cid*, poema anónimo compuesto hacia el año 1200. El *Cantar de mio Cid* destaca sobre todo por su apurado realismo, debido en buena medida a que su protagonista es un personaje histórico: Rodrigo Díaz de Vivar, conocido como «el Cid», un guerrero del siglo XI que maravilló a sus contemporáneos con sus hazañas.

El **romance**, el otro género dominante en la poesía narrativa, es una composición en octosílabos, generalmente breve. Se cree que los romances más antiguos eran simples fragmentos desgajados de los largos cantares de gesta, que referían episodios épicos protagonizados por héroes como el Cid. Con el tiempo, empezaron a surgir romances de todo tipo que imitaban la forma de aquellos fragmentos. Se compusieron romances líricos, noticieros, novelescos y bíblicos, pues cualquier asunto parecía susceptible de convertirse en romance y ser cantado por el pueblo. Como sucede con toda la poesía de tipo

Tanto los cantares de gesta como buena parte de los romances medievales están protagonizados por grandes héroes, cuyas hazañas se relatan en tono idealizado. El personaje más memorable de la poesía épica castellana es sin lugar a dudas el Cid Campeador, figura histórica a la que se atribuyeron múltiples episodios legendarios, como la jura de Santa Gadea, recreada aquí por el pintor Marcos Hiráldez Acosta.

tradicional, los romances circularon de forma oral durante siglos antes de pasar al ámbito de la escritura.

Por lo que se refiere a la lírica culta, se desarrolló sobre todo a partir del siglo XIII. En esas fechas, muchos poetas de lengua castellana escribían en gallego, lengua cuya lírica culta tenía mucho más prestigio y asentamiento que la castellana. Los poetas galaico-portugueses tomaron a menudo como modelo las cancioncillas populares, pero también se inspiraron en ocasiones en las obras de los trovadores provenzales, poetas cortesanos del sur de Francia a los que se debe la creación de un prestigioso modelo literario: el **amor cortés**. El amor cortés aplicaba a las relaciones amorosas el esquema de poder propio del sistema feudal, de tal modo que el amante se consideraba vasallo de su amada y le rendía homenaje de fidelidad. La lírica galaico-portuguesa abordó también el tema religioso, como demuestran las *Cantigas de Santa María*, amplio repertorio de poemas dedicados a loar a la Virgen y a narrar sus milagros, que fue compuesto o al menos promovido por el rey Alfonso X el Sabio.

Buena parte de la poesía culta medieval salió de los monasterios. Los clérigos, los únicos que poseían formación universitaria en aquel tiempo, habían despreciado inicialmente el castellano como medio de expresión artística y cultural en favor del latín. Durante mucho tiempo, pues, los principales divulgadores de la poesía fueron los juglares. Tal situación empezó a inquietar a los clérigos, quienes acusaban a los juglares de tratar temas banales, olvidarse de la religión y cuidar poco los aspectos formales de sus obras. Por oposición al mester de juglaría, es decir, a la actividad poética de los juglares, nació en el siglo XIII el **mester de clerecía**, al que se entregaron determinados clérigos con la finalidad de crear poemas en castellano que fuesen instructivos para el público. Los rasgos del mester de clerecía quedaron bien resumidos en la siguiente estrofa del *Libro de Alexandre*, extenso poema anónimo escrito hacia 1225:

> Mester traigo fermoso, non es de juglaría;
> mester es sin pecado, ca es de clerecía:
> fablar curso rimado por la cuaderna vía,
> a sílabas cuntadas, ca es gran maestría.

El poeta del *Libro de Alexandre* opone orgullosamente su oficio, el *mester de clerecía*, al de los juglares, el *mester de juglaría*. Al contrario que el juglar, el clérigo escribe una poesía *hermosa* y *sin pecado*, y se expresa en *curso rimado* y *a sílabas cuntadas*, es decir, con versos que riman y cuyo número de sílabas ha sido contado minuciosamente, para evitar que unos sean más largos que otros, como sucede en los poemas juglarescos. En concreto, el autor del *Libro de Alexandre* utiliza la *cuaderna vía*, estrofa de cuatro versos alejandrinos con una única rima consonante que será el vehículo casi exclusivo del mester de clerecía.

Como hemos dicho, los poetas del mester de clerecía albergan intenciones didácticas. En esencia, quieren recordarles a sus oyentes que sólo el buen cristiano logra salvar el alma. Como aspira a formar al pueblo, el clérigo trata temas eruditos, a menudo sacados de fuentes clásicas. Así, el *Libro de Alexandre* se ocupa de la vida y proezas del rey Alejandro Magno, si bien compila con espíritu enciclopédico una gran cantidad de información sobre temas tan variados como la guerra de Troya, las virtudes del buen príncipe o las propiedades mágicas de las piedras. El propósito piadoso es particularmente claro en las obras del clérigo riojano **Gonzalo de Berceo**, el poeta más representativo del mester de clerecía. En su obra maestra, los *Milagros de Nuestra Señora*, Berceo cuenta una serie de prodigios obrados por la Virgen, y lo hace con el propósito de promover el culto a santa María. Deseoso de obtener la complicidad de quien lo escucha, Berceo recurre a un estilo claro y sencillo y usa refranes y expresiones populares, e imita incluso los procedimientos del juglar, de ahí que en alguna ocasión se le haya calificado de «juglar a lo divino».

Uno de los frutos más tardíos del mester de clerecía, y sin duda el más original, es el *Libro de buen amor*. Fue escrito a mediados del siglo XIV por Juan Ruiz, **arcipreste de Hita**, y es una obra de más de siete mil versos dominada por la cuaderna vía, si bien integra otras formas estróficas. El poeta cuenta una serie de aventuras amorosas que se atribuye a sí mismo, entre las que intercala fábulas morales, relatos alegóricos, cantos a la Virgen, digresiones satíricas, canciones profanas... Lejos de ofrecernos un claro mensaje de propaganda religiosa, el *Libro de buen amor* es inquietantemente ambiguo. El Arcipreste declara que su obra pretende denunciar los perniciosos efectos del amor sensual y promover el buen amor de Dios, pero admite que puede servir también como un manual de artes de seducción para quienes quieran seguir la senda del «loco amor». Los versos del Arcipreste, en todo caso, reflejan una actitud hedonista y burlesca, cuestionan los grandes valores del sistema feudal y ofrecen una visión irónica del mundo que el poeta no duda en aplicarse a sí mismo y a su propio estamento social, ya que ofrece un cruel retrato del clero de la época. El *Libro de buen amor* es, en definitiva, el fruto literario de un mundo abismado en una profunda crisis económica y social, con una Iglesia que ha perdido su condición de referente moral al albergar a muchos clérigos corruptos. Con ironía y actitud desengañada, el Arcipreste parece sugerirnos que entregarse al amor y al placer son el mejor programa vital en un mundo que, como recuerda hacia el final de su libro, está presidido por la muerte.

En el siglo XV, la poesía española comenzó a asimilar el ideario humanista procedente de Italia. En esencia, los humanistas se dedicaron a la recuperación de los textos clásicos grecolatinos, convencidos como estaban de que el estudio de tales obras contribuía a la liberación intelectual del hombre. Ese fenómeno coincidió con el desarrollo de las cortes, lo que propició en España el cultivo de una **poesía cortesana** que se declaraba heredera del arte de los trovadores provenzales. Los tópicos del amor cortés se actualizaron en composiciones que jugaban con la complejidad retórica del lenguaje, invadidas no pocas veces por referencias mitológicas, erudiciones gratuitas y oscuras expresiones latinizantes. Era una poesía técnicamente muy habilidosa, pero convencional y poco sincera. Sólo algunos poetas, como Juan del Encina o el portugués Gil Vicente, escaparon de la artificiosidad dominante al recrear en sus poemas los usos propios de la lírica popular.

Los tres poetas más representativos del siglo XV son Juan de Mena, el Marqués de Santillana y Jorge Manrique. **Juan de Mena**, un intelectual apasionado por el estudio del latín, se propuso dotar al español de un lenguaje poético elevado y culto que se distinguiera claramente de la lengua vulgar, para lo cual imitó los grandes modelos de la poesía clásica latina. Su obra mayor, el *Laberinto de Fortuna*, es un largo poema de tipo alegórico, lleno de alusiones históricas y mitológicas, escrito en un lenguaje hiperculto de sintaxis compleja. La alegoría también es frecuente en las obras de Íñigo López de Mendoza,

A la izquierda, miniatura de un manuscrito de las «Cantigas de Santa María», cancionero religioso del siglo XIII *destinado a la alabanza de la Virgen y creado en parte por el rey Alfonso X. A la derecha, retrato de Jorge Manrique, poeta del siglo* XV *que debe su fama a las conmovedoras «Coplas a la muerte de su padre».*

el **marqués de Santillana**, un humanista versado en varias lenguas que sentía enorme curiosidad por el legado cultural grecolatino. Su obra poética es tan extensa como variada, pues lo mismo ofrece versos trovadorescos inspirados en la lírica popular que ambiciosos poemas didácticos. Santillana, que estaba muy al corriente de la poesía que se escribía en la Europa de su época, compuso cuarenta y dos *Sonetos fechos al itálico modo*, con lo que se convirtió en pionero de la tarea de trasplantar al castellano la métrica italiana. No obstante, le faltó la habilidad necesaria para captar adecuadamente los ritmos italianos y la emotiva belleza de los sonetos de Petrarca, que eran su principal modelo, así que habría que esperar al siglo XVI para que la aclimatación de la poesía italiana se llevara a cabo de manera satisfactoria.

De los tres poetas del siglo XV que hemos citado, el más valorado y leído hoy en día es **Jorge Manrique**, que era sobrino del marqués de Santillana. Manrique, que simultaneó la milicia con las letras, escribió numerosas composiciones amorosas y satíricas, si bien debe su fama a las *Coplas a la muerte de su padre*. Las *Coplas* fueron concebidas como un *planto*, un tipo de composición muy típico de la Edad Media que servía para lamentar la muerte de un ser querido. Sin embargo, Manrique supo convertir su poema en algo más que una simple expresión de dolor, pues sus *Coplas* constituyen una honda reflexión sobre la vida y la muerte, que incide en la idea de que sólo el hombre virtuoso que deja buen recuerdo en los demás sobrevive de veras a la muerte. En el plano expresivo, el mayor hallazgo de Manrique consistió en eludir todo artificio cultista y valerse de un lenguaje muy sobrio, cercano al habla coloquial, con lo que demostró que era posible escribir sobre los temas más trascendentes en una lengua directa y llana.

RENACIMIENTO Y BARROCO

En el año 1526, el poeta barcelonés Juan Boscán se entrevistó en Granada con el embajador veneciano Andrea Navagiero, quien lo invitó a imitar en castellano los metros, estrofas y motivos propios de la poesía italiana culta. Boscán siguió el consejo, con lo que alentó un decisivo cambio de rumbo en la poesía española. Con todo, fue su íntimo amigo **Garcilaso de la Vega** quien, con su enorme talento, le dio el impulso definitivo a la revolución italianizante. Garcilaso, poeta a la vez que soldado, hombre culto y cosmopolita atraído por el humanismo, fue autor de una obra poética breve pero magistral con la que alcanzó la categoría de clásico muy poco después de su temprana muerte. Con Garcilaso de la Vega, el endecasílabo desplazó al octosílabo como verso preferido de la poesía española, y empezaron a cultivarse estrofas como el soneto, la lira, la octava y el terceto encadenado, y subgéneros como la epístola y la elegía. Garcilaso renovó la poesía castellana con su visión vitalista del amor, ajena a la moral cristiana, y su sutil exploración de la amplia variedad de sentimientos que desencadena la experiencia amorosa. Supo, además, encontrar un tono austero, grave, dulce y melancólico que sonaba profundamente sincero y expresarse, tal y como aconsejaban los humanistas, en un lenguaje claro y armónico que evitaba por igual la expresión afectada llena de cultismos y la vulgaridad de la lengua hablada. Otra de las novedades del arte poético de Garcilaso fue la atención al paisaje natural, casi olvidado en la poesía de la Edad Media, y que Garcilaso retrata con trazos idealizados, al tiempo que lo convierte en proyección de su estado de ánimo. Siguiendo el ejemplo de Garcilaso, además, los poetas del siglo XVI comenzaron a imitar a los grandes clásicos grecolatinos (Horacio, Virgilio y Ovidio, principalmente) y a abordar los temas mitológicos y bucólicos, tan típicos del Renacimiento.

Cuando comenzó la revolución italianizante, dominaba en España la poesía de verso corto, condensada y conceptuosa, característica de los cancioneros. Algunos siguieron practicándola después de Garcilaso, si bien los mejores poetas del siglo XVI se sumaron a la novedad que venía de Italia. Así sucedió primero con Hernando de Acuña y Gutierre de Cetina, y más tarde con Francisco de Aldana y Fernando de Herrera. Uno de los poetas más destacados del siglo fue fray Luis de León, quien le dio una nueva dirección al modelo garcilasiano al usarlo para abordar temas morales y religiosos. En sus magníficas odas, fray Luis expone un ideal de vida dependiente de los ideales estoicos, defiende la armonía y el justo medio y cristianiza el neoplatonismo. Otro gran lírico, **san Juan de la Cruz**, utilizó los motivos y usos de la poesía italianizante para cantar el amor a Dios y describir sus vivencias místicas, esto es, aquellos momentos en que su alma lograba una comunión absoluta con Dios. En sus tres poemas mayores («Noche oscura del alma», «Cántico espiritual» y «Llama de amor viva»), san Juan nos habla de la experiencia religiosa en términos amorosos y no filosóficos, con lo que forja un auténtico erotismo a lo divino. El «Cántico espiritual», por ejemplo, es una alego-

Los poetas renacentistas se dedicaron a menudo a recrear mitos grecolatinos. Les resultó particularmente atractiva la historia de Dafne, la ninfa que se metamorfoseó en laurel cuando huía del dios Apolo. La escena, pintada aquí por Antonio del Pollaiolo, inspiró un famoso soneto de Garcilaso que empieza diciendo: «A Dafne ya los brazos le crecían / y en luengos ramos vueltos se mostraban».

ría en que la Esposa simboliza al Alma y el Amado encarna a Cristo, pero el amor entre las dos instancias no se refiere por medio de abstracciones sino de la descripción de una relación física en que los dos amantes comparten lecho.

En el siglo XVII, triunfó en España el **Barroco**, un movimiento cultural muy influido por dos circunstancias históricas: la extrema vigilancia que, tras el Concilio de Trento, ejerció la Inquisición sobre toda actividad intelectual, y el proceso de decadencia política y militar que vivía el país. La literatura barroca refleja la idea de que nuestro mundo "se compone de contrarios y se concierta de desconciertos", tal y como afirma Gracián, lo que provoca en el individuo sentimientos de incertidumbre y recelo. Los poetas del Barroco no se proponen retratar la realidad, sino que la embellecen exageradamente o la degradan por medio de la sátira y la burla. Al contrario que los renacentistas, que pretendían un verso armónico que rehuyese la afectación, recurren a un estilo muy ornamentado, a veces suntuoso y oscuro, lleno de antítesis, paradojas y oxímoros, recursos que les ayudan a transmitir la idea de que vivimos en un mundo de valores y sentimientos cambiantes. El poeta barroco insiste en que nada perdura y nada es fiable. La misma vida se identifica con un sueño engañoso en el que todo es mudanza: tal y como afirma Quevedo, "solamente lo fugitivo permanece y dura". Angustia, pesimismo y conciencia de la insignificancia del ser humano y del carácter efímero de la vida terrenal son, en fin, las características más representativas de la poesía barroca.

Tradicionalmente, se han distinguido dos grandes tendencias estilísticas en la lírica del Barroco: **culteranismo** y conceptismo. El máximo exponente del culteranismo es el cordobés **Luis de Góngora**, cuyos primeros poemas fueron muy apreciados por la práctica totalidad de sus contemporáneos: se trataba de romances, letrillas, villancicos y sonetos escritos con maestría y muy ajustados a las convenciones de la poesía de su época. En cambio, en 1613, Góngora sorprendió a propios y extraños al dar a conocer la primera parte de un poema titulado *Soledades*, que era una obra radicalmente innovadora. Con ella, así como con su *Fábula de Polifemo y Galatea*, Góngora se propuso elevar la lengua castellana a "la perfección y alteza de la latina". Con ese objetivo, echó mano de un lenguaje latinizado y suntuoso, lleno de cultismos, neologismos, hipérbatos, referencias mitológicas y sorprendentes metáforas. Góngora había decidido, en fin, cultivar una poesía preciosista, elitista y hermética que daba más importancia a la forma que al contenido y acumulaba dificultades hasta volver el verso casi ininteligible. Su apuesta fue muy criticada, y recibió el apelativo de *culterana* en sentido despectivo, si bien encontró también algunos entregados imitadores.

Opuesto al culteranismo, el **conceptismo** concedía mayor atención a la expresión de las ideas que a la forma. En general, los versos conceptistas resultan mucho más accesibles para el lector que los culteranos, lo que no significa que sean menos complejos. El poeta conceptista aspira a decir muchas cosas con el menor número posible de palabras, de ahí que a menudo emplee un término con dos o tres significados distintos al mismo tiempo, y que recurra a ingeniosas antítesis y llamativas paradojas para potenciar el sentido de lo que dice. El mejor representante del conceptismo fue el madrileño **Francisco de Quevedo**, auténtico maestro del lenguaje que escribió una obra tan extensa como variada. Su poesía comprende versos amorosos, satíricos, morales y metafísicos, y su voz es tan convincente e impactante cuando acusa a los políticos de haber causado la decadencia de España con sus prácticas corruptas como cuando expresa la dimensión trágica de la existencia humana desde presupuestos estoicos, o cuando medita sobre el paso del tiempo, o se burla de un enemigo que tiene la nariz demasiado grande o se refiere a los gozos y decepciones que acompañan al amor...

Alejado por igual del conceptismo y el culteranismo permaneció **Lope de Vega**, quien llevó al límite la identificación

Dos inolvidables poetas del Barroco. A la izquierda, Luis de Góngora, que revolucionó la lírica de su época con sus insólitos cultismos y su enrevesada sintaxis; a la derecha, Lope de Vega, probablemente el autor más prolífico de la poesía española.

entre vida y obra al convertir sus poemas en expresión directa de sus crisis espirituales, ideas literarias y vivencias amorosas. Para él, vivir y escribir eran lo mismo: «amar y hacer versos todo es uno». En lo estilístico, Lope se decantó por un lenguaje cuidado pero claro, pues consideraba que la poesía debía «costar grande trabajo al que la escribiese y poco al que la leyese». La comunicación con el lector era para él una necesidad imperiosa, así que desdeñó los retorcimientos sintácticos y la oscuridad léxica propios de la poesía culterana. Eso no quiere decir que Lope fuese un poeta de escasa formación. Al contrario: sus versos revelan un conocimiento profundo del legado clásico y de la tradición lírica culta. No obstante, buena parte de su poesía tiene un aire popular, algo que pasa también con Góngora y con otros poetas cultos del Barroco. En efecto, Lope imitó formas de la poesía tradicional como el romance y la canción, con lo que contribuyó de modo decisivo a un fenómeno típico del Barroco: la confluencia y el diálogo continuo entre la lírica popular y la culta.

Algunos poetas barrocos, finalmente, cultivaron una poesía clara en el lenguaje y ambiciosa en lo moral siguiendo el modelo fijado en el Renacimiento por fray Luis de León. Magnífico ejemplo de esa tendencia es la «Epístola moral a Fabio», en la que el sevillano **Andrés Fernández de Andrada** propone el ejercicio de la amistad, la lectura y la vida retirada como la mejor alternativa a las tensiones y frustraciones que acompañan a la vida en la corte. El afán moralizante es también muy evidente en determinadas obras de la hispano-mexicana sor **Juana Inés de la Cruz**, quien dedicó algunos de sus versos más conocidos, de vistoso estilo barroco, a denunciar la marginación en que vivían las mujeres de su época y a reclamar una igualdad de trato para los miembros de los dos sexos.

ILUSTRACIÓN Y ROMANTICISMO

Mientras que en muchas culturas europeas se sentaron las bases del racionalismo durante el siglo XVII, con la obra de filósofos como Descartes, Leibniz y Spinoza, tal movimiento apenas dejó rastro en la España de la época, dominada como estaba por el espíritu de la Contrarreforma, que trajo consigo el aislamiento intelectual e ideológico del país. En general, la Ilustración, con su defensa de la razón frente a la fe, tuvo menos vigor en España que en otras naciones. El principal propósito de los ilustrados era modernizar las estructuras sociales de nuestro país. En el plano literario, privilegiaron géneros como el ensayo en detrimento de la poesía, que consideraban de menor utilidad para la realización de sus ideales de reforma social y progreso moral y científico.

Hasta mediado el siglo XVIII, los dos principales modelos de los poetas españoles fueron Góngora y Quevedo. El patrón barroco, sin embargo, sería desechado con el triunfo del neoclasicismo, cuyos partidarios abogaban por una poesía escrita en un lenguaje preciso, claro y racional, ajena, pues, a la desmesura estilística propia del Barroco. Con el **neoclasicismo** se recuperaron los temas pastoriles, y autores como José de Cadalso y Juan Meléndez Valdés cultivaron con maestría la anacreóntica, un tipo de poema de inspiración clásica que elogiaba en tono ligero los placeres elementales de la vida. No obstante, la poesía más característica de la Ilustración es la que tiene orientación didáctica, aborda temas filosóficos o denuncia vicios sociales. El poeta ilustrado no duda en ocuparse de asuntos que tradicionalmente se consideraban impropios de la poesía, como la urbanidad, los avances tecnológicos o las ideas políticas. En general, el poema ilustrado tiende a lo discursivo y está escrito en metro largo, lo que facilita la exposición racional de los argumentos. En él, las ideas importan más que la musicalidad o la rima. La epístola, la oda filosófica y la fábula moral protagonizada por animales fueron algunos de los subgéneros más practicados por los autores típicamente ilustrados, como Gaspar Melchor de Jovellanos, Félix María Samaniego o Tomás de Iriarte.

En los versos de algunos poetas neoclásicos tardíos, como Nicasio Álvarez Cienfuegos o Manuel José Quintana, asomaron rasgos que anticipaban el sentir romántico, como las alusiones a la soledad y la melancolía, a lo lúgubre y lo fúnebre, o las reflexiones sobre el misterio que envuelve la vida humana. Estos poetas prerrománticos reivindicaron la necesidad de expresar las emociones en vez de eludirlas, y de hacerlo con sinceridad e incluso con efusión, sin atender a las restricciones que imponían la mesura y el buen gusto. De ese modo, derribaron la convicción neoclásica de que la razón puede explicarlo todo y abrieron las puertas a la irrupción del romanticismo.

El **romanticismo** arraigó en España en la década de 1830, es decir, mucho más tarde que en otras naciones europeas. Al contrario que los países de nuestro entorno, España se mantuvo aferrada a la monarquía absolutista durante prácticamente

BIBLIOTECA ILUSTRADA DE GASPAR Y ROIG.

EL DIABLO MUNDO.

POEMA

DE DON JOSÉ DE ESPRONCEDA.

DEDÍCOLE A SU AMIGO

DON ANTONIO ROS DE OLANO.

ESPRONCEDA

A la izquierda, edición de «El diablo mundo» (1841), ambicioso poema filosófico que el romántico José de Espronceda dejó inacabado por culpa de su temprana muerte. A la derecha, retrato de Ramón de Campoamor (1817-1901), quien decidió escribir su poesía en un lenguaje prosaico muy cercano al habla cotidiana.

todo el siglo XIX, lo que impidió el desarrollo de una revolución burguesa y liberal, proceso político que favoreció el auge del romanticismo en otros países. El poeta romántico más destacado de España fue **José de Espronceda**, cuya actividad literaria se desarrolló aproximadamente entre 1830 y 1842. Espronceda, que fue revolucionario en sus ideas políticas y sus costumbres, apasionado en su vida amorosa e innovador en su práctica literaria, encarnó a la perfección las principales características del romanticismo: rebeldía frente al orden establecido, idealismo, subjetivismo, afán de originalidad, reivindicación fervorosa de la libertad política, artística y sentimental del individuo, desdén por quienes conciben y evalúan el arte desde una perspectiva puramente económica... En obras como *El estudiante de Salamanca* (1839) y *El diablo mundo* (1840), rompió con las convenciones de la poesía precedente al experimentar con la polimetría y combinar lo lírico con lo narrativo. En esencia, su poesía muestra cómo los ideales de amor, libertad y justicia social fracasan al topar con la realidad, siempre mezquina, alienante e indiferente al dolor humano. Consciente de ese fracaso, el poeta se evade volando con la imaginación hacia mundos idealizados (el fastuoso Oriente, la misteriosa y heroica Edad Media...), entregándose al sexo o consagrándose a prácticas de placer autodestructivas, lo que lo convierte en un ser marginal, semejante a los verdugos, piratas, prostitutas y mendigos que tantas veces aparecen en los versos de Espronceda. Lo peor de la poesía del autor es el tono retórico y declamatorio que adopta en algunos versos, característica que, por desgracia, se volvería habitual en otros poetas de menor calidad, como José Zorrilla, representante de un romanticismo tan colorista y conservador como superficial.

Contra la lírica impostada y verbosa de los peores poetas románticos reaccionaron algunos escritores de la segunda mitad del siglo XIX. El más importante fue el asturiano **Ramón de Campoamor**, autor de una obra contenida de toques realistas, dominada casi siempre por la ironía y el escepticismo, que contrarrestaba la efusión y la subjetividad exacerbada de la poesía inmediatamente anterior. Desde mediados de siglo, por influjo de la lírica romántica alemana, y de Heinrich Heine en particular, algunos autores, exponentes de un romanticismo tardío, empezaron a cultivar un tipo de poema breve y sencillo, cercano a la canción popular, que dejaba de lado lo narrativo y apostaba por la expresión puramente impresionista de los sentimientos íntimos. Un buen ejemplo es el siguiente fragmento de una composición del gaditano Ángel María Dacarrete, escrita hacia el año 1850:

La noche está sombría;
la calle está desierta;
al estrechar la mía,
tu mano siento yerta
llamándome hacia ti.

¡Adiós! En tu ventana
su voz el alba vierte:
cuando, al nacer mañana,
su rayo te despierte,
¡acuérdate de mí!

En ese modelo de poesía, sentimental pero contenida, destacarán los dos fundadores de la lírica moderna española, que son **Rosalía de Castro** y Gustavo Adolfo Bécquer. Rosalía buscó un lenguaje poético depurado que permitiese la expresión adecuada de sus emociones, objetivo conquistado en el libro *En las orillas del Sar* (1884), donde los símbolos relacionados con la naturaleza sirven para expresar los sentimientos del yo poético. **Gustavo Adolfo Bécquer**, por su parte, logró acuñar en sus influyentes *Rimas* (1871) un verso desnudo de impecable sencillez capaz de transmitir con eficacia las más ínti-

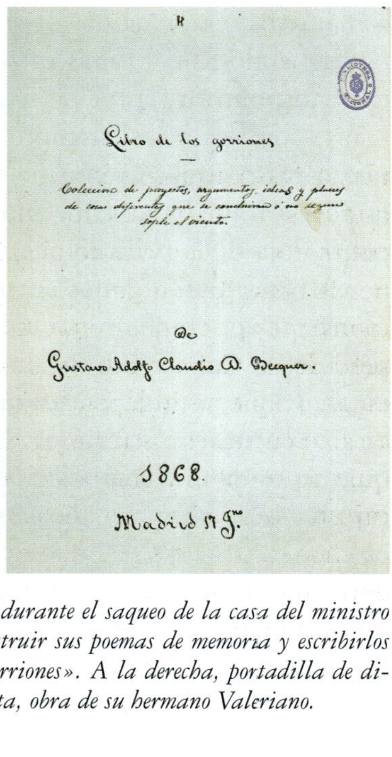

El manuscrito de las «Rimas» se extravió durante el saqueo de la casa del ministro González Bravo, y Bécquer hubo de reconstruir sus poemas de memoria y escribirlos en un cuaderno que tituló «Libro de los gorriones». A la derecha, portadilla de dicho cuaderno, y a la izquierda, óleo del poeta, obra de su hermano Valeriano.

mas emociones. Contradiciendo el tópico de la espontaneidad romántica, Bécquer afirma que el poeta debe dejar madurar sus impresiones y experiencias antes de ponerse a escribir: "Cuando siento, no escribo", dice. Su poesía se ocupa sobre todo del tema amoroso, pero aporta asimismo reflexiones sobre los especiales estados de percepción generados durante el tránsito entre el sueño y el despertar, así como una seria reflexión sobre la misma poesía, y en particular sobre la incapacidad del "mezquino idioma" para expresar las experiencias genuinamente poéticas. Tales ideas, así como su misma práctica literaria, acercaron a Bécquer al simbolismo, un innovador movimiento estético que triunfó en Europa a finales del siglo XIX. Bécquer supone, en cualquier caso, el ingreso de la lírica española en la modernidad, de ahí que fuera un poeta muy influyente en autores tan importantes como Rubén Darío, Antonio Machado, Juan Ramón Jiménez o Rafael Alberti.

MODERNISMO Y GENERACIÓN DEL 27

Hacia 1880 arraigó en gran parte de Europa la convicción de que el ser humano estaba viviendo una época de decadencia cultural y crisis de valores. En España, tal situación se agravaba por la degradación de la vida política durante la Restauración monárquica, y por hechos históricos tan relevantes como la pérdida de Cuba y Filipinas, las últimas colonias del imperio español, que se independizaron en 1898. España era un país arcaico en sus estructuras políticas, controlado por una oligarquía de grandes potentados que perpetuaba un sistema social injusto. Los intelectuales más jóvenes advirtieron la necesidad de modernizar el país, y de ese objetivo nació en parte el modernismo, movimiento cultural que despreciaba el pragmatismo y el mercantilismo propios de la burguesía, así como el realismo literario patrocinado por dicha clase social. En su deseo de combatir a la burguesía, buena parte de los modernistas

El orientalismo, tan de moda entre los románticos y, más adelante, entre los modernistas, es consecuencia del ansia de escapismo de un entorno poco propicio a la fantasía del artista («Odalisca», de Mariano Fortuny, Museu d'Art Modern).

adoptaron costumbres escandalosas: vestían con extravagancia, llevaban melena, eran bohemios, consumían drogas, alternaban con prostitutas... En lo literario, muchos eludieron la realidad encerrándose en una metafórica «torre de marfil»: en lugar de retratar la vida al modo de los realistas, recrearon mundos exóticos o fantásticos: Oriente, la Edad Media, una antigüedad pagana plagada de ninfas, centauros y sátiros...

El poeta modernista más influyente de la lengua castellana fue el nicaragüense Rubén Darío, que renovó la lírica de su época con obras como *Azul...* (1888), *Prosas profanas* (1896) o *Cantos de vida y esperanza* (1905). En ellas, empleó un estilo colorido y brillante y ritmos y metros profundamente novedosos con el objeto de explotar todo el potencial musical y plástico del lenguaje. En lo temático, Rubén alternó el retrato de mundos exóticos llenos de cisnes y princesas con el verso inti-

Antonio Machado y Juan Ramón Jiménez son sin duda los poetas que más influencia han ejercido sobre la lírica moderna. A la izquierda, el poeta sevillano en una famosa foto de Alfonso, y a la derecha, el moguereño en un óleo de Joaquín Sorolla.

mista y reflexivo, reflejo de su honda angustia existencial. Su ejemplo caló hondo en España, si bien los principales poetas modernistas del país, Juan Ramón Jiménez y Antonio Machado, se alejaron de los aspectos más fastuosos e imaginativos de la lírica de Darío e imitaron sobre todo su faceta íntima, pesimista y existencial. En sus versos modernistas, Juan Ramón y Machado adoptan una actitud contemplativa y se dedican a ahondar en sus emociones. Es algo que se percibe particularmente bien en un libro de Machado: *Soledades* (1903), cuya versión ampliada y depurada se tituló *Soledades. Galerías. Otros poemas* (1907). En dicha obra, Machado camina por las "galerías" de su alma, y convierte la poesía en un "íntimo monólogo" sobre los "universales del sentimiento" (el tiempo, el amor, la muerte, el impulso religioso). Tanto Machado como Juan Ramón reflejan una intimidad en crisis, nostálgica, melancólica y crepuscular, incluso angustiada, que proyectan en el paisaje. Otros poetas modernistas destacados fueron Miguel de Unamuno, que expresó en sus versos su religiosidad agónica, Valle-Inclán, poeta de musa funambulesca y expresionista, y Manuel Machado, autor de una obra marcada por un decadentismo cosmopolita y españolista de ambientación urbana y requiebro irónico.

A la altura de 1914, el modernismo había entrado en crisis, pero sus más destacados representantes supieron evolucionar hacia nuevas líneas poéticas. Antonio Machado dio un paso adelante con *Campos de Castilla* (1912), donde siguió usando el paisaje para expresar las emociones, pero se abrió a la realidad criticando las lacras de España o meditando sobre las causas de la decadencia del país desde su perspectiva de hombre laico y liberal, progresista y republicano. **Juan Ramón Jiménez**, en cambio, superó el modernismo cultivando una "poesía desnuda", libre de "ropajes", que eliminaba lo anecdótico en favor de la concentración conceptual y la profundidad emotiva. Tal tipo de poesía queda bien representado por el libro *Eternidades*, donde se erige a la inteligencia en herramienta idónea para encontrar y expresar la esencia poética de las cosas ("¡Intelijencia, dame / el nombre exacto de las cosas!"). Juan Ramón revolucionó la lírica española con *Diario de un poeta recién casado* (1917), su libro más influyente, donde renovó la visión poética del amor y experimentó con la prosa poética y con técnicas cercanas al *collage*, un procedimiento característico de la vanguardia. En definitiva, tanto Machado como Juan Ramón marcaron en la década de 1910 los dos caminos por los que iba a discurrir la mayor parte de la poesía del siglo XX: por un lado, la poesía pura, autosuficiente, un tanto aislada de los problemas sociales; por el otro, una poesía en que lo humano y lo histórico tenían un peso considerable.

En las décadas de 1910 y 1920, aparecieron en Europa las **vanguardias**, que radicalizaron las ansias de cambio propias del modernismo. Movimientos como el futurismo, el dadaísmo y el surrealismo se propusieron romper con el orden social establecido y con el arte y la literatura tradicionales. Las obras de los vanguardistas eran construcciones puramente intelectuales que no imitaban la realidad y que desechaban todo componente sentimental. En España, los movimientos vanguardistas más significativos fueron el creacionismo y el ultraísmo. El ultraísmo recogió la fascinación vanguardista por todo lo moderno: los automóviles, los aviones, los deportes, el cine, el jazz... Los poetas ultraístas componían versos sobre el teléfono, la bombilla, la máquina de escribir, los cabarets, los cocktails, el fútbol, el boxeo... Algunos eliminaban la puntuación o los nexos sintácticos, llenaban sus poemas de onomatopeyas o disponían los versos formando un dibujo, al modo de los caligramas del francés Apollinaire. Por lo que se refiere al creacionismo, encabezado por el poeta chileno Vicente Huidobro, radicalizó los presupuestos de la poesía pura al defender la capacidad del lenguaje poético para fundar una realidad propia. Según Huidobro, el poeta creacionista no debe imitar la realidad sino crear una realidad: «hacer un poema como la naturaleza hace un árbol». Así, tal y como afirmó el creacionista Gerardo Diego, la metáfora no debe ser «reflejo de algo», sino pura «ilusión de sí propia. Imagen libre, creada y creadora». Mientras que el poeta tradicional asociaba en sus metáforas elementos que tenían algo en común (su forma, su color, su textura...), el creacionista vincula elementos que no guardan ninguna relación entre sí, con lo que genera una realidad nueva y sorprendente.

Las vanguardias europeas no produjeron obras particularmente importantes en España, si bien ejercieron notable influencia sobre la llamada **Generación del 27**. En algunos poemas del grupo encontramos rasgos como la pasión por la técnica o la creación de imágenes desvinculadas de la lógica que proceden respectivamente del futurismo y el surrealismo. El acto fundacional de la Generación del 27 fue el homenaje que Rafael Alberti, Federico García Lorca, Jorge Guillén, Dámaso

Alonso y otros poetas del grupo rindieron a Góngora en el Ateneo de Sevilla en el año 1927, con ocasión del tercer centenario de la muerte del poeta cordobés. Los autores del 27 compartían con Góngora el deseo de acuñar un lenguaje poético nuevo, alejado de la lengua común de la comunicación. No obstante, admiraron también la poesía popular, que les parecía modélica por su sencillez, concisión y depuración expresiva. De hecho, buena parte de los libros del 27 sigue una línea neopopularista que alcanzó sus cotas estéticas más altas en *Marinero en tierra* (1924), de Rafael Alberti, y el *Romancero gitano* (1928), de Federico García Lorca. Excelsa fue asimismo una línea muy distinta: la de aquellos poetas que siguieron preferentemente la estela de la poesía desnuda de Juan Ramón Jiménez. En tal ámbito destacó **Jorge Guillén** con su *Cántico*, magna obra que se publicó por vez primera en la década de 1920, y cuyos versos destacan por su gran economía lingüística y su trabajada nitidez conceptual. Guillén elimina de sus poemas toda anécdota para expresar su actitud entusiasta y jubilosa ante la Creación, tal y como se percibe en la siguiente décima, titulada «Perfección»:

> Queda curvo el firmamento,
> compacto azul, sobre el día.
> Es el redondeamiento
> del esplendor: mediodía.
> Todo es cúpula. Reposa,
> central sin querer, la rosa,
> a un sol en cenit sujeta.
> Y tanto se da el presente
> que el pie caminante siente
> la integridad del planeta.

En conjunto, la Generación del 27 destacó por su eclecticismo. En varios autores convivieron sin problemas la fascinación por el arte nuevo y la querencia por lo tradicional, como sucede con **Gerardo Diego**, quien alternó la experimentación creacionista con la lírica de inspiración popular. Hacia 1928,

A la generación del 27 se la ha llamado "generación de la amistad". Buena parte del grupo aparece en esta fotografía tomada en un banquete que se celebró en honor de Cernuda en abril de 1936. De pie, y de izquierda a derecha, Vicente Aleixandre, Federico García Lorca, Pedro Salinas, Rafael Alberti, Pablo Neruda y José Bergamín.

en todo caso, algunos poetas del 27 se convencieron de que la poesía no podía vivir de espaldas a la realidad. Abogaron entonces por dotarla de mayor profundidad humana, es decir, por integrar en ella lo sentimental e incluso el compromiso social. En tal rehumanización desempeñó un papel capital el **surrealismo**, movimiento de vanguardia que apostaba por la liberación total de la psique humana y los instintos, proceso que se consideraba necesario para alcanzar la auténtica realidad, a la que habitualmente no tenemos acceso porque nos vemos constreñidos por las imposiciones de la moral pública, la religión, la patria o el Estado. El surrealismo tuvo con frecuencia un alcance social, pues se creía que, a través de la liberación de lo reprimido, se podía transformar y mejorar el mundo. El influjo del surrealismo se percibe bien en obras escritas por algunos poetas del 27 entre 1928 y 1931, como *Pasión de la tierra,* de Vicente Aleixandre, *Poeta en Nueva York*, de Federico García Lorca, y *Sobre los ángeles*, de Rafael Alberti. En estos libros los poetas usan imágenes irracionales, a menudo angustiosas y moralmente subversivas, para expresar sus crisis personales, su vivencia agónica del sexo y el amor, pero también su oposición a las normas sociales. Así, en el poema «New York (Oficina y denuncia)», del libro *Poeta en Nueva York*, Lorca se sirve de la imagen surrealista para denunciar la degradación de la naturaleza que desencadena el capitalismo:

> Yo denuncio la conjura
> de estas desiertas oficinas
> que no radian las agonías
> que borran los programas de la selva,
> y me ofrezco a ser comido por las vacas estrujadas
> cuando sus gritos llenan el valle
> donde el Hudson se emborracha con aceite.

El proceso de rehumanización de la poesía se acentuó con la Segunda República, cuando muchos poetas se comprometieron políticamente. Como escribió el chileno **Pablo Neruda**, afincado por entonces en Madrid, hacía falta una «poesía impura como un traje, como un cuerpo, con manchas de nutrición y actitudes vergonzosas», que acogiera los «sueños, vigilias, profecías, declaraciones de amor y de odio» pero también las «creencias políticas, negaciones, dudas, afirmaciones, impuestos». El arte tenía que confundirse con la vida, hablar de los ideales y necesidades del hombre y contribuir a la transformación del mundo. Por eso mismo, debía llegar al pueblo, la clase social que había de abanderar el cambio político que se precisaba para acabar con las injusticias sociales. Surgió así una reivindicación del folclore, así como del romance y otras formas poéticas populares, que se intensificó durante la guerra civil. Acaso fue **Miguel Hernández**, con poemarios como *Viento del pueblo* (1937) y *El hombre acecha* (1939), junto con el poeta peruano César Vallejo y su libro *España, aparta de mí este cá-*

liz (1939), quienes alcanzaron una poesía de mayor relevancia durante la contienda, una poesía en que vida y literatura quedaban entrelazadas en un tono combativo y febril de férreo compromiso político, destinada a estimular los ideales de quienes estaban luchando contra el fascismo.

EXILIO, DICTADURA Y DEMOCRACIA

La guerra civil puso punto final a la llamada Edad de Plata de la poesía española. Algunos de los poetas más destacados de los años 20 y 30 murieron dramáticamente como consecuencia de la contienda: García Lorca fue asesinado por los fascistas en 1936, Antonio Machado murió en 1939 nada más traspasar la frontera francesa, y Miguel Hernández falleció en la cárcel en 1942 tras sufrir un sinfín de penalidades. Durante la guerra, la mayor parte de los intelectuales y artistas se había alineado con el bando republicano, lo que les obligó a exiliarse tras la victoria de Franco. Así sucedió con Juan Ramón Jiménez y con la plana mayor de la **Generación del 27**. El exilio, por supuesto, tuvo serias consecuencias personales para los poetas que lo sufrieron, si bien les permitió desarrollar su labor creativa en un ámbito de libertad imposible en España. En el exilio, Guillén culminó su *Cántico* y reorientó su poesía hacia la dimensión civil y crítica que se percibe en los versos de su libro *Clamor* (1950-1963); Alberti alternó la poesía de hondo contenido social con obras como *Retornos de lo vivo lejano* (1952) o *Baladas y canciones del Paraná* (1954), dominadas por el sentimiento de nostalgia propio del desterrado, pero también por un poderoso vitalismo. Luis Cernuda alcanzó algunas de sus cumbres creativas en *Las nubes* (1940) y *Desolación de la quimera* (1962), donde aplicó su descubrimiento de la poesía meditativa inglesa y la tradición romántica al cultivo de una poesía moral que sería imitada por muchos poetas españoles de los años 50 y 60. **Juan Ramón Jiménez**, por su parte, escribió algunos de sus libros mayores durante su exilio en Puerto Rico, como *Animal de fondo* (1945), *Dios deseado y deseante* (1945) o *Espacio* (1954), en los que el poeta expresa sus ansias de absoluto y se convierte en dios o «conciencia» de su propio universo poético, destinado a aumentar la verdad y belleza del mundo, un modo de concebir la lírica que fue refrendado en 1956 cuando Juan Ramón recibió el Premio Nobel.

Mientras tanto, en España, los poetas afines al franquismo cultivaron, en los primeros años de la posguerra, una poesía clasicista que negaba la cruda realidad social e idealizaba el amor, la fe católica y la política imperialista. Con el tiempo, algunos poetas *oficiales*, desengañados de Franco o del fascismo, empezaron a escribir una poesía que humanizaba la fe o se volcaba hacia lo íntimo y lo familiar, caso ejemplificado por Luis Rosales. El tema religioso dominó buena parte de la lírica de los años 40 y 50, y sirvió con frecuencia para expresar la angustia existencial del poeta o su compromiso contra la injusticia, como en los casos de José María Valverde y **Dámaso Alonso**, poeta del 27 que permaneció en España tras la guerra. En 1944, Alonso publicó *Hijos de la ira*, ejemplo de una poesía desarraigada, de religiosidad agónica, escrita en verso libre, que incluía coloquialismos e imágenes de inspiración surrealista. *Hijos de la ira* era un auténtico grito de protesta contra el mundo desolador que habían dejado la guerra civil española y la segunda guerra mundial, un grito dirigido a Dios, que parecía haber abandonado a los hombres. También de 1944 es *Sombra del paraíso*, libro en que **Vicente Aleixandre** recuperaba lo mejor del surrealismo hispano para recrear un paraíso perdido previo a la "aparición del hombre y, con él, del dolor y de la limitación". Ambos libros son testimonio de un tipo de poesía sensible a los problemas del hombre que muy pronto encontró su expresión idónea en la llamada poesía social, dominante en las décadas de 1950 y 1960.

La **poesía social** pretendía denunciar el clima de represión e injusticia que dominó la España franquista y promover el

A la izquierda, óleo de Dámaso Alonso, y a la derecha, Vicente Aleixandre.

cambio de la sociedad por medio de la llamada a la lucha política. **Blas de Otero** y **Gabriel Celaya** fueron sin duda sus mejores representantes. Los poetas sociales querían llegar a la "inmensa mayoría", así que retrataban con realismo el mundo circundante por medio de un lenguaje coloquial, prosaico incluso. Blas de Otero, autor de libros como *Pido la paz y la palabra* (1955), *En castellano* (1959) y *Que trata de España* (1964), resumió bien tal estrategia al declarar: "Escribo / hablando". Gabriel Celaya, por su parte, afirmó en «La poesía es un arma cargada de futuro» que, en un país como España, donde se vivía "a golpes" y sin libertad, la poesía debía ser un instrumento de lucha, pues resultaba indecente entenderla como un "lujo" o "adorno" destinado a "los neutrales". Incluso cuando abordaba temas típicamente líricos como el amor, el poeta social les imprimía un sesgo militante, al describir cómo los mecanismos represivos del poder condicionaban los sentimientos personales y la vida privada.

La poesía social entró en crisis a mediados de los años sesenta, en parte por razones de orden literario y en parte porque la mejora de la situación económica de España consolidó a Franco en el poder. Los poetas sociales más jóvenes comprendieron que los versos no podían transformar la sociedad y empezaron a cuestionar el valor literario de la poesía de protesta, al advertir que lo ideológico empobrecía el alcance estético de sus creaciones. Aunque no renunciaron al uso de un lenguaje coloquial y accesible ni se desentendieron de los problemas de su país, autores como José Hierro, Ángel González, Carlos Barral, José Agustín Goytisolo o Claudio Rodríguez renovaron la poesía social por medio de la ironía, la parodia y el sarcasmo, el tono elegíaco o la introspección en sus emociones. Un caso reseñable fue el de **Jaime Gil de Biedma**, quien superó el realismo testimonial por medio de la llamada poesía de la experiencia, un tipo de lírica que refleja las vivencias cotidianas y el devenir emocional del individuo de una forma elusiva, por medio de recursos propios de la ficción. La voz que nos habla en los poemas de Gil de Biedma es la de un personaje que comparte rasgos con el poeta pero que no puede identificarse mecánicamente con él. En muchos de sus versos, Gil de Biedma aborda los mismos temas que los poetas sociales, pero sustituye la militancia combativa por un tono intimista e irónico, a veces descreído y a menudo nostálgico, siempre lúcido y confidencial. Su propuesta creativa encontró numerosos seguidores, algo que le sucedió también a **José Ángel Valente**, un poeta que tomó el camino opuesto al de la poesía de la experiencia. Valente superó el realismo aumentando la densidad filosófica y el alcance simbólico de su lenguaje. A su entender, el poema no debía ser una forma de comunicación sino de conocimiento, capaz de revelarnos la esencia de la realidad y el significado oculto de las cosas.

La ruptura definitiva con la poesía social llegó de la mano de los ***novísimos***, poetas surgidos a finales de los años sesenta que recuperaron rasgos del modernismo y de las vanguardias e

A la izquierda, Blas de Otero, cuyo riquísimo y elaborado lenguaje poético es una de las aportaciones más valiosas a la literatura española del pasado siglo. Junto a él, Jaime Gil de Biedma, cuya poesía de tono coloquial esconde una meditada retórica.

irrumpieron en el panorama literario de su época con clara vocación iconoclasta. El libro que abanderó la nueva estética fue *Arde el mar* (1966), de **Pere Gimferrer**. Mientras que la poesía social retrataba un mundo de miseria y opresión con un lenguaje coloquial, Gimferrer se alejaba de la realidad inmediata aludiendo a escenarios tan distantes y sofisticados como Venecia, y escribía sus versos en un lenguaje sorprendente y audaz, rico y artificioso, sensorial y barroco. Con los novísimos, la forma del poema volvió a ser más importante que su contenido. El poeta no pretendía exponer argumentos o expresar emociones, sino facilitarle al lector una poderosa experiencia lingüística. En muchos casos, los poemas se encerraban en sí mismos, al convertirse en una meditación sobre los propios mecanismos del arte de escribir, algo que pasa a menudo en la obra de **Guillermo Carnero**. En su afán rupturista, los novísimos practicaron con frecuencia técnicas como el *collage*, que rompe con el discurso lógico, e incluso la escritura automática, tan típica de los surrealistas. Sus poemas sugieren que la belleza es más importante que la verdad y que el arte debe prevalecer sobre la vida. De hecho, buena parte de los novísimos practicaron una poesía culturalista, es decir, plagada de referencias a cuadros, películas y obras literarias. Con el tiempo, sin embargo, los excesos culturalistas se moderaron y algunos poetas próximos a la estética de los novísimos empezaron a cultivar una poesía más cercana a la vida real que incorporaba elementos autobiográficos, evolución bien ejemplificada por autores como Luis Antonio de Villena y Antonio Colinas.

Tras la muerte de Franco y el asentamiento de la democracia, la cultura comenzó a normalizarse. En ese contexto, recibió un considerable impulso la **poesía escrita por mujeres**, quienes, por primera vez en la historia, se sumaron en plano de igualdad a las tendencias, profundamente plurales, de la poesía de la época. Una de las autoras que más llamó la atención fue Blanca Andreu, quien se dio a conocer en 1981 con un libro de alucinados versos surrealistas. Su apuesta creativa ha convivido, por ejemplo, con la poesía pura de Olvido García Valdés y con el clasicismo de Aurora Luque. Las mujeres abordaron temas que durante mucho tiempo les habían estado específicamente vedados, como el sexo, recurrente en la obra de Ana Rossetti o Almudena Guzmán. Hoy lo tenemos plenamente asumido, pero en los años 80, que una mujer escribiera un poema alabando las piernas de un hombre era un hecho insólito que tenía algo de revolucionario. Además de romper con las costumbres sociales, la poesía erótica escrita por mujeres constituía una rebelión contra la propia tradición literaria, pues la lírica occidental siempre había expresado el deseo que el hombre siente por la mujer, pero no el que la mujer siente por el hombre.

Los poetas de finales de los 70 y de los primeros años 80 se alejaron gradualmente del culturalismo y el afán vanguardista de los novísimos. Por un lado, se desarrolló un ***neopurismo*** que apostaba por una poesía desnuda, elíptica, concisa e intelectual, desligada de toda anécdota, heredera en buena medida de Jorge Guillén y del segundo Valente, y manifiesta en la obra de autores como Andrés Sánchez Robayna y Jaime Siles. Se trata de poetas que prefieren sugerir a decir, y que emplean un lenguaje extraordinariamente sintético que linda con el silencio. El camino contrario siguieron los numerosos cultivadores de la **poesía de la experiencia**, con sus versos realistas, narrativos y de tono intimista. En tal línea, el poeta que ha tenido mayor proyección pública es Luis García Montero, quien ha definido su obra como la búsqueda de "otra sentimentalidad" que aúne lo privado y lo público, lo íntimo y lo histórico. A veces, los poetas de la experiencia utilizan sus versos con una clara voluntad cívica, si bien en no pocas ocasiones se limitan a la reivindicación hedonista de la amistad y el amor. Su estrategia más usual, en todo caso, consiste en emplear la emoción como una vía de comunicación inmediata con los lectores.

Junto al neopurismo y la poesía de la experiencia, en los años 80 y 90 florecieron **tendencias muy heterogéneas**: el realismo sucio, la lírica neoclásica y de aire helénico, el compromiso político, la nueva poesía épica... La dispersión persiste en los poemarios que se publican ahora mismo en España. Algunos poetas, como Carlos Marzal y Vicente Gallego, subliman la experiencia personal en una lírica sensorial y celebratoria, mientras que otros, como Vicente Valero, trascienden la realidad convirtiéndola en punto de partida de un ambicioso discurso metafísico. En la poesía actual conviven lo popular y lo elitista, lo denso y lo locuaz, la imagen surrealista y la metáfora figurativa, lo intelectual y lo íntimo, el feísmo urbano y la reivindicación ecologista. Hay quien mezcla exabruptos y muletillas en verso libre y quien cultiva una poesía meditativa escrita en endecasílabos de serena belleza. El eclecticismo no sólo se evidencia cuando comparamos a unos poetas con otros, sino que, con frecuencia, se da dentro de la obra de un único creador. Así, Juan Antonio González-Iglesias, poeta muy influido por la tradición grecolatina, puede citar en un mismo poema a San Agustín de Hipona y al cantante pop Robbie Williams. Sólo el paso de los años nos revelará cuáles de los poetas de hoy han de convertirse en maestros consumados, en nombres ineludibles de la historia literaria y en autorizado referente de los creadores futuros. Mientras el tiempo decide, no estará de más echar un vistazo al pasado y recrearse en el inmenso caudal de bellezas que componen la tradición poética española, inaugurada hace ya tantos siglos por la voz doliente de aquellas muchachas mozárabes que se lamentaban de su mal de amor.

Poesía
española

Jarchas

Entre los siglos XI y XIII, los poetas cultos andalusíes de la Península Ibérica, tanto árabes como hebreos, cultivan la *moaxaja*. Se trata de un tipo de poema escrito en árabe o hebreo pero rematado con unos pocos versos en mozárabe, la lengua románica contaminada de árabe que se hablaba en la España islámica. Esos versos finales reciben el nombre de *jarcha*, voz árabe que significa 'salida' o 'remate', y proceden de canciones anónimas que circulan por la España de la época. Por lo general, la jarcha recoge la voz de una joven que lamenta la ausencia de su amado, al que suele referirse con la palabra *habib* ('amigo' o 'amante'). La propia madre o las hermanas de la muchacha obran como confidentes de su pena, que es expresada con sencillez y espontaneidad, y casi siempre por medio de interjecciones y preguntas, lo que le da a la jarcha una inusitada intensidad lírica.

[VAYSE MEU CORACHÓN DE MIB]

Vayse meu corachón de mib,
ya Rab, ¿si se me tornarád?
¡Tan mal meu doler li-l-habib!
Enfermo yed, ¿cuánd sanarad?[1]

[GARID VOS, AY YERMANIELLAS]

Garid vos, ay yermaniellas,
¿cóm' conteneré mieu mali?
Sin el habib non vivreyu
advolaréi demandari.[2]

---

1 'Mi corazón se va de mí. / Oh Dios, ¿acaso regresará? / ¡Tan fuerte [es] mi dolor por el amado! / [Mi corazón] enfermo está, ¿cuándo sanará?'.

2 'Decid vosotras, oh hermanillas, / ¿cómo contendré mi mal? / Sin el amado no podré vivir, / y volaré a buscarlo'.

[¿QUÉ FARÉ, MAMMA?]

¿Qué faré, mamma?
Meu-l-habib est' ad yana.[3]

[SI ME QUERESES]

Si me intentionally quereses,
ya uomne bono,
si me quereses,
darasme uno.[4]

---

3 '¿Qué haré, madre? / Mi amado está a la puerta'.

4 'Si me quisieses, / oh hombre bueno, / si me quisieses, / me darías uno'. Se sobreentiende que lo que reclama la muchacha es un beso.

Lírica tradicional

Durante la Edad Media y el Siglo de Oro, se divulgó entre el pueblo un amplio conjunto de poemas anónimos: la llamada lírica tradicional. Solían ser composiciones breves pero intensas que recreaban con viveza los más variados sentimientos, ambientes y situaciones. La lírica tradicional se difundía oralmente, a menudo en forma de canciones que la gente cantaba mientras trabajaba en el campo, iba en romería o participaba en una fiesta popular. El tema predilecto de este tipo de poesía era el amor: la pena de la mujer malcasada, el miedo de las jóvenes ante su primer encuentro sexual, el tormento de la muchacha que no encuentra correspondencia en el hombre al que quiere, la pasión de los amantes clandestinos que pasan juntos la noche pero deben separarse en cuanto asoma el primer rayo de sol... Los poemas de la lírica tradicional se habrían perdido casi en su totalidad de no ser porque, desde el siglo XV, fueron compilados en cancioneros e integrados o glosados en sus propios poemas por poetas cultos como Góngora y Lope de Vega.

[EN ÁVILA, MIS OJOS]

En Ávila, mis ojos,[1]
dentro en Ávila.

En Ávila del Río
mataron mi amigo.
Dentro en Ávila.[1]

1 O sea, 'mi amado', al que la muchacha que habla en el poema quería tanto como a sus propios ojos.

1 Estos versos, tan enigmáticos e intensos, deben de ser un fragmento de una canción más extensa, perdida en la actualidad, que tendría una estructura paralelística. El carácter obsesivo de la pena ocasionada por la

[QUE MIRABA LA MAR]

Que miraba la mar
la malcasada,
que miraba la mar
cómo es ancha y larga.

Descuidos ajenos[2]
y propios gemidos
tienen sus sentidos
de pesares llenos.
Con ojos serenos
la malcasada,
que miraba la mar
cómo es ancha y larga.

Muy ancho es el mar
que miran sus ojos,
aunque a sus enojos[3]
bien puede igualar.
Mas por se alegrar[4]
la malcasada,
que miraba la mar
cómo es ancha y larga.[2]

---

2 Es decir, 'la desatención del marido'.
3 *enojos*: aquí, 'penas'.
4 'Pero, con tal de alegrarse'.

muerte del amado se evidencia en la reiterada mención del lugar de la tragedia: Ávila, cuyo nombre se repite cuatro veces en sólo cinco versos.

2 La figura de la *malcasada* o *malmaridada* es recurrente en la lírica tradicional. Refleja una realidad social en que las mujeres se veían sometidas por completo a los designios del varón y, en muchos casos, contraían matrimonios forzados que las abocaban a sentimientos de opresión y desgracia. En este caso, la malmaridada considera que su infortunio es comparable con la inmensidad del mar, cuya visión le sirve al mismo tiempo de evasión y desahogo.

[AL ALBA VENID, BUEN AMIGO]

Al alba venid, buen amigo,[5]
al alba venid.

Amigo, el que yo más quería,
venid al alba del día.

Amigo, el que yo más amaba,
venid a la luz del alba.

Venid a la luz del día,
non trayáis compañía.

Venid a la luz del alba,
non traigáis gran compaña.[3]

[APRENDED, FLORES, EN MÍ]

Aprended, flores, en mí,
lo que va de ayer a hoy,
que ayer maravilla fui
y hoy sombra mía aún no soy.[4]

---

5 La palabra *amigo* es sinónima aquí de 'amante', como casi siempre en la lírica tradicional, donde lo habitual es que la voz que habla en el poema sea la de una mujer joven y enamorada.

3 Dentro de la lírica tradicional, un subgénero muy cultivado en toda Europa fue la albada, que expresaba la pena de los amantes cladestinos que, tras haber pasado la noche juntos, deben separarse al amanecer para que su relación no sea descubierta. El presente poema comparte con la albada la vinculación del amor con el alba, si bien describe una situación contraria a la habitual, pues aquí el amanecer es el momento de la cita amorosa, y no el de la separación.

4 'Y hoy ni siquiera soy mi propia sombra'. Esta cancioncilla, tomada con toda probabilidad de la poesía tradicional, fue integrada por Luis de Góngora en una letrilla dirigida a su amigo el marqués de Flores de Ávila. Con la palabra *flores*, pues, Góngora invoca al mismo tiempo a su amigo y a las flores del campo, que, por lo efímero de su belleza, suelen simbolizar la transitoriedad de todo lo humano.

[DENTRO EN EL VERGEL]

Dentro en el vergel[6]
moriré;
dentro en el rosal
matarme han.

Yo me iba, mi madre,
las rosas coger;[7]
hallé mis amores
dentro en el vergel.
Dentro en el rosal
matarme han.[5]

---

6 *vergel*: huerto que abunda en flores y árboles frutales.
7 O sea, 'a coger las rosas'.

5 El vergel y las rosas son símbolos habituales de la actividad sexual, y los actos de matar y morir se identifican aquí con la pérdida de la virginidad.

Cantar de mio Cid

Los cantares de gesta son una de las manifestaciones más antiguas de la poesía española. Se trata de poemas narrativos que relatan hechos heroicos, a menudo protagonizados por un guerrero admirable, y que eran compuestos para que los juglares los cantasen o recitaran en público. La mayoría de los cantares de gesta concebidos en España durante la Edad Media se ha perdido, si bien conservamos el espléndido *Cantar de mio Cid*, texto anónimo datado hacia el año 1200. Su protagonista es un personaje histórico: Rodrigo Díaz de Vivar, guerrero castellano nacido en torno a 1043 y conocido por el sobrenombre de «el Cid Campeador». Don Rodrigo sirvió durante cierto tiempo a Alfonso VI, rey de Castilla y León, quien ordenó el destierro del héroe en el año 1081, tras un grave desencuentro. El Cid emprendió entonces una serie de brillantes campañas militares que le permitieron adueñarse de numerosos territorios en la España musulmana. Su proeza más resonante fue la toma de Valencia en el año 1094.

El *Cantar de mio Cid* es un relato libre y poético de ciertos episodios vinculados con la vida de Rodrigo Díaz. La trama se inicia en el momento en que el Cid debe abandonar Castilla por orden del rey. Tras despedirse de su mujer, doña Jimena, y de sus hijas, Elvira y Sol, don Rodrigo comienza a ganarse el sustento en compañía de su tropa. Mientras les arrebata tierras a los moros, busca el perdón de Alfonso VI, a quien guarda una fidelidad sin tacha. Al fin, después de la gloriosa toma de Valencia, el Cid logra las dos cosas que más ansía: el reencuentro con su familia y el perdón real. En ese punto, el *Cantar* añade una segunda trama, puramente ficticia, que narra el desafortunado matrimonio de las hijas del Cid con los infantes de Carrión, quienes maltratan a sus esposas y deshonran así a don Rodrigo.

El *Cantar de mio Cid* es una auténtica obra maestra que cuenta con cerca de cuatro mil versos. Abunda en episodios bélicos, pero también en conmovedoras escenas familiares, y contiene algunos toques de humor poco usuales en la épica medieval europea. Destaca, asimismo, por su realismo, por la cautivadora sobriedad de su estilo, por la perfección de su estructura y por el cuidado retrato que ofrece del Cid, personaje dotado de una mesura ejemplar que logra imponerse a la adversidad gracias al poder de su fe, a su incansable tenacidad y a su indestructible optimismo.

CAMINO DEL DESTIERRO

El texto del *Cantar de mio Cid* nos ha llegado a través de un manuscrito del siglo XIV que, por desgracia, ha perdido tres hojas. Una de las que faltan es la primera, donde debían de detallarse las razones por las que el Cid se vio obligado a abandonar Castilla. En los primeros versos conservados del poema, el héroe ya parte hacia el destierro, tras abandonar su casa, situada en Vivar, a unos 10 km al norte de Burgos. Le acompañan sesenta guerreros, y se siente tan desbordado por la tristeza que rompe a llorar.*

De los sos ojos tan fuertemientre llorando,[1]
tornaba la cabeza e estábalos catando.[2]
Vio puertas abiertas e uzos sin cañados,[3]
alcándaras vacías, sin pieles e sin mantos,[4]
e sin falcones e sin azores mudados.[5]

* Para facilitar la comprensión de los pasajes antologados, se puede consultar la versión prosificada que se ofrece en el Apéndice.

1 Esto es, 'llorando intensamente con sus ojos'. Se da a entender que el Cid llora en silencio, algo poco usual en la Edad Media, cuando el llanto se solía acompañar con gritos y lamentos, e incluso con golpes en el pecho.

2 O sea, 'volvía la cabeza y (*e*) los miraba (*cataba*)'. Como la primera página del *Cantar* se ha perdido, ignoramos a qué se refiere el pronombre *los*, aunque parece aludir a los *palacios* del Cid, es decir, a su mansión familiar.

3 *uzo*: 'postigo, puerta'; *cañado*: 'candado'. Al irse el Cid, las puertas de su mansión quedan abiertas, pues el héroe se lleva todas sus pertenencias.

4 *alcándara*: 'percha'. De las perchas ya no cuelgan los mantos y túnicas de piel habituales, costosas prendas propias de un hombre rico.

5 Las *alcándaras* se usaban asimismo para mantener atados a halcones (*falcones*) y azores, aves que eran amaestradas para cazar conejos y otras presas pequeñas. En concreto, se habla de *azores mudados*, es decir, 'preparados para la caza porque ya han cambiado (*mudado*) las plumas'.

Sospiró mio Cid,[6] ca mucho habié grandes cuidados;[7]
fabló[8] mio Cid bien e tan mesurado:[9]
«¡Grado a ti, Señor, Padre que estás en alto![10]
¡Esto me han vuelto mios enemigos malos!»[11]

Allí piensan de aguijar,[12] allí sueltan las riendas.
A la exida de Vivar hobieron la corneja diestra
e entrando a Burgos hobieron la siniestra.[13]
Meció mio Cid los hombros e engrameó la tiesta:[14]
«¡Albricia, Álbar Fáñez,[15] ca echados somos de tierra!»

Mio Cid Ruy Díaz por Burgos entró,
en su compaña sesenta pendones.[16]

---

6 El apelativo *mio Cid* ('mi señor') deriva de *sidi* ('señor'), palabra de origen árabe que algunos musulmanes usaban al tratar al héroe. Al protagonista del *Cantar* tan pronto se le llama don Rodrigo como Campeador, Cid o Ruy Díaz (*Ruy* es una forma abreviada de *Rodrigo*).

7 'Pues (*ca*) tenía (*habié*) grandes preocupaciones (*cuidados*)'.

8 *fabló*: 'habló'. En la Edad Media, algunas palabras aún conservaban la *f* inicial latina, que acabó enmudeciendo y se sustituyó en la ortografía por una *h*. Ya en el v. 5 leíamos *falcones* en lugar de *halcones*.

9 *tan mesurado*: con tanta moderación, con tanta prudencia.

10 'Gracias a ti, Señor, Padre que estás en los cielos'. El Cid agradece su destierro porque sabe que le permitirá conquistar nuevas tierras.

11 '¡Esto han tramado (*vuelto*) contra mí mis enemigos malos!'. El Cid atribuye su destierro a las maquinaciones de sus rivales.

12 'Allí empiezan a espolear (*aguijar*) a los caballos', es decir, a clavarles las espuelas para que corran.

13 'A la salida (*exida*) de Vivar, voló una corneja por la derecha (*diestra*) del camino, y al entrar en Burgos salió otra por la izquierda (*siniestra*)'. En la época, se creía que el vuelo de los pájaros anunciaba el futuro. Que un ave saliera volando por la derecha de alguien era señal de buena suerte, y que volara por la izquierda anunciaba mala fortuna. El Cid, pues, recibe avisos contradictorios en los primeros momentos de su exilio.

14 Esto es, 'sacudió (*engrameó*) la cabeza (*tiesta*) en señal de negación'. El Cid no cree en los presagios, pues no es supersticioso.

15 'Felicitémonos, Álvar Fáñez'. Álvar Fáñez es un personaje histórico: era primo o sobrino del Cid. El *Cantar* lo retrata como su mejor ayudante, su consejero más sabio y su guerrero más leal.

16 Es decir, 'su tropa (*compaña*) estaba formada por sesenta hombres'. El *pendón* es la banderola que cuelga de la lanza del guerrero. *Sesenta pendones*, pues, es una sinécdoque que equivale a *sesenta caballeros*.

Exienlo ver[17] mujeres e varones.
Burgeses e burgesas por las finiestras son,
plorando de los ojos, tanto habién el dolor.[18]
De las sus bocas todos dicían una razón:
«¡Dios, qué buen vasallo, si hobiese buen señor!»[19]

Convidarle ien de grado, mas ninguno non osaba;[20]
el rey don Alfonso tanto habié la gran saña.[21]
Antes de la noche, en Burgos d'él entró su carta
con gran recabdo[22] e fuertemientre sellada:
que a mio Cid Ruy Díaz que nadi nol' diesen posada,[23]
e aquel que se la diese sopiese vera palabra
que perderié los haberes e más los ojos de la cara[24]
e aun demás los cuerpos e las almas.[25]
Grande duelo habién las gentes cristianas:[26]
ascóndense de mio Cid, ca no'l osan decir nada.
El Campeador adeliñó a su posada.[27]
Así como llegó a la puerta, fallola bien cerrada:[28]
por miedo del rey Alfonso que así la habién parada[29]

---

17 O sea, 'salen a verlo'.

18 'Los habitantes de la ciudad se asoman llorando a las ventanas (*finiestras*), tanto dolor sentían'.

19 'Todos repetían lo mismo: «¡Dios, qué buen vasallo sería si tuviese buen señor!»'. Al haber sido rechazado por Alfonso VI, el Cid ya no es vasallo de nadie, es decir, ya no tiene un señor al que servir con sus armas.

20 '[Los burgueses] lo habrían invitado con gusto, pero ninguno se atrevía'.

21 *gran saña*: ira, cólera.

22 Es decir, 'con sumo cuidado'.

23 Esto es, '[el rey ordenaba que] al Cid nadie le diese alojamiento'.

24 'Y quien diera alojamiento al Cid, que supiese a ciencia cierta que perdería sus bienes (*haberes*), y los mismos ojos', que le serían arrancados.

25 'Y además la propia vida', pues sería condenado a muerte.

26 'Gran pena sentía todo el mundo'.

27 'El Cid se dirigió (*adeliñó*) a la casa donde solían darle alojamiento'. *Campeador*, otro de los sobrenombres aplicados al héroe en el poema, significa 'batallador'.

28 'Cuando llegó a la puerta, la encontró (*fallola*) bien cerrada'.

29 'La habían dejado de tal modo'.

que si non la quebrantás por fuerza, que non se la abriese nadi.[30]
Los de mio Cid a altas voces llaman,
los de dentro non les querién tornar palabra.[31]
Aguijó mio Cid, a la puerta se llegaba,
sacó el pie del estribera, una ferida l' daba;[32]
non se abre la puerta, ca bien era cerrada.
Una niña de nuef años a ojo se paraba:[33]
«¡Ya Campeador, en buen hora cinxiestes espada![34]
El rey lo ha vedado:[35] anoch d'él entró su carta
con gran recabdo e fuertemientre sellada.
Non vos osariemos abrir nin coger por nada;
si non, perderiemos los haberes e las casas,
e demás los ojos de las caras.
Cid, en el nuestro mal vós non ganades nada;
mas ¡el Criador vos vala con todas sus vertudes santas!»[36]
Esto la niña dijo e tornós' pora su casa.[37]

(Cantar I, series 1-4, vv. 1-49)

LA CONQUISTA DE CASTEJÓN

Tras dejar Castilla, el Cid comienza a conquistar tierras en la España musulmana, empresa que le dispensa abundantes riquezas. La primera villa de la que se apodera es Castejón, en la actual provincia de Guadalajara. El Cid la conquista por medio de un astuta es-

---

30 'Si no la rompían de un golpe, nadie les abriría la puerta'.
31 *tornar palabra*: contestar.
32 'Sacó el pie del estribo (*estribera*) y le dio un golpe (*ferida*) a la puerta'.
33 'Una niña de nueve (*nuef*) años se situó ante el Cid'.
34 *ya*: '¡oh!'. La niña declara que el Cid se hizo guerrero (*se ciñó la espada*) en un día de suerte. La frase *en buena hora ceñiste espada* es un epíteto épico, es decir, una fórmula que se añade a veces cuando se menciona al Cid a fin de engrandecer su figura.
35 'El rey ha prohibido (*vedado*) que os demos alojamiento'.
36 'Cid, con nuestro mal, vos nada ganáis (*ganades*), pero ¡que Dios (*el Criador*) os ayude con todos sus poderes santos!'.
37 'Y se volvió para su casa'.

trategia: tras permanecer emboscado con sus hombres durante toda una noche a las afueras de la villa, ataca Castejón de repente en la hora del alba, justo cuando las puertas del lugar se abren para que los habitantes salgan a trabajar por los alrededores.

Ya quiebran los albores[38] e vinié la mañana.
Ixié el sol —¡Dios, qué fermoso apuntaba!—.[39]
En Castejón todos se levantaban,
abren las puertas, de fuera salto daban
por ver sus labores e todas sus heredades.[40]
Todos son exidos; las puertas abiertas han dejadas,
con pocas de gentes que en Castejón fincaran;[41]
las gentes de fuera todas son derramadas.[42]
El Campeador salió de la celada,[43]
corrié a Castejón sin falla.[44]
Moros e moras habielos de ganancia,
e esos gañados cuantos en derredor andan.[45]
Mio Cid don Rodrigo a la puerta adeliñaba.[46]
Los que la tienen, cuando vieron la rebata,[47]
hobieron miedo, e fue desemparada.
Mio Cid Ruy Díaz por las puertas entraba.
En mano trae desnuda el espada,
quince moros mataba de los que alcanzaba.

---

38 Esto es, 'ya rompe el alba'.
39 'Salió el sol —¡Dios, qué hermoso asomaba!—'.
40 Es decir, 'salían fuera de la muralla para ver sus cultivos (*labores*) y terrenos (*heredades*)'.
41 O sea, 'dentro de Castejón ha quedado poca gente'.
42 'Los que han salido de la ciudad se han dispersado por los alrededores'.
43 'El Campeador abandonó su escondite'.
44 'Atacó a Castejón con éxito'.
45 Es decir, 'los habitantes de la ciudad eran el botín de la conquista, además de los ganados (*gañados*) que pululaban por los alrededores (*en derredor*)'. En la época, se solía vender a los habitantes de las villas conquistadas como esclavos, lo que proporcionaba a los vencedores abundante dinero.
46 *adeliñar*: dirigirse.
47 Esto es, 'los que guardan la puerta, al percatarse del ataque'.

Gañó[48] a Castejón e el oro e la plata.
Sos caballeros llegan con la ganancia;
déjanla a mio Cid, todo esto non precian nada.[49]

(Cantar I, serie 23, vv. 456-475)

LA DEFENSA DE ALCOCER

Tras la conquista de Castejón, el Cid se adueña de múltiples territorios en el valle del río Jalón, entre Soria y Zaragoza. La ocupación del castillo de Alcocer, que es la plaza más importante de la zona, causa gran alarma en los pueblos vecinos, que piden ayuda al rey Tamín de Valencia. El moro Tamín envía contra el Cid a un ejército de tres mil hombres mandado por los generales Fáriz y Galve, que ponen cerco a Alcocer. Los del Cid soportan el asedio durante tres semanas, pero al fin deciden salir a luchar, a pesar de la evidente ventaja numérica con que cuenta el enemigo.

Las haces[50] de los moros ya s' mueven adelant
por a mio Cid e a los sos a manos los tomar.[51]
«Quedas sed, mesnadas,[52] aquí en este logar,
non derranche ninguno fata que yo lo mande».[53]
Aquel Pero Bermúez non lo pudo endurar,[54]
la seña[55] tiene en mano, compezó de espolonar:[56]
«El Criador vos vala, Cid Campeador leal,
vo meter la vuestra seña en aquella mayor haz.

---

48 *gañar*: ganar.
49 Es decir, 'no les importa nada, no lo aprecian en absoluto'. Con tal actitud, los guerreros del Cid dan a entender que acompañan a su señor por pura lealtad, y no por interés material.
50 *haz*: fila o formación de soldados.
51 Esto es, 'para capturar a mio Cid y los suyos (*los sos*)'.
52 'Permaneced quietas, tropas (*mesnadas*)'.
53 'Que nadie se lance al ataque (*derranche*) hasta que yo lo mande'.
54 *endurar*: 'aguantar, resistir'. Pedro Bermúdez es el alférez de las tropas del Cid, es decir, el encargado de llevar la bandera de su ejército.
55 *seña*: bandera.
56 O sea, 'empezó a clavarle las espuelas a su caballo para que corriera'.

Los que el debdo habedes veremos cómo la acorredes».[57]
Dijo el Campeador: «¡Non sea, por caridad!».
Respuso Pero Bermúez: «¡Non rastará por ál!».[58]
Espolonó el caballo e metiól' en el mayor haz.
Moros le reciben por la seña ganar:[59]
danle grandes golpes, mas no l' pueden falsar.[60]
Dijo el Campeador: «¡Valelde,[61] por caridad!».

Embrazan los escudos delant los corazones,[62]
abajan las lanzas abueltas de los pendones,[63]
enclinaron las caras de suso de los arzones,[64]
íbanlos ferir de fuertes corazones.[65]
A grandes voces llama el que en buen hora nació:[66]
«¡Feridlos, caballeros, por amor del Criador!
¡Yo só Ruy Díaz, el Cid Campeador!»
Todos fieren en el haz do está Pero Bermúez;[67]
trecientas lanzas son, todas tienen pendones;
seños moros mataron, todos de seños colpes;[68]
a la tornada que facen otros tantos son.[69]

57 'Los que sois vasallos del Cid, a ver cómo socorréis (*acorredes*) a la bandera'.
58 '¡Es inevitable!'.
59 O sea, 'los moros le dejan colarse en su formación (*le reciben*) porque quieren conquistar la bandera'. Los moros ansían hacerse con la *seña* del Cid porque saben que eso minará la moral del enemigo.
60 *falsar*: atravesar la armadura o el escudo de un guerrero y herirlo.
61 *valelde*: ayudadlo, socorredlo.
62 'Pasan el brazo por el asa del escudo y se lo ponen ante el pecho'.
63 *abueltas de*: 'además de, junto con'. Los guerreros ponen las lanzas (de las que cuelgan los pendones) en posición horizontal para herir al enemigo.
64 'Sobre los arzones'. El *arzón* es la parte delantera de la silla de montar.
65 'Iban a herir [a los soldados enemigos] con gran valentía'.
66 Esto es, 'el Cid'. *El que en buen hora nació* ('el que nació con buena estrella, el que nació en un momento propicio') es un epíteto que se aplica a menudo al héroe del *Cantar*.
67 O sea, 'todos [los del Cid] atacan al grupo en que se halla Bermúdez'.
68 Esto es, 'las trescientas lanzas de los cristianos mataron un moro cada una, y con un solo golpe'.
69 'Al volver a la carga (*a la tornada*), mataron otros trescientos'.

Veriedes tantas lanzas premer e alzar,[70]
tanta adágara foradar e pasar,[71]
tanta loriga falsar e desmanchar,[72]
tantos pendones blancos salir bermejos[73] en sangre,
tantos buenos caballos sin sos dueños andar.
Los moros llaman «¡Mafómat!» e los cristianos
«¡Santi Yagüe!»[74]
Cayén en un poco de logar moros muertos mil
e trecientos ya.[75]

¡Cuál lidia bien, sobre exorado arzón,[76]
mio Cid Ruy Díaz, el buen lidiador!
Minaya Álvar Fáñez, que Zorita mandó;[77]
Martín Antolínez, el burgalés de pro;[78]
Muño Gustioz, que fue so criado;[79]
Martín Muñoz, el que mandó a Mont Mayor;
Álvar Álvarez e Álvar Salvadórez;
Galín García, el bueno de Aragón;

70 'Veríais (*veriedes*) tantas lanzas bajar (*premer*) y subir'. Los juglares solían invocar a sus oyentes para implicarlos en la acción narrada.

71 O sea, 'perforar y traspasar tantos escudos (*adágaras*)'.

72 Es decir, 'atravesar y romper tantas armaduras'. La *loriga* era una armadura flexible compuesta por miles de anillas de metal entrelazadas.

73 *bermejos*: rojos.

74 'Los moros piden ayuda a Mahoma y los cristianos a Santiago'. Los guerreros cristianos solían invocar al apóstol Santiago porque se decía que, durante la batalla de Clavijo (844), se había aparecido montado en un corcel blanco y había acabado con buena parte de los soldados musulmanes.

75 Es decir, 'en un espacio pequeño cayeron muertos mil trescientos moros'.

76 *lidiar*: batallar; *exorado*: dorado.

77 Esto es, 'que fue señor de Zorita', localidad situada en la actual provincia de Guadalajara. A Álvar Fáñez, el Cid suele llamarlo cariñosamente *Minaya*, expresión medio castellana y medio vasca que significa 'mi hermano'. Según es costumbre en la épica, el poeta inicia aquí la enumeración de los guerreros que acompañan al Cid, entre los cuales unos son figuras históricas y otros personajes de pura ficción.

78 *de pro*: excelente.

79 Esto es, 'que se crió en su casa', es decir, en la casa del Cid, por lo que mantenía un vínculo muy estrecho con el héroe.

Félez Muñoz, so sobrino del Campeador;
desí adelante, cuantos que hí son
acorren la seña e a mio Cid el Campeador.[80]

A Minaya Álvar Fáñez matáronle el caballo,
bien lo acorren mesnadas de cristianos.
La lanza ha quebrada,[81] al espada metió mano,
maguer[82] de pie, buenos colpes va dando.
Violo mio Cid Ruy Díaz el castellano,
acostós' a un aguacil[83] que tenié buen caballo,
diol' tal espadada con el so diestro brazo,
cortól' por la cintura, el medio echó en campo.[84]
A Minaya Álvar Fáñez íbal' dar el caballo:
«¡Cabalgad, Minaya, vós sodes el mio diestro brazo![85]
Hoy en este día de vós habré gran bando;[86]
firmes son los moros, aún no s' van del campo».
Cabalgó Minaya, el espada en la mano,
por estas fuerzas fuertemientre lidiando,[87]
a los que alcanza valos delibrando.[88]
Mio Cid Ruy Díaz, el que en buen hora nasco,[89]
al rey Fáriz tres colpes le habié dado:
los dos le fallen e el uno l'ha tomado,[90]
por la loriga ayuso la sangre destellando.[91]

80 O sea, 'de ahí en adelante, todos los que se encuentran allí (*hí*) socorren a la bandera y al Cid'. Adueñarse de la bandera enemiga era una proeza dotada de un poderoso valor moral que ayudaba a la victoria.

81 Es decir, 'ha roto'.

82 *maguer*: aunque.

83 Es decir, 'se acercó a un oficial musulmán'.

84 Esto es, 'le dio tal golpe de espada con la mano derecha que cortó por la cintura el cuerpo del oficial, cuya mitad superior cayó al suelo'.

85 O sea, 'sois (*sodes*) mi principal colaborador'.

86 *bando*: ayuda, socorro.

87 'Luchando esforzadamente entre el bando (*las fuerzas*) enemigo'.

88 *delibrar*: despachar, matar.

89 *nasco*: nació.

90 Es decir, 'los dos primeros golpes no alcanzan al rey, pero el tercero sí'.

91 O sea, 'por la armadura abajo (*ayuso*) la sangre va brillando'.

Volvió la rienda por írsele del campo.
Por aquel colpe, rancado es el fonsado.[92]

Martín Antolínez un colpe dio a Galve,
las carbonclas del yelmo echóselas aparte,[93]
cortól' el yelmo, que llegó a la carne;
sabed: el otro non se l'osó esperar.[94]
Arrancado es el rey Fáriz e Galve.[95]
¡Tan buen día por la cristiandad,
ca fuyén los moros de la part![96]
Los de mio Cid firiendo en alcaz,[97]
el rey Fáriz en Terrer se fue entrar,
e a Galve no l' cogieron allá,[98]
para Calatayud cuanto puede se va,[99]
el Campeador íbal' en alcaz,
fata Calatayud duró el segudar.[1]

(Cantar I, series 34-39, vv. 700-777)

REENCUENTRO EN VALENCIA

Tras avanzar sobre la zona de Levante, el Cid lidera una gesta grandiosa: la conquista de Valencia, donde se establece definitivamente con sus hombres. Impresionado por la proeza, Alfonso VI da permiso para que doña Jimena y sus hijas viajen a Valencia a reunirse con el Cid. Cuando el héroe ve llegar a su familia, sale a recibirla

92 'Gracias a aquel golpe, el ejército (*fonsado*) moro fue vencido (*rancado*)'.

93 Es decir, 'le arrancó los rubíes del casco'. Los guerreros más ricos y de mayor rango solían llevar yelmos adornados con piedras preciosas.

94 O sea, que, al ser alcanzado en la carne por la espada de Antolínez, Galve no tuvo valor para esperar un segundo golpe, de modo que huyó.

95 Esto es, 'derrotados son los reyes Fáriz y Galve'.

96 'Pues los moros huían de aquel lugar'.

97 Es decir, 'atacándolos durante la persecución (*alcaz*)'.

98 'Fáriz se refugió en Terrer, pero a Galve no lo acogieron allí'. Terrer es una población aragonesa, situada en la actual provincia de Zaragoza.

99 *cuanto puede*: tan rápido como puede.

1 *segudar*: persecución, acoso.

montado a lomos de Babieca, su magnífico caballo. Primero, hace una carrera de exhibición en honor de las recién llegadas, y luego descabalga para darles un abrazo, momento en que doña Jimena se arrodilla ante su esposo en señal de respeto.

Cuando lo vio doña Jimena,   a pies se le echaba:
«Merced, Campeador,   en buen hora cinxiestes espada,
sacada me habedes   de muchas vergüenzas malas![2]
Afeme aquí, señor,   yo e vuestras fijas amas;
con Dios e combusco,   buenas son e criadas».[3]
A la madre e a las fijas   bien las abrazaba,
del gozo que habién   de los sos ojos lloraban.
Todas las sus mesnadas   en gran deleit estaban:
armas tenién   e tablados quebrantaban.[4]
Oíd lo que dijo   el que en buen hora cinxo espada:
«Vós, mujer   querida e hondrada,[5]
e amas mis fijas,   mi corazón e mi alma,
entrad comigo   en Valencia la casa,
en esta heredad[6]   que vos yo he ganada».
Madre e fijas   las manos le besaban,
a tan gran hondra[7]   ellas a Valencia entraban.

Adeliñó mio Cid   con ellas al alcázar,[8]
allá las subié   en el más alto logar.
Ojos bellidos   catan a todas partes:[9]

---

2 'Me habéis liberado de una gran deshonra'.

3 'Aquí me tenéis (*afeme aquí*), señor, a mí y a vuestras dos hijas (*vuestras fijas amas*); gracias a Dios y a vuestra ayuda, sanas están, y ya criadas'.

4 Para celebrar la ocasión, las tropas se entregan a competiciones que les proporcionan un gran disfrute (*deleit*). En concreto, se dedican a luchar deportivamente y a romper tablados, ejercicio que consistía en derribar con la lanza un armazón de madera situado en alto.

5 *hondrada*: honrada.

6 *heredad*: tierra.

7 Es decir, 'con tan grandes honores'.

8 *alcázar*: fortaleza.

9 *bellidos*: bellos, hermosos; *catar*: mirar.

miran Valencia, cómo yace la cibdad,[10]
e del otra parte a ojo han el mar;[11]
miran la huerta: espesa[12] es e gran;
alzan las manos pora Dios rogar
d'esta ganancia, cómo es buena e gran.
Mio Cid e sus compañas tan a gran sabor están.[13]
El ivierno es exido, que el marzo quiere entrar.
Decirvos quiero nuevas de allend partes del mar,[14]
de aquel rey Yúcef que en Marruecos está.

Pesól'[15] al rey de Marruecos de mio Cid don Rodrigo:
«Que en mis heredades fuertemientre es metido,
e él non se lo gradece sinon a Jesucristo».[16]
Aquel rey de Marruecos ajuntaba sus virtos,[17]
con cincuenta veces mil de armas todos fueron
complidos.[18]
Entraron sobre mar, en las barcas son metidos,
van buscar a Valencia, a mio Cid don Rodrigo.
Arribado han las naves, fuera eran exidos.

Llegaron a Valencia, la que mio Cid ha conquista,
fincaron las tiendas e posan las gentes descreídas.[19]
Estas nuevas a mio Cid eran venidas.

---

10 Es decir, 'ven cómo se extiende la ciudad de Valencia'.
11 'Por el otro lado, tienen el mar a la vista (*a ojo*)'.
12 *espesa*: amplia, extensa.
13 Esto es, 'tan satisfechos (*a gran sabor*) están'.
14 'Contaros quiero noticias procedentes del otro lado del mar , esto es, del norte de África.
15 *pesól'*: le entristeció, le dolió.
16 Es decir, 'el Cid sólo se lo agradece a Jesucristo', cosa que al rey de Marruecos, por ser musulmán, le parece un despropósito.
17 Esto es, 'reunía sus tropas'.
18 'Con cincuenta mil armas, quedaron dispuestos para la guerra'. El número de soldados es exagerado para un ejército medieval. Con todo, el episodio tiene base histórica, pues es cierto que Yusuf ibn Tesufin, califa almorávide de Marruecos, envió un ejército en 1094 a recuperar Valencia.
19 'Los infieles (*gentes descreídas*) levantaron sus tiendas y acampan (*posan*)'.

«¡Grado al Criador[20] e al Padre Espirital,
todo el bien que yo he, todo lo tengo delant!
Con afán gané a Valencia e hela por heredad:[21]
a menos de muert, no la puedo dejar.[22]
¡Grado al Criador e a Santa María madre,
mis fijas e mi mujer, que las tengo acá!
Venido m'es delicio de tierras d'allend mar,[23]
entraré en las armas, non lo podré dejar;
mis fijas e mi mujer verme han lidiar,
en estas tierras ajenas verán las moradas cómo se facen,[24]
afarto[25] verán por los ojos cómo se gana el pan».
Su mujer e sus fijas subiolas al alcázar.
Alzaban los ojos, tiendas vieron fincadas.
«¿Qué's esto, Cid, sí el Criador vos salve?».
«Ya mujer hondrada, non hayades pesar:
riqueza es que nos acrece, maravillosa e gran.[26]
Ha poco que viniestes, present vos quieren dar:[27]
por casar son vuestras fijas, adúcenvos ajuvar».[28]
«A vós grado, Cid, e al Padre Espirital».
«Mujer, sed en este palacio e, si quisiéredes, en el alcázar;
non hayades[29] pavor porque me veades lidiar:

20 'Gracias doy a Dios'. Es el Cid, claro, quien pronuncia estas palabras.
21 'Y la tengo por propiedad'.
22 O sea, 'salvo que me maten, no la abandonaré'.
23 'Me ha llegado un placer de las tierras que están al otro lado del mar'.
24 Es decir, 'verán cómo se vive (*cómo se facen las moradas*) en estas tierras extranjeras (*ajenas*)'.
25 *afarto*: de sobra, con absoluta claridad.
26 El Cid considera la guerra como una oportunidad para incrementar (*acrecer*) sus bienes.
27 *present*: 'presente, regalo'; en este caso, de bienvenida.
28 Es decir, 'os traen el *ajuar* ('joyas, muebles y bienes que aporta la novia al matrimonio')'.
29 *hayades*: tengáis.

con la merced de Dios e de Santa María madre,
crécem' el corazón[30] porque estades delant.
¡Con Dios aquesta lid yo la he de arrancar!».[31]

(Cantar II, series 86-90, vv. 1594-1656)

UNA FIERA SUELTA

El Cid logra derrotar a Yúcef, lo que le proporciona un espléndido botín. Una parte de las ganancias la envía a Alfonso VI, quien, al recibir el regalo, le concede al Cid el perdón definitivo. El rápido enriquecimiento del Campeador, por otro lado, despierta la codicia de dos nobles de la corte, los hermanos Fernando y Diego González, infantes de Carrión. Los jóvenes ruegan al rey que los case con las hijas del Cid. La petición desagrada al Campeador, quien, no obstante, accede a casar a sus hijas a fin de no enojar de nuevo al rey. Las bodas se celebran en Valencia, y en los dos años siguientes, los infantes llevan una vida cómoda y regalada en el palacio del Cid. Todo va a las mil maravillas hasta que un león pone de manifiesto el carácter egoísta y cobarde de los hermanos González.

En Valencia seí mio Cid con todos los sos.[32]
Con él, amos sus yernos,[33] los ifantes de Carrión.
Yaciés' en un escaño,[34] durmié el Campeador.
Mala sobrevienta, sabed, que les cuntió:[35]
saliós' de la red e desatós' el león.[36]
En gran miedo se vieron por medio de la cort:[37]
embrazan los mantos los del Campeador

30 Es decir, 'se acrecienta mi valor'.
31 '¡Con la ayuda de Dios, he de vencer esta batalla!'.
32 'En Valencia estaba (*seí*) el Cid con todos los suyos (*los sos*)'.
33 *amos sus yernos*: ambos sus yernos, sus dos yernos.
34 'Estaba tendido en un *escaño* (banco largo de madera con respaldo)'.
35 'Sabed que se llevaron una desagradable sorpresa'.
36 'Escapó de la jaula y quedó suelto el león'. En la Edad Media, algunos ricos tenían tigres y leones en su casa con el objeto de exhibir su poderío económico, pues las fieras costaban muchísimo dinero.
37 *cort*: salón.

e cercan el escaño   e fincan sobre so señor.[38]
Ferrán González   [.............................]
non vio allí dó s'alzase,   nin cámara abierta nin torre,[39]
metiós' so'l escaño,   tanto hobo el pavor.[40]
Diego González   por la puerta salió,
diciendo de la boca: «¡Non veré Carrión!».[41]
Tras una viga lagar[42]   metiós' con gran pavor,
el manto e el brial[43]   todo sucio lo sacó.
En esto despertó   el que en buen hora nació.
Vio cercado el escaño   de sus buenos varones:
«¿Qué's esto, mesnadas,   o qué queredes vós?».
«Ya, señor hondrado,   rebata[44] nos dio el león».
Mio Cid fincó el cobdo,[45]   en pie se levantó,
el manto trae al cuello   e adeliñó pora'l león.
El león, cuando lo vio,   así envergonzó,
ante mio Cid la cabeza premió   e el rostro fincó.[46]
Mio Cid don Rodrigo   al cuello lo tomó,
e liévalo adestrando,   en la red le metió.[47]
A maravilla lo han   cuantos que hí son,
e tornáronse al palacio,   pora la cort.[48]

---

38 'Rodean el escaño y se quedan en torno a su señor'. Al estar desarmados, los hombres del Cid se limitan a rodear a su señor y enrollarse los mantos al brazo para protegerse de un posible ataque.

39 Esto es, 'no vio ninguna altura en la que refugiarse (*dó s'alzase*), ni ninguna habitación abierta ni torre [a la que subir]'.

40 'Se metió bajo el escaño, tanto miedo sintió'.

41 '¡No volveré a ver Carrión!', esto es, '¡voy a morir!'.

42 *viga lagar*: aquí, 'recipiente grande donde se echa la uva para exprimirla'.

43 *brial*: especie de túnica.

44 *rebata*: asalto repentino.

45 'Apoyó el codo'.

46 'El león, cuando vio al Cid, se mostró sumiso (*envergonzó*), agachó (*premió*) la cabeza y pegó el morro al suelo'.

47 'Y lo conduce con la mano y lo encerró en la jaula'.

48 'Y volviéronse al palacio, a la sala'. Se deduce, pues, que la jaula estaba fuera del salón, en un patio o jardín, hasta donde los caballeros han seguido al Cid y a la fiera.

Mio Cid por sos yernos demandó e no los falló,[49]
maguer[50] los están llamando, ninguno non respondió.
Cuando los fallaron, ellos vinieron así sin color,
non viestes tal juego como iba por la cort.[51]
Mandolo vedar mio Cid el Campeador.[52]
Múchos' tovieron por embaídos los ifantes de Carrión,[53]
fiera cosa les pesa d'esto que les cuntió.[54]

(Cantar III, serie 112, vv. 2278-2310)

LA AFRENTA DE CORPES

El episodio del león ha dejado honda huella en el ánimo de los infantes. Dadas las burlas de que han sido objeto, Diego y Fernando se sienten deshonrados, así que trazan un plan para vengarse del Cid, a quien responsabilizan de su desprestigio. Primero le piden que les deje llevarse a Sol y Elvira a su tierra natal, es decir, a Carrión, una población cercana a Burgos. El Cid da su permiso, ignorante de las malévolas intenciones de sus yernos, pero Sol y Elvira nunca llegan a Carrión. El pasaje que sigue recrea el viaje, y comienza con una enumeración de parajes situados en las actuales provincias de Guadalajara, Soria y Burgos.

Ya movieron d'El Ansarera[55] los ifantes de Carrión,
acógense[56] a andar de día e de noch,
a siniestro dejan Atienza, una peña muy fuert,[57]
la sierra de Miedes pasáronla estoz,[58]

49 'Preguntó y no los encontró'.
50 *maguer*: aunque.
51 Es decir, 'no os imagináis cuántas risas se oyeron en el salón'.
52 Esto es, 'el Cid prohibió que siguieran las burlas'.
53 'Muy maltratados (*embaídos*) se sintieron los infantes de Carrión'.
54 'Les duele muchísimo esto que les pasó'.
55 'Ya se fueron de El Ansarera'.
56 *acógense a andar*: se ponen a andar.
57 Esto es, 'un castillo inconquistable situado en la cima de una gran roca'.
58 *estoz*: entonces.

por los Montes Claros aguijan a espolón,[59]
a siniestro dejan a Griza, que Álamos pobló
(allí son caños do a Elfa encerró),[60]
a diestro dejan a San Esteban, más cae aluén.[61]
Entrados son los ifantes al robredo de Corpes,[62]
los montes son altos, las ramas pujan con las núes,[63]
e las bestias fieras que andan aderredor.
Fallaron un vergel con una limpia fuent;
mandan fincar la tienda ifantes de Carrión.
Con cuantos que ellos traen hí yacen esa noch,[64]
con sus mujeres en brazos demuéstranles amor,
¡mal se lo cumplieron cuando salié el sol![65]
Mandaron cargar las acémilas con grandes haberes,[66]
cogida han la tienda do albergaron de noch,
adelant eran idos los de criazón,[67]
así lo mandaron los ifantes de Carrión,
que non hí fincás ninguno,[68] mujer nin varón,
sinon amas sus mujeres, doña Elvira e doña Sol:
deportarse quieren con ellas a todo su sabor.[69]
Todos eran idos, ellos cuatro solos son,

59 Es decir, 'pican a sus caballos con las espuelas' para ir deprisa.

60 El pasaje parece aludir a una leyenda, hoy perdida, sobre la fundación de la población de Griza: se nos dice que un tal Álamos pobló la ciudad y encerró en unas cuevas subterráneas a un tal Elfa.

61 'A la derecha dejan San Esteban de Gormaz, que está más alejada (*cae aluén*)'. San Esteban de Gormaz pertenece a la actual provincia de Soria.

62 *robredo*: 'robledo'. Se ignora el paradero exacto del robledo de Corpes, aunque debía de quedar a unos 20 km de San Esteban de Gormaz.

63 Es decir, 'suben hasta las nubes'.

64 'Allí pasan la noche'.

65 '¡Mal se lo manifestaron cuando salió el sol!'. La actitud de los infantes por la mañana no se adecuó al amor que les habían mostrado a sus esposas durante la noche.

66 'Mandaron cargar las mulas (*acémilas*) con un gran número de bienes'.

67 'Ya se habían marchado los criados de los infantes'.

68 '[Los infantes ordenaron] que allí no se quedara nadie'.

69 'Gozar quieren con ellas bien a gusto'.

tanto mal comidieron los ifantes de Carrión.[70]
«Bien lo creades, don Elvira e doña Sol,
aquí seredes escarnidas[71] en estos fieros montes.
Hoy nos partiremos e dejadas seredes de nós:
non habredes part en tierras de Carrión.[72]
Irán aquestos mandados[73] al Cid Campeador,
nós vengaremos por aquésta la del león».[74]
Allí les tuellen los mantos e los pellizones,[75]
páranlas en cuerpos e en camisas e en ciclatones,[76]
espuelas tienen calzadas los malos traidores,
en mano prenden las cinchas fuertes e duradores.[77]
Cuando esto vieron las dueñas, fablaba doña Sol:
«¡Don Diego e don Ferrando, rogávomos por Dios!
Dos espadas tenedes, fuertes e tajadores,
al una dicen Colada e al otra Tizón,[78]
cortandos[79] las cabezas, mártires seremos nós,
moros e cristianos departirán d'esta razón,[80]
que por lo que nós merecemos no lo prendemos nós,[81]
atán malos enxemplos non fagades sobre nós;[82]
si nós fuéremos majadas, aviltaredes a vós:[83]

---

70 'Tan gran maldad planearon los infantes de Carrión'.
71 *escarnidas*: deshonradas, maltratadas.
72 'No recibiréis porción alguna de las tierras de Carrión'. Los infantes afirman que sus bienes no podrán ser disfrutados por las hijas del Cid, pues las acaban de repudiar.
73 *mandados*: noticias.
74 'De este modo, nos vengaremos de la [deshonra] del león'.
75 'Allí les quitan los mantos y los vestidos'.
76 O sea, 'las dejan en ropa interior'.
77 *prender*: tomar; *cincha*: correa; *duradores*: recias.
78 La *Colada* y la *Tizona* eran espadas que el Cid había ganado en sus combates, y que regaló a sus yernos en prueba de cariño.
79 *cortandos*: cortadnos.
80 'Todo el mundo hablará de nuestro caso'.
81 'Pues moriremos inmerecidamente', como los mártires.
82 'No cometáis tan gran crueldad contra nosotras'.
83 'Si somos golpeadas (*majadas*), os envileceréis'.

retraérvoslo han en vistas o en cortes».[84]
Lo que ruegan las dueñas non les ha ningún pro;[85]
esora les compiezan a dar los ifantes de Carrión;[86]
con las cinchas corredizas, májanlas tan sin sabor,
con las espuelas agudas, don ellas han mal sabor,[87]
rompién las camisas e las carnes a ellas amas a dos.
Limpia salié la sangre sobre los ciclatones,
ya lo sienten ellas en los sos corazones.
¡Cuál ventura serié ésta, si ploguiese al Criador,
que asomase esora el Cid Campeador!
Tanto las majaron que sin cosimente son,[88]
sangrientas han las camisas e todos los ciclatones.
Cansados son de ferir ellos amos a dos,
ensayándos' amos cuál dará mejores colpes.
Ya non pueden fablar don Elvira e doña Sol,
por muertas las dejaron en el robredo de Corpes.

Leváronles los mantos e las pieles armiñas,[89]
mas déjanlas marridas[90] en briales e en camisas,
e a las aves del monte e a las bestias de la fiera guisa.[91]
Por muertas las dejaron, sabed, que non por vivas.
¡Cuál ventura serié si asomás esora el Cid Campeador!

Los ifantes de Carrión [........................],
en el robredo de Corpes por muertas las dejaron,
que el una al otra no l' torna recabdo.[92]

84 'Os acusarán por ello en un juicio ante el rey'.
85 'Los ruegos de las damas (*dueñas*) no les sirven de nada'.
86 'Entonces (*esora*) comienzan a golpearlas los infantes de Carrión'.
87 'De las que reciben gran amargura'.
88 'Tanto las golpearon, que las han dejado sin conocimiento'.
89 'Les robaron los mantos y las pieles de armiño'.
90 *marridas*: desfallecidas, inconscientes.
91 'Y las [abandonan] a las aves del monte y a las bestias de fiero aspecto (*guisa*)'. Es decir, las dejan en pleno bosque, a merced de los animales.
92 'Que ninguna de las dos puede ayudar a la otra'.

Por los montes do iban, ellos íbanse alabando:[93]
«De nuestros casamientos agora somos vengados,
non las debiemos tomar por barraganas si non fuésemos
rogados,[94]
pues nuestras parejas non eran pora en brazos.[95]
¡La deshondra del león así s'irá vengando!».

(Cantar III, series 128-130, vv. 2689-2762)

LA APOTEOSIS DEL HÉROE

Elvira y Sol sobreviven a la paliza del robledo de Corpes, tras lo cual el Cid busca justicia. No opta, sin embargo, por una sangrienta venganza personal, sino que pide que los infantes sean juzgados ante el rey. Alfonso VI accede, y dispone que tres hombres del Cid se enfrenten a los infantes y a su hermano mayor. El triple duelo se salda con la victoria de los hombres del Cid y la consiguiente deshonra de los hermanos González. Simultáneamente, los príncipes de Navarra y Aragón piden la mano de Elvira y Sol, quienes entroncan así con la realeza por medio del matrimonio. En los últimos versos del *Cantar*, pues, la honra del Cid alcanza su apogeo. Cuando se entera de la victoria de sus tres caballeros, el héroe se acaricia la barba, símbolo medieval del honor, y exclama:

«¡Grado al rey del cielo, mis fijas vengadas son,
agora las hayan quitas heredades de Carrión![96]
¡Sin vergüenza las casaré, o a qui pese o a qui non!».[97]
Andidieron en pleitos los de Navarra e de Aragón,[98]

93 Es decir, 'iban presumiendo [de lo que acababan de hacer]'.
94 'No las debimos tomar ni como amantes (*barraganas*), pero nos lo rogaron'. Los infantes mienten, pues fueron ellos quienes pidieron las bodas.
95 'Pues eran de posición social demasiado baja para ser nuestras mujeres'.
96 'Ahora son dueñas de las tierras de Carrión'. Tal y como disponía el derecho medieval, las hijas del Cid se quedan con los bienes que les ofrecieron sus maridos al casarse, ya que han sido repudiadas sin justificación.
97 O sea, 'pese a quien pese'.
98 Es decir, '[los embajadores] de los infantes de Navarra y Aragón entablaron negociaciones [para las bodas]'.

hobieron su ajunta[99] con Alfonso el de León,
ficieron sus casamientos con don Elvira e con doña Sol.
Los primeros fueron grandes, mas aquestos son mijores,
a mayor hondra las casa que lo que primero fue.
¡Ved cuál hondra crece al que en buen hora nació,
cuando señoras son sus fijas de Navarra e de Aragón!
Hoy los reyes d'España sos parientes son,
a todos alcanza hondra por el que en buen hora nació.[1]

(Cantar III, serie 152, vv. 3714-3725)

99 *ajunta*: entrevista, reunión.

1 El final, tan dichoso, no se corresponde con la verdad histórica, pues las hijas de don Rodrigo no fueron reinas, si bien es cierto que contrajeron matrimonio con hombres pertenecientes a casas reales.

Gonzalo de Berceo

A los clérigos nos les gustaban los juglares. Les dolía que se ocuparan tan sólo de las cosas terrenales y los acusaban de convertir la poesía en un medio de propagación del pecado. Para contrarrestar su mala influencia, los clérigos se pusieron a escribir una poesía de orientación religiosa que animase a la gente a vivir de acuerdo con la fe cristiana. Así surgió el *mester de clerecía*, cuyo mejor representante fue Gonzalo de Berceo, un clérigo nacido en La Rioja hacia 1196. Berceo escribió nueve grandes poemas de tema religioso, entre los cuales el más conocido son los *Milagros de Nuestra Señora*, que relata con estilo sencillo y familiar veinticinco portentos obrados por la Virgen. La finalidad del libro es alentar el culto a la madre de Dios, cuyo poder supremo de salvación queda bien demostrado en el siguiente milagro, el XIV, donde la Virgen lucha contra el poder devastador del fuego.

LA IMAGEN RESPETADA POR EL FUEGO

San Miguel de la Tumba   es un gran monesterio.[1]
El mar lo cerca todo,   elli[1] yace en medio.
Es logar perigloso,   do sufren gran lacerio[2]
los monjes que hí viven,   en esi cimiterio.[3]

1 *elli*: 'él', es decir, 'el monasterio'.
2 'Es lugar peligroso, donde sufren gran pobreza (*lazerio*)'.
3 'Los monjes que allí (*hí*) viven, en ese cementerio'. Puesto que al islote donde estaba el convento se le llamaba *La Tumba*, Berceo identifica el edificio con un cementerio.

1 Berceo se refiere al monasterio francés del monte Saint-Michel, situado en plena costa atlántica. El edificio se levantaba sobre un islote al que llamaban *La Tumba* porque quedaba rodeado por el mar cuando la marea subía, lo que provocaba que algunos visitantes del lugar murieran ahogados.

En esti monesterio que habemos nomnado,[4]
habié de buenos monjes buen convento probado,
altar de la Glöriosa,[5] rico e muy honrado,
en él rica imagen de precio muy granado.[6]

Estaba la imagen en su trono posada,
so fijo en sus brazos, cosa es costumnada,[7]
los Reÿs redor ella, sedié bien compañada,[8]
como rica reïna de Dios santificada.

Tenié rica corona como rica reïna,
de suso rica impla[9] en logar de cortina,
era bien entallada,[10] de labor müy fina,
valié más esi pueblo que la habié vecina.[11]

Colgaba delant ella un buen aventadero,[12]
en el seglar lenguage dícenli «moscadero»;[13]
de alas de pavones lo fizo el obrero,[14]
lucié como estrellas, semejant de lucero.

Cadió rayo del cielo por los graves pecados,[15]
encendió la eglesia de todos cuatro cabos,[16]

---

4 *nomnado*: nombrado, mencionado.
5 *La Gloriosa*: la Virgen.
6 Es decir, 'en el altar había una estatua de la Virgen, que era de gran valor (*de precio muy granado*)'.
7 'Tenía a su hijo (*so fijo*) en brazos, como es costumbre'.
8 'Con los Reyes Magos alrededor, la Virgen estaba (*sedié*) bien acompañada'.
9 'Por arriba (*de suso*) tenía un rico velo (*impla*)'.
10 *entallada*: tallada, esculpida.
11 'Aquel pueblo tenía más valor por el hecho de contar con aquella estatua'.
12 *aventadero*: abanico.
13 Es decir, 'vulgarmente [al *aventadero*] se le llama «moscadero»', pues se usaba para espantar a las moscas.
14 'Con alas de pavo real (*pavón*) lo hizo el escultor'.
15 'Cayó (*cadió*) un rayo del cielo [en castigo] por los graves pecados [que cometen los seres humanos]'.
16 Es decir, 'por los cuatro costados'.

quemó todos los libros e los paños sagrados,
por poco que los monjes que non foron quemados.[2]

Ardieron los armarios e todos los frontales,[17]
las vigas, las gateras, los cabrios, los cumbrales;[18]
ardieron las ampollas, cálices e ciriales,[19]
sufrió Dios esa cosa como faz otras tales.[20]

Maguer[21] que fue el fuego tan fuert e tan quemant,
nin plegó a la dueña nin plegó al ifant,[22]
nin plegó al flabelo[23] que colgaba delant,
ni li fizo de daño un dinero pesant.[24]

Nin ardió la imagen nin ardió el flabelo,
nin prisieron de daño cuanto val un cabello;[25]
solamiente el fumo non se llegó a ello,[26]
ni'l nució más que nuzo yo al bispo don Tello.[27]

Continens e contentu fue todo astragado,[28]
tornó todo carbones, fo todo asolado,

---

17 *frontales*: adornos que decoran la parte delantera del altar, es decir, de la mesa donde se celebra la misa.

18 O sea, que ardió el techo, del que forman parte los elementos citados.

19 *ampollas*: jarrillos que se usan en la misa; *cáliz*: vaso grande en que se echa el vino durante la misa; *cirial*: candelabro que sujeta los cirios o velas.

20 'Permitió Dios esa desgracia como permite otras semejantes'.

21 *maguer*: aunque.

22 'Ni alcanzó (*plegó*) a la Virgen ni alcanzó al Niño'.

23 *flabelo*: abanico.

24 'Ni le hizo el menor daño'. Literalmente, Berceo dice que le causó menos daño de lo que pesa una moneda.

25 'Le hicieron menos daño de lo que vale un cabello'.

26 'Ni siquiera les llegó el humo'.

27 'Lo dañó como yo al obispo don Tello', esto es, 'no le hizo daño alguno'. Berceo alude humorísticamente a su amigo don Tello Téllez de Meneses, que fue obispo de Palencia entre 1208 y 1247.

28 *continens e contentu*: en latín, 'continente y contenido'; *astragado*: 'destruido'. Es decir, ardió todo: el edificio (el *continente*) y su *contenido*.

2 El monasterio de Saint-Michel se incendió en varias ocasiones. El fuego que describe Berceo se produjo en la mañana del Viernes Santo de 1112.

mas redor la imagen, cuanto es un estado,
non fizo mal el fuego ca non era osado.[29]

Esto tovieron todos por fiera[30] maravella,
que nin fumo nin fuego non se llegó a ella,
que sedié el flabelo más claro que estrella,
el niño muy fermoso, fermosa la poncella.[31]

El precioso miraclo non cadió en oblido:[32]
fue luego bien dictado, en escripto metido.[33]
Mientre el mundo sea, será él retraído;[34]
algún malo por ello fo a bien convertido.

La Virgo benedicta, Reïna general,
como libró su toca de esti fuego tal,
asín libra sus siervos del fuego pereñal,[35]
liévalos[36] a la Gloria, do nunca vean mal.

---

29 'Alrededor de la imagen quedó un círculo de unos dos metros (un *estado*) en el que el fuego no se atrevió a entrar'.

30 *fiera*: extraordinaria.

31 *la poncella*: la Virgen.

32 'El precioso milagro no cayó en el olvido'.

33 'Fue enseguida bien redactado y puesto por escrito'.

34 'Mientras el mundo exista, [el milagro] se seguirá contando'.

35 *pereñal*: 'perenne, eterno'. Berceo se refiere, claro, a los fuegos eternos del infierno, donde arden los pecadores.

36 *liévalos*: los lleva, llévalos.

Romancero

A veces, cuando un juglar cantaba un cantar de gesta, el público se entusiasmaba tanto con un determinado pasaje que pedía que se lo repitieran una y otra vez. La gente quería oír de nuevo aquella escena en que el Cid rebanaba la cintura de su peor enemigo o en que a Roldán le estallaban las sienes de tan fuerte como soplaba su cuerno de guerra. A fuerza de escucharlos tantas veces, el público acabó por memorizar sus pasajes preferidos de los cantares, y se los repetía a sí mismo en sus horas de ocio o de labor. A la larga, tales fragmentos se convirtieron en obras independientes, e incluso surgieron poemas que los imitaban: series de versos octosílabos que contaban con brevedad una historia llena de dramatismo. Tales poemas, llamados romances, gozaron de gran popularidad entre los siglos XIV y XVI. El pueblo los hizo suyos, los difundió de viva voz por todas partes y los fue reelaborando poco a poco, pues les quitaba o añadía versos cada vez que los cantaba, y sustituía unas palabras por otras, bien fuera por puro error o bien con el afán consciente de embellecerlos.

Aunque al principio narraban sobre todo episodios épicos protagonizados por reyes y guerreros, los romances acabaron por contar todo tipo de historias: casos sentimentales de mujeres adúlteras y amigos traicionados, aventuras caballerescas, leyendas bíblicas e incluso sucesos históricos de la antigüedad, como el incendio de Roma en los tiempos de Nerón. Una de las corrientes más fecundas fue el romance fronterizo, que relataba las luchas de moros y cristianos en los tiempos de la Reconquista, y que engendró piezas tan hermosas como el romance de Abenámar, donde la mismísima ciudad de Granada alza la voz para negarse a aceptar por esposo a un rey cristiano, argumentando que su corazón pertenece para siempre a un príncipe moro. Cualquier asunto, en fin, podía convertirse en romance, con tal de que el poema resultante obedeciera las reglas básicas del género: voluntad narrativa, concisión en el relato, intensidad dramática y llaneza en el lenguaje.

EL PRISIONERO

Que por mayo era, por mayo,
cuando hace la calor,
cuando los trigos encañan[1]
y están los campos en flor,
cuando canta la calandria
y responde el ruiseñor,[2]
cuando los enamorados
van a servir al amor;
sino yo, triste, cuitado,[3]
que vivo en esta prisión,
que ni sé cuándo es de día
ni cuándo las noches son,
sino por una avecilla
que me cantaba al albor.[4]
Matómela un ballestero,
dele Dios mal galardón.[5]

ABENÁMAR[1]

«¡Abenámar, Abenámar,
moro de la morería,
el día que tú naciste

---

1 *encañar*: empezar el tallo de un cereal a convertirse en caña.
2 Tanto la *calandria* como el *ruiseñor* son pájaros de canto muy agradable.
3 'Salvo yo, triste, desgraciado'.
4 Es decir, 'al amanecer'.
5 *ballestero*: soldado que maneja la *ballesta* ('arma portátil que dispara flechas'); *mal galardón*: castigo.

1 El poema recrea legendariamente una situación histórica. En 1431, Yusuf Ibn Al Mawl, llamado Abenalmao o Abenámar por los cristianos, pidió ayuda a Juan II de Castilla para hacerse con el trono de Granada y le prometió que, a cambio, se convertiría en su vasallo. Sellado el pacto, Juan II acudió a Granada y trabó batalla con los moros. El romance empieza poco antes del combate, con unas palabras que don Juan dirige a Abenámar.

grandes señales había!
Estaba la mar en calma,
la luna estaba crecida;
moro que en tal signo nace
no debe decir mentira».[2]
«No te la diré, señor,
aunque me cueste la vida».
«Yo te agradezco, Abenámar,
aquesta tu cortesía.
¿Qué castillos son aquéllos?
¡Altos son y relucían!»
«El Alhambra eran, señor,
y la otra la mezquita;
los otros, los Alixares,
labrados a maravilla.[3]
El moro que los labraba
cien doblas ganaba al día,
y el día que no los labra
otras tantas se perdía;[6]
desque[7] los tuvo labrados,
el rey le quitó la vida
porque no labre otros tales

6 La *dobla* era una moneda de oro. Abenámar dice que el constructor del palacio, cuando no trabajaba, no sólo perdía el salario del día sino que debía entregar cien doblas de su bolsillo a modo de multa.

7 *desque*: desde que.

2 Antiguamente se creía que, al nacer una persona, la naturaleza anunciaba su destino por medio de fenómenos meteorológicos. Abenámar nació en un momento de luna esplendorosa y mar plácida, *señales* de la honradez del moro. Por otro lado, el rey insiste en que Abenámar diga la verdad porque los cristianos consideraban que los moros eran mentirosos por naturaleza.

3 La Alhambra, como se sabe, es el majestuoso palacio en que residían los reyes de Granada. Los Alixares, otro palacio, del que se afirma que fue muy bien construido (*labrado a maravilla*), servía de lugar de retiro y oración.

al rey del Andalucía.[4]
El otro es Torres Bermejas,
castillo de gran valía;[5]
el otro, Generalife,
huerta que par no tenía.[6]
Allí hablara el rey don Juan,
bien oiréis lo que decía:
«Si tú quisieras, Granada,
contigo me casaría;
darete en arras y dote
a Córdoba y a Sevilla».[7]
«Casada soy, rey don Juan,
casada soy, que no viuda;
el moro que a mí me tiene
muy grande bien me quería».
Hablara allí el rey don Juan,
estas palabras decía:
«Échenme acá mis lombardas
doña Sancha y doña Elvira.[8]
Tiraremos a lo alto,

4 Esto es, 'al rey de Castilla'. A Juan II se le llama *rey del Andalucía* porque, en la época recreada por el romance, ya les había arrebatado a los moros casi todo el territorio andaluz.

5 Las Torres Bermejas, llamadas así por el color rojizo de su piedra, eran unas imponentes torres vigías que formaban parte del sistema defensivo de Granada.

6 El Generalife era una villa rodeada de jardines que los reyes de Granada usaban como lugar de descanso. En el romance, se le llama *huerta sin par*, es decir, 'jardín incomparable'.

7 Encandilado con Granada, el rey le habla como si fuera una mujer. Tras pedir su mano, promete aportar al matrimonio dos bienes (*arras* y *dote*) excepcionales: las ciudades de Córdoba y Sevilla.

8 Dado que Granada se niega a entregársele por las buenas, don Juan decide conquistar la ciudad por la fuerza de las armas. En concreto, la bombardeará con dos *lombardas* ('cañones de gran calibre') a las que llama doña Sancha y doña Elvira, pues en la Edad Media era costumbre ponerles nombre a las armas.

lo bajo ello se daría».[8]
El combate era tan fuerte
que grande temor ponía.[9]

LA JURA DE SANTA GADEA[10]

En Santa Gadea de Burgos,
do juran los hijosdalgo,[9]
le toman la jura a Alfonso
por la muerte de su hermano.
Tomábasela el buen Cid,
ese buen Cid castellano,
sobre un cerrojo de hierro
y una ballesta de palo,
y con unos evangelios

8 Don Juan propone disparar a los lugares más elevados de la ciudad (la Alhambra, por ejemplo), porque cree que, una vez atacadas esas zonas, el resto se rendirá con facilidad.

9 O sea, 'donde los nobles (*hijosdalgo*) juraban obediencia a los estamentos de su clase social'.

9 El combate aludido es la batalla de Higueruela, librada el 1 de julio de 1431 a las afueras de Granada. Aunque vencieron los cristianos, Juan II no se atrevió a entrar en la ciudad, que sólo sería conquistada por el ejército castellano en enero de 1492, durante el reinado de los Reyes Católicos.

10 El romance relata un episodio novelesco que durante mucho tiempo se consideró un hecho histórico. En el año 1072, el rey Sancho II de Castilla fue asesinado ante las murallas de Zamora cuando asediaba la ciudad con su ejército. Enseguida cundió la sospecha de que el crimen había sido tramado por el hermano del difunto, el rey Alfonso de León, que era la persona más beneficiada por el magnicidio. Alfonso debía heredar Castilla, pero la nobleza del reino decidió que sólo lo aceptaría en el trono si juraba en público que no había participado en modo alguno en el asesinato de su hermano. Se estableció que el juramento tendría lugar en la iglesia de Santa Gadea, o Santa Águeda, de Burgos. Pero, cuando don Alfonso ya estaba en el templo, los nobles castellanos no tuvieron valor para pedirle el cumplimiento de una prueba tan humillante. La leyenda dice que sólo el Cid, que era el guerrero más valiente de su siglo, se atrevió a exigirle la jura a don Alfonso, lo que le valió el rencor del rey.

y un crucifijo en la mano.[11]
Las palabras son tan fuertes
que al buen rey ponen espanto:
«Villanos[10] te maten, rey,
villanos, que no hidalgos,
de las Asturias de Oviedo,
que no sean castellanos;[12]
mátente con aguijadas,
no con lanzas ni con dardos;[11]
con cuchillos cachicuernos,[12]
no con puñales dorados;
abarcas[13] traigan calzadas,
que no zapatos con lazo;
capas traigan aguaderas,
no de contray ni frisado,[14]
con camisones de estopa,
no de holanda ni labrados;[15]

10 *villano*: campesino.

11 *aguijada*: vara larga con punta de hierro con que se pincha a los bueyes para que trabajen; *dardo*: lanza pequeña.

12 *cachicuernos*: 'que tienen un mango fabricado con cuernos de animal'. Los *cuchillos cachicuernos* solían llevarlos los pastores.

13 *abarca*: calzado sencillo de cuero usado por los campesinos.

14 El poeta opone la humilde *capa aguadera*, especie de impermeable usado en el campo, a las capas propias de los nobles más ricos, hechas con paños finos como el *contray* y telas de seda como el *frisado*.

15 *estopa*: tela basta de lino; *holanda*: tela muy fina y cara; *labrado*: bordado.

11 Los hidalgos burgaleses juraban sobre el mismo cerrojo con que se cerraba la iglesia de Santa Águeda. La jura se hace además sobre una ballesta, arma portátil que servía para disparar flechas, y que simboliza el ejercicio de las armas, propio de la nobleza y del rey. Los evangelios y el crucifijo, finalmente, le advierten a don Alfonso que Dios es testigo de su jura.

12 El Cid comienza la fórmula de juramento detallando los males que le desea a don Alfonso en caso de que falte a la verdad, como que muera a manos de campesinos (*villanos*), auténtica humillación para una persona de sangre azul. El Cid especifica además que los labradores sean asturianos, o sea, vasallos de don Alfonso, pues nada era más infamante que ser asesinado por un súbdito propio.

montados vengan en burras,
que no en mulas ni en caballos;
frenos traigan de cordel,
que no cueros fogueados;[16]
mátente por las aradas,[17]
que no en villas ni en poblado,
y sáquente el corazón
por el siniestro costado[18]
si no dices la verdad
de lo que te es preguntado:
si tú fuiste o consentiste
en la muerte de tu hermano».
Las juras eran tan fuertes
que el rey no las ha otorgado.[19]
Allí habló un caballero
que del rey era privado:[20]
«Haced la jura, buen rey,
no tengáis de eso cuidado,
que nunca hubo rey traidor
ni papa descomulgado».[21]
Jurado había el rey
que en tal nunca se había hallado.[22]
Después, habla contra el Cid,
malamente y enojado:
«Muy mal me conjuras, Cid;

16 El Cid desea que los hipotéticos asesinos de don Alfonso utilicen humildes cuerdas para frenar a sus caballos, y no correas de cuero curtido (*fogueado*).

17 *arada*: tierra labrada con el arado.

18 Esto es, 'por el lado izquierdo'.

19 Es decir, 'los términos del juramento eran tan ofensivos que el rey no los ha aceptado', esto es, 'se ha negado a jurar'.

20 *privado*: consejero principal de un rey.

21 *descomulgado*: excomulgado, apartado de la religión católica.

22 Es decir, 'que no había participado en el asesinato de su hermano'.

Cid, muy mal me has conjurado,[23]
mas si hoy me tomas la jura,
después besarás mi mano».[13]
«Por besar mano de rey
no me tengo por honrado;
porque la besó mi padre
me tengo por afrentado».[24]
«Vete de mis tierras, Cid,
mal caballero probado,
y no vengas más a ellas
desde este día en un año».
«Pláceme», dijo el buen Cid,
«pláceme», dijo de grado,[25]
«por ser la primera cosa
que mandas en tu reinado.
Tú me destierras por uno,
yo me destierro por cuatro».
Ya se partía el buen Cid
sin al rey besar la mano,
con trescientos caballeros,
todos eran hijosdalgo,
todos son hombres mancebos,[26]
ninguno no había cano,
todos llevan lanza en puño
y el hierro acicalado,[27]
y llevan sendas adargas[28]
con borlas de colorado.

23 *conjurar*: aquí, 'tomar juramento'.
24 *afrentado*: ofendido, humillado.
25 *de grado*: con gusto, con agrado.
26 *mancebo*: joven.
27 *hierro*: punta metálica de la lanza; *acicalado*: muy limpio, brillante.
28 Esto es, 'cada uno lleva un escudo (*adarga*)'.

13 Besar la mano era un signo de vasallaje y obediencia al señor.

Mas no le faltó al buen Cid
adonde asentar su campo.[14]

EL CONDE ARNALDOS

¡Quién hubiese tal ventura[29]
sobre las aguas del mar
como hubo el conde Arnaldos
la mañana de San Juan![15]
Con un falcón en la mano
la caza iba a cazar,[16]
vio venir una galera[30]
que a tierra quiere llegar.
Las velas traía de seda,
la jarcia de oro torzal;[31]
marinero que la manda
diciendo viene un cantar
que la mar facía en calma,
los vientos hace amainar,
los peces que andan al hondo
arriba los hace andar,

---

29 *ventura*: buena suerte.

30 *galera*: barco de vela y remo.

31 Es decir, que las cuerdas con que se sostenían los palos del barco y se manejaban las velas (*jarcia*) eran de hilos de oro trenzados (*oro torzal*).

14 'Pero no le faltó al Cid un lugar donde levantar su campamento'. Se da a entender que al héroe le sonrió la fortuna en el destierro, que le permitió aumentar su honor y riqueza. Históricamente, no es cierto que el Cid fuese desterrado tras la jura de Santa Gadea, aunque sí es verdad que Alfonso VI lo obligó a salir de Castilla por otras razones en fechas posteriores, como ya vimos en el *Cantar de mio Cid* (p. 9).

15 Al situar la acción en la mañana de San Juan, el romance insinúa sucesos extraordinarios, pues tal festividad se identificó desde antiguo con lo mágico.

16 Como ya se señaló (p. 10), los nobles amaestraban halcones para cazar conejos, liebres y otros animales parecidos.

las aves que van volando
al mástil hace posar.
Allí fabló el conde Arnaldos,
bien oiréis lo que dirá:
«¡Por tu vida, marinero,
dígasme ora ese cantar!».[32]
Respondiole el marinero,
tal respuesta le fue a dar:
«Yo no digo esta canción
sino a quien conmigo va».[17]

---

32 Esto es, 'dime ahora ese cantar', 'repítemelo'. Parece claro que lo que desea el conde es oír de nuevo la canción para aprendérsela.

17 La enigmática respuesta del marinero, con su alusión a *quien conmigo va*, es, según algunos estudiosos, una referencia a Dios, aunque pudiera tratarse tan sólo de una invitación al conde para que suba al barco. Tampoco se aclara quién es el marinero, aunque parece una criatura sobrenatural, pues su canto posee facultades mágicas. Una posibilidad es que se trate de un demonio que se dedica a destruir a la gente tras atraerla con su canto, como hacían las sirenas en la mitología griega. En todo caso, el final trunco de «El conde Arnaldos», que ha dado pie a un sinfín de interpretaciones, no es insólito en el romancero. A veces sucedía que el pueblo no repetía los romances al completo, sino que se concentraba en sus versos más atractivos. En otros casos, la ausencia de desenlace era intencionada: servía para infundirle al romance una atmósfera misteriosa y para estimular la imaginación de quien lo oía. En el caso de «El conde Arnaldos», existe una versión más larga del poema en que el conde es tomado como prisionero en el barco.

Libro de buen amor

El *Libro de buen amor* fue escrito hacia 1343 y es una de las creaciones más originales de la lírica medieval europea. De su autor sólo sabemos lo que cuenta la propia obra: que se llamaba Juan Ruiz, que dedicaba parte de su tiempo a escribir canciones para los juglares y que ejercía el cargo eclesiástico de arcipreste en Hita (Guadalajara). El *Libro de buen amor* narra, a lo largo de más de siete mil versos, una serie de amoríos ficticios que el Arcipreste se atribuye a sí mismo y que revelan su poderoso apetito sexual. Entre aventura y aventura, el narrador incorpora un sinfín de materiales que dan variedad al poema: cánticos de alabanza a la Virgen, fábulas de animales, episodios cómicos, digresiones morales que arremeten contra el poder del dinero o la mala costumbre de emborracharse en las tabernas... El libro desconcierta por su evidente ambigüedad, pues, a primera vista, parece una celebración festiva del amor sensual, pero su autor le atribuye desde el principio una misión didáctica: según dice, su propósito es señalar el error que cometen quienes se entregan a la pasión amorosa, pues lo acertado es consagrarse al buen amor de Dios, que es el único que perfecciona nuestro espíritu y permite salvar el alma. Durante todo el libro, el autor alterna lo profano con lo sagrado y lo cómico con lo serio. Tan pronto expresa su devoción por la Virgen y sermonea contra el pecado como relata con obvio deleite sus astucias de galán, que le han permitido engañar a algunas mujeres para obtener sus favores sexuales. En el prólogo en prosa que encabeza el libro, el propio Arcipreste confiesa que, a pesar de que su poema quiere propagar el buen amor, puede convertirse en un manual de picardías para quienes prefieran dedicarse al amor loco. En su defensa argumenta que el pecado no está en la pluma de quien escribe sino en el oído de quien lee, pues «non ha mala palabra si non es a mal tenida», e insiste en que el deber del lector es descifrar con tino el poema para desechar su indecencia aparente y apoderarse de la valiosa lección moral que yace en el fondo del libro.

EL SENTIDO DEL LIBRO

65 La bulra que oyeres   non la tengas en vil;[1]
la manera del libro   entiéndela sotil,[2]
que saber bien e mal decir   encobierto e doñeguil
tú non fallarás uno   de trovadores mil.[3]

67 En general a todos   fabla la escritura:[4]
los cuerdos con buen seso   entenderán la cordura,
los mancebos livianos   guárdense de locura,[5]
escoja lo mejor   el de buena ventura.

EL VARÓN ANSÍA A LA HEMBRA

El Arcipreste confiesa que, a pesar de su pertenencia al clero, ha practicado mucho el amor físico, que carece de toda dimensión espiritual porque no pretende más que la satisfacción del cuerpo. No obstante, argumenta que su inclinación al loco amor es un instinto dictado por la naturaleza. Todos los hombres y todos los animales, por el simple hecho de serlo, desean aparearse, afirmación que el Arcipreste apoya en la autoridad de uno de los pensadores antiguos más respetados en la Edad Media: el filósofo griego Aristóteles.

71 Como dice Aristótiles,   cosa es verdadera,
el mundo por dos cosas   trabaja: la primera,
por haber mantenencia;[6]   la otra cosa era
por haber juntamiento   con fembra placentera.[1]

---

1 'La burla que oigas [en el libro], no la tomes a mal'.

2 'La enseñanza (*manera*) del libro entiéndela con sutileza'.

3 'Que ni entre mil poetas encontrarás a uno que sepa decir de modo astuto (*encobierto*) y elegante (*doñeguil*) lo que está bien y lo que está mal'.

4 Esto es, 'el libro (*la escritura*) se dirige a todos'.

5 'Los jóvenes irresponsables (*mancebos livianos*) no imiten las locuras [que cuenta el libro]'. El Arcipreste admite que, dado que su obra defiende el buen amor describiendo el malo, cabe el riesgo de que los lectores frívolos malinterpreten el poema e imiten las indecencias que se narran en él.

6 *trabajar*: esforzarse; *por haber mantenencia*: por sobrevivir.

1 En ninguna obra de Aristóteles se dice tal cosa. El Arcipreste parece hacer una interpretación libre de algunos pasajes del tratado *Sobre el alma*.

72 Si lo dijese de mío, sería de culpar;
dícelo gran filósofo, non só yo de reptar.[7]
De lo que dice el sabio non debemos dubdar,
ca por obra se prueba el sabio e su fablar.[8]

73 Que diz verdad el sabio claramente se prueba:
homnes,[9] aves, animalias, toda bestia de cueva
quieren, según natura,[10] compaña siempre nueva,
e cuanto más el homne que toda cosa que's mueva.[11]

74 Digo muy más el homne que toda creatura:
todas a tiempo cierto se juntan con natura;
el homne de mal seso todo tiempo, sin mesura,
cada que puede quiere facer esta locura.[2]

76 E yo, como só homne como otro,[12] pecador,
hobe de las mujeres a las veces gran amor.
Probar homne las cosas non es por ende[13] peor,
e saber bien e mal, e usar lo mejor.[3]

REPROCHES AL AMOR

El Arcipreste fracasa en los primeros amoríos que nos relata, lo que le lleva a disputar con el Amor, al que acusa de enredar a los hombres, de abocarlos a la práctica de los pecados capitales y de alterarles la vida con sus perniciosos efectos físicos y mentales.

---

7 'No se me ha de regañar a mí'.

8 'Pues (*ca*) los hechos dan la razón al sabio y a su afirmación (*su fablar*)'.

9 *homne*: hombre.

10 *según natura*: por naturaleza, por puro instinto.

11 'Y mucho más el hombre que los animales'.

12 Es decir, 'puesto que soy un hombre como todos los demás'.

13 *por ende*: por eso.

2 Las bestias sólo sienten el apetito sexual en una determinada época del año; en cambio, el hombre irreflexivo (*de mal seso*) está siempre dispuesto a hacer el amor.

3 El Arcipreste repite una idea de San Pablo: «Examínenlo todo y quédense con lo bueno» (*Tesalonicenses* I, V, 21).

181 Direvos una pelea que una noche me vino,
pensando en mi ventura sañudo, e non con vino.[14]
Un homne grande, fermoso, mesurado, a mí vino.
Yo le pregunté quién era. Dijo: «Amor, tu vecino».

182 Con saña que tenía, fuilo a denostar.[15]
Díjel: «Si Amor eres, non puedes aquí estar.
Eres mentiroso, falso, en muchos enartar;[16]
salvar non puedes uno, puedes cien mil matar.

183 »Con engaños e lisonjas,[17] e sotiles mentiras
emponzoñas las lenguas, enherbolas tus viras;[18]
el que mejor te sirve, a él fieres cuando tiras;
párteslo del amiga al homne que aíras.[19]

184 »Traes enloquecidos a muchos con tu saber,
fáceslos perder el sueño, el comer y el beber;
faces a muchos homnes tanto se atrever
en ti,[20] fasta que el cuerpo e el alma van perder.»

LOS CONSEJOS DEL AMOR

El Amor se defiende de las acusaciones del Arcipreste, al que responsabiliza de sus propios fracasos. Para evitar que repita sus errores, le proporciona una serie de atinados consejos destinados a facilitarle la tarea de la seducción. Le explica cuál es el tipo de mujer que más le conviene, lo anima a buscar los servicios de una alcahueta y le avisa de que el dinero es la herramienta más eficaz de la que puede disponer un galán.

---

14 *sañudo*: 'muy irritado'. El Arcipreste aclara que está enojado por su mala suerte (*ventura*) en el amor, y no por haber bebido vino.

15 *denostar*: insultar.

16 'Te comportas como un falso al engañar (*enartar*) a muchos'.

17 *lisonja*: alabanza exagerada con que uno trata de ganarse a una persona.

18 'Envenenas las lenguas, envenenas tus flechas (*enherbolas tus viras*)'.

19 'Al hombre con quien te enfadas (*aíras*) lo separas de su amante (*párteslo del amiga*)'.

20 Es decir, 'obligas a muchos hombres a llegar tan lejos en el amor…'.

423 El Amor, con mesura, diome respuesta luego.
Diz: «Arcipreste, sañudo non seas, yo te ruego.
Non digas mal de Amor en verdad nin en juego,
que a las veces poca agua face abajar gran fuego.

425 Escucha la mesura, pues dijiste baldón,[21]
non debe amenazar el que atiende[22] perdón;
do[23] bien eres oído, escucha mi razón,
si mis castigos faces,[24] non te dirá mujer non.

426 Si tú fasta agora cosa non recabdeste[25]
de dueñas[26] e de otras que dices que ameste,
tórnate a tu culpa, pues por ti lo erreste,
porque a mí non veniste nin viste nin probeste.[27]

430 Si quisieres amar dueñas o otra cualquier mujer,
muchas cosas habrás primero a aprender;
para que ella te quiera en amor acoger,
sabe primeramente la muger escoger.

431 Cata mujer fermosa, donosa[28] e lozana,
que non sea mucho luenga nin otrosí enana;[29]
si podieres, non quieras amar mujer villana,[30]
que de amor non sabe, es como baüsana.[31]

21 *baldón*: insulto.
22 *atender*: esperar.
23 *do*: puesto que.
24 'Si mis consejos sigues'.
25 'Si hasta ahora no lograste (*recabdeste*) nada...'.
26 *dueña*: dama, mujer de la nobleza.
27 'Repara en que la culpa es tuya, pues fuiste tú quien falló, por no haber acudido a mí, ni haber venido a verme y a comprobar si podía servirte de ayuda'.
28 *donosa*: ocurrente, graciosa.
29 'Que no sea muy alta (*luenga*) ni tampoco (*nin otrosí*) enana'.
30 *villana*: del pueblo, de clase social humilde.
31 *bausana*: 'espantapájaros'. El Amor quiere decir que las villanas son bobas en asuntos de amor.

432 Busca mujer de talla,[32] de cabeza pequeña,
cabellos amarillos, non sean de alheña;[33]
las cejas apartadas, luengas, altas, en peña;[34]
ancheta de caderas: ésta es talla de dueña.

433 Ojos grandes, someros,[35] pintados, relucientes,
e de luengas pestañas, bien claras, parescientes;[36]
las orejas pequeñas, delgadas, páral mientes[37]
si ha el cuello alto, atal quieren las gentes.[38]

434 La nariz afilada, los dientes menudillos,
eguales, e bien blancos, poquillo apartadillos;
las encías bermejas,[39] los dientes agudillos;
los labros de la boca bermejos, angostillos.[40]

435 La su boca pequeña, así de buena guisa;[41]
la su faz sea blanca, sin pelos, clara e lisa;
puña[42] de haber mujer que la vea sin camisa,
que la talla del cuerpo te dirá: "Esto aguisa".[43]

436 La mujer que envïares[44] de ti sea parienta,
que bien leal te sea, non sea su servienta;

---

32 *de talla*: de buen porte, de buena apariencia.
33 O sea, 'que no estén teñidos con *alheña* (sustancia vegetal que se empleaba para teñir el cabello de color rubio o rojizo)'.
34 *luengas*: largas; *en peña*: muy arqueadas.
35 *someros*: que sobresalen, que no están hundidos.
36 *parescientes*: hermosas.
37 *páral mientes*: fíjate bien.
38 O sea, 'así (*atal*) es como quiere la gente [a las mujeres]'.
39 *bermejas*: rojizas.
40 *labros*: labios; *angostillos*: estrechillos.
41 Esto es, 'de buena apariencia'.
42 *puña*: intenta, procura.
43 *esto aguisa*: 'haz esto'. Cabe pensar que la expresión debe acompañarse de un gesto de sentido erótico, relativo al poderoso deseo que siente el hombre cuando ve desnuda a una mujer hermosa.
44 Esto es, 'la mujer que envíes como alcahueta'. Como se sabe, las alcahuetas cobraban por convencer a una determinada dama de que mantuviera relaciones sexuales con un determinado galán.

non lo sepa la dueña, porque la otra non mienta:
non puede ser quien mal casa[45] que non se arrepienta.

437 Puña, en cuanto puedas, que la tu mensajera
sea bien razonada, sotil e costumera,[46]
sepa mentir fermoso e siga la carrera,[47]
ca más fierve la olla con la su cobertera.[48]

438 Si parienta non tienes atal, toma viejas
que andan las iglesias e saben las callejas:
grandes cuentas al cuello, saben muchas consejas,
con lágrimas de Moisén escantan las orejas.[4]

441 E busca mensajera de unas negras patas[49]
que usan mucho fraires, monjas e beatas;[50]
son mucho andariegas e merescen las zapatas;[51]
estas trotaconventos facen muchas baratas.[52]

489 Por poquilla cosa del tu haber[53] que l' dieres,
servirte ha lealmente, fará lo que quisieres;

45 Es decir, 'quien mantiene una relación extramatrimonial'.
46 *costumera*: 'serena, pausada', para que inspire confianza.
47 'Tenga habilidad para mentir y no se detenga en su trabajo'.
48 Es decir, 'pues la olla hierve más cuando tiene la tapadera (*cobertera*) puesta'. Además de 'tapadera', la palabra *cobertera* vale por 'alcahueta', que es la persona que *cubre* o encubre los amores ilegítimos de una mujer.
49 *patas*: 'tocas, prenda de tela con que la mujer se cubre la cabeza'. Otra posible interpretación es que las alcahuetas tienen las piernas (*patas*) negras de tanto como caminan.
50 'Que tratan mucho con frailes, monjas y beatas'.
51 *zapata*: 'calzado de mujer que llegaba a media pierna'. *Merecerse las zapatas* es una frase hecha que se aplica a quien camina mucho.
52 *barata*: negocio.
53 *haber*: dinero o cualquier otro bien que posee una persona

4 La alcahueta que describe el Amor se parece a otras muchas celestinas de la literatura española. Es andariega, lleva al cuello un rosario de *grandes cuentas* para fingir devoción, encandila con sus amenas historias (*consejas*) y usa la magia para hechizar a sus víctimas, pues les cautiva los oídos (*escantan las orejas*) haciendo chocar entre sí unas piedras mágicas llamadas *lágrimas de Moisén*.

que mucho o que poco, dal cada que podieres:[54]
fará por los dineros todo cuanto pidieres.

490 Mucho faz el dinero, e mucho es de amar,
al torpe face bueno e homne de prestar,[55]
face correr al cojo, e al mudo fablar;
el que non tiene manos, dineros quiere tomar.

491 Sea un homne nescio e rudo labrador,
los dineros le facen fidalgo e sabidor;[56]
cuanto más algo tiene, tanto es más de valor:
el que non ha dineros, non es de sí señor.

492 Si tovieres dineros, habrás consolación,
placer e alegría, del Papa racïón;[57]
comprarás Paraíso, ganarás salvación:
do son muchos dineros, es mucha bendición.

506 Monjes, clérigos e fraires, que aman a Dios servir,
si barruntan que el rico está ya para morir;
cuando oyen sus dineros que comienzan a reteñir,[58]
cuál de ellos lo levará comienzan luego a reñir.[59]

508 Toda mujer del mundo, e dueña de alteza[60]
págase[61] del dinero e de mucha riqueza;
yo nunca vi fermosa que quisiese pobreza;
do son muchos dineros, hí[62] es mucha nobleza.

510 En suma te lo digo, tómalo tú mejor:
el dinero, del mundo es gran revolvedor:

54 'Sea mucho o poco, dale [dineros] cada vez que puedas'.
55 *de prestar*: importante, excelente.
56 *fidalgo*: hidalgo, hombre perteneciente a la nobleza; *sabidor*: sabio.
57 *ración*: prebenda, privilegio que se obtiene de la Iglesia.
58 Es decir, 'comienzan a sonar' porque alguien los está contando.
59 'Empiezan enseguida (*luego*) a disputar sobre quién debe quedarse el dinero'.
60 *dueña de alteza*: dama de alto linaje, mujer de la nobleza.
61 *pagarse*: ser aficionado a algo.
62 *hí*: ahí.

señor face del siervo, de señor servidor,
toda cosa del siglo[63] se face por su amor.

DOÑA ENDRINA

Uno de los episodios amorosos que el Arcipreste narra con mayor detalle es el de doña Endrina. El pasaje es una adaptación de una comedia latina del siglo XII titulada *Pamphilus de amore* cuyo autor se desconoce, si bien se atribuyó erróneamente a Ovidio, el poeta clásico del siglo I. Su protagonista, un tal Pánfilo, se enamora locamente de una hermosa joven llamada Galatea. Cuando ella lo rechaza, el galán recurre a los servicios de una vieja y astuta alcahueta, quien logra ganarse la confianza de Galatea y arrastrarla a los brazos de Pánfilo.

Por lo visto, Juan Ruiz tradujo el *Pamphilus* al castellano antes de escribir el *Libro de buen amor*, y le asignó a la pareja protagonista los nombres de doña Endrina y don Melón Ortiz. Más tarde, cuando escribía el *Libro de buen amor*, decidió incorporar al poema su versión del *Pamphilus*, convirtiendo en protagonista de la historia al propio Arcipreste. Sin embargo, en algunos pasajes del *Libro de buen amor*, el galán que persigue a doña Endrina recibe el nombre de Melón Ortiz, lapsus que revela cómo fue gestado el episodio. En el pasaje que sigue, el galán, sea quien fuere, ve a doña Endrina, que acaba de enviudar, cuando pasa por la plaza, y queda tan obnubilado por su belleza que decide declararle su amor.

653 ¡Ay Dios, e cuán fermosa viene doña Endrina por la plaza!
¡Qué talle, qué donaire,[64] qué alto cuello de garza!
¡Qué cabellos, qué boquilla, qué color, que buenandanza!
Con saetas de amor fiere cuando los sus ojos alza.

654 Pero tal lugar non era para fablar en amores;[65]
a mí luego me venieron muchos miedos e temblores:

---

63 Es decir, 'todas las cosas del mundo (*siglo*)'.
64 *donaire*: gallardía, soltura en el andar.
65 O sea, 'una plaza pública no es lugar apropiado para hablar de amores'.

los mis pies e las mis manos   non eran de sí señores;
perdí seso, perdí fuerza,   mudáronse mis colores.[66]

655 Unas palabras tenía   pensadas por le decir;
el miedo de las compañas   me facían ál departir.[67]
Apenas me conoscía[68]   nin sabía por dó ir:
con mi voluntad mis dichos   non se podían seguir.[69]

656 Fablar con mujer en plaza   es cosa muy descobierta:
a veces mal perro atado   tras mala puerta abierta...[70]
Bueno es jugar fermoso,   echar alguna cobierta:[71]
ado[72] es lugar seguro,   es bien fablar cosa cierta.

EL ARCIPRESTE SE DECLARA

Tras superar la aprensión que le produce la idea de abordar a una dama en un lugar público, el Arcipreste se acerca a doña Endrina, atrae su atención contándole una historia falsa y luego, en voz más baja, le declara el amor que le tiene con las siguientes palabras:

661 «En el mundo non es cosa   que yo ame a par de vos;[73]
tiempo es ya pasado,   de los años más de dos,
que por vuestro amor me pena: ámovos más que a Dios.
Non oso poner persona   que lo fable entre nós.[74]

---

66 Esto es, 'me quedé pálido' a causa de los nervios.

67 'Por miedo a la gente (*las compañas*), me puse a hablar (*departir*) de otra cosa (*ál*)'.

68 'Apenas era consciente de lo que hacía'.

69 Esto es, 'con lo alterado que estaba mi ánimo (*mi voluntad*), no podía decir lo que me proponía', o 'no lograría hacerme entender'.

70 La imagen resume bien el riesgo de hablar con una desconocida en público: tras alguna puerta puede haber un guardián dispuesto a defender la honra de la mujer y a agredir al galán.

71 'Lo mejor es hablar con gracia (*jugar fermoso*) y encontrarse con la dama discretamente (*echar alguna cobierta*)'.

72 *ado*: donde.

73 'No hay nada en el mundo que yo ame como a vos'.

74 'No me atrevo a buscar una persona que medie entre nosotros, que negocie nuestro amor'.

662 »Con la gran pena que paso, vengo a vos decir mi queja:
vuestro amor e deseo, que me afinca[75] e me aqueja,
no's me tira, no's me parte,[76] non me suelta, non me deja:
tanto más me da la muerte, cuanto más se me aleja.

663 »Recelo he que non me oídes esto que vos he fablado:
fablar mucho con el sordo es mal seso e mal recabdo;[77]
creed que vos amo tanto que non he mayor cuidado;[78]
esto sobre todas cosas me traye[79] más afincado.

664 »Señora, yo non me atrevo a decirvos más razones
fasta que me respondades a estos pocos sermones:
dedidme vuestro talante, veremos los corazones».
Ella dijo: «Vuestros dichos non los precio dos piñones.[80]

665 »Bien así engañan muchos a otras muchas Endrinas:
el homne tan engañoso así engaña a sus vecinas,
non cuidedes que só loca por oír vuestras parlinas;[81]
buscad a quien engañedes con vuestras falsas espinas».[82]

TROTACONVENTOS

Como doña Endrina no le hace caso, el Arcipreste decide seguir el consejo que le dio el Amor y busca la mediación de una alcahueta, quien promete entrevistarse con doña Endrina y ablandarle el corazón con persuasivos argumentos.

697 Busqué trotaconventos cual me mandó el Amor:
de todas las maestras, escogí la mejor.

---

75 *afincar*: obsesionar.
76 'No se retira de mí, no se aparta de mí'.
77 *mal recabdo*: mal negocio.
78 *cuidado*: preocupación.
79 *traye*: trae.
80 Es decir, 'me importan un pimiento, me traen sin cuidado'.
81 'No penséis que estoy loca por escuchar vuestro parloteo'.
82 Es decir, 'con vuestras palabras tramposas'.

Dios e la mi ventura, que me fue guïador,
acerté en la tienda del sabio corredor.[83]

698 Fallé una tal vieja cual había mester,[84]
artera e maestra[85] e de mucho saber,
doña Venus por Pánfilo non pudo más facer
de cuanto fizo aquésta por me facer placer.[5]

699 Era vieja buhona[86] d'estas que venden joyas:
éstas echan el lazo, éstas cavan las foyas,[87]
non hay tales maestras como estas viejas troyas,[88]
éstas dan la mazada:[89] si has orejas, oyas.

701 Desque fue en mi casa esta vieja sabida,
díjele: «Madre señora, tan bien seades venida:
en vuestras manos pongo mi salud e mi vida;
si vos non me acorredes,[90] mi vida es perdida».

TROTACONVENTOS SE DEFIENDE

Trotaconventos acude a hablar con doña Endrina y trata de engatusarla con argumentos a favor del amor. Como doña Endrina se

83 Es decir, 'gracias a Dios, que me guiaba, y a mi buena suerte, encontré la tienda de la Trotaconventos'. A la alcahueta se le llama metafóricamente *el sabio corredor*, pues el *corredor* era el soldado que se adelantaba al ejército para examinar el campo de batalla y la situación del enemigo antes del combate, que es lo que viene a hacer la alcahueta en los asuntos amorosos.
84 'Encontré a una vieja como la que necesitaba'.
85 *artera*: astuta; *maestra*: experta.
86 *buhona*: mujer que vende baratijas (cintas, botones, agujas, peines…).
87 *foya*: 'hoyo que se prepara para capturar a un animal'. El Arcipreste está comparando a su alcahueta con un cazador.
88 Ignoramos el sentido exacto de *troya*, aunque podría significar 'puerca'.
89 'Éstas dan el golpe, éstas se imponen'.
90 *acorredes*: socorréis.

5 El Arcipreste compara la disposición y diligencia de su alcahueta con la ayuda que la diosa Venus le presta a Pánfilo, el protagonista del *Pamphilus de amore*, la comedia elegíaca que, tal y como se explicó en la p. 57, inspiró el episodio de doña Endrina.

muestra poco receptiva, Trotaconventos le tiende una trampa, de tal modo que la joven acaba por quedarse a solas con el Arcipreste en casa de la alcahueta. La relación se consuma, si bien el pasaje en que se producía la unión íntima ha desaparecido porque algún lector, enojado con la inmoralidad del episodio, decidió suprimirlo. Al comprender que Trotaconventos la ha engañado, doña Endrina le reprocha sus malas artes, y se queja de la pérdida de su honra, pero la vieja se defiende con las siguientes palabras:

878 «Cuando yo salí de casa, pues que veíades las redes,[91]
¿por qué fincábades[92] con él sola entre estas paredes?
A mí non reptedes, fija,[93] que vós lo merescedes.
El mejor cobro[94] que tenedes: vuestro mal que lo calledes.

879 »Menos de mal será que esto poco celedes,[95]
que non que vos descobrades e ansí vos pregonedes.[96]
Casamiento que vos venga, por esto no' l perderedes;
mejor me paresce esto que non que vos enfamedes.[97]

880 »E, pues que vós decides que es el daño fecho,
defiéndavos e ayúdevos a tuerto e a derecho;[98]
fija, a daño fecho, habed ruego e pecho:[99]
¡callad!, guardad la fama, non salga de so techo.[1]

91 La alusión a las redes insiste en la equiparación de Trotaconventos con un astuto cazador.

92 *fincar*: quedarse.

93 'A mí no me culpes, hija'.

94 *cobro*: remedio.

95 *celar*: esconder.

96 *vos pregonedes*: 'os descubráis en público, divulguéis vuestra deshonra'. Como es sabido, en época del Arcipreste, una mujer que mantenía relaciones extramatrimoniales perdía la honra, lo que le merecía el desprecio de todo su ámbito social.

97 'Que no que os desprestigiéis' al hacer pública la deshonra sufrida.

98 *a tuerto e a derecho*: sea como sea, por todos los medios.

99 Es decir, 'una vez hecho el daño, buscad a alguien que os ayude (*habed ruego*) y pagad a quien haga falta (*habed pecho*) para salir bien librada'.

1 '¡Guardad silencio [sobre lo ocurrido], mantened vuestra buena reputación, [que lo que ha pasado] no salga de casa (*non salga de so techo*)'.

881 »Si non parlas' la picaza[2] más que la codorniz,
non la colgarién en la plaza, nin reirién de lo que diz;[6]
castigadvos, ya amiga, de otra tal contraíz,[3]
que todos los homnes facen como don Melón Ortiz».[7]

882 Doña Endrina le dijo: «¡Ay, viejas tan perdidas!,
a las mujeres traedes engañadas, vendidas:
ayer mil cobros me dabas, mil artes e mil salidas;
hoy, que só escarnida, todas me son fallidas».[4]

886 Está en los antiguos seso e sabiencia;
es en el mucho tiempo el saber e la ciencia;[5]
la mi vieja maestra hobo ya conciencia
e dio en este pleito una buena sentencia:

890 «Pues que por mí decides que el daño es venido,
por mí quiero que sea el vuestro bien habido:
vos seed mujer suya e él vuestro marido;
todo vuestro deseo es bien por mí complido».

891 Doña Endrina e don Melón en uno casado son:
alégranse las compañas en las bodas con razón.
Si villanía he dicho, haya de vós perdón,[6]
que lo feo de la estoria diz Pánfilo e Nasón.[8]

---

2 *picaza*: urraca.
3 'Aprended, amiga mía (*castigadvos, ya amiga*), de que os conviene hacer lo contrario [de la urraca]'.
4 'Hoy que he sido humillada (*escarnida*), todas las soluciones me fallan'.
5 'Son las personas de edad las que poseen la sabiduría y el conocimiento'.
6 'Si he dicho alguna indecencia, perdonadme'.

6 Las urracas, como los loros, pueden hablar, así que a veces se las exhibe en público para que digan las frases que saben. La alcahueta le viene a decir a doña Endrina que no sea como la urraca, y calle su deshonra.
7 Como ya se señaló en la p. 57, don Melón Ortiz es el nombre que le da a veces el poeta al galán que seduce a doña Endrina.
8 El poeta sabe que la *estoria* que ha narrado es poco ejemplarizante, pues sus protagonistas, y muy en particular don Melón y Trotaconventos, obran de forma inmoral y no son castigados por ello. En su defensa, el Arcipreste alega que las *villanías* de su relato proceden de la comedia elegíaca en

LA CHATA DE LA SIERRA

Tras relatarnos alguna otra aventura amorosa, el narrador emprende un viaje por la sierra de Guadarrama, donde se cruza sucesivamente con cuatro ardorosas serranas que lo fuerzan a mantener relaciones íntimas. El pasaje parece una parodia de las pastorelas, poemas característicos de la lírica provenzal en los que un caballero que iba de viaje conocía en el campo a una bella, casta y delicada pastora de la que se enamoraba de inmediato. Por el contrario, las serranas del *Libro de buen amor* son feas, forzudas y hombrunas, y se mueven a impulsos de un arrollador apetito sexual. La primera de ellas, armada con una honda, no duda en echarse al Arcipreste al hombro, y se lo lleva a su cabaña para forzarlo.

950 Probar todas las cosas el Apóstol lo manda:[9]
fui a probar la sierra, e fiz loca demanda.[7]
Luego perdí la mula, non fallaba vïanda:[8]
quien más de pan de trigo busca, sin seso anda.[9]

951 El mes era de marzo, día de Sant Meder;[10]
pasada de Lozoya fui camino prender;[10]
de nieve e de granizo non hobe dó me asconder:
quien busca lo que non pierde, lo que tien' debe perder.

952 Encima de este puerto vime en gran rebata:[11]
fallé una vaqueriza[12] cerca de una mata.

---

7 Es decir, 'cometí una locura'.
8 *vianda*: alimentos.
9 'Quien busca lo imposible, comete un disparate'.
10 'Tomé el camino del paso de Lozoya', situado entre Alcalá y Segovia.
11 Esto es, 'fui atacado'.
12 *vaqueriza*: vaquera, pastora de vacas.

que se inspira su historia, es decir, del *Pamphilus de amore*. En concreto, afirma que esas indecencias se deben a Pánfilo, el protagonista del *Pamphilus*, y a Nasón, es decir, al poeta latino Publio Ovidio Nasón, a quien erróneamente se consideraba autor del *Pamphilus*.
9 El poeta vuelve a citar una idea de San Pablo que ya mencionó en el verso 76c: «Examínenlo todo y quédense con lo bueno» (*Tesalonicenses* I, V, 21).
10 *Meder* es forma antigua de *Emeterio*. El santo se celebra el 3 de marzo.

Preguntele quién era. Respondiome: «¡La Chata!
Yo só la chata[13] recia, que a los homnes ata.

953 »Yo guardo el portazgo e el peaje cojo;[14]
el que de grado me paga non le fago enojo;
el que non quiere pagar, prïado[15] lo despojo:
págame, si non verás cómo trillan rastrojo».[16]

954 Detóvome el camino,[17] como era estrecho,
una vereda angosta, harruqueros la habían fecho,[18]
desque me vi en coita, arrecido, maltrecho,[19]
«Amiga», dix, «amidos face el can barbecho.[20]

955 »Déjame pasar, amiga, darte he joyas de sierra;[21]
si quieres, dime cuáles usan en esta tierra,
ca, según es la fabla, quien pregunta non yerra,[22]
e, por Dios, dame posada, que el frío me atierra».[23]

956 Respondiome la Chata: «Quien pide non escoge;
prométeme quequiera[24] e faz que non me enoje;
non temas, si m' das algo, que la nieve mucho t' moje;
consejote que te avengas antes que te despoje».

---

13 *chata*: serrana, pastora.

14 'Yo cobro el portazgo y cojo el dinero del peaje'. El *portazgo* es el tributo que se ha de pagar por pasar por cierto lugar de un camino. Enseguida se hará evidente que, en este caso, el tributo exigido es de tipo sexual.

15 *priado*: rápidamente.

16 'Págame o verás lo que es bueno'.

17 'Me cortó el paso'.

18 *vereda*: sendero; *angosta*: estrecha; *harruquero*: el que lleva bestias de carga.

19 'Desde que me vi en peligro, pasmado de frío (*arrecido*), malparado'.

20 '«Amiga», dije, «de mala gana (*amidos*) el perro guarda el *barbecho* (tierra sin sembrar)»'. Con tal refrán, el Arcipreste indica que no lleva nada de valor, así que la serrana está perdiendo el tiempo al pedirle un tributo.

21 O sea, 'te regalaré el tipo de joyas que se usa aquí, en la sierra'.

22 'Pues, tal y como dice el refrán (*la fabla*), nadie se equivoca por preguntar'. El refrán completo dice «Quien pregunta no yerra si la pregunta no es necia».

23 Es decir, 'que el frío me tira al suelo'.

24 *quequiera*: cualquier cosa.

957 Como dice la vieja, cuando bebe su madeja:[25]
«Comadre, quien más non puede, amidos morir se deja».
Yo, desque me vi con miedo, con frío e con queja,
mandele prancha con broncha e con zorrón de coneja.[26]

958 Echome a su pescuezo por las buenas respuestas,
e a mí non me pesó, porque me llevó a cuestas.
Escusome[27] de pasar los arroyos e cuestas;
fiz de lo que hí pasó las coplas deyuso puestas.[28]

CÁNTICA DE SERRANA

959 Pasando una mañana
el puerto de Malangosto,[11]
salteome una serrana
a la asomada del rostro.[29]
«Fademaja»,[30] diz, «¿dónde andas,
qué buscas o qué demandas
por aqueste puerto angosto?»

960 Dixle yo a la pregunta:
«Vome facia Sotosalbos».[12]
Diz: «El pecado te barrunta
en fablar verbos tan bravos,[31]
que por esta encontrada,[32]

---

25 Esto es, 'cuando chupa el hilo, al hilar'.
26 El Arcipreste regala a la Chata una prenda que se cuelga al cuello (*prancha*) y tiene un broche (*broncha*) y una piel de conejo (*zorrón de coneja*).
27 *escusome*: me evitó.
28 'Inspirándome en lo que allí pasó, hice las coplas copiadas abajo (*deyuso*)'.
29 'Me asaltó una serrana al llegar a la cima de un peñasco'.
30 *Fademaja* parece que significa 'desgraciado'.
31 'El diablo va tras tus pasos, pues hablas tan atrevidamente'.
32 *encontrada*: encrucijada, lugar de paso.

11 El Arcipreste, al relatar de nuevo el episodio de la Chata, concreta que el episodio sucedió en el paso de Malangosto, situado cerca de Lozoya.
12 Sotosalbos es una aldea de Segovia.

que yo tengo guardada,
non pasan los homnes salvos».

961 Paróseme en el sendero
la gafa, roín e heda:[33]
«A la fe», dix, «escudero,[34]
aquí estaré yo queda
fasta que algo me prometas;
por mucho que te arremetas,
non pasarás la vereda».

962 Díxele yo: «¡Por Dios, vaquera,
non me estorbes mi jornada:
tuelte e dame carrera,[35]
que non trax[36] para ti nada».
Ella diz: «Dende te torna,
por Somosierra trastorna,
ca no habrás aquí pasada».[37]

963 La Chata endïablada
—¡que Sant Illán la confonda!—[13]
arrojome la cayada
e rodeome la fonda,[38]
envanentome el pedrero.[39]
Diz: «¡Par el padre verdadero,
tú' m pagarás hoy la ronda!»[40]

---

33 *gafa*: deforme, mal formada; *roín*: mezquina; *heda*: fea.
34 *a la fe*: en verdad; *escudero*: despectivamente, 'persona sin nobleza'.
35 'Apártate y déjame marchar'.
36 *trax*: traigo.
37 'Ella dijo: «Regresa desde aquí (*dende*); da la vuelta (*trastorna*) por Somosierra, pues (*ca*) de aquí no pasarás'. Somosierra es otro puerto de la zona.
38 Es decir, 'me arrojó su bastón (*cayada*) e hizo girar su honda'.
39 'Me lanzó la piedra'.
40 *ronda*: 'impuesto'; en este caso, el peaje exigido por la Chata.

13 San Julián (*Sant Illán*) era el patrón de los caminantes.

964 Facié nieve e granizaba.
Díjome la Chata luego,
fascas[41] que me amenazaba:
«Págam', si non verás juego».[42]
Díjel yo: «Par Dios, fermosa,
decirvos he una cosa:
más querría estar al fuego».

965 Diz: «Yo te levaré a casa,
e mostrarte he el camino,
facerte he fuego e brasa,
darte he del pan e del vino;
¡alaúd!,[43] prométeme algo
e tenerte he por fidalgo.
¡Buena mañana te vino!»

966 Yo, con miedo e arrecido,
prometil' una garnacha,[44]
e mandel' para el vestido
una broncha e una prancha.
Ella diz: «D'hoy más, amigo,
anda acá, trete conmigo,
non hayas miedo al escacha».[45]

967 Tomom' recio por la mano,
en su pescuezo me puso
como a zurrón livïano,
e levom' la cuesta ayuso.[46]
«Hadeduro, non te espantes,

41 *fascas*: casi.
42 'Paga, o verás lo que hago contigo'.
43 *¡alaúd!*: ¡por favor!
44 *garnacha*: especie de abrigo.
45 'Desde ahora mismo, amigo, ven aquí, vente conmigo, no tengas miedo a la escarcha'.
46 'Y me llevó cuesta abajo'.

que bien te daré qué yantes,
como es de la sierra uso».[47]

968 Púsome mucho aína
en una venta con su enfoto;[48]
diome foguera de encina,
mucho gazapo de soto,[49]
buenas perdices asadas,
fogazas mal amasadas,
e buena carne de choto,[50]

969 de buen vino un cuartero,[51]
manteca de vacas mucha,
mucho queso asadero,
leche, natas e una trucha.
Dice luego: «Hadeduro,
comamos d'este pan duro,
después faremos la lucha».[52]

970 Desque fui un poco estando,
fuime desatiriciendo.[53]
Como me iba calentando,
ansí me iba sonriendo.
Oteome[54] la pastora;
diz: «Ya compañón, agora
creo que vo entendiendo».[14]

---

47 'No te asustes, pesado (*hadeduro*), que te daré de comer (*yantar*), tal y como es costumbre en la sierra'.

48 'Con su enorme energía (*enfoto*), me llevó muy aprisa (*aína*) a su choza'.

49 *gazapo de soto*: conejo de monte.

50 *fogaza*: panecillo; *choto*: cabrito.

51 *cuartero*: medio litro.

52 Es decir, 'haremos el amor'.

53 O sea, 'se me fue yendo el frío'.

54 *oteome*: me observó, me contempló.

14 Como el caminante ha entrado en calor y sonríe, la serrana, a quien le encantan los hombres, entiende que su huésped desea acostarse con ella.

971 La vaqueriza traviesa
diz: «Luchemos un rato;
liévate dende apriesa,[55]
desvuélvete de aques' hato».[56]
Por la muñeca me priso,
hobe a facer cuanto quiso:
creo que fiz buen barato.[57]

DOÑA CUARESMA CONTRA DON CARNAL

Tras el encuentro con las cuatro serranas, el Arcipreste se dirige de nuevo a su tierra. Se acerca la Cuaresma, periodo en que el cristiano debe reforzar su fe por medio de la penitencia y el recogimiento, y en el que la Iglesia medieval prohibía el consumo de carne. El Arcipreste nos relata cómo doña Cuaresma desafía a don Carnal, personaje alegórico que representa el espíritu desenfadado y festivo del carnaval, así como la inclinación humana al loco amor. Al frente de un ejército de verduras y pescados, doña Cuaresma le planta cara a don Carnal, cuya tropa está formada por tocinos, capones, gallos, perdices y puercos, entre otros animales.

1102 El primero de todos que ferió[58] a don Carnal
fue el puerro cuellalbo,[59] e feriolo muy mal.
Fízole escupir flema;[15] ésta fue gran señal:
tovo doña Cuaresma que era suyo el real.[60]

1103 Vino luego en ayuda la salada sardina:
firió muy reciamente a la gruesa gallina.

---

55 'Levántate de ahí, deprisa'.
56 Es decir, 'deshazte de esa ropa', 'desnúdate'.
57 'Creo que hice buen negocio'.
58 *ferir*: atacar.
59 *cuellalbo*: que tiene el cuello blanco.
60 'Pensó doña Cuaresma que había ganado la batalla'.

15 El puerro se usaba para expulsar el exceso de *flema* ('moco'), que era uno de los cuatro humores o jugos que, según la medicina medieval, formaban parte del cuerpo humano.

Atravesosle en el pico,   afogola aína;[61]
después a don Carnal   falsol' la capellina.[62]

1106 Ahí andaba el atún   como un bravo león,
fallós con don Tocino,   díjol mucho baldón,[63]
si non por doña Cecina,   que l' desvió el pendón,
diérale a don Lardón   por medio del corazón.[64]

1116 El pulpo a los pavones   non les daba vagar,[65]
nin aun a los faisanes   non dejaba volar,
a cabritos e a gamos   queríalos afogar:
como tiene muchas manos,   con muchos puede lidiar.

1118 Allí lidia el conde   de Laredo[16] muy fuerte,
congrio cecial[66] y fresco;   mandole mala suerte,
a don Carnal seguiendo,   llegándole a la muerte;
estaba mucho triste,   non falla qué'l confuerte.[67]

1120 Porfïaron gran pieza[68]   e pasaron gran pena;
si a don Carnal dejaran,   diérale mal estrena,[69]
mas vino contra él   la gigante ballena:
abrazose con él,   echolo en la arena.

1124 La mesnada del mar   fízose un tropel;[70]
fincaron las espuelas,   dieron todos en él.[71]

---

61 'Se le atravesó en el pico, [y empezó] a ahogarla enseguida (*aína*)'.

62 *falsar*: traspasar con un arma; *capellina*: pieza de la armadura que cubría la parte más alta de la cabeza.

63 'Lo insultó gravemente'.

64 'Si no llega a ser por doña Cecina ('carne en salazón'), que le desvió la lanza, le habría dado a don Tocino (*don Lardón*) en pleno corazón'.

65 'No les daba tregua'.

66 *cecial*: en conserva.

67 'No encuentra nada que lo consuele'.

68 'Lucharon durante largo rato'.

69 'Le habría hecho un mal regalo', 'lo habría herido de gravedad'.

70 'El ejército (*mesnada*) del mar formó un pelotón'.

71 'Apretaron las espuelas, atacaron todos a don Carnal'.

16 Laredo está a orillas del Cantábrico. Los soldados de doña Cuaresma vienen de zonas con mar o río, y los de don Carnal proceden del interior.

Non lo quisieron matar, hobieron duelo d'él;[72]
a él e a los suyos metieron en un cordel.[73]

1125 Trojiéronlos atados porque non escapasen,
diéronlos a la dueña ante que se aforrasen;[74]
mandó doña Cuaresma que a Carnal guardasen
e a doña Cecina con el tocino colgasen.

APOTEOSIS DE DON CARNAL

La batalla concluye con la derrota de don Carnal. Doña Cuaresma le perdona la vida a su enemigo, si bien lo mete en prisión y lo somete a una severa dieta de espinacas, garbanzos y otros vegetales. Durante su encierro, don Carnal aparenta debilidad y se muestra sumiso, pero no es más que un ardid para ganarse la confianza de sus captores, pues, a la hora de la verdad, aprovecha la primera ocasión para fugarse de la cárcel. Una vez libre, desafía por carta a doña Cuaresma, quien, como ya no tiene a su disposición su magnífico ejército de pescados porque han pasado los cuarenta días de austeridad prescritos por la Iglesia, renuncia a luchar y parte en peregrinación a Jerusalén. La Cuaresma ha pasado, y se produce la apoteosis de don Carnal.

1210 Vigilia era de Pascua, abril cerca pasado;[75]
el sol era salido, por el mundo rayado;[76]
fue por toda la tierra gran roído sonado
de dos emperadores que al mundo han llegado.[77]

1211 Estos emperadores Amor e Carnal eran;
a rescebirlos salen cuantos que los esperan.

72 'Tuvieron lástima de él'.
73 'Los ataron a todos con una misma cuerda', como se hacía con los presos.
74 'Los entregaron a doña Cuaresma antes de que pudieran soltarse'.
75 'Abril estaba a punto de terminarse'.
76 'El sol había salido; empezaba a brillar por el mundo'.
77 'Por toda la tierra se difundió con gran alboroto la noticia de que habían llegado al mundo dos emperadores'.

Las aves e los árboles noble tiempo averan,[78]
los que Amor atienden,[79] sobre todo se esmeran.

1212 A don Carnal resciben todos los carniceros,
e todos los rabís con todos sus aperos,[80]
a él salen triperas tañendo sus panderos,[17]
de muchos que corren monte llenos van los oteros.[81]

1216 Venía don Carnal en carro muy preciado,
cobierto de pellejos e de cueros cercado;
el buen emperador está arremangado,
en saya, faldas en cinta, e sobrabién armado.[82]

1223 Posó el emperante en sus carnecerías;
venían a obedescerle villas e alcarías,[83]
dijo con gran orgullo muchas bravas grandías,[84]
comenzó el fidalgo a facer caballerías.[85]

1224 Matando e degollando e desollando reses,
dando a cuantos venían, castellanos e ingleses,
todos le dan dineros, e d'ellos le dan torneses:[86]
cobra cuanto ha perdido en los pasados meses.

---

78 *averan*: seguramente, 'anuncian'.

79 *atender*: esperar.

80 *rabí*: 'líder de una comunidad judía', que hace de carnicero para sus compañeros de religión y prepara la carne de acuerdo con sus preceptos espirituales; *aperos*: 'herramientas', en este caso de carnicería.

81 *otero*: cerro.

82 'Con una túnica, los faldones recogidos y muy bien armado'. El Amor lleva remangadas tanto las mangas como la túnica, lo que da a entender que está dispuesto para trabajar o realizar su misión.

83 *alcaría*: alquería, casa de campo dotada de finca agrícola.

84 *grandía*: fanfarronada.

85 O sea, 'a demostrar su destreza en el manejo del caballo', o 'a hacer hazañas' en general.

86 'Todos le dan monedas, y algunos le dan *torneses* (moneda francesa)'.

17 Las *triperas* ('mujeres que venden tripas de cerdo y de otros animales') tocan el pandero para llamar la atención de su clientela.

EL ARCIPRESTE ACOGE AL AMOR

Propenso siempre a mezclar lo profano y lo devoto, Juan Ruiz sitúa determinados episodios vinculados con el loco amor en fechas relevantes del calendario cristiano. Así, el día de Pascua de Resurrección, el Amor hace una solemne aparición pública. Todo el mundo sale a recibirlo: hombres y mujeres, pájaros y árboles, caballeros y escuderos... También le dan la bienvenida los clérigos, los frailes y las monjas, lo que sugiere que, en época del Arcipreste, los religiosos no guardaban la castidad como debían. Todo el mundo quiere hospedar al Amor, lo que desencadena una disputa entre miembros de distintos grupos sociales. Los clérigos, por ejemplo, le aconsejan a don Amor que rehúya los conventos, pues los frailes son muy tacaños con la comida y las monjas no suelen cumplir sus promesas. Al final, el Arcipreste se acerca al Amor para ofrecerle hospedaje en su casa, y su oferta es bien acogida.

1225 Día era muy santo   de la Pascua Mayor,
el sol salía muy claro   e de noble color;
los homnes e las aves   e toda noble flor
todos van rescebir   cantando al Amor.

1246 Desque fue hí llegado   don Amor el lozano,
todos, hinojos fincados,[87]   besáronle la mano,
al que se la non besa   teníanlo por villano;
acaesció gran contienda   luego en ese llano.

1247 Con cuáles posaríe   hobieron gran porfía.[88]
Querría levar tal huésped   luego la clerecía;
fuéronle muy contrarios   cuantos tienen freilía,[89]
tan bien ellas como ellos   querríen la mejoría.[90]

---

87 *hinojos fincados*: arrodillados.

88 Es decir, 'discutieron mucho (*hobieron gran porfía*) sobre quiénes debían alojar (*posar*) al Amor'.

89 Esto es, 'los frailes'.

90 'Tanto las monjas como los monjes querrían gozar del privilegio [de alojar al Amor]'.

1253 «Señor, sey nuestro huésped», dicién los caballeros.
«Non lo fagas, señor», dicen los escuderos,
«darte han dados plomados, perderás tus dineros;
al tomar vienen prestos, a la lid tardineros».[18]

1260 Desque vi a mi señor que non tenié posada
e vi que la contienda era ya sosegada,
finqué los mis hinojos ant' él e su mesnada,
demandele merced,[91] aquésta señalada:

1261 «Señor, tú me hobiste, de pequeño, crïado;[19]
el bien, si algo sé, de ti me fue mostrado;
de ti fui apercebido e de ti fui castigado:[92]
en esta santa fiesta, sey de mí hospedado».

1262 Su mesura[93] fue tanta que oyó mi petición;
fue a la mi posada con esta procesión.
Todos le acompañan con gran consolación,
tiempo ha que non andude tan buena estación.[94]

DOÑA GAROZA

El Arcipreste, siempre ansioso de amores, le pide a Trotaconventos que le busque una nueva pareja. Tras un par de fracasos, la alca-

---

91 'Le pedí un favor (*merced*)'.

92 *apercebido*: advertido; *castigado*: aconsejado.

93 *mesura*: cortesía.

94 'Hacía mucho tiempo que no recorría tan buen camino (*estación*)'.

18 El pasaje revela las tensiones existentes entre los caballeros, que eran nobles de alto rango, y los escuderos, de condición social inferior. Los escuderos acusan a sus señores de hacer trampas en el juego, pues les dan a sus contrincantes *dados plomados* ('trucados con plomo'). Además, los acusan de estar siempre bebiendo (*al tomar vienen prestos*) y de rehuir sus funciones, pues se retrasan a la hora de ir a la guerra (*a la lid tardineros*).

19 A lo largo de todo el poema, el Arcipreste se identifica con el Amor. Considera que su vida está marcada por dicha fuerza porque nació bajo el signo de Venus, planeta hermanado con la diosa romana del amor. Por eso en este pasaje asegura que fue el Amor quien se encargó de criarlo.

hueta lo convence de que las mejores amantes son las monjas, y le recomienda, en concreto, a una tal doña Garoza, a quien Trotaconventos conoce bien porque estuvo a su servicio durante diez años. Como el Arcipreste acepta, la alcahueta acude al convento en busca de doña Garoza y trata de convencerla de lo mucho que le conviene el amor del Arcipreste. La monja se resiste, y asegura sentirse traicionada por Trotaconventos: ¿cómo puede ser que la vieja, a quien tanto ha ayudado, le pague proponiéndole una aberración moral? Para expresar con la mayor contundencia lo que siente, doña Garoza relata una fábula. Tal procedimiento es muy usual en el *Libro de buen amor*, donde el autor intercala un total de treinta y dos cuentos sacados de fuentes muy diversas, que los personajes de la trama principal suelen relatar para apoyar sus argumentos o fortalecer sus posiciones. El pasaje que sigue comienza en el instante en que Trotaconventos le propone al Arcipreste que se amancebe con una monja, posibilidad que, obviamente, era rechazada con severidad por la jerarquía religiosa y la moral pública.

1332 Ella dixo: «Amigo, oídme un poquillejo:
amad alguna monja, creedme de consejo;[95]
non se casará luego nin saldrá a concejo:[96]
andarés en amor de gran dura sobejo.[97]

1333 »Yo la serví un tiempo, moré hí bien diez años:
tienen a sus amigos viciosos, sin sosaños;[98]
¡quién dirié los manjares, los presentes tamaños,
los muchos letüarios,[99] nobles e tan estraños!»

1342 »Todo placer del mundo e todo buen doñear,[1]
solaz de mucho sabor e el falaguero jugar,[2]

95 'Creed lo que os aconsejo'.
96 'Ni [vuestros amoríos] se harán públicos'.
97 'Disfrutaréis de un amor extraordinariamente largo'.
98 *sin sosaños*: sin problemas, sin enojos.
99 *letuario*: bebida hecha con miel que se toma como golosina y elaboran muy a menudo las monjas.
1 *doñear*: cortejar, seducir a mujeres.
2 'Entrenimiento muy gustoso y el juego del amor (*el falaguero jugar*)'.

todo es en las monjas más que en otro lugar:
probadlo esta vegada e quered ya sosegar».

1343 Yo l' dije: «Trotaconventos, escúchame un poquillo:
¿yo entrar cómo puedo ado non sé tal portillo?»[3]
Ella diz: «Yo lo andaré en pequeño ratillo:
quien face la canasta, fará el canastillo».[4]

1344 Fuese a una monja que había servida:
díxome que l' preguntara: «¿Cuál fue tu venida?,[5]
¿cómo te va, mi vieja?, ¿cómo pasas tu vida?»
«Señora», dijo, «así, a comunal medida.[6]

1345 »Desque me partí de vós a un arcipreste sirvo,
mancebo bienandante, de su ayuda vivo;
para que a vós sirva cadal día lo avivo;
señora, del convento non lo fagades esquivo».[7]

1346 Díjol' doña Garoza: «¿Envïote él a mí?»
Díjole: «Non, señora; mas yo me lo comedí.[8]
Por el bien que me fecistes en cuanto vos serví,
para vos lo querría tal que mejor non vi.»

1347 Aquesta buena dueña habíe seso bien sano,
era de buena vida, non de fecho liviano;
diz: «Así me contescería con tu consejo vano
como con la culebra contesció al hortolano:

1348 »Era un hortolano bien simple e sin mal.[9]
En el mes de enero, con fuerte temporal,

---

3 '¿Cómo puedo entrar si no sé dónde está la puerta?'.
4 'Quien hace lo más difícil puede hacer lo más fácil'.
5 '[Trotaconventos] me dijo que [la monja] le preguntó: «¿a qué se debe tu visita?»'.
6 *a comunal medida*: medianamente, ni bien ni mal.
7 O sea, 'no lo alejéis'.
8 'Pero yo lo pensé por mi cuenta'.
9 *simple*: sencillo, humilde; *sin mal*: inocente, sin malicia.

andando por su huerta, vido so un peral[10]
una culebra chica, medio muerta atal.

1349 »Con la nieve e con el viento e con la helada fría
estaba la culebra medio amodorrida;
el homne piadoso, que la vido aterida,
doliose mucho d'ella, quísole dar la vida.

1350 »Tomola en la falda e levola a su casa,
púsola cabe[11] el fuego, cerca de buena brasa;
avivó la culebra: ante que la él asa,
entró en un forado d'esa cocina rasa.[12]

1351 »Aqueste homne bueno dábale cada día
del pan e de la leche e de cuanto él comía:
creció con el gran vicio, e con el bien que tenía.
Tanto, que sierpe grande a todos parescía.

1352 »Venido es el estío, la siesta afincada,[13]
que ya non habié miedo de viento nin de helada,
salió de aquel forado sañuda e airada,
comenzó de emponzoñar con venino la posada.[14]

1353 »Díjole el hortolano: «Vete de aqueste lugar!
¡Non fagas aquí daño!» Ella fuese ensañar:[15]
abrazole tan fuerte que lo quería afogar,
apretándolo mucho cruelmente a silbar.[16]

1354 »Alégrase el malo en dar por miel venino,
e por fruto dar pena al amigo e al vecino,

10 'Vio bajo un peral'.
11 *cabe*: junto a.
12 '[Pensando que el hombre quería asarla], antes de que la asara, la serpiente se coló en un hueco (*forado*) que había en aquella cocina, cuyo suelo era llano', lo que permitía reptar con facilidad.
13 'Ha llegado el verano, hace mucho calor'.
14 'Se puso a envenenar con veneno (*emponzoñar con venino*) la casa'.
15 'Ella se enfureció'.
16 *a silbar*: al tiempo que silbaba.

por pïedad engaño, donde bien le avino:
ansí derechamente a mí de ti me vino.

1355 »Tú estabas coitada,[17] pobre, sin buena fama,
onde hobieses cobro, non tenías adama,[18]
ayudete con algo, fui gran tiempo tu ama;
conséjasme agora que pierda la mi alma.»

RETRATO DEL ARCIPRESTE

A pesar de su reticencia inicial, doña Garoza empieza a rendirse ante los argumentos, capciosos pero hechiceros, de Trotaconventos, y al fin le pide a la alcahueta que le describa cómo es el Arcipreste. Trotaconventos retrata así al narrador del *Libro de buen amor*:

1485 «Señora», diz la vieja, «yo l' veo a menudo.
El cuerpo ha bien largo, miembros grandes, trefudo,[19]
la cabeza non chica, velloso, pescozudo,
el cuello non muy luengo, cabelprieto,[20] orejudo;

1486 »las cejas apartadas, prietas como carbón,
el su andar enfiesto,[21] bien como de pavón,
su paso sosegado e de buena razón;[22]
la su nariz es luenga, esto le descompón.[20]

1487 »Las encías bermejas, e la fabla tumbal,[23]
la boca non pequeña, labros al comunal,[24]

17 *coitada*: apurada.
18 'Donde tenías recursos [para sobrevivir], no tenías cariño'.
19 *trefudo*: robusto, corpulento.
20 *cabelprieto*: de cabello negro (*prieto*).
21 *enfiesto*: erguido, tieso.
22 *de buena razón*: aquí, 'proporcionado, ni corto ni largo'.
23 'Las encías rojizas y la voz muy grave'.
24 *labros*: labios; *al comunal*: ni grandes ni pequeños.

20 Trotaconventos dice que el Arcipreste es hombre de nariz larga (*luenga*) para insinuar que también sus órganos sexuales son grandes y estimular así el interés de doña Garoza. Numerosos dichos populares insisten en tal idea, como el refrán que dice: «Hombre narigudo, pocas veces cornudo».

más gordos que delgados, bermejos como coral,
las espaldas bien grandes, las muñecas atal.

1488 »Los ojos ha pequeños, es un poquillo bazo,[25]
los pechos delanteros,[26] bien trefudo el brazo,
bien complidas[27] las piernas; el pie, chico pedazo:
señora, d'él non vi más, por su amor vos abrazo.

1489 »Es ligero, valiente, bien mancebo de días,[28]
sabe los instrumentos e todas juglarías,[29]
doñeador alegre, ¡par las zapatas mías!,[30]
tal homne como éste non es en todas erías».[31]

CITA CON DOÑA GAROZA

Doña Garoza cede al fin ante Trotaconventos, y accede a que el Arcipreste vaya a verla durante la misa. Los dos se enamoran, y el Arcipreste empieza a visitar a la monja con notable asiduidad. La relación es intensa y satisfatoria, pero ninguno de los dos tiene nada de que arrepentirse, pues el amor entre el Arcipreste y doña Garoza es puramente platónico, y se no se adentra nunca en el peligroso terreno de la sensualidad.

1499 En el nombre de Dios fui a misa de mañana.
Vi estar a la monja en oración, lozana,
alto cuello de garza, color fresco de grana:
desaguisado fizo quien le mandó vestir lana.[32]

25 *bazo*: de color moreno aceitunado.
26 O sea, 'el pecho saliente'.
27 *complidas*: largas.
28 *mancebo de días*: joven.
29 *juglaría*: arte de componer poemas, cantar, bailar...
30 '[Es] un amante (*doñeador*) alegre, lo juro por mis zapatos'. La fórmula de juramento usada por Trotaconventos fue muy frecuente en el castellano coloquial durante la Edad Media.
31 'Un hombre así no se encuentra en todos los sitios'.
32 'Error cometió quien la metió a monja'.

1502 Oteome[33] de unos ojos que parescían candela.
Yo sospiré por ellos; diz mi corazón: «¡Hela!».[34]
Fuime para la dueña: fablome e fablela;
enamorome la monja, e yo enamorela.

1503 Rescibiome la dueña por su buen servidor;
siempre le fui mandado e leal amador.
Mucho de bien me fizo con Dios en limpio amor:
en cuanto ella fue viva, Dios fue mi guiador.

1504 Con mucha oración a Dios por mí rogaba,
con la su abstinencia mucho me ayudaba,
la su vida muy limpia en Dios se deleitaba:
en locura del mundo nunca se trabajaba.

1505 Para tales amores son las religïosas,
para rogar a Dios con obras pïadosas,
que para amor del mundo mucho son peligrosas,
e son las escuseras perezosas, mintrosas.[35]

1506 Atal fue mi ventura que, dos meses pasados,
murió la buena dueña: hobe menos cuidados.[21]
A morir han los hombres que son o serán nados:[36]
¡Dios perdone su alma e los nuestros pecados!

LLANTO POR TROTACONVENTOS

La muerte de doña Garoza deja al Arcipreste conmocionado y melancólico. Para superar el dolor, busca de nuevo la ayuda de Trota-

33 'Me miró'.
34 *¡hela!*: ¡ahí está!
35 El Arcipreste considera que las monjas no deben dedicarse al *amor del mundo*, esto es, mantener relaciones sexuales, y califica a las religiosas que lo hacen de hipócritas (*escuseras*), perezosas y mentirosas.
36 *nados*: nacidos.

21 El Arcipreste confiesa que, al morir doña Garoza, se liberó de parte de sus preocupaciones (*cuidados*). Cabe entender que temía pecar con la monja y que por eso se relajó al perderla.

conventos, quien trata en vano de conseguirle los amores de una mora. Tras el fracaso, el narrador se dedica durante un tiempo a componer canciones para juglaresas y ciegos y, mientras se consagra a tal actividad, recibe la noticia de que Trotaconventos ha muerto. Destrozado, el Arcipreste le escribe a la difunta un sentido planto, en el que maldice el despotismo de la muerte, reflexiona sobre la fugacidad de la vida y aconseja a los hombres que se entreguen a las buenas obras, pues son las únicas que nos pueden salvar.

1518 Dice un filósofo —en su libro se nota—[37]
que pesar e tristeza el engenio embota,
e yo, con pesar grande, non puedo decir gota,[38]
porque Trotaconventos ya non anda nin trota.

1519 Así fue, ¡mal pecado!, que mi vieja es muerta:
murió a mí serviendo, lo que me desconuerta;[39]
non sé cómo lo diga, que mucha buena puerta
me fue después cerrada, que antes me era abierta.

1520 ¡Ay Muerte, muerta seas, muerta, e malandante!
Mataste a mi vieja, ¡matases a mí ante!
Enemiga del mundo, que non has semejante,
de tu memoria amarga non es que non se espante.[40]

1521 Muerte, al que tú fieres, llévastelo de belmez,[41]
al bueno e al malo, al rico e al refez,[42]
a todos los egualas, e los llevas por un prez,[43]
por papas e por reyes non das una vil nuez.

37 *se nota*: se anota, se señala.
38 O sea, 'no puedo decir nada de nada', 'pierdo la facultad de discurrir'.
39 *desconortar*: desconsolar.
40 Esto es, 'no hay nadie que no se asuste', 'se espanta todo el mundo'.
41 *belmez*: armadura, protección que usa el soldado.
42 *refez*: pobre.
43 'A todos los igualas y te los llevas por un mismo precio (*un prez*)'. La idea del carácter democrático de la muerte, que no atiende a las distinciones sociales y vence por igual al pobre y al rico, es característica de la Edad Media y reaparecerá en las famosas *Coplas* de Jorge Manrique.

1522 Non catas señorío, deudo nin amistad,[44]
con todo el mundo tienes cotiana[45] enamistad;
non hay en ti mesura, amor, nin pïedad,
sinon dolor, tristeza, pena e gran crüeldad.

1523 Non puede foír homne de ti nin se asconder,
nunca fue quien contigo podiese bien contender,
la tu venida triste non se puede entender,
desque vienes non quieres a homne atender.

1524 Dejas el cuerpo yermo a gusanos en fuesa,[46]
al alma que lo puebla llévastela depriesa.
Non es el homne cierto de tu carrera aviesa.[47]
¡De fablar en ti, Muerte, espanto me atraviesa!

1531 Señores, non querades ser amigos del cuervo;[22]
temed sus amenazas, non fagades su ruego;
el bien que far podierdes, facedlo luego luego:[48]
tened que cras morredes, ca la vida es juego.[49]

1532 La salud e la vida muy aína se muda;
en un punto se pierde, cuando homne non cuda.[50]
El bien que farás cras, palabra es desnuda:
vestidla con la obra ante que Muerte acuda.[51]

1533 Quien en mal juego porfía,[52] más pierde que non cobra:
coida echar su suerte, echa mala zozobra.[53]

---

44 'No respetas a los señores, los familiares ni los amigos'.
45 *cotiana*: cotidiana.
46 'Dejas el cuerpo abandonado a los gusanos en la fosa'.
47 *aviesa*: 'torcida' o 'malvada'.
48 *luego luego*: en el acto, de inmediato.
49 'Sabed que mañana mismo moriréis, pues la vida es breve como un juego'.
50 *cuda*: cuida.
51 'El bien que pretendes hacer mañana no es más que una vana promesa; transfórmalo en un hecho antes de que llegue la Muerte'.
52 *porfiar*: insistir.
53 'Piensa que saca un buen número [en los dados] y saca el peor'.

22 El cuervo es aquí la encarnación del Diablo y la maldad.

Amigos, apercebidvos e faced buena obra,
que, desque viene la Muerte, a toda cosa sobra.[54]

EPÍLOGO

Tras entonar su planto por Trotaconventos, el Arcipreste se dispersa en varios asuntos de lo más heterogéneo: nos explica cuáles son las armas que debe usar el cristiano para eludir los pecados capitales, alaba las virtudes amatorias de las mujeres bajitas, que parecen frías por fuera pero son ardientes por dentro, y relata cómo intentó conseguir una nueva amante utilizando por alcahuete a un tal don Hurón, mozo vicioso y pícaro, borracho y reñidor que no le sirvió de nada. Tras ese cajón de sastre, el Arcipreste decide rematar su libro con un epílogo en que expresa de nuevo su devoción por Santa María y vuelve a señalarnos la manera apropiada de entender sus versos.

1626 Porque Santa María, según que dicho he,
es comienzo e fin del bien, tal es mi fe,
fizle cuatro cantares, e con tanto faré
punto a mi librete,[55] mas non lo cerraré.

1627 Buena propriedad ha, doquiera que se lea,
que si lo oye alguno que tenga muger fea,
o si mujer lo oye, que su homne vil sea,
facer a Dios servicio en punto lo desea.[23]

1628 Desea oír misas e facer oblaciones,[56]
desea dar a pobres bodigos e raciones,[57]

54 *sobrar*: superar, vencer.
55 'Y con esto pondré final a mi librito'.
56 *oblación*: donación, ofrenda.
57 *bodigo*: pan bendito que se daba a los pobres en la Iglesia; *ración*: limosna.

23 La estrofa está cargada de ironía, pues indica que el libro tiene la virtud de despertar inmediatamente (*en punto*) en los lectores el deseo de servir a Dios, pero los casos que pone como ejemplo indican que los únicos lectores que se consagrarán de verdad a lo espiritual son los que no pueden dedicarse con gusto a los placeres terrenales, como el hombre que tiene una esposa fea o la mujer casada con un granuja.

facer mucha limosna e decir oraciones:
Dios con esto se sirve, bien lo vedes, varones.[58]

1629 Cualquier homne que'l oya, si bien trovar sopiere,
más ha hí a añadir e emendar si quisiere,[24]
ande de mano en mano a quienquier quel' pidiere:
como pella a las dueñas, tómelo quien podiere.[59]

1630 Pues es de buen amor, emprestadlo de grado,
non desmintades su nombre, nin dedes refertado,[60]
no'l dedes, por dineros, vendido nin alquilado,
ca non ha grado nin gracias el buen amor comprado.[25]

1631 Fizvos pequeño libro de testo, mas la glosa
non creo que es chica, ante es bien gran prosa,
que sobre cada fabla se entiende otra cosa,
sin la que se alega en la razón fermosa.[26]

1632 De la santidad mucha es bien gran licionario,[61]
mas de juego e de burla es chico brevïario;[62]
por ende fago punto, e cierro mi armario:
séavos chica fabla, solaz e letüario.[63]

---

58 'Dios con esto se complace; bien lo veis, hombres'.

59 Es decir, 'que el libro lo coja quien pueda, como ocurre con la pelota (*pella*) cuando las damas (*dueñas*) juegan con ella'.

60 'No le cambiéis el título ni lo critiquéis (*refertéis*) cuando lo ofrezcáis'.

61 *licionario*: libro didáctico, libro que contiene lecciones.

62 *breviario*: librillo.

63 'Así que acabo y cierro mi biblioteca (*armario*); [ojalá que el poema os sea tan atractivo como] un breve refrán, un juego y una golosina'.

24 Según mandaba un tópico medieval, el poeta anima a sus lectores a corregir (*emendar*) su libro en los folios que queden en blanco tras el último verso y a añadir nuevos contenidos sobre el buen amor.

25 El buen amor debe ofrecerse de forma gratuita, pues, cuando se paga por él, ni gusta ni es agradecido (*non ha grado nin gracias*).

26 El Arcipreste contrapone el breve *texto* de su poema al extenso comentario (*glosa*) que puede generar. Y es que cada episodio (*fabla*) del libro posee un sentido literal, atractivo (*fermoso*) pero frívolo, y un sentido profundo, oculto pero aleccionador. El Arcipreste, en fin, sugiere que su poema, como toda buena literatura, distrae y enseña al mismo tiempo.

1633 Señores, hevos servido con poca sabiduría,
por vos dar solaz a todos, fablevos en juglería;[64]
yo un gualardón[65] vos pido: que, por Dios, en romería,
digades un paternóster por mí e avemaría.

1634 Era de mil e trecientos e ochenta e un años,
fue compuesto el romance[27] por muchos males e daños
que facen muchos e muchas a otros con sus engaños,
e por mostrar a los simples fablas e versos estraños.[28]

---

64 'Para dar distracción a todos, es decir, a los cultos y los incultos, os hablé con versos amenos, al modo de los juglares (*en juglería*)'.

65 *gualardón*: recompensa.

27 La *era* de 1381 equivale al año 1343. Hasta el siglo XIV, los años en España no se contaban partiendo de la fecha del nacimiento de Cristo, sino del año en que, supuestamente, se habían fundado las provincias romanas en el país, es decir, el 38 a.C. En todo caso, no es seguro que el *Libro de buen amor* fuese escrito en 1343, pues tal fecha podría corresponder en verdad al momento en que fue copiado alguno de los manuscritos de la obra.

28 El poeta dice que, con su libro, ha querido denunciar los engaños de ciertas personas, entre las que se contaría Trotaconventos, y exhibir su destreza artística relatando a los que no son poetas (*los simples*) episodios atractivos en versos originales y hábilmente compuestos. En apariencia, el libro debería acabar aquí, pero cuenta con unas cuantas páginas más, que recogen una serie de cantares. Es posible que tales canciones no salieran de la pluma de Juan Ruiz, sino que fuesen añadidas por alguno de sus lectores. Al respecto, hay que tener en cuenta que uno de los manuscritos del libro no las incluye, y que el propio poeta ha animado a su auditorio a alargar su obra.

Marqués de Santillana

Don Íñigo López de Mendoza nació en 1398 cerca de Palencia. Descendiente de una familia noble y poderosa, dedicó su vida, con similar fortuna, a la actividad política, militar y literaria. Tras el compromiso de Caspe (1412), que otorgó la corona aragonesa a la dinastía castellana de Trastámara, residió en la corte de Alfonso V el Magnánimo, donde trabó amistad con los grandes poetas catalanes Ausiàs March y Jordi de Sant Jordi, profundizó en la poesía de los trovadores y conoció las obras de los primeros humanistas italianos, Dante, Petrarca y Boccaccio. Con este bagaje intelectual se convirtió, más tarde, en uno de los pioneros de la cultura renacentista en Castilla, tanto en el ámbito personal, encarnando el modelo de cortesano, como en el terreno literario, cultivando una poesía erudita, llena de latinismos y alusiones mitológicas. La fama póstuma del marqués no se debe, sin embargo, a estas composiciones un tanto artificiosas, sino a sus *serranillas,* que funden la tradición popular castellana y el humorismo burlón del Arcipreste de Hita con la pastorela provenzal. Cuentan estos poemas cómo un caballero intenta seducir sin éxito a una campesina, que además de bella, demuestra ser prudente al evitar una relación que sólo podría perjudicarla, dada la distancia social que la separa del noble.

[MOZA TAN FERMOSA]

Moza tan fermosa
non vi en la frontera
como una vaquera
de la Finojosa.[1]

---

1 Según parece, la acción se desarrolla cerca de la actual Hinojosa del Duque, en el norte de la provincia de Córdoba, donde se encontraba la frontera entre el reino de Castilla y el territorio en poder de los árabes.

Faciendo la vía
del Calatraveño
a Santa María,[1]
vencido del sueño,
por tierra fragosa
perdí la carrera,[2]
do vi la vaquera
de la Finojosa.

En un verde prado
de rosas e flores,[2]
guardando ganado
con otros pastores,
la vi tan graciosa,
que apenas creyera
que fuese vaquera
de la Finojosa.[3]

Non creo las rosas[3]
de la primavera
sean tan fermosas
nin de tal manera;
fablando sin glosa,[4]
si antes supiera
de aquella vaquera
de la Finojosa,

---

1 Esto es, 'mientras recorría el camino entre el puerto Calatraveño, en Sierra Morena, y Santa María [probablemente, una ermita]'.

2 'Por un terreno peñascoso y abrupto, perdí el camino, me extravié'.

3 Esto es, 'no creo que las rosas…'.

4 Es decir, 'hablando claramente, sin que se requiera más explicación (*glosa*)'.

2 El *locus amœnus*, o descripción de un paisaje idealizado, primaveral, era uno de los tópicos de las pastorelas, aunque aquí se contradice con la realidad de la "tierra fragosa" que ha descrito el poeta poco antes.

3 Los prejuicios aristocráticos hacen suponer al marqués que la gente villana es tosca de aspecto y de modales, de ahí su sorpresa (*apenas creyera…*) ante una campesina tan bella y gentil (*graciosa*) como una dama.

non tanto mirara
su mucha beldad,
por que me dejara
en mi libertad.[4]
Mas dije: «Donosa[5]
(por saber quién era),
¿aquella vaquera
de la Finojosa...?»

Bien como riendo,
dijo: «Bien vengades,
que ya bien entiendo
lo que demandades:[6]
non es deseosa
de amar, nin lo espera,
aquesa vaquera
de la Finojosa».[7]

---

5 *donosa*: gentil y graciosa.

6 *demandades*: solicitáis.

7 El poeta disimula su interés por la vaquera fingiendo que pregunta por una tercera persona, pero la moza sabe que el caballero le está pidiendo relaciones amorosas, y las rechaza tajantemente.

4 Esto es, 'de haber conocido antes a aquella vaquera de la Finojosa, no habría admirado durante tanto tiempo su mucha belleza (*beldad*) para no perder mi libertad'. Un tópico del amor cortés es que el enamorado queda "preso" en una simbólica cárcel de amor, con lo que pierde la libertad y se convierte en un mero "servidor" de la dama a quien adora.

Jorge Manrique

Hubo un tiempo en que la poesía y la guerra no se llevaban tan mal como ahora. Buena parte de los poetas medievales fueron, de hecho, militares que tan pronto ensangrentaban los campos de batalla como escribían elegantes versos de amor. Tal fue la doble rutina que marcó la vida de Jorge Manrique, poeta soldado nacido hacia 1440 en el seno de una de las familias más ilustres de Castilla. Por lo que parece, Manrique nunca fue un guerrero brillante, pero compensó su mediocridad en las armas con un dominio ejemplar de las sutilezas de la poesía. Buena parte de sus versos están dedicados a expresar el goce y la incertidumbre que causa el amor, si bien a Manrique se le recuerda sobre todo por las *Coplas* que escribió al morir su padre, un destacado jefe militar a quien un cáncer se llevó de este mundo en 1476. Por supuesto, Manrique escribió sus *Coplas* con el propósito inmediato de lamentar la pérdida del ser querido, pero supo trascender la pura anécdota al convertir su poema en una lúcida reflexión, transparente y conmovedora, sobre el sentido de la vida y la tiranía inclemente del tiempo.

COPLAS A LA MUERTE DE SU PADRE

I

Recuerde el alma dormida,
avive el seso y despierte
contemplando
cómo se pasa la vida,
cómo se viene la muerte
tan callando;[1]

1 Las *Coplas* empiezan con una llamada a la reflexión. El poeta le pide al alma que despierte (*recuerde*), active la razón (*avive el seso*) y recapacite (*contemple*) sobre lo rápido que pasa la vida y lo silenciosa que viene la muerte.

cuán presto[2] se va el placer,
cómo, después de acordado,[3]
da dolor,
cómo a nuestro parescer
cualquiera tiempo pasado
fue mejor.

II

Y pues vemos lo presente
cómo en un punto[4] se es ido
y acabado,
si juzgamos sabiamente,
daremos lo no venido
por pasado.
No se engañe nadie, no,
pensando que ha de durar
lo que espera
más que duró lo que vio,
porque todo ha de pasar
por tal manera.

III

Nuestras vidas son los ríos
que van a dar en el mar,
que es el morir;
allí van los señoríos[5]
derechos a se acabar
y consumir;
allí, los ríos caudales,[6]

---

2 *presto*: rápido, veloz.
3 *después de acordado*: cuando se recuerda.
4 *en un punto*: en un instante.
5 *señorío*: territorio que es propiedad de un noble.
6 *caudales*: caudalosos, que llevan mucha agua.

allí, los otros, medianos,
y más chicos;
allegados,[7] son iguales
los que viven por sus manos
y los ricos.[1]

IV

Dejo las invocaciones
de los famosos poetas
y oradores,[8]
no curo de sus ficiones,
que traen yerbas secretas
sus sabores.[9]
A Aquél sólo me encomiendo,
a Aquél sólo invoco yo
de verdad
que, en este mundo viviendo,
el mundo no conosció
su deidad.[2]

---

7 Esto es, 'una vez que han llegado al mar'.

8 *orador*: persona que pronuncia discursos en público.

9 Es decir, 'prescindo de sus ficciones, pues sus manjares esconden venenos (*yerbas secretas*)'.

1 Inspirándose en un pasaje bíblico, Manrique equipara la vida con un río que desemboca en el mar de la muerte. Identifica, además, a los hombres ricos con ríos de agua abundante y a los trabajadores con corrientes de poco caudal, si bien advierte que la muerte deshace las distinciones económicas y sociales, pues iguala a todos los hombres en un destino común.

2 Los poetas clásicos empezaban sus obras pidiendo ayuda a las musas, espíritus protectores que concedían el don de la inspiración. Manrique rechaza esa costumbre porque es pagana, esto es, impropia de los cristianos. Es más: llega a decir que las obras de los poetas antiguos son como un manjar que parece apetitoso pero esconde un veneno, pues buena parte de las obras de dichos poetas se consideraban inmorales. En lugar de invocar a las musas, pues, Manrique pide ayuda a Cristo, cuya divinidad (*deidad*) pasó desapercibida cuando vivió entre los hombres.

V

Este mundo es el camino
para el otro, que es morada
sin pesar,[10]
mas cumple tener buen tino
para andar esta jornada
sin errar.[11]
Partimos cuando nascemos,
andamos cuando vivimos
y allegamos
al tiempo que fenescemos;[12]
así que, cuando morimos,
descansamos.

XIII

Los placeres y dulzores
de esta vida trabajada[13]
que tenemos
no son sino corredores,
y la muerte, la celada
en que caemos.[14]
No mirando a nuestro daño,
corremos a rienda suelta,
sin parar;
cuando vemos el engaño
y queremos dar la vuelta,
no hay lugar.[15]

---

10 O sea, 'un hogar en que no existe el sufrimiento'.

11 'Pero conviene obrar adecuadamente para realizar este viaje sin perderse'.

12 *fenescer*: morir.

13 *trabajada*: trabajosa, difícil.

14 El poeta desarrolla una nueva metáfora al equiparar los placeres con soldados que examinan el territorio enemigo (*corredores*), y que caen en la trampa (*celada*) que les tiende la muerte.

15 'No hay regreso posible'.

XIV

Estos reyes poderosos
que vemos por escripturas
ya pasadas,
con casos tristes, llorosos,
fueron sus buenas venturas
trastornadas;[16]
así que no hay cosa fuerte,[17]
que a papas y emperadores
y perlados,[18]
así los trata la muerte
como a los pobres pastores
de ganados.[3]

XV

Dejemos a los troyanos,
que sus males no los vimos
ni sus glorias;
dejemos a los romanos,
aunque oímos y leímos
sus vitorias.
No curemos de saber
lo de aquel siglo pasado[19]
qué fue dello;
vengamos a lo de ayer,

---

16 'Los reyes poderosos de los que nos hablan los libros de historia antigua vieron su buena suerte (*buena ventura*) malograda por las desgracias'.

17 'De modo que, en esta vida, no hay nada que sea seguro y fiable (*fuerte*)'.

18 *perlado*: prelado, alto cargo de la Iglesia.

19 Es decir, 'lo de aquella época tan distante'.

3 Al igualar a majestuosos papas y humildes pastores, Manrique se inspiró sin duda en las *Danzas de la Muerte*, textos medievales en que la Muerte dialogaba con individuos de todas las clases sociales, les reñía por su comportamiento y los invitaba a unirse a su danza macabra.

que tan bien es olvidado
como aquello.[4]

XVI

¿Qué se hizo el rey don Juan?[20]
Los infantes de Aragón,
¿qué se hicieron?[5]
¿Qué fue de tanto galán?[21]
¿Qué fue de tanta invención
como trajieron?[22]
Las justas y los torneos,[23]
paramentos, bordaduras
y cimeras[24]
¿fueron sino devaneos?[25]
¿Qué fueron sino verduras
de las eras?[26]

---

20 '¿Qué fue del rey don Juan?'.

21 *galán*: caballero apuesto.

22 *invención*: 'disfraz', o 'vestuario adornado con dibujos o versos que se usaba en las fiestas cortesanas'.

23 Tanto las *justas* como los *torneos* eran combates deportivos en que se enfrentaban jinetes a golpes de lanza. En la justa, luchaban entre sí dos únicos guerreros; en el torneo, peleaban dos grupos.

24 *paramento*: paño que cubre el lomo del caballo y a veces tiene bordados (*bordaduras*); *cimera*: adorno colocado sobre el casco del caballero.

25 *devaneo*: entretenimiento inútil.

26 O sea, 'cosas fugaces', como las hierbecillas que brotan tras la lluvia en los terrenos secos donde se tritura el trigo (*eras*).

4 Al contrario que los poetas clásicos, Manrique no hablará de los troyanos, héroes de una de las guerras más recordadas de la antigüedad, ni de las victorias de los romanos, sino de casos más próximos en el tiempo.

5 Manrique recrea el tópico del *ubi sunt?*, con que los poetas latinos se preguntaban por el destino de cosas o personas del pasado para poner de manifiesto la fugacidad de todo. En concreto, alude a figuras políticas muy destacadas de la primera mitad del siglo XV: el rey Juan II de Castilla y León, y los cinco hijos de Fernando de Antequera, rey de Aragón, que fueron aliados militares de la familia Manrique. En la corte de don Juan se celebraron fiestas muy lujosas, que el poeta evocará enseguida.

XVII

¿Qué se hicieron las damas,
sus tocados, sus vestidos,
sus olores?[27]
¿Qué se hicieron las llamas
de los fuegos encendidos
de amadores?[28]
¿Qué se hizo aquel trovar,
las músicas acordadas
que tañían?[29]
¿Qué se hizo aquel danzar,
y aquellas ropas chapadas[30]
que traían?

XXV

Aquél de buenos abrigo,[31]
amado por virtuoso
de la gente,
el maestre[32] don Rodrigo
Manrique, tanto famoso
y tan valiente,
sus grandes hechos y claros[33]
no cumple que los alabe,[34]
pues los vieron,

27 *tocado*: adorno que se pone una mujer en la cabeza; *olor*: perfume.
28 '¿Qué fue del intenso amor que sentían [por sus damas] los caballeros que participaron en la fiesta?'.
29 '¿Qué fue de las composiciones musicales [que sonaban en las fiestas], al son de melodías muy bien armonizadas (*acordadas*)?'.
30 *chapadas*: adornadas con detalles de oro y plata.
31 'Aquél que protegía a los hombres buenos'. Manrique se refiere, como de inmediato veremos, a su querido padre.
32 *maestre*: jefe máximo de una orden militar.
33 *claros*: ilustres, dignos de fama.
34 'No es necesario que los alabe'.

ni los quiero hacer caros,[35]
pues el mundo todo sabe
cuáles fueron.[6]

XXVI

Amigo de sus amigos,
¡qué señor para crïados[36]
y parientes!
¡Qué enemigo de enemigos!
¡Qué maestro de esforzados
y valientes!
¡Qué seso para discretos![37]
¡Qué gracia para donosos![38]
¡Qué razón![39]
¡Qué benigno a los subjetos![40]
Y a los bravos y dañosos,
¡un león![41]

XXVII

En ventura,[42] Otavïano;
Julio César en vencer
y batallar;

---

35 'Ni quiero elogiarlos'.

36 *criados*: nobles que han crecido en casa de un gran señor, al que deben guardar máxima fidelidad.

37 '¡Qué ejemplo de sabiduría daba a los inteligentes!'.

38 '¡Qué ejemplo de elegancia daba a los hombres apuestos!'.

39 '¡Qué dominio del lenguaje!'.

40 '¡Qué manso era con los humildes!'.

41 '¡Qué fiero era con los arrogantes y los malvados!'.

42 *ventura*: suerte.

6 Tras reflexionar en general sobre la vida y la muerte y señalar la banalidad de las diversiones mundanas, el poeta alude a su padre, Rodrigo Manrique, que fue maestre de la orden religioso-militar de Santiago. Don Rodrigo murió en 1476, y el deseo de reivindicar su figura fue una de las razones principales por las que su hijo escribió las *Coplas*.

en la virtud, Africano;
Aníbal en el saber
y trabajar;
en la bondad, un Trajano;
Tito en liberalidad[43]
con alegría;
en su brazo, Aureliano;[44]
Marco Atilio en la verdad
que prometía.[7]

XXVIII

Antonio Pío en clemencia;
Marco Aurelio en igualdad
del semblante;[45]
Adrïano en elocuencia;[46]
Teodosio en humanidad
y buen talante;
Aurelio Alexandre fue
en desciplina y rigor
de la guerra;

43 *liberalidad*: generosidad.
44 Es decir, 'por la enorme fuerza de su brazo, se parecía a Aureliano'.
45 Esto es, 'en contención de los gestos', lo que da a entender que Rodrigo Manrique era un hombre equilibrado.
46 *elocuencia*: habilidad para hablar en público.

7 Para destacar las virtudes de su padre, Manrique lo va comparando con grandes hombres de la historia de Roma, que destacaron por su dominio del arte de la guerra, su buena fortuna, su pureza moral, su esfuerzo... Entre los citados, predominan los militares (Julio César, Escipión, Aníbal), los emperadores (César Octavio Augusto, aquí llamado *Octaviano*; Trajano, Tito, Aureliano). Del último de los personajes mencionados, el senador romano Marco Atilio, se destaca que cumplía siempre su palabra (*la verdad que prometía*). Una anécdota dice, en efecto, que Marco Atilio cuando era prisionero de los cartagineses, logró que lo liberasen por un tiempo con una promesa: juró que volvería a la cárcel por su propio pie, y lo más sorprendente es que cumplió su palabra.

un Constantino en la fe;
Camilo en el gran amor
de su tierra.[8]

XXXIII

Después que puso la vida
tantas veces por su ley
al tablero,[47]
después de tan bien servida
la corona de su rey
verdadero,[48]
después de tanta hazaña
a que no puede bastar
cuenta cierta,[49]
en la su villa de Ocaña,
vino la muerte a llamar
a su puerta,[9]

XXXIV

diciendo: —Buen caballero,
dejad el mundo engañoso

47 'Tras haberse jugado la vida tantas veces por su religión (*su ley*)'. Manrique sugiere que su padre guerreaba para desterrar de España las creencias musulmanas, pero lo cierto es que don Rodrigo batalló casi siempre contra los propios cristianos de Castilla, con el fin de favorecer a alguno de los bandos que se disputaban el poder en el reino.

48 Es decir, 'de Dios'.

49 'Tras haber llevado a cabo tantas hazañas que es imposible contarlas'.

8 Manrique vuelve a comparar a su padre con los hombres más virtuosos del pasado. Todos los citados en la estrofa fueron emperadores romanos, y destacaron por los rasgos que se les atribuye. En concreto, a Constantino se le tenía por hombre religioso porque favoreció el cristianismo, y Marco Furio Camilo amaba tanto su patria que les pedía a los dioses que le enviasen a él los castigos destinados a Roma.

9 A don Rodrigo Manrique lo mató un cáncer el 11 de noviembre de 1476, en el palacio que tenía la orden de Santiago en Ocaña (Toledo).

y su halago;[50]
vuestro corazón de acero
muestre su esfuerzo famoso
en este trago.[51]
Y pues de vida y salud
hecistes tan poca cuenta
por la fama,
esfuércese la virtud
para sofrir esta afruenta
que os llama.[52]

XXXV

»No se os haga tan amarga
la batalla temerosa
que esperáis,[53]
pues otra vida más larga
de fama tan gloriosa
acá dejáis.
Aunque esta vida de honor
tampoco no es eternal
ni verdadera,
mas con todo es muy mejor
que la otra temporal,
perecedera.[10]

50 Es decir, 'sus atractivos'.

51 'Vuestro fuerte corazón muestre su excepcional valor en este apuro'.

52 Esto es, 'puesto que, para lograr la fama, atendisteis tan poco a vuestra vida y vuestra salud, sacad coraje para enfrentaros a este mal que os reclama', es decir, 'a la muerte'.

53 *temerosa*: 'temible'. El poeta identifica el trance decisivo de la muerte con un difícil combate.

10 Siguiendo una idea medieval que se remonta en último término a un texto del romano Cicerón, Manrique distingue tres tipos de vida: el paso de la persona por el mundo, que es muy breve; la fama que deja, más prolongada que su propia existencia; y la vida eterna en el más allá.

XXXVI

»El vevir que es perdurable
no se gana con estados
mundanales
ni con vida deleitable
en que moran los pecados
infernales;[54]
mas los buenos religiosos
gánanlo con oraciones
y con lloros;
los caballeros famosos,
con trabajos y afliciones
contra moros.[55]

XXXVII

»Y pues vos, claro varón,[56]
tanta sangre derramastes
de paganos,[57]
esperad el galardón[58]
que en este mundo ganastes
por las manos;
y con esta confïanza
y con la fe tan entera
que tenéis,
partid con buena esperanza,

54 'La vida eterna (*el vevir perdurable*) no se logra por medio de un alto nivel social o económico (*estados mundanales*), ni con una vida llena de placeres en que se cometen los siete pecados capitales, que llevan al infierno'.

55 O sea, 'guerreando con esfuerzo contra los moros y en defensa del cristianismo'.

56 La muerte califica a don Rodrigo Manrique de *claro varón*, esto es, de 'hombre ilustre'.

57 *paganos*: aquí, 'musulmanes'.

58 *galardón*: premio, recompensa.

que esta otra vida tercera[59]
ganaréis.

XXXVIII

—No gastemos tiempo ya
en esta vida mezquina
por tal modo,
que mi voluntad está
conforme con la divina
para todo.[11]
Y consiento en mi morir
con voluntad placentera,
clara y pura,
que querer hombre vivir
cuando Dios quiere que muera
es locura.

XXXIX

»Tú, que por nuestra maldad
tomaste forma cevil
y bajo nombre;[12]
tú, que a tu divinidad
juntaste cosa tan vil
como es el hombre;

---

59 Esto es, 'la vida eterna', tercera de las tres vidas de las que el poeta hablaba en la estrofa xxxv.

11 Estas palabras las pronuncia, por supuesto, don Rodrigo Manrique, quien acepta su final, dado que es un designio divino. La resignación, e incluso la alegría, en la hora de la muerte se consideran actitudes propias del buen cristiano.

12 En el momento de su muerte, don Rodrigo Manrique pronuncia una oración dirigida a Jesucristo, quien, pese a su condición divina, adoptó la humilde apariencia (*forma cevil)* y el modesto nombre de un ser humano a fin de salvar a la humanidad.

tú, que tan grandes tormentos
sofriste sin resistencia
en tu persona,
no por mis merescimientos,
mas por tu sola clemencia
me perdona.[60]

XL

Así, con tal entender,
todos sentidos humanos
olvidados,[61]
cercado de su mujer
y de hijos y de hermanos
y crïados,[13]
dio el alma a quien se la dio,[62]
el cual la ponga en el cielo
y en su gloria;
y aunque la vida murió,
nos dejó harto consuelo
su memoria.

---

60 *me perdona*: perdóname.
61 'Así, con tanta lucidez, olvidado de todos los placeres del mundo'.
62 Esto es, 'devolvió el alma a Dios'.

13 Don Rodrigo se acerca a la muerte en un contexto idóneo, pues se encuentra en su casa y está rodeado de su familia y de sus vasallos más queridos, lo que le ha permitido confesarse, y le facilitará la entrada en el paraíso, lugar de eterno descanso.

Garcilaso de la Vega

Sería difícil establecer si Garcilaso de la Vega supo más de la guerra o del amor. El poeta, que nació en Toledo hacia 1501, se pasó la vida sirviendo al emperador Carlos V en sus campañas militares, lo que le obligó a viajar por toda Europa, a jugarse el tipo en el campo de batalla, a ejercer como espía y a pelear contra corsarios en alta mar. De su vida sentimental sabemos poco, salvo que se casó y se enamoró, dos cosas que, en su época, rara vez iban juntas. Por lo visto, el gran amor de Garcilaso no fue su esposa, sino una dama portuguesa llamada Isabel Freyre a la que nunca pudo tener entre sus brazos, y que le hizo la mala pasada de morirse antes que él. Se cree que fue Isabel Freyre quien le inspiró sus mejores versos y quien le causó sus mayores tristezas, si bien no fue el amor sino la guerra lo que mató a Garcilaso. Corría el año de 1536 cuando el poeta participó en el sur de Francia en el asalto de una fortaleza donde se había atrincherado el enemigo. Al trepar por una torre, recibió una pedrada brutal que le hizo caer al vacío y le causó una grave herida en la cabeza. Murió a los pocos días.

Garcilaso empezó su carrera literaria imitando la poesía de cancionero en versos tan ingeniosos como convencionales y fríos. En cambio, provocó una auténtica revolución cuando decidió aclimatar al castellano el estilo y la métrica propios de la poesía italiana. No sólo convirtió el endecasílabo en verso predilecto de la lírica española, sino que puso de moda el soneto, consolidó la imitación de los poetas grecolatinos, abrió la lírica de su tiempo al retrato de la naturaleza e instauró una nueva sensibilidad que fue imitada por cientos de jóvenes. Su mayor logro fue encontrar un modo de expresar los sentimientos que no sonaba grandilocuente y artificioso sino sincero y natural, pues se basaba en el uso de palabras comunes y en un tono íntimo y cercano que, en lugar de exagerar la tristeza al modo de los poetas de cancionero, destilaba una dulce melancolía y una serena añoranza que sigue conmoviendo a los lectores de hoy.

SONETO V

Escrito está en mi alma vuestro gesto,[1]
y cuanto yo escribir de vos deseo
vos sola lo escribistes: yo lo leo,
tan solo, que aun de vos me guardo en esto.[2]

En esto estoy y estaré siempre puesto,[3]
que aunque no cabe en mí cuanto en vos veo,
de tanto bien lo que no entiendo creo,
tomando ya la fe por presupuesto.[1]

Yo no nací sino para quereros:
mi alma os ha cortado a su medida,
por hábito del alma misma os quiero.[4]

Cuanto tengo confieso yo deberos:
por vos nací, por vos tengo la vida,
por vos he de morir y por vos muero.[2]

1 *escrito*: impreso, grabado; *gesto*: cara, rostro.
2 Es decir, 'cuando quiero recordar vuestro rostro, estoy tan solo que incluso me escondo de vos'. El poeta hace lo imposible por mantener su amor en secreto, a fin de no perjudicar la reputación de su amada.
3 'A esto estoy y estaré siempre dedicado'.
4 *hábito*: 'vestido'; el poeta insiste en la identificación de amor y fe, pues la palabra *hábito* se aplica sobre todo a la indumentaria de los religiosos.

1 Siguiendo un tópico del amor cortés, el poeta diviniza a su amada. Su belleza le parece tan sublime que no alcanza a comprenderla del todo (*no cabe en mí cuanto en vos veo*), así que se limita a creer lo que no entiende (*de tanto bien lo que no entiendo creo*). Es decir, que ha sustituido la razón por la fe, convertida así en el principal sostén (*presupuesto*) de su amor. Con la belleza de la amada, pues, pasa lo mismo que con Dios: no hay que entenderlo, sino que basta con creer en él.
2 Más allá de constituir una apasionada declaración de fidelidad a la amada, el terceto final insiste en parangonar a la dama con una divinidad, pues, lo mismo que Dios, es capaz de dar la vida y la muerte.

SONETO X

¡Oh dulces prendas por mi mal halladas,
dulces y alegres cuando Dios quería,
juntas estáis en la memoria mía
y con ella en mi muerte conjuradas![3]

¿Quién me dijera, cuando en las pasadas
horas que en tanto bien por vos me vía,[5]
que me habiades de ser en algún día
con tan grave dolor representadas?

Pues en una hora junto me llevastes
todo el bien que por términos me distes,[6]
llevadme junto el mal que me dejastes;

si no, sospecharé que me pusistes
en tantos bienes porque deseastes
verme morir entre memorias tristes.[4]

5 Es decir, 'cuando, en el pasado, tanta felicidad me dispensabais'.

6 El poeta se queja de que la felicidad llegó poco a poco (*por términos*) y, en cambio, se ha ido en un momento (*en una hora*).

3 El poeta ha hallado, al parecer por pura casualidad, unas *prendas* de su amada, es decir, algún regalo que ella le entregó en señal de amor: un mechón de cabello, un pañuelo, una cinta, tal vez un guante... Las prendas desatan la tristeza del poeta porque le recuerdan la felicidad de la que gozó junto a su amada, y que ya es irrecuperable. Su pena es tan grande que llega a acusar a las prendas de haberse confabulado con su propia memoria para matarlo de dolor.

4 Tradicionalmente, se ha creído que este soneto fue inspirado por el fallecimiento de Isabel Freyre, dama portuguesa que pertenecía al séquito de la reina, y de la que Garcilaso estuvo enamorado desde 1526. El amor entre ambos fue puramente platónico, ya que tanto doña Isabel como Garcilaso estaban casados. Isabel Freyre murió al dar a luz a su tercer hijo, hacia 1533.

SONETO XIII[5]

A Dafne ya los brazos le crecían
y en luengos ramos vueltos se mostraban;[7]
en verdes hojas vi que se tornaban
los cabellos que el oro escurecían;[8]

de áspera corteza se cubrían
los tiernos miembros que aún bullendo estaban;
los blancos pies en tierra se hincaban
y en torcidas raíces se volvían.

Aquel que fue la causa de tal daño,[9]
a fuerza de llorar, crecer hacía
este árbol, que con lágrimas regaba.

¡Oh miserable estado, oh mal tamaño,[10]
que con llorarla crezca cada día
la causa y la razón por que lloraba![6]

---

7 'Y aparecían convertidos en largas ramas (*luengos ramos*)'.
8 Es decir, 'los cabellos que brillaban más que el oro'.
9 Esto es, 'el dios Apolo'.
10 *tamaño*: tan grande.

5 El soneto recrea el pasaje culminante del mito griego de la ninfa Dafne, quien rechazó el amor de Apolo, dios de la poesía y la música. Cierto día, en un arrebato de pasión, Apolo decidió tomar a Dafne por la fuerza. La ninfa echó a correr y pidió socorro a su padre, el río Peneo, quien se valió de sus poderes sobrenaturales para convertir a Dafne en un laurel y salvarla así del abuso.

6 El poeta se identifica con Apolo, con quien comparte el dolor causado por un amor imposible. En general, Garcilaso usó la mitología para hablar de sus propios sentimientos. Es bien significativo al respecto que el poeta aluda a sí mismo en el soneto, algo que, en principio, era innecesario: lo hace en el verso 3, a través del verbo *vi*. Tal vez Garcilaso quiera sugerir que está describiendo una escena que ha visto en un cuadro, lo que explicaría la enorme fuerza plástica de su relato; sea como fuere, la alusión al yo aproxima lo mitológico a lo personal. El poeta expresa, a fin de cuentas, algo que ha comprobado en sus propias carnes: que el recuerdo de la amada no alivia el dolor, sino todo lo contrario, igual que las lágrimas no consuelan a Apolo, sino que hacen crecer el laurel por el que llora.

A BOSCÁN, DESDE LA GOLETA[7]

Boscán, las armas y el furor de Marte,[8]
que, con su propia fuerza el africano
suelo regando,[11] hacen que el romano
imperio reverdezca en esta parte,[9]

han reducido a la memoria[12] el arte
y el antiguo valor italïano,
por cuya fuerza y valerosa mano
África se aterró de parte a parte.[13]

11 Esto es, 'empapando de sangre'.
12 Es decir, 'han devuelto a la memoria, han recordado'.
13 *de parte a parte*: por completo, de un extremo al otro.

7 En las primeras décadas del siglo XVI, los turcos se propusieron dominar por completo el Mediterráneo, propósito que les llevó a enfrentarse, entre otros, con el emperador Carlos V, rey de España y de Alemania. En 1534, Barbarroja, un pirata reconvertido en almirante de la flota turca, se adueñó del reino de Túnez, cuyo rey era vasallo de la corona española. Carlos V encabezó entonces una expedición de más de 30.000 hombres destinada a recuperar Túnez. En junio de 1535, el emperador puso sitio al peñón de La Goleta, que era el principal puerto de Túnez y su lugar más valioso desde un punto de vista estratégico. Después de veinte días de asedio, los españoles asaltaron La Goleta y lograron conquistarla, éxito que fue culminado con la recuperación de Túnez y la huida de Barbarroja. En los combates participó Garcilaso, quien recibió dos heridas de lanza: una en la boca y otra en el brazo derecho. Precisamente fue en La Goleta donde el poeta escribió el presente soneto, que alude a la vez a la conquista de Túnez y a las vivencias amorosas del propio autor. La composición está dirigida a Juan Boscán, poeta catalán que era fraternal amigo de Garcilaso y que se habría de encargar de la publicación de sus obras.

8 Marte era el dios romano de la guerra.

9 La conquista de La Goleta le trae a la memoria a Garcilaso otro suceso histórico, en este caso perteneciente a la antigüedad: las guerras que libraron Roma y Cartago por el control del Mediterráneo durante los siglos III y II a. C. Cartago era una esplendorosa y próspera ciudad-estado situada en lo que más tarde sería el reino de Túnez, y fue destruida por las legiones romanas en el año 146 a. C. Garcilaso siente que, cuando Carlos V conquista La Goleta, *reverdece* el imperio romano porque el emperador obra igual que los antiguos generales que sometieron a Cartago por la fuerza de las armas.

Aquí, donde el romano encendimiento,[14]
donde el fuego y la llama licenciosa[15]
sólo el nombre dejaron a Cartago,

vuelve y revuelve Amor mi pensamiento,
hiere y enciende el alma temerosa,
y en llanto y en ceniza me deshago.[10]

ÉGLOGA III

Garcilaso imitó algunos géneros propios de la antigua poesía grecolatina, como la égloga, llevada a su perfección por Virgilio en el siglo I a. C., y puesta otra vez de moda por los poetas italianos del Renacimiento. Las églogas están protagonizadas por pastores enamorados que celebran el amor o cantan sus penas en medio de una naturaleza idílica llena de dioses, ninfas y otros seres mitológicos. De las tres églogas que escribió Garcilaso, la más celebrada es la tercera, compuesta seguramente en 1536, es decir, poco antes de su muerte. Comienza con una dedicatoria a una dama de alto rango llamada María, a quien el poeta colma de alabanzas (estrofas 1-7). Posteriormente, Garcilaso se centra en la historia de cuatro ninfas que viven en el fondo del río Tajo, justo al pie de Toledo, la ciudad donde nació el poeta. Una de las ninfas, llamada Nise, saca la cabeza de las aguas y queda conmovida por la belleza del paisaje, que Garcilaso describe siguiendo el tópico del *locus amoenus* o 'lugar placentero' (estrofas 8-10).

8 Cerca del Tajo, en soledad amena,
de verdes sauces hay una espesura,
toda de hiedra revestida y llena,
que por el tronco va hasta el altura,
y así la teje arriba y encadena,

14 *encendimiento*: valentía, ardor guerrero.
15 *licenciosa*: impetuosa, violenta.

10 Así como Cartago acabó reducida a cenizas por los romanos, el alma del poeta es arrasada por la angustia inconsolable que provoca el amor.

que el sol no halla paso a la verdura;[16]
el agua baña el prado con sonido,
alegrando la vista y el oído.

9 Con tanta mansedumbre el cristalino
Tajo en aquella parte caminaba,
que pudieran los ojos el camino
determinar apenas que llevaba.[17]
Peinando sus cabellos de oro fino,
una ninfa del agua do moraba[18]
la cabeza sacó, y el prado ameno
vido de flores y de sombras lleno.

10 Moviola el sitio umbroso,[19] el manso viento,
el suave olor de aquel florido suelo.
Las aves en el fresco apartamiento
vio descansar del trabajoso vuelo.
Secaba entonces el terreno aliento
el sol, subido en la mitad del cielo.
En el silencio sólo se escuchaba
un susurro de abejas que sonaba.

Nise regresa al fondo del río, donde dialoga con sus tres hermanas y las convence para que salgan al exterior y pasen la tarde en el prado (11-12). Una vez afuera, las ninfas se dedican a su ocupación predilecta: tejer finísimas telas hechas con algas y filamentos de oro (13-15). Garcilaso describe entonces con detalle la escena que ha representado cada ninfa en su tela (16-24). Tres de ellas han optado por reflejar historias mitológicas protagonizadas por personajes como Orfeo y Adonis; Nise, en cambio, ha preferido entretejer en su tela un caso real que ha acaecido a orillas del Tajo, tal y como explican las siguientes estrofas:

16 *verdura*: verdor, hierba.
17 'Que a los ojos les costaba determinar por dónde iba el río'.
18 *morar*: vivir.
19 'La conmovió (*moviola*) aquel lugar sombreado (*umbroso*)'.

25 La blanca Nise no tomó a destajo
de los pasados casos la memoria,[20]
y en la labor de su sutil trabajo
no quiso entretejer antigua historia,
antes mostrando de su claro Tajo
en su labor la celebrada gloria,
lo figuró en la parte donde él baña
la más felice tierra de la España.

26 Pintado el caudaloso río se vía,
que, en áspera estrecheza reducido,
un monte casi alrededor ceñía
con ímpetu corriendo y con rüido;
querer cercarlo todo parecía
en su volver, mas era afán perdido;
dejábase correr en fin derecho,
contento de lo mucho que había hecho.[11]

27 Estaba puesta en la sublime cumbre
del monte, y desde allí por él sembrada,
aquella ilustre y clara pesadumbre[21]
de antiguos edificios adornada.
De allí, con agradable mansedumbre,
el Tajo va siguiendo su jornada,[22]
y regando los campos y arboledas
con artificio de las altas ruedas.[23]

28 En la hermosa tela se veían,
entretejidas, las silvestres diosas

---

20 'No mostró interés por evocar historias del pasado en su tela'.

21 *clara*: ilustre; *pesadumbre*: cuerpo voluminoso (se refiere al monte).

22 *jornada*: camino, viaje.

23 Es decir, 'por medio de las altas ruedas de las norias', que sirven para sacar agua del río y distribuirla por los canales de riego.

11 Garcilaso describe el Tajo a su paso por Toledo. Allí, el río rodea y ciñe la base de una colina de unos cien metros de altura en cuya cima está la ciudad.

salir de la espesura, y que venían
todas a la ribera presurosas,
en el semblante tristes, y traían
cestillos blancos de purpúreas[24] rosas,
las cuales esparciendo derramaban
sobre una ninfa muerta que lloraban.[12]

29 Todas, con el cabello desparcido,[13]
lloraban una ninfa delicada,
cuya vida mostraba que había sido
antes de tiempo y casi en flor cortada.
Cerca del agua, en un lugar florido,
estaba entre las hierbas igualada,[25]
cual queda el blanco cisne cuando pierde
la dulce vida entre la hierba verde.

30 Una de aquellas diosas, que en belleza,
al parecer, a todas excedía,
mostrando en el semblante la tristeza
que del funesto[26] y triste caso había,
apartada algún tanto, en la corteza
de un álamo estas letras escribía
como epitafio de la ninfa bella,
que hablaban ansí por parte de ella:

31 «Elisa soy, en cuyo nombre suena
y se lamenta el monte cavernoso,
testigo del dolor y grave pena
en que por mí se aflige Nemoroso

---

24 *purpúreas*: 'de color púrpura', es decir, entre rojo y violeta.
25 *igualada*: tendida.
26 *funesto*: desgraciado.

12 Garcilaso reproduce aquí una costumbre propia de los antiguos griegos y romanos, quienes solían depositar flores sobre los muertos.
13 En la antigüedad, las mujeres solían llevar el cabello suelto (*desparcido*) como expresión de tristeza y luto.

y llama "¡Elisa!...", "¡Elisa!" a boca llena.[14]
Responde el Tajo,[27] y lleva presuroso
al mar de Lusitania[15] el nombre mío,
donde será escuchado, yo lo fío.»

32 En fin, en esta tela artificiosa
toda la historia estaba figurada,
que en aquella ribera deleitosa
de Nemoroso fue tan celebrada;
porque de todo aquesto y cada cosa
estaba Nise ya tan informada,
que, llorando el pastor, mil veces ella
se enterneció escuchando su querella.[28]

Está atardeciendo cuando las ninfas abandonan la labor para volver al fondo del río (35). Justo entonces, oyen la voz de un par de jóvenes pastores llamados Tirreno y Alcino (36-38). Ambos se dedican a cantar las penas que les produce el amor, y lo hacen al son de sus zampoñas, alternando sus voces como en un diálogo:

Tirreno

39 Flérida, para mí dulce y sabrosa
más que la fruta del cercado ajeno,
más blanca que la leche, y más hermosa
que el prado por abril de flores lleno,
si tú respondes pura y amorosa
al verdadero amor de tu Tirreno,

27 Es decir, 'repite el Tajo, por medio del eco, el nombre de Elisa'.
28 *querella*: expresión de dolor.

14 En esta parte de la égloga, Garcilaso parece aludir de forma velada a su propia vida amorosa. Elisa sería una encarnación de Isabel Freyre, la dama a la que el poeta había amado sin esperanzas, y que llevaba dos o tres años muerta cuando el poeta compuso la égloga. El pastor Nemoroso, por su parte, sería un *alter ego* del apenado Garcilaso.
15 Lusitania es el nombre antiguo de Portugal, que es el país donde desemboca el Tajo y fue la patria de Isabel Freyre.

a mi majada arribarás primero
que el cielo nos amuestre su lucero.[29]

Alcino

40 Hermosa Filis, siempre yo te sea
amargo al gusto más que la retama,[30]
y de ti despojado yo me vea
cual queda el tronco de su verde rama,
si más que yo el murciélago desea
la oscuridad, ni más la luz desama,[31]
por ver ya el fin de un término tamaño
de este día, para mí mayor que un año.[32]

Tirreno

41 Cual suele, acompañada de su bando,
aparecer la dulce primavera,
cuando Favonio y Céfiro[33] soplando
al campo toman su beldad[34] primera,
y van, artificiosos, esmaltando
de rojo, azul y blanco la ribera,[35]

---

29 'Llegarás a mi refugio antes de que el lucero brille en el cielo', es decir, 'antes de que anochezca'. El *lucero* es Venus, planeta que brilla con fuerza al anochecer.

30 *retama*: arbusto silvestre cuyas hojas son de sabor amargo.

31 *desamar*: aborrecer.

32 La estrofa tiene una sintaxis laberíntica que dificulta la comprensión. Lo que dice Alcino es que desea la noche más que el murciélago, para que acabe de una vez este día en el que tanto ha sufrido, y que se le ha hecho más largo que todo un año. El pastor está tan convencido de lo que dice que se atreve a lanzar un desafío: «Si estoy exagerando, que mi persona te resulte tan desagradable como la retama al paladar, y que yo te pierda para siempre».

33 *Favonio* y *Céfiro* son dos nombres distintos que se aplican a un mismo viento, caracterizado por su suavidad.

34 *beldad*: belleza.

35 Es decir, 'van adornando la orilla del río con flores de color rojo, azul y blanco'.

en tal manera a mí, Flérida mía,
viniendo, reverdece mi alegría.

Alcino

42 ¿Ves el furor del animoso viento
embravecido en la fragosa[36] sierra
que los antiguos robles ciento a ciento,
y los pinos altísimos atierra,
y de tanto destrozo aun no contento,
al espantoso mar mueve la guerra?
Pequeña es esta furia, comparada
a la de Filis, con Alcino airada.

Tirreno

43 El blanco trigo multiplica y crece,
produce el campo en abundancia tierno
pasto al ganado, el verde monte ofrece
a las fieras salvajes su gobierno,[37]
a doquiera[38] que miro, me parece
que derrama la copia todo el cuerno;[16]
mas todo se convertirá en abrojos,
si de ello aparta Flérida sus ojos.[17]

---

36 *fragosa*: rocosa, áspera.
37 *gobierno*: comida, sustento.
38 *doquiera*: dondequiera, cualquier parte.

16 Tirreno describe la generosidad de la naturaleza por medio de una alusión mitológica. Según los griegos, el dios Zeus rompió en cierta ocasión el cuerno de la cabra que lo había amamantado de niño, y se lo regaló a su nodriza, la ninfa Amaltea, tras dotarlo de una virtud mágica: el cuerno se llenaría al instante de todos los frutos que la ninfa desease. A Tirreno, la naturaleza le parece tan rica y prolífica como si el cuerno de Amaltea hubiera derramado de golpe toda su abundancia (*copia*) de bienes.

17 Garcilaso sigue aquí un viejo tópico que vincula la abundancia de la naturaleza con la presencia de la amada: cuando ella está, nacen flores y brota la vegetación; cuando se ausenta, la tierra se puebla de *abrojos* ('planta silvestre llena de espinas que es muy dañina para los sembrados').

Alcino

44 De la esterilidad es oprimido
el monte, el campo, el soto[39] y el ganado;
la malicia del aire corrompido
hace morir la hierba mal su grado;[40]
las aves ven su descubierto nido,
que ya de verdes hojas fue cercado;
pero si Filis por aquí tornare,
hará reverdecer cuanto mirare.

Tirreno

45 El álamo de Alcides escogido
fue siempre, y el laurel del rojo Apolo;[18]
de la hermosa Venus fue tenido
en precio y en estima el mirto sólo;[19]
el verde sauz[41] de Flérida es querido,
y por suyo entre todos escogiolo:
doquiera que de hoy más sauces se hallen,
el álamo, el laurel y el mirto callen.

Alcino

46 El fresno por la selva en hermosura
sabemos ya que sobre todos vaya,

---

39 *soto*: lugar poblado de árboles y arbustos.
40 *mal su grado*: aunque no quiera.
41 *sauz*: sauce.

18 Tirreno recuerda cómo ciertos personajes de la mitología se vinculan con un determinado árbol. El fuerte y heroico Hércules (*Alcides*) está asociado con el álamo, pues, en cierta ocasión, bajó al infierno tocado con una corona de hojas de álamo blanco. En cambio, el árbol de Apolo es el laurel, en el que se transformó su amada Dafne. Al hablar de Apolo, Tirreno lo califica de *rojo* porque Apolo es el dios del sol, que se muestra rojizo en el crepúsculo.

19 Venus, la diosa del amor, eligió el mirto como árbol propio porque, en cierta ocasión, le sirvió para protegerse del acoso de unos sátiros.

y en aspereza y monte de espesura
se aventaja la verde y alta haya;
mas el que la beldad de tu figura,
dondequiera mirado, Filis, haya,
al fresno y a la haya en su aspereza
confesará que vence tu belleza.

47 Esto cantó Tirreno, y esto Alcino
le respondió; y habiendo ya acabado
el dulce son, siguieron su camino
con paso un poco más apresurado.
Siendo a las ninfas ya el rumor vecino,
juntas se arrojan por el agua a nado;
y de la blanca espuma que movieron,
las cristalinas ondas se cubrieron.

Fray Luis de León

Aunque Luis de León nació en Belmonte (Cuenca), en 1527, su vida estuvo siempre ligada a Salamanca, donde profesó como fraile agustino y enseñó teología en la universidad. Fray Luis era un humanista formado en la libertad de pensamiento propia de la primera mitad del siglo XVI, así como un eminente traductor del latín, el griego y el hebreo. Sus poemas proponen un modelo de vida capaz de encaminarnos a la armonía y la virtud, que son la fuente de la felicidad. Por desgracia, la plenitud creadora de fray Luis coincidió con el clima opresivo de la Contrarreforma. Ciertos profesores que le tenían enemistad lo denunciaron por traducir pasajes de la Biblia al castellano, práctica prohibida por el Concilio de Trento, y por preferir el original hebraico del Antiguo Testamento a la versión oficial latina, cargos por los que el poeta pasó cinco años en las cárceles de la Inquisición. Fray Luis se vio, en fin, sometido a múltiples tensiones, en parte por su carácter apasionado. Su poesía refleja en gran medida esa circunstancia personal, en tanto que el tipo de vida que promueve, basado en la búsqueda de la serenidad y el contacto con la naturaleza, coincide con el remedio que el propio poeta usaba para evadirse de sus preocupaciones.

A FRANCISCO DE SALINAS[1]

El aire se serena
y viste de hermosura y luz no usada,[1]
Salinas, cuando suena

1 *no usada*: inusual.

1 Francisco de Salinas era organista y catedrático de música de la Universidad de Salamanca. Ciego de nacimiento, o desde su más temprana infancia, era amigo íntimo de Fray Luis de León, a quien le encantaba oírle tocar el órgano.

la música extremada[2]
por vuestra sabia mano gobernada.

A cuyo son divino,
el alma, que en olvido está sumida,
torna a cobrar el tino[3]
y memoria perdida
de su origen primera esclarecida.[2]

Y como se conoce,
en suerte y pensamiento se mejora;
el oro desconoce
que el vulgo vil adora,
la belleza caduca engañadora.[3]

Traspasa[4] el aire todo
hasta llegar a la más alta esfera,
y oye allí otro modo
de no perecedera
música, que es la fuente y la primera.[4]

---

2 *extremada*: extremadamente bella.
3 *tino*: sentido.
4 El sujeto de *traspasa*, como el de los posteriores *oye* y *ve*, es *el alma*.

2 El poema está imbuido de neoplatonismo, corriente filosófica que se propagó en el Renacimiento merced a los humanistas. Según Platón y sus seguidores, el alma es inmortal y divina, pero suele *olvidarlo* porque vive encerrada en la cárcel del cuerpo. La música de Salinas, auténtico reflejo de la belleza de Dios, logra que el alma se haga consciente (*esclarecida*) de su procedencia celestial (*su origen primera*).

3 El alma *se conoce* al redescubrir su origen celestial y su carácter inmortal. Aumenta entonces en sabiduría (*en suerte y pensamiento se mejora*), por lo que se aparta de la opinión vulgar y aborrece la riqueza material (*el oro desconoce*), cuya belleza es *engañadora* y *caduca*, es decir, falsa y pasajera.

4 La estrofa refleja la concepción geocéntrica del mundo y las teorías pitagóricas sobre la música. A la Tierra, ubicada en el centro del universo, la rodean las esferas concéntricas en que giran los planetas. Cada cuerpo celeste produce una nota al moverse, y la suma de todas es la llamada *música celestial*. A través de la música de Salinas, el alma alcanza *la más alta esfera*, es decir, la bóveda que cubre el universo, y allí conoce otro *modo* de música: la música eterna de Dios, que es fuente y origen de todas las demás.

Ve cómo el gran Maestro,
a aquesta inmensa cítara[5] aplicado,
con movimiento diestro
produce el son sagrado
con que este eterno templo es sustentado.[5]

Y, como está compuesta
de números concordes, luego[6] envía
consonante respuesta;
y entre ambos, a porfía,[7]
se mezcla una dulcísima armonía.[6]

Aquí[8] la alma navega
por un mar de dulzura y, finalmente,
en él ansí se anega,
que ningún accidente
extraño y peregrino oye y siente.[9]

¡Oh desmayo dichoso,
oh muerte que das vida, oh dulce olvido,
durase en tu reposo
sin ser restituido
jamás aqueste bajo y vil sentido![10]

---

5 *cítara*: instrumento de cuerda parecido al arpa, pero de menor tamaño.
6 *luego*: inmediatamente.
7 *a porfía*: 'con entusiasmo e intensidad', como dos músicos que compiten.
8 Es decir, 'en la más alta esfera'.
9 'El alma se sumerge (*anega*) de tal modo (*ansí*) en la dulzura, que deja de percibir los sucesos (*accidentes*) de la vida terrenal, incluso los más extraños y llamativos (*peregrinos*)'.
10 '¡Ojalá pudiera permanecer en tu reposo, y nunca me fuese devuelta (*restituida*) la conciencia del mundo terrenal (*aqueste bajo y vil sentido*)!'.

5 En su viaje, el alma llega a ver a Dios, identificado aquí con un gran músico que toca con habilidad (*con movimiento diestro*) la cítara del Universo, con la que produce la armonía que sustenta el *eterno templo* del cosmos.
6 El alma, como todas las criaturas, está compuesta de *números concordes*, es decir, posee proporción aritmética y emite una vibración musical. Contesta, pues, a la música de Dios con una *consonante respuesta*, es decir, con su propia música, y ambas acaban por mezclarse en una *dulcísima armonía*.

A este bien os llamo,
gloria del apolíneo sacro coro,
amigos a quien amo
sobre todo tesoro,
que todo lo visible es triste lloro.[7]

¡Oh, suene de contino,[11]
Salinas, vuestro son en mis oídos,
por quien[12] al bien divino
despiertan los sentidos,
quedando a lo demás adormecidos!

CANCIÓN DE LA VIDA SOLITARIA[8]

¡Qué descansada vida
la del que huye el mundanal rüido
y sigue la escondida
senda por donde han ido
los pocos sabios que en el mundo han sido![9]

---

11 *de contino*: continuamente, sin cesar.
12 *por quien*: 'por el cual'; se refiere al *son divino* de la música.

7 El poeta se dirige a los poetas y artistas que son sus amigos en Salamanca, y a los que llama *apolíneo sacro coro* ('grupo sagrado perteneciente a Apolo, el dios de la poesía y la música'). Los invita a disfrutar de la contemplación de la armonía cósmica (*a este bien os llamo*), y les advierte que el mundo que perciben los ojos es causa de infelicidad, al contrario que el mundo eterno que percibe el alma. Al hacer tal afirmación, es probable que fray Luis quisiera, en buena medida, consolar a Salinas por su ceguera.

8 El poema se inspira en el epodo segundo de Horacio (65-68 a.C.), que empieza con las palabras «Beatus ille» ('Feliz aquel') y alaba la vida tranquila de quienes habitan en el campo, entregados al cuidado de sus cultivos y su ganado y ajenos a toda ansia de poder y riqueza. El epodo segundo originó todo un tópico, el *beatus ille*, expresión a un tiempo del ideal epicúreo de la vida campestre y de la convicción de que es necesario superar las pasiones para evitar el sufrimiento, propia de los filósofos estoicos.

9 El poeta admira a quienes se alejan de la vida en sociedad (*el mundanal ruido*) y recorren la *escondida senda* del apartamiento y la discreción, ajena a todo deseo de fama, poder y riqueza. Tal vida, propia de los estoicos, es la que han llevado los pocos sabios que han existido (*sido*) en el mundo.

Que no le enturbia el pecho
de los soberbios grandes el estado,[13]
ni del dorado techo
se admira, fabricado
del sabio moro, en jaspes sustentado.[14]

No cura si la fama
canta con voz su nombre pregonera,[15]
ni cura si encarama
la lengua lisonjera
lo que condena la verdad sincera.[16]

¿Qué presta a mi contento,
si soy del vano dedo señalado;
si, en busca deste viento,
ando desalentado,
con ansias vivas, con mortal cuidado?[10]

¡Oh monte, oh fuente, oh río!
¡Oh secreto[17] seguro, deleitoso!,
roto casi el navío,

---

13 Es decir, 'que no le produce envidia (*no le enturbia el pecho*) la posición de los soberbios poderosos (*el estado de los soberbios grandes*)'.

14 'Ni siente admiración por los edificios lujosos'. En concreto, el poeta habla de un edificio de techo dorado, que se sostiene sobre ricas columnas de mármol (*jaspe*) y fue construido por un moro, pues se consideraba que los edificios más majestuosos eran los creados por los árabes.

15 'No se preocupa de si es famoso o no', 'no se preocupa de si la gente repite su nombre con voz pregonera'.

16 'Ni se preocupa de si el adulador (*la lengua lisonjera*) lo alaba (*encarama*) por aquello que en realidad son defectos y merecería ser censurado (*lo que condena la verdad sincera*)'.

17 *secreto*: refugio.

10 '¿En qué contribuye a mi felicidad el ser señalado por el vano dedo de la gente si, para ser afamado o rico, pierdo la paz interior y vivo en mortal preocupación (*cuidado*)?'. Se trasluce aquí la idea bíblica de que todo lo que poseemos en la vida terrenal es vanidad, y nos será arrebatado por la muerte. La vanidad es como un viento que resuena violentamente y lo revuelve todo, pero que cesa de repente sin dejarnos nada entre las manos.

a vuestro almo[18] reposo
huyo de aqueste mar tempestuoso.[11]

Un no rompido[19] sueño,
un día puro, alegre, libre quiero;
no quiero ver el ceño
vanamente severo
de a quien la sangre ensalza, o el dinero.[20]

Despiértenme las aves
con su cantar sabroso no aprendido;
no los cuidados graves
de que es siempre seguido
el que al ajeno arbitrio está atenido.[21]

Vivir quiero conmigo;
gozar quiero del bien que debo al cielo,
a solas, sin testigo,
libre de amor, de celo,
de odio, de esperanzas, de recelo.[12]

Del monte en la ladera,
por mi mano plantado tengo un huerto,
que con la primavera,

---

18 *almo*: santo, benéfico.

19 *no rompido*: ininterrumpido, continuo.

20 'No quiero ver el gesto inútilmente preocupado (*vanamente severo*) de quien ocupa una alta posición por sus orígenes familiares (*la sangre*) o su dinero'.

21 'No las graves preocupaciones (*cuidados*) que persiguen siempre a quien debe ajustarse a las conveniencias de otros'.

11 Fray Luis se compara con un marinero cuyo barco (*navío*) está a punto de romper una tormenta. Alude así, de forma figurada, a las tensiones que acompañaron su vida: las luchas dentro de la universidad y entre diversas órdenes religiosas. Para evadirse de tales preocupaciones, el poeta solía refugiarse en La Flecha, huerto que los agustinos poseían a las afueras de Salamanca, y a donde acudían los frailes para meditar y descansar.

12 Al modo de los estoicos, el poeta busca la virtud en la renuncia a las pasiones: el amor, el miedo (*celo*), el odio, la esperanza, la desconfianza (*recelo*)...

de bella flor cubierto,
ya muestra en esperanza el fruto cierto;

y, como codiciosa
por ver y acrecentar su hermosura,
desde la cumbre airosa
una fontana pura
hasta llegar corriendo se apresura;

y, luego, sosegada,
el paso entre los árboles torciendo,
el suelo de pasada
de verdura[22] vistiendo
y con diversas flores va esparciendo.[13]

El aire el huerto orea[23]
y ofrece mil olores al sentido;
los árboles menea
con un manso rüido,
que del oro y del cetro pone olvido.[24]

Ténganse su tesoro
los que de un falso leño se confían;[25]
no es mío ver el lloro
de los que desconfían
cuando el cierzo y el ábrego porfían.[26]

---

22 *verdura*: verdor, hierba.

23 *orea*: airea suavemente.

24 Es decir, 'que hace que uno se olvide del dinero y el poder'; el *cetro* es la vara que llevan los reyes como símbolo de su poder.

25 'Quédense con su tesoro [los mercaderes que] se hacen a la mar confiando en una madera traicionera (*falso leño*), es decir, en un frágil barco'.

26 'No quiero compadecerme (*no es mío ver el lloro*) de quienes sienten temor cuando los vientos contrarios se enfrentan (*porfían*) en la tempestad'. El *cierzo* es un viento del norte; el *ábrego*, del sur.

13 El recurso constante al hipérbaton en las tres últimas estrofas parece evocar las curvas y recovecos del riachuelo que describe el poeta.

La combatida antena
cruje, y en ciega noche el claro día
se torna; al cielo suena
confusa vocería,
y la mar enriquecen a porfía.[14]

A mí una pobrecilla
mesa, de amable paz bien abastada,[27]
me baste; y la vajilla
de fino oro labrada
sea de quien la mar no teme airada.

Y mientras miserable-
mente se están los otros abrasando
con sed insacïable
del peligroso mando,[28]
tendido yo a la sombra esté cantando.

A la sombra tendido,
de hiedra y lauro eterno coronado,[15]
puesto el atento oído
al son dulce, acordado,
del plectro sabiamente meneado.[16]

---

27 *abastada*: abastecida, llena.

28 Esto es, 'del poder', que sólo se logra y se conserva asumiendo peligros.

14 Fray Luis describe un naufragio: el mástil (*antena*) que cruje, la oscuridad súbita del cielo, los gritos confusos de la marinería... Al final, el barco *enriquece* en abundancia (*a porfía*) al mar con los tesoros hundidos. Ya algunos antiguos poetas latinos censuraban al mercader que, por pura codicia, se aventuraba en el mar para hallar oro en países lejanos. En el Renacimiento, el tópico se mezcló con la crítica a quienes viajaban a América para enriquecerse, aventura que a menudo se saldaba con un naufragio.

15 Al contrario que el hombre ambicioso, que desea ceñirse la corona de oro del poder, el poeta sólo pretende una corona de hiedra y laurel (*lauro*), símbolos de la eternidad y la victoria sobre las ambiciones mundanas.

16 Lo mismo que en su poema *A Francisco de Salinas*, fray Luis alude a la armonía universal que produce Dios, y que sólo percibe quien lleva una vida apartada. Dios es evocado como un músico que mueve (*menea*) con perfecta sabiduría la púa (*plectro*) con que pulsa las cuerdas de su instrumento.

San Juan de la Cruz

Menudo de cuerpo y hondo de espíritu: así fue San Juan de la Cruz. Nació en Fontiveros, un pueblo de Ávila, en 1542, y pasó una infancia miserable, en la que ya dio muestras de un hondo fervor religioso. A los veintiún años, ingresó en un convento de frailes carmelitas. Más tarde, participó activamente en la reforma de dicha orden, lo que le granjeó feroces enemigos que, en 1577, lograron llevar a San Juan a la cárcel. El encierro duró ocho meses, que el poeta dedicó en buena medida a escribir. Los versos de San Juan expresan sus vivencias místicas, es decir, el éxtasis que lo embargaba cuando se sentía en contacto directo con Dios. Para describir esa experiencia sublime, San Juan echó mano de metáforas y símbolos sacados de la poesía amorosa. En la *Noche oscura del alma*, por ejemplo, nos habla de una mujer que escapa en secreto de su casa, en plena noche, para buscar a su amado, caso que debe leerse como una alegoría de las ansias que siente el alma por liberarse de la cárcel del cuerpo y fundirse con Dios. La misma interpretación reclama el *Cántico espiritual*, subyugante poema inspirado en el bíblico *Cantar de los cantares* en el que una mujer que ha perdido a su Esposo lo busca sin tregua por montes y riberas, prados y bosques, hasta que logra recuperarlo en un gozoso reencuentro.

NOCHE OSCURA DEL ALMA

En una noche escura,
con ansias, en amores inflamada,
¡oh dichosa ventura!,
salí sin ser notada,
estando ya mi casa sosegada.

A escuras y segura,
por la secreta escala, disfrazada,

¡oh dichosa ventura!,
a escuras y en celada,[1]
estando ya mi casa sosegada.

En la noche dichosa,
en secreto, que nadie me veía,
ni yo miraba cosa,[2]
sin otra luz ni guía
sino la que en el corazón ardía.

Aquésta me guïaba
más cierto que la luz del mediodía,[3]
adonde me esperaba
quien yo bien me sabía,
en parte donde nadie parecía.[4]

¡Oh noche que guïaste,
oh noche amable más que la alborada,
oh noche que juntaste
Amado con amada,
amada en el Amado transformada!

En mi pecho florido,
que entero para él solo se guardaba,
allí quedó dormido,
y yo le regalaba,[5]
y el ventalle de cedros aire daba.[6]

El aire de la almena,
cuando yo sus cabellos esparcía,
con su mano serena

---

1 *en celada*: a escondidas.
2 'Ni yo miraba nada'.
3 O sea, 'con más seguridad que la luz del mediodía'.
4 Esto es, 'en un lugar donde nadie aparecía, donde no había nadie'.
5 *regalar*: acariciar.
6 *ventalle*: 'abanico'; las copas de los cedros movían el aire como un abanico.

en mi cuello hería,
y todos mis sentidos suspendía.

Quedeme y olvideme,
el rostro recliné sobre el Amado;
cesó todo y dejeme,
dejando mi cuidado
entre las azucenas olvidado.[1]

CÁNTICO ESPIRITUAL

La Esposa

¿Adónde te escondiste,
Amado, y me dejaste con gemido?
Como el ciervo huïste,
habiéndome herido;
salí tras ti clamando, y eras ido.[7]

7 Es decir, 'te habías marchado'.

1 El poema concluye con el éxtasis de la amada, quien se ha liberado al fin de su ansiedad (*cuidado*) entre las blancas azucenas, símbolo de pureza. Literalmente, se describe a una mujer que ha alcanzado la plenitud tras un encuentro sexual satisfactorio, si bien el poema debe leerse como una alegoría del camino que recorre el alma en su afán por unirse con Dios. Tal proceso consta, según los místicos, de tres etapas: la vía purgativa, la vía iluminativa y la vía unitiva. En la primera, el alma se despega de las cosas terrenales por medio de la penitencia; en la vía iluminativa, medita sobre Dios, lo que le otorga una sabiduría iluminadora; en la vía unitiva, el alma se funde con la divinidad y experimenta un éxtasis que anula los sentidos. Tal es el proceso que recrea la *Noche oscura del alma*. Al principio del poema, la amada escapa de su casa, lo que significa que el alma se ha liberado del cuerpo para buscar a Dios. La huida se produce de noche, cuando la realidad sensible se ha esfumado en la oscuridad, lo que indica que el alma se ha despegado de las cosas del mundo, como es propio de la vía purgativa. La única luz que la guía entonces es su amor a Dios, que acaba por derivar en una deslumbrante revelación, propia de la vía iluminativa. Al final, el alma logra encontrarse con su Amado, acariciarlo y gozar de su intimidad: es la fusión con Dios propia de la vía unitiva, en la que los sentidos quedan anulados y el alma se abandona (*cesó todo y dejeme*).

Pastores, los que fuerdes[8]
allá por las majadas al otero,[9]
si por ventura vierdes[10]
aquel que yo más quiero,
decilde que adolezco, peno y muero.[11]

Buscando mis amores
iré por esos montes y riberas;
ni cogeré las flores
ni temeré las fieras,
y pasaré los fuertes y fronteras.

¡Oh, bosques y espesuras
plantadas por la mano del Amado!
¡Oh, prado de verduras,[12]
de flores esmaltado!,
decid si por vosotros ha pasado.

Respuesta de las criaturas

Mil gracias derramando,
pasó por estos sotos con presura,[13]
y, yéndolos mirando,
con sola su figura
vestidos los dejó de hermosura.

La Esposa

¡Ay!, ¿quién podrá sanarme?
Acaba de entregarte ya de vero;[14]

---

8 *fuerdes*: fuereis.
9 *majada*: lugar donde se recogen el ganado y los pastores; *otero*: cerro.
10 Es decir, 'si por casualidad vierais'.
11 *decilde*: 'decidle'; *adolecer*: 'enfermar'. Los verbos *adolezco, peno y muero* forman una gradación: el alma primero enferma, luego sufre y al fin muere.
12 *verdura*: conjunto de plantas que tienen un intenso color verde.
13 *soto*: lugar poblado de árboles y arbustos; *con presura*: deprisa.
14 'Entrégate ya de verdad'. La Esposa se dirige, obviamente, al Amado.

no quieras envïarme
de hoy más ya mensajero,
que no saben decirme lo que quiero.

Y todos cuantos vagan
de ti me van mil gracias refiriendo;
y todos más me llagan,
y déjame muriendo
un no sé qué que quedan balbuciendo.[2]

Mas ¿cómo perseveras,
¡oh, vida!, no viviendo donde vives[3]
y haciendo por que mueras
las flechas que recibes
de lo que del Amado en ti concibes?[15]

¿Por qué, pues has llagado
aqueste corazón, no le sanaste?
Y, pues me le has robado,
¿por qué así le dejaste
y no tomas el robo que robaste?

Apaga mis enojos,
pues que ninguno basta a deshacellos,[16]
y véante mis ojos,

---

15 Las virtudes que la Esposa atribuye al Amado (*lo que del Amado en ti concibes*) son como *flechas* que intentan matar a la Esposa para unirla a Dios.

16 'Puesto que nadie salvo tú puede aliviar mis penas (*deshacer mis enojos*)'.

2 La belleza y la bondad de Dios son tan sublimes que, cuando las criaturas quieren describirlas, acaban por *balbucir un no sé qué*, es decir, por pronunciar de forma vacilante expresiones de difícil interpretación. El verso define, de paso, el problema de todo poeta místico, empeñado en describir la unión con Dios, una experiencia que, por su dimensión sobrenatural, es inefable, es decir, no puede ser expresada por medio del lenguaje.

3 En su intento por expresar lo inefable, el poeta místico recurre a menudo al oxímoron, figura retórica que consiste en conciliar ideas contradictorias. Así, la Esposa dice *no vivir donde vive*, lo que da a entender que su alma aspira a despegarse del cuerpo para unirse espiritualmente con Dios.

pues eres lumbre dellos
y sólo para ti quiero tenellos.

Descubre tu presencia,
y máteme tu vista y hermosura;[4]
mira que la dolencia
de amor que no se cura
sino con la presencia y la figura.

¡Oh, cristalina fuente,
si en esos tus semblantes[17] plateados
formases de repente
los ojos deseados
que tengo en mis entrañas dibujados...![5]

¡Apártalos, Amado,
que voy de vuelo![18]

El Esposo

Vuélvete, paloma,
que el ciervo vulnerado
por el otero asoma
al aire de tu vuelo, y fresco toma.[6]

---

17 *semblante*: aquí, 'reflejo'.

18 Es decir, 'aparta tus ojos, pues me atraen tanto que me impulsan a volar hacia ti'. La Esposa, tal y como deseaba, ha visto los ojos de su Amado reflejados en la fuente de la fe, pero enseguida le pide que los aparte, pues la visión es tan intensa que nota que el alma se le escapa del cuerpo.

4 La Esposa anhela la muerte porque sabe que sólo cuando la obtenga podrá ver la hermosa imagen de Dios: tan sólo entonces Él *descubrirá su presencia*.

5 Puesto que aún vive, la Esposa no puede ver a Dios. Intenta consolarse obteniendo una representación anticipada de su imagen, así que le pide a una fuente que recree sobre sus aguas los rasgos del Amado, ya esbozados en el alma (*las entrañas*) de la Esposa. Metafóricamente, la fuente equivaldría a la fe, de la que manan la verdad de Dios y la serenidad espiritual.

6 El Esposo, ciervo herido (*vulnerado*) por el amor, se le aparece por fin a la Amada, *paloma* que está a punto de echar a volar, y le pide que renuncie al vuelo. Dicho en otros términos: Dios exhorta al alma a quedarse en el cuerpo, pues aún es pronto para su unión con la divinidad.

La Esposa

Mi Amado, las montañas,
los valles solitarios nemorosos,[19]
las ínsulas extrañas,[20]
los ríos sonorosos,[21]
el silbo de los aires amorosos,

la noche sosegada,
en par de los levantes del aurora,[22]
la música callada,
la soledad sonora,
la cena que recrea y enamora.[7]

Nuestro lecho florido,
de cuevas de leones enlazado,
en púrpura tendido,
de paz edificado,
de mil escudos de oro coronado.[8]

A zaga de tu huella
las jóvenes discurren al camino,
al toque de centella,

---

19 *nemoroso*: lleno de bosques.
20 Es decir, 'las islas maravillosas'.
21 *sonoroso*: que hace mucho ruido.
22 Esto es, 'cercana a la salida del sol'.

7 Entusiasmada con la respuesta del Amado, la Esposa enumera algunas de las cosas bellas creadas por Dios: las montañas, los valles, los estruendosos ríos, el silbido encantador del aire, el sosiego de la noche... La enumeración, que incorpora bellos oxímorons (*música callada*, *soledad sonora*), concluye con una alusión a la cena íntima de la que gozan los Esposos antes de entregarse al amor.

8 Los materiales del lecho conyugal donde van a unirse los Esposos sugieren a la vez lo delicado y lo resistente: junto a la frágil flor, hay piedras de las cuevas donde habitan fieros leones. El poder y la riqueza del Esposo vienen simbolizados por las monedas de oro y la púrpura ('costoso tinte con que se teñían las capas de los reyes'). Obviamente, la riqueza material simboliza la belleza y omnipotencia de Dios.

al adobado vino,
emisiones de bálsamo divino.[23]

En la interior bodega
de mi Amado bebí, y, cuando salía
por toda aquesta vega,[24]
ya cosa no sabía,
y el ganado perdí que antes seguía.[9]

Allí me dio su pecho,
allí me enseñó ciencia muy sabrosa,
y yo le di de hecho
a mí, sin dejar cosa;
allí le prometí de ser su esposa.

Mi alma se ha empleado
y todo mi caudal[25] en su servicio;
ya no guardo ganado,
ni ya tengo otro oficio,
que ya sólo en amar es mi ejercicio.

Pues ya si en el ejido[26]
de hoy más no fuere vista ni hallada,
diréis que me he perdido,
que, andando enamorada,
me hice perdediza, y fui ganada.[27]

---

23 'Siguiendo tus huellas, las vírgenes se lanzan al camino en cuanto notan la chispa (*centella*) que enciende el amor, o el atractivo olor del vino *adobado* ('condimentado con especias'), que tiene fragancias propias de un líquido creado por Dios (*emisiones de bálsamo divino*)'.

24 *vega*: prado.

25 *caudal*: capital, conjunto de bienes que posee una persona.

26 *ejido*: terreno en que se reúne el ganado a las afueras de un pueblo.

27 Es decir, 'me perdí voluntariamente y fui conquistada por Dios'.

9 Para expresar la felicidad de la comunión con Dios, la Esposa dice que ha bebido el vino de su amado, y ha quedado así embriagada de amor. El vino, como se sabe, es un símbolo primordial en el cristianismo, pues encarna la sangre de Cristo en la comunión.

De flores y esmeraldas,[28]
en las frescas mañanas escogidas,
haremos las guirnaldas
en tu amor florecidas
y en un cabello mío entretejidas.[29]

En solo aquel cabello
que en mi cuello volar consideraste,[30]
mirástele en mi cuello,
y en él preso quedaste,
y en uno de mis ojos te llagaste.

Cuando tú me mirabas,
su gracia en mí tus ojos imprimían;
por eso me adamabas,[31]
y en eso merecían
los míos adorar lo que en ti vían.[32]

No quieras despreciarme,
que, si color moreno en mí hallaste,
ya bien puedes mirarme
después que me miraste,
que gracia y hermosura en mí dejaste.[10]

Cazadnos las raposas,[33]
que está ya florecida nuestra viña,

---

28 *esmeraldas*: aquí, 'hierbas verdes como la esmeralda'.

29 Esto es, 'entretejidas con un cabello mío'.

30 *considerar*: observar, contemplar.

31 *adamar*: amar con gran intensidad.

32 *vían*: veían.

33 *raposa*: zorra.

10 Con su simple mirada, el Esposo ha logrado embellecer a la Esposa, lo que da a entender que el amor de Dios engrandece el alma y la colma de virtudes. En la estrofa, se relaciona la fealdad con la oscuridad de la piel, en buena medida por influencia del *Cantar de los cantares*, que es el modelo en que se inspira San Juan. En el poema bíblico, en efecto, la Esposa proclama: «Negra soy, pero hermosa».

en tanto que de rosas
hacemos una piña,
y no parezca nadie en la montiña.[34]

Detente, cierzo muerto;
ven, austro, que recuerdas los amores,[35]
aspira[36] por mi huerto
y corran tus olores,
y pacerá el Amado entre las flores.[11]

El Esposo

Entrado se ha la Esposa
en el ameno huerto deseado,
y a su sabor[37] reposa,
el cuello reclinado
sobre los dulces brazos del Amado.

Debajo del manzano,
allí conmigo fuiste desposada,
allí te di la mano
y fuiste reparada
donde tu madre fuera vïolada.[12]

---

34 'Y no asome nadie por el monte'.

35 Al *cierzo* se le llama *muerto* porque es un viento frío del norte que marchita la vegetación; en cambio, el *austro*, viento caliente del sur, hace brotar la hierba y las flores y, según la Esposa, aviva (*recuerda*) el amor.

36 *aspirar*: soplar.

37 *a su sabor*: a su gusto, con placer.

11 Las hierbas brotadas alimentarán al ciervo en que se ha encarnado el Esposo. Según escribió San Juan, el austro es aquí metáfora del Espíritu Santo, que llena el alma con el amor de Dios y las flores de la virtud.

12 El manzano es el árbol de la ciencia del bien y del mal cuyo fruto probaron Adán y Eva desoyendo a Dios. Ese pecado original, que comportó la expulsión del paraíso, se equipara aquí con una violación de la humanidad, que es la *madre* de la Esposa. Al mismo tiempo, el manzano representa la cruz en que murió Cristo, cuyo sacrificio redimió a los hombres del pecado original. Por eso dice el Esposo que, bajo el manzano, antiguo lugar de la violación, el Alma es *reparada* por el amor de Dios.

A las aves ligeras,
leones, ciervos, gamos saltadores,
montes, valles, riberas,
aguas, aires, ardores
y miedos de las noches veladores,[38]

por las amenas liras
y canto de serenas os conjuro
que cesen vuestras iras
y no toquéis al muro,
porque la Esposa duerma más seguro.[13]

La Esposa

¡Oh, ninfas de Judea!,[14]
en tanto que en las flores y rosales
el ámbar perfumea,[39]
morá en los arrabales,[40]
y no queráis tocar nuestros umbrales.[15]

---

38 O sea, 'miedos que provocan que la gente esté despierta (*vele*) de noche'.

39 Es decir, 'mientras mi esposo y yo nos consagramos al amor'. El *ámbar* es una sustancia de origen vegetal de olor muy agradable. Las *flores y rosales* que crecen en el huerto donde los Esposos van a amarse son, pues, tan exquisitos, que, a su propio olor, suman el cautivador perfume del ámbar.

40 Esto es, 'permaneced en las afueras de la ciudad (*los arrabales*)'.

13 El Esposo invoca a todos los integrantes del mundo y los hechiza con el agradable sonido de las liras ('instrumento musical de cuerda') y con el hermoso canto de las mitológicas sirenas, para que en todas partes reine la calma. Nadie, por otro lado, debe acercarse al muro tras el que se halla la Esposa, quien de ese modo podrá dormir tranquila.

14 Las *ninfas* eran una especie de hadas de la mitología clásica que vivían en bosques y ríos, en tanto que Judea es una región de Israel muy citada en la Biblia. La expresión *ninfas de Judea* es creación de San Juan, pues ni los mitos grecolatinos ni el Evangelio sitúan a las ninfas en dicha zona.

15 La Esposa les exige a las ninfas que no se acerquen a su huerto de amor, pues pueden contaminar con sus pecados la pureza de los Esposos. Los versos parecen albergar una alusión despectiva a los judíos, muy despreciados en época de San Juan. De hecho, se les pide a las ninfas que se queden en los arrabales, la zona de la ciudad que solían habitar los judíos.

Escóndete, Carillo,[41]
y mira con tu haz[42] a las montañas,
y no quieras decillo,
mas mira las compañas
de la que va por ínsulas extrañas.[43]

El Esposo

La blanca palomica
al arca con el ramo se ha tornado,[16]
y ya la tortolica
al socio deseado
en las riberas verdes ha hallado.[17]

En soledad vivía,
y en soledad ha puesto ya su nido;
y en soledad la guía
a solas su querido,
también en soledad de amor herido.[18]

---

41 *carillo*: 'queridito'. Se trata de un diminutivo afectuoso que solía usarse en el ámbito rural.

42 *haz*: cara, rostro.

43 Es decir, 'atiende a mis acompañantes (*compañas*)'. En términos alegóricos, los acompañantes del Alma serían sus virtudes.

16 El Esposo identifica a la Esposa con la paloma que soltó Noé tras el Diluvio Universal para saber si las aguas estaban descendiendo (*Génesis* 8, 11). La paloma volvió al arca con una rama verde de olivo, indicio de que las copas de los árboles ya asomaban. Igual que la paloma, la Esposa regresa victoriosa al seno del Esposo, con quien se une por medio del amor.

17 La Esposa es identificada ahora con la tórtola, ave de la que se decía que, al quedar viuda, iba por los campos buscando desoladamente a su pareja, a la que guardaba una inquebrantable fidelidad. Del mismo modo, la Esposa, siempre leal en su amor, ha buscado a su *socio* o compañero por todas partes y ha logrado al fin encontrarlo y liberarse así de su pena.

18 La soledad, en la que tanto énfasis pone la estrofa, se identifica con la lealtad: tanto el Esposo como la Esposa han permanecido solos mientras estaban separados porque son absolutamente fieles entre sí. Por otro lado, los Esposos han conseguido la soledad que les conviene a su amor, pues se han aislado de toda compañía antes de entregarse el uno al otro.

La Esposa

Gocémonos, Amado,
y vámonos a ver en tu hermosura
al monte y al collado
do[44] mana el agua pura;
entremos más adentro en la espesura.[19]

Y luego a las subidas
cavernas de la piedra nos iremos,
que están bien escondidas,
y allí nos entraremos,
y el mosto de granadas gustaremos.[45]

Allí me mostrarías
aquello que mi alma pretendía,
y luego me darías
allí tú, vida mía,
aquello que me diste el otro día:

el aspirar[46] del aire,
el canto de la dulce filomena,[47]
el soto y su donaire,[48]
en la noche serena,
con llama que consume y no da pena.[20]

---

44 *collado*: cerro, pequeña montaña; *do*: donde.

45 *mosto*: 'zumo'; en concreto, la Esposa alude al mosto de granadas, que, por tener un intenso color rojo, vendría a recordar al vino, la bebida que la tradición cristiana identifica con la sangre de Cristo.

46 *aspirar*: soplo.

47 *filomena*: 'ruiseñor', pájaro que produce un canto tan potente como hermoso.

48 *donaire*: gracia, belleza.

19 El deseo de elevarse hacia los montes y de ocultarse en lo más espeso del bosque expresa la voluntad del alma de alcanzar una intimidad absoluta con Dios.

20 El amor de Dios se define como una dulce llama en la que el alma arde, y que, lejos de producir dolor, disipa las penas.

Que nadie lo miraba,
Aminadab tampoco parecía,[49]
y el cerco sosegaba,
y la caballería
a vista de las aguas descendía.[21]

49 Es decir, 'el Demonio tampoco aparecía'.

21 Los Esposos han logrado un aislamiento completo: ya nadie los mira ni estorba, ni siquiera el Demonio, su implacable enemigo, que se ha rendido. A la derrota del Diablo se alude con una imagen militar: el ejército ha relajado su asedio (*ha sosegado el cerco*) y los soldados de a caballo (*la caballería*) que se encargaban de defender a los Esposos descienden, tranquilos, hacia las aguas. Alegóricamente, el pasaje viene a decirnos que el alma se ha recogido por completo en sí misma, se ha liberado de las pasiones que la inducen a pecar y ha logrado unirse con Dios.

Otros poetas del siglo XVI

El mejor amigo de Garcilaso fue un burgués de Barcelona que sirvió en la corte de Carlos V y era aficionado a la buena vida. Se llamaba Juan Boscán y, en 1526, empezó a imitar en castellano los metros y estrofas propios de la poesía italiana, tarea en la que pronto lo secundó Garcilaso. En aquella empresa común, cada amigo cosechó un fruto distinto: mientras que la poesía de Boscán es algo desmadejada y su endecasílabo suena a veces áspero y destemplado, Garcilaso logró un verso elegante y armonioso con el que urdió una serie de poemas magistrales. Se inició así la revolución italianizante, a la que habrían de sumarse poetas tan meritorios como Fernando de Herrera, Hernando de Acuña o Gutierre de Cetina, un militar sevillano de vida aventurera que retrató a la perfección la mezcla de tristeza y esperanza, duda y arrepentimiento que desata el amor. Igual de memorable fue la voz del general Francisco de Aldana, un creador tan versátil que tan pronto escribía un soneto de encendido erotismo como un poema ascético sobre la vanidad de la vida terrenal.

No debemos pensar, sin embargo, que todos los poemas escritos después de Garcilaso se ajustaron a la nueva estética. Baltasar de Alcázar, por ejemplo, alternó el soneto con la canción octosilábica, y adoptó a menudo un tono ingenioso y burlón que distaba mucho de la refinada melancolía de Garcilaso. Y no hay que olvidar que algunos autores, entre los que destacó Cristóbal de Castillejo, rechazaron de plano la corriente italianizante. Castillejo, que fue monje y cortesano además de poeta, llegó a calificar a Boscán y Garcilaso de herejes, y los acusó de usar una lengua que no se parecía en nada al castellano. Acostumbrado al ritmo ligero y ágil de la poesía tradicional, juzgó que el endecasílabo era artificioso y lento, y abogó por seguir cultivando los metros españoles. Con todo, había algo que Castillejo compartía con los partidarios de la nueva sensibilidad: el gusto por la antigua poesía grecolatina, que lo llevó a traducir con brillantez algunas obras de Ovidio y de Catulo.

[DULCE SOÑAR Y DULCE CONGOJARME]

Dulce soñar y dulce congojarme
cuando estaba soñando que soñaba;
dulce gozar con lo que me engañaba,
si un poco más durara el engañarme;

dulce no estar en mí, que figurarme
podía cuanto bien yo deseaba;
dulce placer, aunque me importunaba
que alguna vez llegaba a despertarme.[1]

¡Oh sueño, cuánto más leve y sabroso
me fueras si vinieras tan pesado
que asentaras en mí con más reposo!

Durmiendo, en fin, fui bienaventurado,
y es justo en la mentira ser dichoso
quien siempre en la verdad fue desdichado.

Juan Boscán

RECONOCIMIENTO DE LA VANIDAD DEL MUNDO

En fin, en fin, tras tanto andar muriendo,
tras tanto varïar vida y destino,
tras tanto, de uno en otro desatino,
pensar todo apretar, nada cogiendo,[2]

---

1 El poeta identifica el sueño con la felicidad, pues soñar le permite *figurarse lo que bien desea*, es decir, disfrutar de lo que anhela y nc tiene en la vida real. De hecho, se siente tan afortunado en sus sueños que lamenta que sean tan breves y, tal y como declara en los dos primeros versos, le acongoja *soñar que sueña*, es decir, darse cuenta mientras duerme de que está soñando y que, por tanto, su felicidad es pura ficción.

2 El soneto es una sobrecogedora reflexión sobre la existencia humana. Empieza describiendo la vida al modo de los estoicos, como una muerte progresiva o un «andar muriendo». En el poema se trasluce asimismo una idea bíblica: que todos los afanes de los seres humanos son inútiles por-

tras tanto acá y allá yendo y viniendo,
cual sin aliento inútil peregrino,
¡oh Dios!, tras tanto errar del buen camino,
yo mismo de mi mal ministro[1] siendo,

hallo,[2] en fin, que ser muerto en la memoria
del mundo es lo mejor que en él se asconde,
pues es la paga dél muerte y olvido,

y en un rincón vivir con la vitoria
de sí, puesto el querer tan sólo adonde
es premio el mismo Dios de lo servido.[3]

Francisco de Aldana

[DAME, AMOR, BESOS SIN CUENTO]

Dame, amor, besos sin cuento,[3]
asida de mis cabellos,
y mil y ciento tras ellos,
y tras ellos mil y ciento,
y después
de muchos millares, tres;

1 *ministro*: persona que suministra o proporciona algo.
2 *hallar*: darse cuenta de algo.
3 Es decir, 'infinidad de besos'.

que concluyen en la muerte (Eclesiastés 12, 8). Mientras vivimos, creemos erróneamente que vamos obteniendo cosas como el amor, la riqueza y la fama, pero esos logros son simples apariencias: creemos que los *apretamos* cuando en verdad ni siquiera los *cogemos*.

3 El poeta reconoce que ha vivido de forma equivocada, desviándose a menudo del *buen camino* de la virtud y perjudicándose a sí mismo con su entrega a las cosas mundanas. Al final de sus días, en cambio, comprende que el modo correcto de vivir consiste en apartarse del mundo, consagrarse a Dios y tratar de obtener *la vitoria de sí*, es decir, derrotar a las pasiones que brotan dentro del alma. Quien se comporta así purifica su espíritu, se prepara para la vida ultraterrena y acaba recibiendo por los servicios prestados el mayor premio imaginable: el encuentro con Dios.

y porque nadie lo sienta,[4]
desbaratemos la cuenta
y contemos al revés.[4]

Cristóbal de Castillejo

[OJOS CLAROS, SERENOS]

Ojos claros, serenos,
si de un dulce mirar sois alabados,[5]
¿por qué, si me miráis, miráis airados?
Si cuanto más piadosos
más bellos parecéis a aquel que os mira,
no me miréis con ira,
por que no parezcáis menos hermosos.
¡Ay, tormentos rabiosos!
Ojos claros, serenos,
ya que así me miráis, miradme al menos.[5]

Gutierre de Cetina

4 'Y para que nadie se entere de que nos besamos [y venga, por tanto, a castigarnos por nuestra indecencia]'.

5 'Si os alaban porque miráis con dulzura'.

4 Cristóbal de Castillejo traduce aquí, con cierta libertad y gracia admirable, el fragmento final de un famoso poema de Catulo, poeta latino del siglo I a.C.

5 El poema es un madrigal, composición breve e intensa escrita en forma de silva que habla del amor por medio de un concepto ingenioso. Cetina sigue un tópico petrarquista al concentrar todo el poder de atracción de la amada en el embrujo de sus ojos, con los que dialoga como si pudieran entenderle. Lo más llamativo de la composición es el cambio de tono que se produce en los tres últimos versos. Al principio del poema, el poeta habla con serenidad y convicción, y piropea a los ojos con la esperanza de atenuar su enfado, pero en los tres versos finales comprende que sus argumentos no sirven de nada y entonces varía abruptamente de tono, y su voz se vuelve resignada y suplicante: acepta la ira de los ojos con tal de que lo sigan mirando, lo que nos da a entender la dependencia absoluta del amante con respecto a la voluntad de la amada.

[COMO LA SIMPLECILLA MARIPOSA]

Como la simplecilla mariposa
a torno de la luz de una candela[6]
de pura enamorada se desvela,
ni se sabe partir ni llegar osa;

vase, vuelve, anda y torna y no reposa,
y de amor y temor junto arde y hiela,
tanto que al fin las alas con que vuela
se abrasan con la vida trabajosa,

así, ¡mísero yo!, de enamorado,
a torno de la luz de vuestros ojos
vengo, voy, torno y vuelvo y no me alejo;

mas es tan diferente mi cuidado[7]
que, en medio del dolor de mis enojos,
ni me acaba el ardor, ni de arder dejo.[6]

Gutierre de Cetina

[RASGA LA VENDA Y MIRA LO QUE HACES]

Rasga la venda y mira lo que haces,
rapaz, que en esta edad no es hecho honroso

6 Es decir, 'alrededor de la luz de una vela'.
7 *cuidado*: inquietud, sufrimiento.

6 El poema es en buena medida una adaptación de un soneto de Petrarca, en el que se compara al hombre que ronda a su amada con la mariposa que revolotea en torno al fuego. Tanto el amante como la mariposa parecen embrujados y se acercan a algo que puede dañarles: sus actitudes son casi idénticas, como refleja el paralelismo entre los versos 5 y 11. No obstante, la identidad entre fuego y amor no es completa, pues la pasión, al contrario que la llama, nunca consume por completo al amante, lo que anuncia que el poeta vivirá siempre desorientado y dubitativo, incapaz de decidirse entre seguir amando o dejar de hacerlo.

romperme el sueño y las antiguas paces;[7]
desarma el arco, déjame en reposo,
porque la helada sangre no aprovecha,
ni es dispuesto sujeto
donde haga su efeto
la venenosa yerba de tu flecha.[8]
Pero si determinas
con tus armas divinas,
rompiendo mis entrañas,
hacerme historiador de tus hazañas,
ablanda el pecho désta que te priva
de tu imperio y valor con su dureza,
igual a su belleza,
si no quieres, Amor, que, cuando escriba,
forzado en las cadenas,
cante por tus hazañas las ajenas.[9]

Baltasar de Alcázar

---

7 El poeta se dirige a Cupido, el dios del amor de los romanos, al que se solía pintar como un chiquillo (*rapaz*) de ojos vendados que enamoraba a la gente con sus flechas. Según Baltasar de Alcázar, Cupido ha cometido un error precisamente porque no ve, pues ha enamorado a quien no debía. Y es que el poeta se considera demasiado viejo para vivir de nuevo pendiente del amor, sentimiento que trae consigo inquietudes e insomnios.

8 El hombre de edad avanzada no es una buena víctima para Cupido, pues su sangre ya no se enciende fácilmente con el deseo ni es sustancia adecuada (*dispuesto sujeto*) para que el veneno del amor obre su efecto.

9 El poeta se ha enamorado de una mujer que no le corresponde y que, por su extremada dureza, resulta mucho más fuerte que Cupido. Por tanto, si el dios insiste en mantenerlo aprisionado con las *cadenas* del amor, el poeta, cuando se ponga a relatar su experiencia, no referirá el triunfo de Cupido sino su humillante derrota a manos de una mujer inquebrantable. Como vemos, el poema concluye con un tono irónico muy propio de la poesía de Alcázar, dominada siempre por lo epicúreo y lo festivo.

Luis de Góngora

Pese a su poderosa vocación poética, el cordobés Luis de Góngora (1561-1627) se vio forzado por sus circunstancias familiares a seguir la carrera eclesiástica. Como clérigo fue más bien descuidado, pero como poeta era tan perfeccionista que podía pasarse días enteros puliendo un único verso. Góngora probó casi todos los géneros poéticos de su época, desde el soneto petrarquista a la letrilla irreverente, y, tras destacar por igual en lo serio y lo burlesco, alcanzó la cumbre de su fama en la década de 1610 con dos poemas largos: la *Fábula de Polifemo y Galatea* y las *Soledades*. Ambos causaron tanta admiración como perplejidad, pues estaban escritos en un estilo radicalmente innovador sembrado de densas metáforas, alusiones cultas, violentos hipérbatos que contrariaban las reglas básicas de la sintaxis castellana y audaces latinismos que no se habían oído jamás en la literatura española.

[MIENTRAS POR COMPETIR CON TU CABELLO]

Mientras por competir con tu cabello
oro bruñido al sol relumbra en vano;[1]
mientras con menosprecio en medio el llano
mira tu blanca frente el lilio bello;[2]

mientras a cada labio, por cogello,[3]
siguen más ojos que al clavel temprano;[4]

---

1 'Mientras el oro abrillantado (*bruñido*) refleja el sol tratando inútilmente de competir con el dorado de tu cabello'.

2 La frente de la amada es tan blanca que puede mirar con desprecio al lirio (*lilio*), flor de extraordinaria blancura.

3 *cogello*: cogerlo.

4 Los labios de la amada son tan rojos como el clavel, y tan deseados por quienes los miran como el primer clavel de la primavera.

y mientras triunfa con desdén lozano
del luciente cristal tu gentil cuello,[5]

goza cuello, cabello, labio y frente,
antes que lo que fue en tu edad dorada
oro, lilio, clavel, cristal luciente,

no sólo en plata o vïola troncada
se vuelva,[6] mas tú y ello juntamente
en tierra, en humo, en polvo, en sombra, en nada.[1]

[ÁNDEME YO CALIENTE]

Ándeme yo caliente
y ríase la gente.[2]

Traten otros del gobierno
del mundo y sus monarquías,
mientras gobiernan mis días
mantequillas y pan tierno,

---

5 Es decir, 'mientras tu hermoso (*gentil*) cuello vence con juvenil desprecio (*desdén lozano*) al brillante cristal', al que supera en delicadeza.

6 Esto es, 'antes de que el rubio cabello se llene de canas (*se vuelva en plata*) y el cuello se incline y afee como una violeta tronchada (*viola troncada*)'.

1 El soneto, que Góngora escribió cuando contaba unos veinte años, aborda el tópico del *carpe diem*, invitación al disfrute del amor antes de que llegue la inexorable vejez. Los cuartetos describen por medio de metáforas la belleza de una joven, en tanto que los tercetos anticipan su decrepitud con un pesimismo típicamente barroco. El lapidario verso final nos advierte de que toda belleza está condenada a extinguirse, lección que se transmite por medio de una gradación descendente en la que cada elemento es menos material que el anterior: *tierra, humo, polvo, sombra, nada*. Hoy en día, puede parecernos que el *humo* está mal situado en la enumeración, pues es más volátil que el polvo, pero sucede que Góngora utiliza la palabra como sinónimo de *humus* ('capa de tierra formada por sustancias orgánicas en descomposición').

2 La presente letrilla obedece a un procedimiento típico de la poesía del Siglo de Oro, que consiste en tomar un refrán y glosarlo en una serie de estrofas, tarea en la que Góngora demuestra tanta gracia como ingenio.

y las mañanas de invierno
naranjada[7] y aguardiente,
y ríase la gente.

Coma en dorada vajilla
el príncipe mil cuidados,
como píldoras dorados,
que yo en mi pobre mesilla
quiero más[8] una morcilla
que en el asador reviente,
y ríase la gente.[3]

Cuando cubra las montañas
de blanca nieve el enero,
tenga yo lleno el brasero
de bellotas y castañas,
y quien las dulces patrañas
del Rey que rabió me cuente,[4]
y ríase la gente.

Busque muy en hora buena
el mercader nuevos soles;[9]
yo conchas y caracoles
entre la menuda arena,

---

7 *naranjada*: aquí, 'mermelada de naranja'.

8 Es decir, 'prefiero'.

9 Esto es, 'nuevos países donde comerciar y hacerse rico'.

3 El poeta no envidia a los príncipes por más que coman en lujosa vajilla de oro, pues sabe que la vida del poderoso está llena de preocupaciones (*cuidados*). Su alimento, pues, son los problemas: dorados, desde luego, pero problemas a fin de cuentas. Los *cuidados* se comparan con píldoras porque, en época de Góngora, era costumbre recubrir las pastillas medicinales con un baño dorado para que resultasen más atractivas a la vista.

4 El *Rey que rabió* es el protagonista de un cuento folclórico que explica esencialmente la historia de un monarca que se disfraza de pastor para pasar de incógnito entre sus súbditos. Para el poeta, escuchar cuentos (*patrañas*) junto al brasero mientras afuera cae la nieve es uno de los mayores placeres imaginables.

escuchando a Filomena[10]
sobre el chopo de la fuente,
y ríase la gente.

Pase a media noche el mar,
y arda en amorosa llama
Leandro por ver su dama;[5]
que yo más quiero pasar
del golfo de mi lagar
la blanca o roja corriente,[11]
y ríase la gente.

Pues Amor es tan crüel,
que de Píramo y su amada
hace tálamo una espada
do se junten ella y él,[6]
sea mi Tisbe un pastel
y la espada sea mi diente,
y ríase la gente.[7]

---

10 *Filomena* es el nombre mítico del ruiseñor, pájaro de hermoso canto.

11 O sea, 'que yo prefiero beberme el vino de mi *lagar* (recipiente donde se pisa la uva)'. Góngora juega con el doble sentido del verbo *pasar*: mientras que Leandro *pasa* o atraviesa el mar, el poeta *pasa* o se traga el vino, que puede ser blanco o tinto.

5 Según un mito griego, el joven Leandro estaba tan enamorado de Hero que, con el fin de verla, cruzaba cada noche a nado el estrecho del Helesponto, lo que acabó por causarle la muerte.

6 Un conocido mito griego cuenta que los jóvenes babilonios Píramo y Tisbe mantenían un idilio clandestino. Cierta noche, Píramo creyó por error que Tisbe había muerto, y se desesperó de tal modo que se atravesó con su propia espada. Cuando Tisbe apareció y vio a su amado muerto, se quitó la vida con la misma arma. Por eso dice Góngora que la espada, instrumento de la muerte, es la cama (*tálamo*) en que se unen los amantes.

7 Aunque posee un tono liviano, el poema propone un modelo de vida que muchos poetas del Siglo de Oro defendieron con total seriedad, y cuyo origen último se encuentra en la filosofía estoica. Los rasgos básicos de ese programa vital son el rechazo de las ambiciones, las pasiones y los deseos, y la búsqueda de los placeres sencillos, que se encuentran con más facilidad en el mundo campesino que en el ámbito urbano.

FÁBULA DE POLIFEMO Y GALATEA

La *Fábula de Polifemo y Galatea* consta de unos 500 versos repartidos en 63 octavas, y recrea un mito relatado en *Las metamorfosis*, poema latino de Ovidio (siglo I). El pastor Polifemo, que es un cíclope, es decir, un gigante de un solo ojo, ama a Galatea, una hermosa ninfa del mar, pero ella no le corresponde. Un día, Galatea conoce a Acis, agraciado muchacho que la atrae de inmediato. Escondidos tras unas hiedras, los dos jóvenes se entregan al amor hasta que Polifemo los descubre por azar y reacciona airadamente.

La gruta de Polifemo

Tras dedicar su poema al conde de Niebla (octavas 1-3), Góngora describe el escenario de su historia: un lugar de la costa de Sicilia, isla cuya actividad volcánica se vincula con dos figuras mitológicas: el dios Vulcano y el gigante Tifeo (4). En concreto, Polifemo vive en una oscura gruta rodeada de árboles y poblada de aves nocturnas, donde alberga asimismo a su multitudinario rebaño de cabras (5-6).

4

Donde espumoso el mar sicilïano
el pie argenta de plata al Lilibeo,[12]
bóveda o de las fraguas de Vulcano,
o tumba de los huesos de Tifeo,[13]
pálidas señas cenizoso un llano,

12 'Donde el espumoso mar de Sicilia saca un brillo de plata (*argenta de plata*) a la base del monte Lilibeo'. La metáfora se inspira en la acción de abrillantar los zapatos de una persona mientras los lleva puestos.

13 Góngora recuerda que, según la mitología, el Lilibeo puede ser o bien techo (*bóveda*) de los talleres (*fraguas*) del dios Vulcano, o bien tumba del gigante Tifeo. En efecto, se dice que Vulcano se dedicaba a la herrería en los subterráneos de la isla, lo que explicaba el fuego que salía del Etna, el famoso volcán siciliano. Otro mito aseguraba que, en tiempos remotos, el dios Júpiter había vencido al gigante Tifeo tras un violento combate y lo había sepultado vivo bajo la isla de Sicilia, y que las erupciones del Etna son los escupitajos de fuego que, de pura rabia, lanza el gigante.

cuando no del sacrílego deseo,
del duro oficio da.[14] Allí una alta roca
mordaza es a una gruta, de su boca.[15]

5

Guarnición tosca de este escollo duro
troncos robustos son,[16] a cuya greña
menos luz debe, menos aire puro
la caverna profunda, que a la peña;[17]
caliginoso lecho el seno obscuro
ser de la negra noche nos lo enseña
infame turba de nocturnas aves,
gimiendo tristes y volando graves.[18]

6

De este, pues, formidable de la tierra
bostezo, el melancólico vacío
a Polifemo, horror de aquella sierra,
bárbara choza es, albergue umbrío[19]

---

14 El llano situado al pie del Lilibeo está lleno de cenizas, resultado de la actividad del Etna. Tales cenizas son *pálidas señas* del *duro oficio* de herrero que ejerce Vulcano o del *sacrílego deseo* que movió a Tifeo a luchar contra Júpiter, el rey de los dioses, con la intención de derrocarlo.

15 En el llano hay una cueva cuya entrada está tapada por una roca: en términos metafóricos, la roca sirve de mordaza a la boca de la gruta.

16 'Unos robustos troncos ejercen como bastos vigilantes (*guarnición tosca*) de la entrada de la roca (*escollo*)'.

17 La cueva carece de luz y aire puro, pero no tanto porque esté cerrada por una roca (*peña*), sino porque los árboles que la rodean tienen una cabellera densa y alborotada (*greña*), es decir, un ramaje espeso y revuelto.

18 En la cueva hay una horrible bandada (*infame turba*) de aves nocturnas, que lanzan tristes gemidos y vuelan pesadamente. Su presencia demuestra que la cueva es tenebrosa cama (*caliginoso lecho*) de la más oscura noche.

19 'El triste hueco de la cueva (llamada *bostezo de la tierra* porque su entrada parece la boca de una persona cuando bosteza) sirve a Polifemo (el ser que provoca *horror* en aquellas montañas) como *bárbara choza* o guarida oscura (*albergue umbrío*)'.

y redil espacioso donde encierra
cuanto las cumbres ásperas cabrío
de los montes esconde:[20] copia bella
que un silbo junta y un peñasco sella.[21]

Retrato de Polifemo

Tras describir la cueva del cíclope, Góngora retrata al propio Polifemo, gigante provisto de un único ojo que usa un pino a modo de bastón (7). Nos recuerda, de paso, que Polifemo es hijo de Neptuno, el dios del mar, aunque omite quién es su madre: la ninfa Toosa. El cíclope es equiparado con elementos de la naturaleza: su cuerpo es un monte, su cabello es un río y su barba es un torrente impetuoso (8). Polifemo lleva un pellico confeccionado con la piel de las fieras que caza (9) y un zurrón lleno de frutas (10-11), y toca una colosal zampoña fabricada con cien cañas enormes, cuya horrenda música desconcierta a los animales del bosque y alborota las aguas del mar (12).

7

Un monte era de miembros eminente[22]
este (que, de Neptuno hijo fiero,
de un ojo ilustra el orbe de su frente,
émulo casi del mayor lucero)[23]
cíclope, a quien el pino más valiente
bastón le obedecía, tan ligero,

---

20 '[A Polifemo, la cueva le sirve además] como espacioso *redil* ('lugar en que se recoge el ganado') de su rebaño de cabras (*cabrío*), animales que ocultan con su presencia las *cumbres ásperas* de los montes'.

21 Las cabras forman un conjunto hermoso (*copia bella*) que se reúne cuando el pastor Polifemo lanza su silbido (*silbo*) y queda encerrado (*sellado*) tras el peñasco que tapa la cueva.

22 Esto es, 'era un monte del que sobresalían brazos y piernas'.

23 '[Polifemo], hijo fiero de Neptuno, decora con un [único] ojo el cielo (*orbe*) de su frente, ojo que, por su brillo o tamaño, casi puede competir con el sol (es *émulo casi del mayor lucero*)'.

y al grave peso junco tan delgado,
que un día era bastón y otro cayado.[24]

8

Negro el cabello, imitador undoso
de las obscuras aguas del Leteo,[25]
al viento que lo peina proceloso,[26]
vuela sin orden, pende[27] sin aseo;
un torrente es su barba impetüoso,
que, adusto hijo de este Pirineo,[28]
su pecho inunda, o tarde, o mal, o en vano
surcada aun de los dedos de su mano.[29]

9

No la Trinacria en sus montañas fiera
armó de crüeldad, calzó de viento,
que redima feroz, salve ligera,
su piel manchada de colores ciento;[30]
pellico es ya la que en los bosques era
mortal horror al que con paso lento

---

24 El gigantesco Polifemo usa como bastón un tronco de árbol, e incluso el pino más robusto (*más valiente*) se vuelve ligero en sus manos. El enorme peso del cíclope, por otro lado, hace que el *bastón* se convierta enseguida en *cayado* ('bastón cuyo mango tiene forma de gancho').

25 El cabello de Polifemo es ondulado (*undoso*), y tan negro como las aguas del Leteo, uno de los ríos del infierno.

26 *proceloso*: huracanado, tempestuoso.

27 *pender*: colgar.

28 Así como Polifemo es un monte (un *Pirineo*), su barba es un torrente que baja de la cima, al que Góngora llama *hijo adusto* ('tostado') del monte.

29 El único peine que *surca* la espesa barba de Polifemo son sus dedos, que intentan ordenarla muy de vez en cuando (*tarde*), y siempre torpe e inútilmente (*o mal o en vano*).

30 'La isla de Sicilia (*la Tinacria*) no ha criado en sus montañas ninguna bestia lo bastante fiera (*armada de crueldad*) o ligera (*calzada de viento*) como para salvar su piel manchada de cientos de colores', que el cíclope utiliza para confeccionarse prendas de abrigo.

los bueyes a su albergue reducía,
pisando la dudosa luz del día.[31]

Galatea

Polifemo ama a Galatea, bella ninfa del mar de ojos brillantes, piel blanquísima y mejillas rojizas (13-14). Con sus numerosas gracias, Galatea despierta la envidia de las otras ninfas, el amor de los dioses del mar y la adoración de los hombres de Sicilia (15-22). Sin embargo, no parece dispuesta a corresponder a sus pretendientes...

13

Ninfa, de Doris hija, la más bella,
adora, que vio el reino de la espuma.[32]
Galatea es su nombre, y dulce en ella
el terno Venus de sus Gracias suma.[33]
Son una y otra luminosa estrella
lucientes ojos de su blanca pluma:[34]
si roca de cristal no es de Neptuno,
pavón de Venus es, cisne de Juno.[35]

---

31 'La fiera que causaba mortal horror al campesino se ha convertido en chaqueta (*pellico*)'. Góngora alude al labrador con un rodeo: es 'el hombre que pisa la luz débil (*dudosa*) del atardecer mientras recoge con lentitud en su establo a los bueyes con los que ha trabajado durante el día'.

32 '[Polifemo] adora a una ninfa, hija de Doris, que es la más bella que se vio nunca en el mar (*el reino de la espuma*)'.

33 O sea, 'en Galatea, Venus ha unido con dulzura los encantos del trío (*terno*) que forman sus Gracias'. Venus era la diosa del amor, y las Gracias eran tres divinidades que encarnaban la belleza, la alegría y la juventud.

34 'Sus lucientes ojos son como luminosas estrellas, que destacan en su blanca piel'. Góngora llama *pluma* a la piel de Galatea porque es tan blanca como el plumaje del cisne.

35 Por su belleza, 'a Galatea se la puede llamar «roca de cristal del mar» (cuyo dios es Neptuno) o «pavo real de Venus» o «cisne de Juno»'. Galatea es como un cisne por su blancura, y como un *pavón* porque sus ojos la embellecen, como le pasa al pavo real con los coloridos *ojos* de sus plumas. El cisne y el pavo real se vinculaban respectivamente con Venus y Juno, pero Góngora cruza con fines poéticos los atributos de ambas diosas.

14

Purpúreas rosas sobre Galatea
la Alba entre lilios cándidos deshoja:[36]
duda el Amor cuál más su color sea,
o púrpura nevada, o nieve roja.
De su frente la perla es, eritrea,
émula vana.[37] El ciego dios se enoja,
y, condenado su esplendor, la deja
pender en oro al nácar de su oreja.[38]

El amor de Acis y Galatea

Un día, Galatea se queda dormida a la orilla de una fuente, adonde llega el joven Acis para beber agua (23-24). Acis, bellísimo hijo de un fauno, adora a Galatea, y le deja a modo de ofrenda un cestillo con leche, almendras, manteca y miel (25-27). Cuando Galatea despierta, se pregunta de quién será el regalo (28-29) y, justo entonces, Cupido la hiere en el pecho con una de sus flechas de amor (30-31). Galatea queda así enamorada de Acis, a quien encuentra poco después tumbado en la hierba, con los ojos cerrados, por lo que interpreta que está dormido, cuando en realidad Acis no hace más que fingir el sueño (32-37). De repente, el joven se levanta e intenta besarle un pie a Galatea, quien se asusta mucho (38). Al poco, sin embargo, la ninfa cede a los requerimientos de Acis, y los dos jóvenes se reclinan bajo una peña rodeada de frondosas hiedras, donde se besan y se entregan al amor (39-42).

36 'La Aurora, diosa del rojizo amanecer, deshoja sobre Galatea rosas rojas (*rosas purpúreas*) y lirios muy blancos (*lilios cándidos*)'. Es una forma sofisticada de decir que en Galatea se combinan el color blanco de la piel con el rojo de los labios y las mejillas.

37 'La perla eritrea (o sea, la del mar Rojo, que es la más blanca que existe) intenta inútilmente competir en blancura con la frente de Galatea'.

38 Amor, dios ciego (pues se le representaba con una venda en los ojos) se enoja al ver que la perla tiene el atrevimiento de competir con Galatea, así que la castiga por su brillo (*condena su esplendor*). El castigo consiste en engastar la perla en una pieza de oro para que Galatea se la cuelgue de la oreja, que es comparada con el *nácar* por su extremada blancura.

25

Era Acis un venablo de Cupido,[39]
de un fauno, medio hombre, medio fiera,
en Simetis, hermosa ninfa, habido,[40]
gloria del mar, honor de su ribera.
El bello imán, el ídolo dormido,
que acero sigue, idólatra venera,[41]
rico de cuanto el huerto ofrece pobre,
rinden las vacas y fomenta el robre.[42]

38

El sueño de sus miembros sacudido,
gallardo el joven la persona ostenta,[43]
y al marfil luego de sus pies rendido,
el coturno besar dorado intenta.[44]
Menos ofende el rayo prevenido
al marinero, menos la tormenta
prevista le turbó o pronosticada:
Galatea lo diga, salteada.[45]

---

39 'Acis enamoraba como una lanza (*venablo*) arrojada por Cupido'.

40 O sea, 'hijo de un fauno y de la ninfa Simetis'. Los faunos tenían rostro humano y cuernos y pezuñas de cabra: eran *medio hombres, medio fieras*.

41 Acis acaba de ver a Galatea, quien, como se ha dicho, se ha dormido en la orilla de una fuente. Para el joven, que adora a la ninfa, Galatea es un *imán* que lo atrae como si él fuera *acero*. Acis encuentra a su *ídolo dormido*, y lo adora (*venera*) como un creyente (*idólatra*) a su dios.

42 Los griegos y romanos adoraban a sus dioses ofreciéndoles los mejores frutos y animales que criaban. Así, Acis *venera* a Galatea dejándole lo mejor que ofrece su *pobre huerto*: la leche que *rinden* las vacas, y la miel que el roble *fomenta* al dejar que las abejas la críen en el hueco de su tronco.

43 Acis finge que se despierta y se pone en pie, lo que le permite exhibir (*ostentar*) la gallardía de su figura.

44 Es decir, 'arrodillado ante los pies de Galatea, blancos como el marfil, intenta besar el dorado calzado (*coturno*) de la ninfa'.

45 Es decir, que Galatea se asustó más que el marinero con una tormenta, pues las tormentas pueden ser previstas. La propia ninfa podría atestiguar su miedo, pues está sobrecogida (*salteada*).

42

No a las palomas concedió Cupido
juntar de sus dos picos los rubíes,
cuando al clavel el joven atrevido
las dos hojas le chupa carmesíes.[46]
Cuantas produce Pafo, engendra Gnido,
negras vïolas, blancos alhelíes,
llueven sobre el que Amor quiere que sea
tálamo de Acis ya y de Galatea.[47]

La ira de Polifemo

Está atardeciendo y, mientras Acis y Galatea disfrutan de su amor, Polifemo sube a la cima de un peñasco que domina la playa y empieza a tocar su zampoña (43-44). Al oír la música, Galatea se asusta tanto que piensa en huir, pero al final se impone el amor y permanece unida a Acis (45). Polifemo entona una canción en que llora el desdén de Galatea, siempre insensible a sus requiebros (46-58), e interrumpe de pronto su canto para apedrear a unas cabras que están destrozando unas viñas (59). Algunas piedras caen muy cerca de Acis y Galatea, quienes, asustados, corren hacia el mar (60). Al ver a la pareja, Polifemo sufre un violento ataque de celos y arroja una enorme peña sobre Acis, quien muere aplastado (61-62). Desesperada, Galatea llama a las divinidades marinas, que convierten la sangre y los huesos de Acis en un cristalino arroyo. El agua avanza hacia el mar, donde es recibida por Doris, la madre de Galatea, quien nombra a Acis río de Sicilia (62-63).

---

46 'Apenas concedió Cupido a las dos palomas [que estaban junto a Acis y Galatea] la posibilidad de juntar en un beso sus picos, parecidos a rubíes, cuando el atrevido Acis besó los labios de la ninfa, que eran carmesíes ('de color rojo intenso'), como los pétalos del clavel'.

47 'Todas las negras violetas (*violas*) y blancos alhelíes que producen las ciudades de Pafo y Gnido llueven sobre el lugar donde están Acis y Galatea, convertido ya en su cama de amor (*tálamo*) por decisión de Cupido'. Góngora cita las ciudades de Pafos (en Chipre) y Gnido (en la actual Turquía) porque estaban consagradas a Venus, la diosa del amor.

44

Árbitro de montañas y ribera,
aliento dio, en la cumbre de la roca,
a los albogues que agregó la cera,
el prodigioso fuelle de su boca;[48]
la ninfa los oyó, y ser más quisiera
breve flor, hierba humilde, tierra poca,
que de su nuevo tronco vid lasciva,
muerta de amor, y de temor no viva.[49]

45

Mas (cristalinos pámpanos sus brazos)
amor la implica, si el temor la anuda,
al infelice olmo que pedazos
la segur de los celos hará aguda.[50]
Las cavernas, en tanto, los ribazos
que ha prevenido la zampoña ruda,
el trueno de la voz fulminó luego:[51]
¡referidlo, Pïérides, os ruego![52]

---

48 'Situado, como un árbitro, entre las montañas y el mar, en lo más alto de una roca, [Polifemo] sopló con el enorme fuelle que constituía su boca las cañas (*albogues*) unidas con cera que formaban su instrumento musical'.

49 Es decir, 'Galatea habría preferido ser un grano de tierra, una hierbecilla o una pequeña flor [para pasar desapercibida], antes que estar enredada al cuerpo de Acis, muerta a la vez de amor por el joven y de temor por Polifemo'. Góngora describe la unión de Acis y Galatea con una metáfora: Galatea es como una vid que se ha enredado al tronco de su amado movida por la lascivia, es decir, por el deseo sexual.

50 'Pero a Galatea, cuyos brazos son como cristalinas ramas de vid (*pámpanos*), el amor la entrelaza (*implica*) y el temor le hace aferrarse (*la anuda*) al cuerpo de Acis', descrito aquí como 'un olmo infeliz que será despedazado por el hacha afilada (*segur aguda*) de los celos'.

51 'Mientras tanto, las cavernas y pendientes (*ribazos*), avisadas por el sonido de la basta zampoña, han quedado fulminadas por la voz atronadora de Polifemo, [que comienza a cantar]'.

52 El poeta ruega a las Piérides, doncellas mitológicas expertas en poesía y música, que le ayuden a reproducir lo que dice la canción de Polifemo.

46

«¡Oh bella Galatea, más süave
que los claveles que tronchó la aurora;[53]
blanca más que las plumas de aquel ave
que dulce muere y en las aguas mora;[54]
igual en pompa al pájaro que, grave,
su manto azul de tantos ojos dora
cuantas el celestial zafiro estrellas![55]
¡Oh tú, que en dos incluyes las más bellas![56]

48

»Sorda hija del mar, cuyas orejas
a mis gemidos son rocas al viento:[57]
o dormida te hurten a mis quejas
purpúreos troncos de corales ciento,[58]
o al disonante número de almejas
—marino, si agradable no, instrumento—
coros tejiendo estés,[59] escucha un día
mi voz, por dulce, cuando no por mía».

59

Su horrenda voz, no su dolor interno,
cabras aquí le interrumpieron, cuantas

53 La aurora troncha los claveles por el peso del rocío.

54 'Más blanca que las plumas del cisne, que muere cantando y vive en el agua'.

55 'Igual de majestuosa que el pavo real', cuyo plumaje azul está lleno de ojos dorados, tan abundantes como las estrellas del cielo azul.

56 'Que en las dos estrellas de tus ojos concentras la belleza de las estrellas más hermosas!'.

57 'Cuyos oídos son tan insensibles a mis quejas como las rocas al viento'.

58 'O duermes tras cientos de corales, que te impiden oír mis quejas'.

59 'O bien estés bailando en compañía (*tejiendo coros*) al son discordante de un instrumento musical hecho con conchas de almejas —instrumento que, si bien no es agradable, resulta propio de los habitantes del mar—'.

—vagas el pie, sacrílegas el cuerno—
a Baco se atrevieron en sus plantas.[60]
Mas, conculcado el pámpano más tierno
viendo el fiero pastor, voces él tantas,
y tantas despidió la honda piedras,
que el muro penetraron de las hiedras.[61]

60

De los nudos, con esto, más süaves,
los dulces dos amantes desatados,
por duras guijas, por espinas graves
solicitan el mar con pies alados;[62]
tal, redimiendo de importunas aves
incauto meseguero sus sembrados,
de liebres dirimió copia, así, amiga,
que vario sexo unió y un surco abriga.[63]

61

Viendo el fiero jayán,[64] con paso mudo
correr al mar la fugitiva nieve[65]
(que a tanta vista el líbico desnudo

---

60 'Unas cabras interrumpieron la voz [de Polifemo], si bien no pudieron interrumpir su dolor, al pisar con ligero pie y cuerno irrespetuoso (*sacrílego*) unas vides (*plantas de Baco*, dios del vino)'.

61 'Pero, al ver el fiero Polifemo pisoteada (*conculcada*) la rama más joven y delicada (*el pámpano más tierno*) de las viñas, dio tantas voces, y arrojó tantas piedras con su honda, que acabó por traspasar con voces y piedras el muro de hiedra [que mantenía aislados a Acis y Galatea]'.

62 O sea, 'pisando duras piedras (*guijas*) y molestas espinas, [los dos amantes] van hacia el mar a todo correr (*solicitan el mar con pies alados*)'.

63 '[Polifemo separa a los amantes involuntariamente], igual que el *meseguero* ('labrador que guarda el trigo'), algunas veces, para librar (*redimir*) sus sembrados de unos pájaros voraces, separa (*dirime*) a una pareja (*copia*) de liebres amigas, unidas por su distinto sexo y cobijadas en un surco'.

64 *jayán*: 'gigante'. Góngora se refiere, por supuesto, a Polifemo.

65 Es decir, 'a Galatea', que es tan blanca de piel como la nieve.

registra el campo de su adarga breve)[66]
y al garzón viendo, cuantas mover pudo
celoso trueno, antiguas hayas mueve:[67]
tal, antes que la opaca nube rompa,
previene rayo fulminante trompa.[68]

62

Con vïolencia desgajó infinita,
la mayor punta de la excelsa[69] roca,
que al joven, sobre quien la precipita,
urna es mucha, pirámide no poca.[70]
Con lágrimas la ninfa solicita
las deidades del mar, que Acis invoca;[71]
concurren todas, y el peñasco duro
la sangre que exprimió, cristal fue puro.[72]

63

Sus miembros lastimosamente opresos
del escollo fatal fueron apenas,

---

66 'Pues Polifemo tiene tan buena vista que logra distinguir los pequeños escudos (*breves adargas*) de los desnudos habitantes de Libia', la región situada al otro lado del mar, en África, a muchos kilómetros de Sicilia.

67 'Viendo al joven (*garzón*), esto es, a Acis, Polifemo, abrumado por los celos, [lanzó un potente grito que] sacudió a tantas viejas hayas como habría podido agitar un trueno'.

68 'Igual que, antes de que se rompa la oscura (*opaca*) nube de tormenta, la trompa del trueno anuncia el rayo fulminante'. Góngora, que creía erróneamente que el trueno se produce antes que el rayo, indica que el grito atronador de Polifemo es un aviso del acto violento que va a cometer.

69 *excelsa*: alta, elevada.

70 Es decir, 'la roca que Polifemo lanza sobre Acis [para matarlo] es una *urna* ('caja que guarda los restos de un muerto') demasiado grande y una *pirámide* funeraria desmesurada para un cadáver tan pequeño'.

71 'Con lágrimas en los ojos, Galatea llama (*solicita*) a las divinidades del mar, a las que también Acis pide socorro (*invoca*)'.

72 Es decir, 'la sangre que el peñasco duro exprimió del cuerpo de Acis se convirtió en cristal puro, es decir, en agua cristalina'.

que los pies de los árboles más gruesos
calzó el líquido aljófar de sus venas.[73]
Corriente plata al fin sus blancos huesos,
lamiendo flores y argentando[74] arenas,
a Doris llega,[75] que, con llanto pío,
yerno lo saludó, lo aclamó río.[76]

---

73 'En cuanto los miembros de Acis quedaron aplastados (*opresos*) bajo la piedra (*escollo*), la sangre del muchacho, que era como un rocío (*aljófar*) líquido salido de sus venas, corrió hacia la base (*los pies*) de los árboles más gruesos, convirtiéndose así en calzado de los mismos'.

74 *argentar*: platear, dar un brillo de plata.

75 Doris, la madre de Galatea, se encuentra en el mar, y es allí adonde va a parar la corriente líquida en que se ha convertido Acis.

76 'Reconoció a Acis como yerno y lo aclamó como río', lo que equivalía a nombrarlo dios, pues, para los antiguos, los ríos eran divinidades.

Lope de Vega

Si con Luis de Góngora la poesía se hace más oscura y se aleja de la realidad, la lírica del madrileño Lope de Vega (1562-1635) sobresale por su claridad y por el decidido empeño del escritor en trasladar su vida a los versos. Protagonista de una tormentosa y vibrante biografía amorosa que incluyó adulterios, procesos judiciales, matrimonios de conveniencia, dolorosas muertes y pasiones exacerbadas, su vida sería piedra de escándalo para muchos de sus contemporáneos. Lope convirtió su obra en un escenario más de estas relaciones y, de ese modo, por sus poemas y comedias desfilan personajes como los moros Zaida y Zaide, los pastores Filis y Belardo, o las bellas y amadas Belisa, Lucinda, Amarilis o Marcia Leonarda, nombres que apenas si encubren la identidad real de algunas de las mujeres de las que se prendó. Con igual intensidad vivió el poeta sus crisis espirituales, periodos de sincero arrepentimiento por su vida licenciosa que Lope expresó con honda sinceridad en su poesía de carácter religioso. Desmedido en el amor y en la literatura, se calcula que el "Fénix de los ingenios" escribió unas ochocientas comedias, una fecundidad sin parangón en la literatura universal. Sus versos se publicaron en *Rimas humanas* (1602), *Rimas sacras* (1614) o *Rimas humanas y divinas del licenciado Tomé de Burguillos* (1634), y toda su obra evidencia un conocimiento profundo y un uso magistral de los mecanismos y formas tanto de la poesía popular como de la lírica culta, puestos al servicio de una concepción vitalista, apasionada y desgarrada de la existencia.

[MIRA, ZAIDE, QUE TE DIGO]

«Mira, Zaide, que te digo
que no pases por mi calle,
no hables con mis mujeres,
ni con mis cautivos trates,

no preguntes en qué entiendo[1]
ni quién viene a visitarme,[1]
qué fiestas me dan contento
ni qué colores me aplacen;[2]
basta que son por tu causa
las que en el rostro me salen,
corrida[3] de haber mirado
moro que tan poco sabe.
Confieso que eres valiente,
que hiendes,[4] rajas y partes,
y que has muerto más cristianos
que tienes gotas de sangre;
que eres gallardo[5] jinete,
que danzas, cantas y tañes,[6]
gentilhombre, bien criado
cuanto puede imaginarse:
blanco, rubio por extremo,
señalado entre linajes,[7]
el gallo de los bravatos,[8]

---

1 *cautivos*: cristianos hechos prisioneros por los moros en la guerra, y luego utilizados a menudo como sirvientes; *en qué entiendo*: en qué me ocupo.
2 *aplacen*: placen, agradan.
3 Esto es, '*las* colores [la palabra *color* podía ser masculina o femenina en la época] que me salen en la cara, avergonzada (*corrida*)'.
4 *hendir*: 'cortar, partir', verbo que alude a la destreza en el uso de la espada.
5 *gallardo*: apuesto, airoso.
6 *tañer*: tocar un instrumento musical; *gentilhombre*: noble.
7 *señalado entre linajes*: destacado entre las mejores familias.
8 *bravato*: guapo, valentón.

1 Lope se sirvió de este romance morisco, subgénero muy de moda en la época, para dar cuenta de sus tormentosas relaciones con la actriz Elena Osorio, que estaba casada con un comediante. Estas relaciones concluyeron con una escandalosa ruptura y un proceso judicial tras el que Lope fue condenado a no pasar por la madrileña calle de Lavapiés en que vivía la actriz (de ahí la alusión del verso 2) y, finalmente, al destierro. En el poema, Zaida (Elena) se queja del comportamiento liviano de Zaide (Lope), aunque comienza por elogiar sus muchos atractivos.

la nata de los donaires;[9]
que pierdo mucho en perderte
y gano mucho en ganarte,
y que si nacieras mudo
fuera posible adorarte;
mas por ese inconveniente
determino de dejarte,
que eres pródigo de lengua
y amargan tus liviandades;[2]
habrá menester ponerte
la que quisiere llevarte
un alcázar en los pechos
y en los labios un alcaide.[10]
Mucho pueden con las damas
los galanes de tus partes,[11]
porque los quieren brïosos,
que hiendan y que desgarren;
mas con esto, Zaide amigo,
si algún banquete les hacen
del plato de sus favores
quieren que coman y callen.[12]
Costoso me fue el que heciste;
que dichoso fueras, Zaide,
si conservarme supieras
como supiste obligarme.[13]

---

9 *la nata de los donaires*: el más gracioso e ingenioso.

10 Es decir, 'a la que te quiera aguantar (*llevarte*), le será necesario ponerte una fortaleza (*alcázar*) en el pecho y un director de la prisión o fortaleza (*alcaide*) en tu boca', para que Zaide no hable más de la cuenta.

11 Es decir, 'los galanes que tienen tus cualidades'.

12 'Si les conceden sus *favores* amorosos, quieren que guarden el secreto'.

13 *obligarme*: conquistarme.

2 Esto es, 'que eres un charlatán (*pródigo de lengua*) y tus ligerezas (*liviandades*) me amargan'. El padre de Elena Osorio, Jerónimo Velázquez, acusó a Lope en el juicio de ser el autor de escritos injuriosos contra su familia.

Mas no bien saliste apenas
de los jardines de Atarfe,[3]
cuando heciste de la mía
y de tu desdicha alarde.[4]
A un morillo mal nacido
he sabido que enseñaste
la trenza de mis cabellos
que te puse en el turbante.[5]
No quiero que me la vuelvas,
ni que tampoco la guardes,
mas quiero que entiendas, moro,
que en mi desgracia la traes.
También me certificaron
cómo le desafïaste
por las verdades que dijo,
que nunca fueran verdades.[14]
De mala gana me río;
¡qué donoso[15] disparate!,
no guardaste tu secreto
¿y quieres que otro lo guarde?
No puedo admitir disculpa,
otra vez torno a avisarte
que ésta será la postrera[16]
que te hable y que me hables.»

---

14 O sea, 'que ojalá no fuera verdad lo que dijo'.
15 *donoso*: gracioso.
16 *la postrera*: la última vez.

3 Atarfe es Granada.
4 O sea, 'cuando hiciste alarde de mi desdicha y la tuya'. Elena Osorio rompió con Lope porque el dramaturgo se jactaba por todo Madrid de sus amores con la actriz, lo que obviamente perjudicaba a una mujer casada como ella, y la hacía desdichada.
5 Las mujeres regalaban a sus enamorados un mechón de cabello —o, como en este caso, una trenza— en prueba de su amor.

Dijo la discreta Zaida
al gallardo Abencerraje,[6]
y al despedirse replica:
«Quien tal hace que tal pague.»[7]

[IR Y QUEDARSE, Y CON QUEDAR PARTIRSE]

Ir y quedarse, y con quedar partirse,
partir sin alma, y ir con alma ajena,[8]
oír la dulce voz de una sirena
y no poder del árbol desasirse;[9]

arder como la vela y consumirse
haciendo torres sobre tierna arena;[17]
caer de un cielo, y ser demonio en pena,
y de serlo jamás arrepentirse;[10]

hablar entre las mudas soledades,
pedir prestada, sobre fe, paciencia,[18]
y lo que es temporal llamar eterno;

17 Esto es, 'hacerse ilusiones sobre frágiles realidades'.
18 *sobre fe*: además de fe (en ser correspondido).

6 Los *abencerrajes* eran los miembros de una distinguida familia noble de la Granada musulmana del siglo XV que tuvieron un trágico final. En el poema se utiliza el término como sinónimo de 'moro noble'.
7 Este popularísimo romance lo completó Lope con otro en el que Zaide se defiende de las acusaciones de Zaida y le declara su más rendido amor.
8 El amante parte *sin alma* porque se marcha sin vigor, desalentado, y va *con alma ajena* porque lleva el alma de la amada impresa en su interior.
9 Se alude al episodio de la *Odisea*, de Homero, en que Ulises ordena a la tripulación de su barco que se tapen los oídos con cera y que a él mismo lo aten al mástil (*árbol*) para no sucumbir al hechizo de los cantos de las sirenas, que provocan la muerte de cuantos se aproximan a ellas.
10 Mediante una alusión bíblica, Lope compara su tormento amoroso al de los ángeles que se rebelaron contra Dios y que, tras ser derrotados por el arcángel san Miguel y expulsados del cielo a la tierra, se convirtieron en demonios. Como los ángeles caídos, condenados a la ausencia de Dios, el amante es un *demonio en pena* castigado a la ausencia de la amada.

creer sospechas y negar verdades,
es lo que llaman en el mundo ausencia,
fuego en el alma y en la vida infierno.[11]

[¿QUÉ TENGO YO QUE MI AMISTAD PROCURAS?]

¿Qué tengo yo que mi amistad procuras?[19]
¿Qué interés se te sigue,[20] Jesús mío,
que a mi puerta cubierto de rocío
pasas las noches del invierno escuras?[21]

¡Oh cuánto fueron mis entrañas duras,
pues no te abrí! ¡Qué extraño desvarío,
si de mi ingratitud el hielo frío
secó las llagas de tus plantas puras![22]

¡Cuántas veces el ángel me decía:
«Alma, asómate agora a la ventana,
verás con cuánto amor llamar porfía»![23]

¡Y cuántas, hermosura soberana,
«Mañana le abriremos», respondía,
para lo mismo responder mañana![12]

---

19 *procuras*: buscas.
20 O sea, '¿Qué interés tienes…?', 'Qué es lo que persigues?'.
21 Es decir, 'las noches oscuras del invierno'.
22 Esto es, 'qué extraña locura (*desvarío*), si el hielo frío de mi ingratitud secó las llagas de tus pies', causadas por los clavos durante la crucifixión.
23 *llamar porfía*: insiste en llamar.

11 Para ofrecernos una definición del amor y expresar el dolor que le provoca la ausencia de la amada, Lope recurre en este soneto a las paradojas y antítesis que, si bien eran comunes en la poesía cancioneril del siglo XV, son aquí prodigadas y extremadas por la sensibilidad barroca del poeta.
12 La agitada existencia de Lope estuvo determinada por la constante alternancia entre un comportamiento disoluto y sinceros arrepentimientos que lo inducían a una vida religiosa. Mediante un imaginario diálogo con su ángel de la guarda, el poeta expresa en este magnífico soneto el pesar y el remordimiento por su conducta, que juzga dolorosamente incorregible.

[EN LAS MAÑANICAS]

En las mañanicas
del mes de mayo
cantan los ruiseñores,[13]
retumba el campo.

En las mañanicas,
como son frescas,
cubren ruiseñores
las alamedas.

Ríense las fuentes
tirando perlas
a las florecillas
que están más cerca.

Vístense las plantas
de varias sedas,
que sacar colores
poco les cuesta.

Los campos alegran
tapetes varios,[24]
cantan los ruiseñores,
retumba el campo.[14]

24 Es decir, 'alfombras (*tapetes*) de muchos colores (*varios*) alegran el campo', en evidente alusión a las flores.

13 Suele considerarse que el canto del ruiseñor anuncia la primavera. Célebre por el melodioso gorjeo que el macho emite día y noche durante la época de celo, el ruiseñor es también símbolo del amor y de la poesía.

14 Como tantas veces en su obra, Lope de Vega emplea de modo magistral la tradición popular en esta *maya*, nombre que se le daba a la canción compuesta para festejar en los pueblos la llegada del mes de mayo. El poeta describe en estas seguidillas el despertar a la vida del campo y nos pinta un paisaje en el que los elementos de la naturaleza se personifican, lleno de armonía, sensualidad y alegría por el resurgir de la vida.

A DON JUAN DE ARGUIJO[15]

Pasan las horas de la edad florida,
como suele escribir renglón de fuego
cometa por los aires encendida.[25]

Viene la edad mayor, y viene luego,[26]
tal es su brevedad, y finalmente
pone templanza el varonil sosiego.

Mas cuando un hombre de sí mismo siente
que sabe alguna cosa, y que podría
comenzar a escribir más cuerdamente,

ya se acaba la edad,[27] y ya se enfría
la sangre, el gusto, y la salud padece
avisos varios que la muerte envía.

De suerte que la edad, cuando florece,
no sabe aquello que adquirió pasando,
y cuando supo más, desaparece.

¡Oh quien pudiera recoger, rasgando,
tanto escrito papel, pues cuando un hombre
comenzara mejor está acabando![16]

---

25 Esto es, 'la época de la juventud (*la edad florida*) pasa con la misma rapidez con que un cometa [palabra de género variable en la época] suele dejar una estela de fuego (*renglón de fuego*) en el cielo'.

26 'Llega la edad adulta (*edad mayor*), y llega enseguida (*luego*)'.

27 *la edad*: en este contexto, como en el del v. 13, 'el tiempo', 'la vida'.

15 *La Filomena* (1612) es una obra miscelánea de Lope que da cabida a textos muy variados, tanto en prosa como en verso, entre los que se cuentan algunas epístolas en tercetos. Los versos aquí reproducidos son un breve fragmento de la epístola nueve (vv. 49-66), que Lope dedicó al poeta y mecenas Juan de Arguijo (1567-1623). En ella, el autor hace algunas confesiones íntimas, emite algunos juicios sobre escritores de la época y reflexiona sobre la fugacidad de la vida en relación con la creación literaria.

16 Esto es, '¡quién pudiera recoger y rasgar los papeles escritos hasta ese momento, pues cuando un hombre tiene la madurez suficiente para empezar a escribir, se le acaba la vida!'.

Andrés Fernández de Andrada

Por lo que parece, Andrés Fernández de Andrada nació en Sevilla hacia 1575, fue capitán del ejército y murió en la pobreza en tierras de México. Apenas nos quedan obras suyas, si bien su famosa *Epístola moral a Fabio,* escrita en torno a 1610, le ha garantizado un lugar de honor en nuestra historia literaria. El poema adopta la forma de una carta dirigida a un tal Fabio, nombre fingido bajo el que se esconde un amigo real del poeta. Confiado en obtener un puesto oficial, Fabio se ha trasladado a Madrid para servir a un poderoso señor de la corte, pero el tiempo pasa y el cargo no llega. Decidido a liberar al amigo de su comprensible frustración, el poeta le escribe aconsejándole que olvide sus pretensiones y vuelva a la vida humilde de su ciudad, Sevilla, donde no habrá de someterse a los caprichos de señor alguno y donde podrá consagrarse a la amistad, la lectura y la necesaria meditación sobre el sentido de la existencia.

EPÍSTOLA MORAL A FABIO

Fabio, las esperanzas cortesanas
prisiones son do[1] el ambicioso muere
y donde al más activo nacen canas.[1]

El que no las limare o las rompiere,
ni el nombre de varón ha merecido,
ni subir al honor que pretendiere.

---

1 *do*: donde.

1 En sus consejos a Fabio, el poeta recrea el tópico del menosprecio de la corte, tan característico del Siglo de Oro. En concreto, rechaza las *esperanzas cortesanas*, propias de quienes acuden a la corte buscando poder, riqueza y fama. Para el poeta, la felicidad sólo se puede obtener cuando uno renuncia a las ambiciones y se conforma con lo que tiene.

El ánimo plebeyo y abatido
elija, en sus intentos temeroso,
primero estar suspenso que caído,

que el corazón entero y generoso
al caso adverso inclinará la frente
antes que la rodilla al poderoso.[2]

Más triunfos, más coronas dio al prudente
que supo retirarse, la fortuna,
que al que esperó obstinada y locamente.

Esta invasión terrible e importuna
de contrarios sucesos[3] nos espera
desde el primer sollozo de la cuna;

dejémosla pasar como a la fiera
corriente del gran Betis,[2] cuando airado
dilata hasta los montes su ribera.

Aquel entre los héroes es contado
que el premio mereció, no quien le alcanza
por vanas consecuencias del estado.[4]

Peculio propio es ya de la privanza
cuanto de Astrea fue,[5] cuanto regía
con su temida espada y su balanza.

---

2 El poeta critica al hombre innoble y ruin (*el ánimo plebeyo y abatido*) que, por miedo al poderoso, vive en la incertidumbre (*suspenso*) con tal de no renunciar a sus ambiciones, mientras que el hombre íntegro prefiere la derrota (*el caso adverso*) antes que arrodillarse ante el poderoso.

3 *contrarios sucesos*: sucesos desdichados, disgustos.

4 'Es héroe quien logra un premio porque lo merece, no quien lo obtiene tan sólo por pertenecer a determinada clase social (*estado*)'.

5 'Hoy en día se logra por medio de la amistad con el poderoso (*privanza*) lo que antes se obtenía por justicia'. Astrea era la diosa romana de la justicia: llevaba una venda en los ojos, una espada y una balanza.

2 Betis es el nombre latino del Guadalquivir.

El oro, la maldad, la tiranía
del inicuo precede y pasa al bueno:[6]
¿qué espera la virtud o en qué confía?

Ven y reposa en el materno seno
de la antigua Romúlea,[3] cuyo clima
te será más humano y más sereno;

adonde, por lo menos, cuando oprima
nuestro cuerpo la tierra,[7] dirá alguno:
«¡Blanda le sea!», al derramarla encima;

donde no dejarás la mesa ayuno
cuando en ella te falte el pece raro
o cuando su pavón nos niegue Juno.[8]

Busca, pues, el sosiego dulce y caro,[9]
como en la oscura noche del Egeo[4]
busca el piloto el eminente faro;

que, si acortas y ciñes tu deseo,
dirás: «Lo que desprecio he conseguido,
que la opinión vulgar es devaneo».[10]

Más quiere el ruiseñor su pobre nido
de pluma y leves pajas, más sus quejas
en el bosque repuesto[11] y escondido,

---

6 Es decir, 'el malvado (*inicuo*), con su tiranía, pasa por delante del bueno'.
7 Esto es, 'cuando ya estemos muertos, cuando nos entierren'.
8 En Sevilla, viene a decir el poeta, no le faltarán a Fabio alimentos (*no dejarás la mesa ayuno*), si bien no serán tan sofisticados como el pez exquisito (*pece raro*) o el pavo real (*pavón*) que se sirven en la corte. Se menciona a la diosa Juno porque, en la mitología romana, se la identificaba con tal ave, y se responsabilizaba a Juno de la belleza del pavo real.
9 *caro*: querido, amado.
10 'Pues la opinión usual de la gente es un error (*devaneo*)'.
11 *repuesto*: apartado, alejado.

3 Romúlea era uno de los nombres latinos de Sevilla.
4 Es decir, 'el mar Egeo', que se extiende entre Grecia y Turquía.

que agradar lisonjero las orejas
de algún príncipe insigne, aprisionado
en el metal de las doradas rejas.[12]

Triste de aquel que vive destinado
a esa antigua colonia de los vicios,
augur de los semblantes del privado.[13]

Cese el ansia y la sed de los oficios,
que acepta el don, y burla del intento,
el ídolo a quien haces sacrificios.[14]

Iguala con la vida el pensamiento,
y no le pasarás de hoy a mañana,[15]
ni quizá de un momento a otro momento.

Casi no tienes ni una sombra vana
de nuestra grande Itálica, ¿y esperas?[5]
¡Oh error perpetuo de la suerte humana![6]

---

12 Esto es, '[el ruiseñor prefiere su pobre nido antes que] contentar a un príncipe ilustre (*agradarle las orejas*) con tono de alabanza (*lisonjero*) pero estar aprisionado en una jaula de oro'.

13 El pretendiente intenta ser adivino (*augur*) de lo que significan las caras (*semblantes*) que pone el poderoso (*privado*), para averiguar si está de buen humor y le va a conceder, por tanto, lo que le ha pedido.

14 'Deshazte de tu deseo de cargos oficiales (*oficios*), pues el poderoso a quien tanto adoras (*el ídolo a quien haces sacrificios*) acepta tus regalos (*el don*) pero se burla de tus pretensiones (*intento*)'.

15 Fabio debe adaptar sus deseos a la vida real (*iguala con tu vida el pensamiento*), pues, de lo contrario, no hará más que postergar una y otra vez la satisfacción de sus ambiciones, lo que lo abocará a una frustración perpetua.

5 Itálica fue una importante ciudad romana cercana a Sevilla de la que, en el siglo XVII, sólo quedaban ruinas. Por eso mismo, simbolizaba la fugacidad de todo lo humano. El poeta, pues, cita Itálica para darle a entender a Fabio que no retrase su cambio de vida, pues el tiempo pasa velozmente.

6 Al condenar la esperanza, el poeta se suma al pensamiento de los filósofos estoicos, quienes creían que había cuatro pasiones que el hombre debe evitar porque hacen sufrir: la esperanza, el miedo, el odio y el amor. Frente a esos errores, los estoicos recomendaban la *templanza*, estado de equilibrio mental en que el individuo se ve libre de toda pasión y deseo.

Las enseñas grecianas,[16] las banderas
del senado y romana monarquía
murieron, y pasaron sus carreras.

¿Qué es nuestra vida más que un breve día,
do apenas sale el sol, cuando se pierde
en las tinieblas de la noche fría?

¿Qué más que el heno, a la mañana verde,
seco a la tarde? ¡Oh ciego desvarío!
¿Será que de este sueño se recuerde?[17]

¿Será que pueda ver que me desvío
de la vida viviendo, y que está unida
la cauta muerte al simple vivir mío?

Como los ríos, que en veloz corrida
se llevan a la mar, tal soy llevado
al último suspiro de mi vida.[7]

De la pasada edad, ¿qué me ha quedado?
O ¿qué tengo yo, a dicha, en la que espero,
sin alguna noticia de mi hado?[18]

¡Oh si acabase, viendo cómo muero,
de aprender a morir antes que llegue
aquel forzoso término postrero:[19]

antes que aquesta mies inútil siegue[20]
de la severa muerte dura mano,
y a la común materia se la entregue!

---

16 *enseña*: bandera; *grecianas*: griegas.
17 '¿Será posible que de este sueño se despierte?'.
18 'O ¿acaso poseo algo de mi futuro si ignoro cuál es mi destino?'.
19 Es decir, 'la hora de la muerte'.
20 *mies*: 'trigo'. La expresión *mies inútil* es una metáfora de la vida.

7 Resuena aquí la famosa metáfora de las *Coplas* de Jorge Manrique: «Nuestras vidas son los ríos / que van a dar en el mar, / que es el morir».

Pasáronse las flores del verano,
el otoño pasó con sus racimos,
pasó el invierno con sus nieves cano;

las hojas que en las altas selvas vimos
cayeron, ¡y nosotros a porfía[21]
en nuestro engaño inmóviles vivimos!

Temamos al Señor, que nos envía
las espigas del año y la hartura,
y la temprana lluvia y la tardía.

No imitemos la tierra siempre dura
a las aguas del cielo y al arado,
ni la vid cuyo fruto no madura.

¿Piensas acaso tú que fue crïado
el varón para el rayo de la guerra,
para sulcar el piélago salado,[22]

para medir el orbe de la tierra[23]
y el cerco por do el sol siempre camina?
¡Oh, quien así lo entiende, cuánto yerra!

Esta nuestra porción alta y divina[24]
a mayores acciones es llamada
y en más nobles objetos se termina.

Así aquella que a sólo el hombre es dada
sacra[25] razón y pura me despierta,
de esplendor y de rayos coronada,

---

21 *a porfía*: con insistencia.

22 'Para surcar el mar salado', es decir, para embarcarse con destino a países remotos con la finalidad de comerciar y enriquecerse.

23 Es decir, 'para viajar por la esfera de la Tierra'.

24 O sea, 'nuestra razón', que tiene origen divino y es, por tanto, una parte o *porción* de Dios.

25 *sacra*: sagrada.

y en la fría región, dura y desierta,
de aqueste pecho enciende nueva llama,
y la luz vuelve a arder que estaba muerta.[8]

Quiero, Fabio, seguir a quien me llama,
y callado pasar entre la gente,
que no afecto los nombres ni la fama.[26]

El soberbio tirano del Oriente,
que maciza las torres de cien codos
del cándido metal puro y luciente,[27]

apenas puede ya comprar los modos
del pecar.[28] La virtud es más barata:
ella consigo misma ruega a todos.

¡Mísero aquel que corre y se dilata
por cuantos son los climas y los mares,
perseguidor del oro y de la plata!

Un ángulo me basta entre mis lares,[29]
un libro y un amigo, un sueño breve
que no perturben deudas ni pesares.

Esto tan solamente es cuanto debe
naturaleza al parco y al discreto,[30]
y algún manjar común, honesto y leve.

---

26 'Que no deseo ni el renombre ni la fama'.

27 El poeta personifica el vicio de la avaricia en la figura de un arrogante rey oriental que se dedica a acaparar oro, *cándido metal* con el que llena o *maciza* las torres de sus palacios, que son altísimas (tienen *cien codos*, es decir, cuarenta y cinco metros).

28 Esto es, 'los vicios'.

29 'Me conformo con un rincón de mi casa'.

30 *parco*: moderado, que no se excede; *discreto*: aquí, 'sabio'.

8 Tras el pesimismo dominante en los versos previos, el poeta recobra la luz de la esperanza gracias al uso de la razón, que describe como una fuerza intensamente luminosa.

No, porque así te escribo, hagas conceto[31]
que pongo la virtud en ejercicio:
que aun esto fue difícil a Epicteto.[9]

Basta, al que empieza, aborrecer el vicio,
y el ánimo enseñar a ser modesto;
después le será el cielo más propicio.

Despreciar el deleite no es supuesto
de sólida virtud,[32] que aun el vicioso
en sí propio le nota de molesto.[33]

Mas no podrás negarme cuán forzoso
este camino sea al alto asiento,
morada de la paz y del reposo.[34]

No sazona la fruta en un momento
aquella inteligencia que mensura
la duración de todo a su talento:[35]

flor la vimos primero hermosa y pura,
luego materia acerba y desabrida,[36]
y perfecta después, dulce y madura.

---

31 *hacer conceto*: 'creer, considerar'. En el Siglo de Oro se simplificaban a menudo los grupos consonánticos *pt* y *ct*, que eran de origen culto, así que muchas veces se decía *conceto* en lugar de *concepto* y, como veremos más adelante, *perfeta* en vez de *perfecta*.

32 Esto es, 'no implica por sí mismo ser virtuoso'.

33 'Lo tacha de molesto', 'lo califica de molesto'.

34 'Pero no podrás negarme lo extraordinariamente necesario que es renunciar a los placeres cuando uno quiere alcanzar la virtud (*el alto asiento*), que es hogar de la paz y del reposo'.

35 'Dios no madura la fruta en un momento'. El poeta se refiere a Dios con una perífrasis: es la suprema *inteligencia* que mide (*mensura*) con extraordinaria precisión la duración de las cosas.

36 *acerba*: amarga; *desabrida*: que tiene mal sabor.

9 Epicteto, que fue esclavo en la antigua Roma, se hizo célebre como filósofo estoico. En esencia, su doctrina consistía en pregonar el ejercicio de la virtud y la resignación.

Tal la humana prudencia es bien que mida
y compase y dispense las acciones[37]
que han de ser compañeras de la vida.

No quiera Dios que siga los varones
que moran nuestras plazas macilentos,
de la verdad infames histrïones;[38]

esos inmundos trágicos,[39] atentos
al aplauso común, cuyas entrañas
son infaustos[40] y oscuros monumentos.

¡Cuán callada que pasa las montañas
el aura,[41] respirando mansamente!
¡Qué gárrula[42] y sonora por las cañas!

¡Qué muda la virtud por el prudente!
¡Qué redundante y llena de rüido
por el vano, ambicioso y aparente!

Quiero imitar al pueblo en el vestido,
en las costumbres sólo a los mejores,
sin presumir de roto y mal ceñido.[43]

---

37 *compasar*: medir con precisión, como cuando se usa un compás; *dispensar*: ejecutar de forma calculada.

38 Al defender la virtud, el poeta teme parecerse a los moralistas flacos y descoloridos (*macilentos*) que sermonean a la gente en las plazas públicas, y que obran en realidad como exagerados e indignos actores (*infames histriones*). La persona virtuosa de verdad es discreta y sencilla, mientras que quienes predican la virtud con mayor énfasis a menudo son simples hipócritas que no la ponen en práctica.

39 *trágico*: actor que representa papeles trágicos.

40 *infaustos*: desgraciados.

41 *aura*: viento suave.

42 *gárrula*: muy ruidosa.

43 El poeta afirma que quiere llevar ropas humildes (*imitar al pueblo en el vestido*) pero sin incurrir en el exceso de aparecer ante la gente con la ropa rota o, tan descuidadamente vestido, que parezca que sus prendas están sueltas (*mal ceñido*).

No resplandezca el oro y las colores
en nuestro traje, ni tampoco sea
igual al de los dóricos cantores.[44]

Una mediana vida yo posea,
un estilo común y moderado,
que no le note nadie que le vea.[10]

En el plebeyo barro mal tostado
hubo ya quien bebió tan ambicioso
como en el vaso múrrino preciado;[45]

y alguno tan ilustre y generoso
que usó como si fuera vil gaveta[46]
del cristal transparente y luminoso.

Sin la templanza, ¿viste tú perfeta
alguna cosa? ¡Oh muerte!, ven callada,
como sueles venir en la saeta,

no en la tonante máquina preñada
de fuego y de rumor,[47] que no es mi puerta
de doblados metales fabricada.[48]

Así, Fabio, me muestra descubierta
su esencia la verdad, y mi albedrío[49]
con ella se compone y se concierta.

---

44 'Ni sea viejo y andrajoso como el de los antiguos pastores griegos'.

45 *vaso múrrino*: vaso lujoso muy valorado por los antiguos romanos.

46 *gaveta*: recipiente basto de madera en que bebían el vino los marineros.

47 Es decir, 'en el cañón', que suena como el trueno (es *tonante*).

48 La muerte no tendrá que esforzarse mucho para acceder al poeta, pues la puerta de su casa no está formada por resistentes planchas de metal.

49 *albedrío*: libertad para decidir lo que uno quiere hacer.

10 El poeta aspira a una vida tranquila y discreta, alejada de las grandes emociones, que nadie pueda criticar (*que no le note nadie*). Tal tipo de existencia se ajusta al tópico de la *aurea mediocritas* ('dorada mediocridad'), que encontró su mejor formulación en los versos del romano Horacio, fuente de inspiración primordial de la *Epístola moral a Fabio*.

No te burles de ver cuánto confío,[50]
ni al arte de decir, vana y pomposa,
el ardor atribuyas de este brío.[51]

¿Es, por ventura, menos poderosa
que el vicio la virtud, o menos fuerte?
No la arguyas[52] de flaca y temerosa.

La codicia en las manos de la suerte
se arroja al mar, la ira a las espadas,
y la ambición se ríe de la muerte.[53]

Y ¿no serán siquiera tan osadas
las opuestas acciones, si las miro
de más ilustres genios ayudadas?[54]

Ya, dulce amigo, huyo y me retiro
de cuanto simple amé: rompí los lazos.[55]
Ven y sabrás al grande fin que aspiro,
antes que el tiempo muera en nuestros brazos.[56]

---

50 'No te burles de ver cuánta esperanza tengo'.

51 'Ni a la retórica, vacía y grandilocuente, atribuyas el tono decidido con que hablo'.

52 *argüir*: acusar, tachar.

53 El terceto habla del poder de las pasiones, que fuerzan a la gente a asumir riesgos: el codicioso mercader se hace a la mar a pesar de que está llena de peligros, el hombre airado toma la espada para luchar, el ambicioso se atreve a desafiar a la muerte…

54 El poeta sugiere que las acciones del virtuoso son al menos tan atrevidas (*siquiera tan osadas*) como las acciones *opuestas* del codicioso, el airado y el ambicioso, pues están motivadas por *genios más ilustres*, es decir, por fuerzas superiores. La alusión a los genios procede de la mitología romana, que aseguraba que, cada vez que llevamos a cabo una acción, recibimos la ayuda de un espíritu o genio determinado.

55 El poeta anuncia que abandona las grandes ambiciones y deseos que en otro momento sostuvo porque era ignorante (*simple*).

56 Es decir, 'antes de que el pulso deje de latir en nuestras muñecas', 'antes de que nuestro corazón se pare para siempre'.

Francisco de Quevedo

Francisco de Quevedo (1580-1645) fue un hombre de sólida formación humanística que se mantuvo siempre muy vinculado al mundo de la política, lo que le acarreó numerosos disgustos y alguna temporada de cárcel y destierro. Cojitranco, patizambo y miope, consumado espadachín y dueño de una lengua mordaz que usó a diestro y siniestro en sonadas polémicas literarias y políticas, Quevedo llevó una vida marcada por el inconformismo, el afán de superación y la orgullosa defensa de su linaje aristocrático y los valores tradicionales. En su obra, tan brillante en prosa como en verso, se mostró como un rígido moralista, un profundo pensador político, un patriota comprometido y un admirable poeta lírico. A menudo expresó la tristeza que le producía la decadencia de España por medio de la exageración y la ironía, pero manejó asimismo con suma destreza el tono desengañado propio de sus poemas metafísicos, y retrató con maestría la intensidad de la pasión en sus espléndidos sonetos amorosos, que son seguramente los más conmovedores de toda la literatura española.

LETRILLA SATÍRICA

Poderoso caballero
es don Dinero.

Madre, yo al oro me humillo;
él es mi amante y mi amado,
pues, de puro enamorado,
de contino anda amarillo;[1]

1 En época de Quevedo se decía que los enamorados, y en particular los que se desesperaban al no ser correspondidos, andaban continuamente (*de contino*) amarillos.

que pues, doblón o sencillo,[1]
hace todo cuanto quiero,
poderoso caballero
es don Dinero.

Nace en las Indias honrado,[2]
donde el mundo le acompaña;
viene a morir en España
y es en Génova enterrado.[3]
Y pues quien le trae al lado
es hermoso aunque sea fiero,[2]
poderoso caballero
es don Dinero.

Es galán y es como un oro,[3]
tiene quebrado[4] el color,
persona de gran valor,
tan cristiano como moro.
Pues que da y quita el decoro
y quebranta cualquier fuero,[5]
poderoso caballero
es don Dinero.

---

1 Tanto el *doblón* como el *doblón sencillo* eran monedas: la primera valía más que la segunda. Quevedo propone además un juego de palabras, porque, aplicado a una persona, *doblón* significa 'bribón', y *sencillo* quiere decir 'honrado'. En todo el poema encontramos juegos conceptistas de este tipo, que son muy característicos de la poesía de Quevedo.

2 *fiero*: feo.

3 *Ser como un oro* quiere decir 'ser apuesto y aseado', sentido al que Quevedo agrega, como es obvio, el significado literal de la expresión.

4 *quebrado*: pálido.

5 El dinero da y quita la dignidad (*decoro*) porque al rico todo el mundo lo respeta, y al pobre nadie le tiene consideración. Además, el dinero permite corromper a las personas y saltarse la ley (*quebrantar cualquier fuero*).

2 El oro nace en América (*las Indias*) porque desde allí llegaba a España.

3 El oro acababa *enterrado* en Génova porque servía para pagar los cuantiosos préstamos que Carlos V y Felipe II habían pedido a los banqueros genoveses para costear sus guerras.

Son sus padres principales,[6]
y es de nobles descendiente,
porque en las venas de Oriente
todas las sangres son reales;[7]
y pues es quien hace iguales
al duque y al ganadero,
poderoso caballero
es don Dinero.

Mas ¿a quién no maravilla
ver en su gloria sin tasa[8]
que es lo menos de su casa
doña Blanca de Castilla?[9]
Pero, pues da al bajo silla[10]
y al cobarde hace guerrero,
poderoso caballero
es don Dinero.

Sus escudos de armas nobles
son siempre tan principales,
que sin sus escudos reales

6 *principales*: ilustres, nobles.

7 La frase significa 'porque en las venas que llevan oro todas las sangres pertenecen a la realeza' y, al mismo tiempo, 'porque en las venas que llevan oro todas las sangres son dinero', pues *real* era el nombre de una moneda. Quevedo, firme defensor de la división tradicional de la sociedad, critica que el dinero importe más que el linaje a la hora de establecer la valía y la dignidad de las personas.

8 *sin tasa*: desmedida, exagerada.

9 O sea, 'que la persona menos importante de su familia es doña Blanca de Castilla'. La expresión *Blanca de Castilla* se usa con doble sentido. Por un lado, la *blanca* era una moneda castellana de muy escaso valor; por el otro, Blanca de Castilla fue una princesa que, en el siglo XIII, se casó con el rey de Francia. Quevedo dice que, como el dinero es tan apreciado, incluso el miembro más humilde de su casa, que es la *blanca*, goza de tanta importancia como la mismísima princesa doña Blanca de Castilla.

10 Esto es, 'silla de manos', vehículo con asiento que, sostenido en dos varas largas, era transportado a hombros por un par de criados. La silla de manos era, en época de Quevedo, un utensilio exclusivo de los ricos.

no hay escudos de armas dobles;[11]
y pues a los mismos robles
da codicia su minero,[12]
poderoso caballero
es don Dinero.

Por importar en los tratos[13]
y dar tan buenos consejos,
en las casas de los viejos
gatos le guardan de gatos.[14]
Y pues él rompe recatos[15]
y ablanda al juez más severo,
poderoso caballero
es don Dinero.

Y es tanta su majestad
(aunque son sus duelos hartos),[16]
que, con haberle hecho cuartos,
no pierde su autoridad;[17]
pero, pues da calidad[18]
al noble y al pordiosero,

11 Quevedo juega con el triple sentido de la palabra *escudo*: 'moneda', 'arma defensiva' y 'figuras con que se identifica a una familia noble'. El poeta da a entender que sólo quien tiene dinero puede comprar títulos nobiliarios.
12 'Los mismos barcos que traen el oro de América codician la mina (*minero*) del oro', es decir, 'desean el dinero'.
13 *trato*: 'negocio', pero también 'relación sexual'. El dinero es tan indispensable para hacer negocios como para gozar del amor.
14 *gato*: 'bolsa en que se guarda el dinero', pero también 'ladrón'. Los ancianos guardan el dinero en sus monederos para esconderlo de los ladrones.
15 *recato*: honestidad, discreción.
16 Es decir, 'aunque sus fatigas son muchas'.
17 El dinero se *hace cuartos* porque se divide en *cuartos* ('moneda de cobre de muy escaso valor'), pero, al mismo tiempo, *hacer cuartos* quiere decir 'descuartizar', que era lo que se hacía con algunos ladrones y salteadores de caminos para castigarlos por sus delitos. Según Quevedo, el dinero es tan poderoso que, incluso tras haberlo descuartizado, conserva su autoridad.
18 *calidad*: nobleza, aristocracia.

poderoso caballero
es don Dinero.

Nunca vi damas ingratas
a su gusto y afición,
que a las caras de un doblón
hacen sus caras baratas;[19]
y pues las hace bravatas
desde una bolsa de cuero,[20]
poderoso caballero
es don Dinero.

Más valen en cualquier tierra
(¡mirad si es harto sagaz!)
sus escudos en la paz
que rodelas[21] en la guerra.
Y pues al pobre le entierra
y hace propio al forastero,[22]
poderoso caballero
es don Dinero.[4]

---

19 Las damas adoran tanto el dinero que hacen lo que sea en cuanto ven la cara de un doblón (o las caras de los Reyes Católicos, que estaban acuñadas en los doblones). Quevedo usa la expresión *hacer sus caras baratas* para indicar que las damas se venden por poco, pero también para explotar la oposición semántica entre los adjetivos *caras* y *baratas*.

20 O sea, 'el dinero, ejerciendo su influjo desde el monedero (*bolsa de cuero*), convierte a las damas en fanfarronas (*bravatas*)'.

21 *rodela*: escudo con que el guerrero se cubría el pecho.

22 *propio*: 'natural de un lugar'. A la persona adinerada se la trata en todas partes como si estuviera en su propio país.

4 El poema, cuyo estribillo es un conocido refrán castellano, recrea una situación típica de la poesía tradicional: el momento en que una joven confiesa a su madre su amor por cierto galán. En este caso, la muchacha ama al dinero, personificado como un noble de innumerables virtudes. El poema denuncia así la omnipotencia del dinero, auténtico rey de una sociedad deplorablemente materialista. Quevedo constata con tristeza que, en la España de su tiempo, el dinero ha adquirido tanta fuerza que salta por encima de las leyes e importa más que el linaje y la virtud a la hora de establecer la valía de un individuo.

SIGNIFÍCASE LA PROPIA BREVEDAD DE LA VIDA, SIN PENSAR, Y CON PADECER, SALTEADA DE LA MUERTE[23]

¡Fue sueño ayer; mañana será tierra![5]
¡Poco antes, nada; y poco después, humo!
¡Y destino ambiciones, y presumo,
apenas punto al cerco que me cierra![6]

Breve combate de importuna guerra,
en mi defensa soy peligro sumo,
y mientras con mis armas me consumo,
menos me hospeda el cuerpo que me entierra.[7]

Ya no es ayer; mañana no ha llegado;
hoy pasa, y es, y fue, con movimiento
que a la muerte me lleva despeñado.

---

23 '[En el poema] se manifiesta (*significa*) la propia brevedad de la vida, que se ve asaltada (*salteada*) por la muerte de forma inesperada (*sin pensar*) y con sufrimiento'.

5 Según Quevedo, la vida es una breve experiencia comprendida entre dos largos períodos dominados por la nada absoluta: antes de nuestro nacimiento, la vida es *sueño*, es decir, inactividad o muerte, y una vez hemos agotado nuestro tiempo, se convierte en *tierra*, es decir, en algo deleznable y carente de consistencia.

6 'Y desarrollo ambiciones y hago proyectos (*presumo*), pese a no ser más que un punto del cerco que me cierra'. Se repiten aquí las ideas de Séneca, pensador romano de la antigüedad que fue uno de los máximos exponentes del estoicismo, y cuyas *Epístolas morales* tradujo el propio Quevedo al castellano. Según Séneca, «lo que vivimos es un punto», idea que reitera Quevedo. Por otro lado, también la identificación de la vida con un *cerco* o círculo procede de Séneca, quien dejó escrito que la vida es un gran círculo dividido en círculos desiguales y concéntricos que representan los años, meses y días.

7 Según Quevedo, la vida no es más que un breve combate librado en el marco de una guerra inoportuna con la muerte. El mismo acto de luchar y defenderse se convierte en un *peligro sumo*, pues al batallar contra la muerte vamos debilitándonos y envejecemos. Nuestro cuerpo no se dedica así a hospedarnos sino a enterrarnos, pues nuestra lucha contra la muerte nos conduce precisamente a la muerte.

Azadas son la hora y el momento
que, a jornal de mi pena y mi cuidado,
cavan en mi vivir mi monumento.[8]

REPRESÉNTASE LA BREVEDAD DE LO QUE SE VIVE, Y CUÁN NADA PARECE LO QUE SE VIVIÓ[24]

«¡Ah de la vida!»... ¿Nadie me responde?[25]
«¡Aquí de los antaños que he vivido!»[26]
La Fortuna mis tiempos ha mordido;
las horas mi locura las esconde.[27]

¡Que sin poder saber cómo ni adónde
la salud y la edad[28] se hayan hüido!
Falta la vida, asiste lo vivido,[29]
y no hay calamidad que no me ronde.

Ayer se fue; Mañana no ha llegado;
Hoy se está yendo sin parar un punto:
Soy un fue, y un será, y un es cansado.[30]

24 '[En el siguiente poema] se expresa la brevedad de lo que uno vive, y cómo lo que ya hemos vivido parece nada'.

25 Antiguamente, al entrar en una casa, uno decía *¡Ah de la casa!* ('¿hay alguien en casa?'). El poeta calca la expresión para llamar a la vida, pero nadie contesta, lo que sugiere que la vida, breve siempre, se le ha escapado.

26 Expresiones del tipo *¡Aquí la justicia!* servían para pedir socorro. En este caso, el poeta pide ayuda al tiempo pasado (*los antaños*).

27 'El destino ha consumido mi vida; mi insensatez me ha hecho perder el tiempo'.

28 *edad*: vida.

29 'Está presente (*asiste*) el desgaste físico causado por el paso del tiempo'.

30 Quevedo utiliza tres formas verbales en forma de sustantivos para dar a entender que los hombres estamos hechos de tiempo.

8 El tiempo es como un jornalero que, pagado por el sufrimiento (*pena y cuidado*), cava en la vida del poeta su sepultura (*monumento*). El poema insiste en la íntima conexión entre la vida y la muerte, que son fuerzas casi idénticas: como dijo Séneca, vivir es caminar al encuentro de la muerte, de tal modo que cuanto más vivimos, más muertos estamos.

En el Hoy y Mañana y Ayer, junto
pañales y mortaja, y he quedado
presentes sucesiones de difunto.[9]

AMOR CONSTANTE MÁS ALLÁ DE LA MUERTE

Cerrar podrá mis ojos la postrera
sombra que me llevare el blanco día,[31]
y podrá desatar esta alma mía
hora, a su afán ansioso, lisonjera;[32]

mas no, de esotra parte, en la ribera
dejará la memoria, en donde ardía:[10]
nadar sabe mi llama la agua fría,
y perder el respeto a ley severa.[33]

---

31 Es decir, 'podré morir'. El poeta prevé el momento en que la sombra última (*postrera*) de la muerte le cerrará los ojos y le arrebatará la luz de este mundo (*el blanco día*).

32 Es decir, 'y la hora agradable (*lisonjera*) de la muerte podrá soltar mi alma, que está ansiosa por liberarse [de la cárcel del cuerpo]'. El alma quiere *desatarse* del cuerpo para acceder así a la vida eterna.

33 Se alude, claro, a la *ley severa* de la muerte, que dicta que el alma del hombre muerto no puede recordar nada de lo que vivió en el mundo terrenal.

9 Esto es, 'en el Hoy, el Mañana y el Ayer, uno el nacimiento con la muerte, y me he convertido en una serie de difuntos'. Quevedo piensa que todo hombre vivo es la suma de los hombres, ya muertos, que fue en el pasado. La idea reaparece en una carta que el poeta envió a un amigo en 1635: «Hoy cuento yo cincuenta y dos años, y en ellos cuento otros tantos entierros míos. Mi infancia murió irrevocablemente; murió mi niñez, murió mi juventud, murió mi mocedad; ya también falleció mi edad varonil. Pues, ¿cómo llamo vida a una vejez que es sepulcro, donde yo mismo soy entierro de cinco difuntos que he vivido?».

10 La muerte se imagina aquí al modo de los antiguos griegos y romanos, quienes creían que el alma del difunto cruzaba un río llamado Leteo antes de alcanzar el reino de los muertos. Al pasar el Leteo, el alma se olvidaba de todo lo que había vivido en el mundo terrenal, pero Quevedo dice que él, cuando se encuentre en el más allá (*de esotra parte*) conservará el recuerdo (*memoria*) del amor *donde ardía*, en lugar de dejarlo en la orilla (*ribera*) del río del olvido.

Alma a quien todo un dios prisión ha sido,
venas que humor a tanto fuego han dado,
medulas que han gloriosamente ardido:[11]

su cuerpo dejará, no su cuidado;
serán ceniza, mas tendrá sentido;
polvo serán, mas polvo enamorado.[12]

11 El poeta alude a su propio cuerpo mencionando tres de sus partes: el *alma*, las *venas* y las *medulas* o *médulas*, que son los huesos. De su alma dice que ha vivido encarcelada por todo un dios (Cupido, el dios del amor); de sus venas, que el líquido (*humor*) que las recorría, es decir, la sangre, ha dado alimento al fuego del amor; de sus huesos, que han ardido gloriosamente en la llama de la pasión.

12 El segundo terceto está compuesto por tres predicados que se corresponden respectivamente con los tres sujetos citados en el primer terceto. El poeta nos dice que, una vez en el más allá, su alma dejará el cuerpo pero no se desprenderá de su ansiedad amorosa (*no su cuidado*); las venas serán *ceniza*, pero ceniza con capacidad de sentir; y los huesos se convertirán en polvo, pero en *polvo enamorado*. El poema expresa, en definitiva, la convicción de que el amor, cuando es intenso, puede sobrevivir a la muerte.

Sor Juana Inés de la Cruz

Sor Juana Inés de la Cruz nació en México en 1651, en plena época colonial. Fue mujer de portentosa inteligencia, enorme erudición y afinado talento literario. Aunque carecía de vocación religiosa, se ordenó monja porque pensó que, en el convento, podría consagrarse a la lectura y la creación. Autora de poemas sacros y profanos, autos sacramentales y comedias, Sor Juana fue una auténtica celebridad en su época, en buena parte por su encendida defensa de los derechos de las mujeres, con la que irritó a la jerarquía eclesiástica y política. Su obra constituye un cierre espléndido de la poesía barroca, pues aplica con gran maestría las lecciones conceptistas y culteranistas, al tiempo que anticipa la poesía de la Ilustración por su marcado carácter intelectual.

ARGUYE DE INCONSECUENTES EL GUSTO Y LA CENSURA DE LOS HOMBRES, QUE EN LAS MUJERES ACUSAN LO QUE CAUSAN[1]

Hombres necios que acusáis
a la mujer sin razón,
sin ver que sois la ocasión
de lo mismo que culpáis:

si con ansia sin igual
solicitáis su desdén,
¿por qué queréis que obren bien[2]
si las incitáis al mal?

1 '[La poeta] califica de incompatibles los deseos de los hombres y sus críticas a las mujeres, pues son ellos quienes provocan los defectos que les reprochan a ellas'.

2 Es decir, '¿cómo queréis que obren bien?'.

Combatís su resistencia
y luego, con gravedad,
decís que fue liviandad
lo que hizo la diligencia.[3]

Parecer quiere el denuedo[4]
de vuestro parecer loco
al niño que pone el coco
y luego le tiene miedo.[1]

Queréis, con presunción necia,[5]
hallar a la que buscáis,
para pretendida, Thais,
y en la posesión, Lucrecia.[2]

¿Qué humor[6] puede ser más raro
que el que, falto de consejo,
él mismo empaña el espejo
y siente que no esté claro?

Con el favor y el desdén
tenéis condición igual,

---

3 Los hombres *combaten la resistencia* de las mujeres hasta seducirlas, pero, una vez lo han conseguido, las acusan con tono riguroso de ser indecentes (*livianas*), cuando en realidad han sido ellos quienes han provocado con su empeño (*diligencia*) que las mujeres se entreguen.

4 *denuedo*: insistencia.

5 *presunción necia*: suposición absurda.

6 *humor*: carácter, forma de ser.

1 Dado que, por los huecos de su cáscara, el coco recuerda a la cara de un fantasma, algunos niños los emplean para asustar a la gente. Los hombres, en su actitud con las mujeres, son como un niño que usara un coco para asustar y luego tuviera miedo de él.

2 Al hombre le gusta que la mujer sea sensual y desenfrenada cuando sólo la quiere como compañera de cama, pero exige pureza absoluta en la mujer con la que se ha de casar. Sor Juana señala esta contradicción recordando a dos personajes antiguos de actitud opuesta: Thais, cortesana griega famosa por su desparpajo sexual, y la casta Lucrecia, noble romana que, tras ser violada, se suicidó porque no pudo soportar su deshonra.

quejándoos, si os tratan mal,
burlándoos, si os quieren bien.

Opinión ninguna gana,
pues la que más se recata,
si no os admite, es ingrata,
y si os admite, es liviana.

Siempre tan necios andáis
que, con desigual nivel,
a una culpáis por crüel
y a otra por fácil culpáis.

¿Pues cómo ha de estar templada[7]
la que vuestro amor pretende,
si la que es ingrata ofende
y la que es fácil enfada?

Mas, entre el enfado y pena
que vuestro gusto refiere,
bien haya la que no os quiere,
y quejaos en hora buena.

Dan vuestras amantes penas[8]
a sus libertades alas,
y después de hacerlas malas
las queréis hallar muy buenas.

¿Cuál mayor culpa ha tenido
en una pasión errada:
la que cae de rogada,
o el que ruega de caído?[9]

---

7 *templada*: serena, tranquila.

8 *amantes penas*: aquí, 'quejas amorosas con que se convence a una mujer'.

9 '¿Quién es más culpable cuando dos se entregan a una pasión inadecuada: la mujer que sucumbe después de que un hombre le haya suplicado mucho o el hombre que, *caído* en la pasión desde el primer momento, ruega sin cesar a la mujer?'.

¿O cuál es más de culpar
aunque cualquiera mal haga:
la que peca por la paga
o el que paga por pecar?[10]

Pues ¿para qué os espantáis
de la culpa que tenéis?
Queredlas cual las hacéis
o hacedlas cual las buscáis.

Dejad de solicitar,[11]
y después, con más razón,
acusaréis la afición
de la que os fuere a rogar.[12]

Bien con muchas armas fundo
que lidia vuestra arrogancia,
pues en promesa e instancia
juntáis diablo, carne y mundo.[3]

10 Es decir, ¿quién es más culpable: la prostituta que cobra por su amor o el cliente que paga por pecar?'.

11 *solicitar*: pedirle a alguien una relación amorosa.

12 'Y entonces criticaréis justamente la insistencia (*afición*) de la mujer que os vaya a suplicar amores'. El hombre sólo podrá quejarse cuando sea la mujer quien busque su amor y no a la inversa.

3 'Comprendo bien (*bien fundo*) que vuestra arrogancia es muy poderosa (*lidia con muchas armas*), pues en las súplicas y promesas (*promesa e instancia*) que les hacéis a las mujeres se concentran el diablo, la carne y el mundo', que son los tres enemigos del alma según la doctrina católica.

Otros poetas del siglo XVII

Escribir poesía era, en el siglo XVII, una actividad prestigiosa, en la que ponían a prueba su ingenio, erudición y sensibilidad los talentos más brillantes de la época. No sólo lo hacían en Madrid, donde estaba la corte, sino en ciudades como Sevilla, Granada y Zaragoza, en las que florecieron importantes tertulias literarias y renombrados certámenes poéticos. Hubo, en verdad, muchos poetas barrocos de gran calidad, aunque quedaran ensombrecidos por el deslumbrante magisterio poético de los tres mejores: Lope, Góngora y Quevedo. Abundaron los poetas aposentados en cargos relevantes, como el sevillano Francisco de Rioja (1583-1659), que fue bibliotecario de Felipe IV, o el zaragozano Bartolomé Leonardo de Argensola (1562-1631), cronista de la corona de Aragón, o el manchego Bernardo de Balbuena (1561-1627), que llegó a obispo en Puerto Rico. Aunque los poetas del Barroco abordaron por igual los temas serios y burlescos, la lírica más característica del Barroco es la que reflexiona sobre la existencia humana desde una perspectiva desengañada y pesimista imbuida de estoicismo, y alude al carácter engañoso de la realidad, a la fugacidad de la vida, a la omnipotencia de la muerte…

A LA ROSA

Pura, encendida rosa,
émula de la llama
que sale con el día,[1]
¿cómo naces tan llena de alegría
si sabes que la edad que te da el cielo[2]
es apenas un breve y veloz vuelo,

1 Esto es, 'rival (*émula*) del sol'. Por su intenso color rojo, la rosa compite con el sol naciente.
2 Es decir, 'el tiempo que te ha dado Dios', 'el tiempo que durará tu vida'.

y no valdrán las puntas de tu rama
ni tu púrpura hermosa
a detener un punto
la ejecución del hado presurosa?[3]
El mismo cerco alado
que estoy viendo rïente,
ya temo amortiguado,
presto despojo de la llama ardiente.[4]
Para las hojas de tu crespo seno
te dio Amor de sus alas blandas plumas,
y oro en su cabello dio a tu frente.[1]
¡Oh fiel imagen suya peregrina![5]
Bañote en su color sangre divina
de la deidad que dieron las espumas;[2]
¿y esto, purpúrea flor, y esto no pudo
hacer menos violento el rayo agudo?[6]
Róbate en una hora,
róbate, silencioso, su ardimiento[7]
el color y el aliento;

3 'Y no servirán tus espinas ni tu hermoso color púrpura para retardar ni un instante (*un punto*) tu muerte'. La rosa está condenada a morir de forma rápida (*presurosa*), destruida o ejecutada por el destino (*el hado*).

4 'La misma corola (*cerco alado*) que ahora veo alegre (*riente*) temo que muy pronto tendrá un aspecto mortecino (*amortiguado*) y se convertirá de modo veloz (*presto*) en un despojo, abrasada por la *llama ardiente* del sol'.

5 *peregrina*: excepcionalmente hermosa.

6 El *rayo agudo* es el sol, que destruye a la rosa.

7 *ardimiento*: fuego.

1 La rosa se identifica con el amor, de ahí que el poeta diga que los pétalos de su rizada corona (*crespo seno*) están hechos con plumas de las alas de Cupido y que sus estambres, de color amarillo, proceden del pelo rubio de dicho dios.

2 Tal y como recuerda el poeta, la rosa es roja porque fue salpicada por la sangre de Venus, la diosa del amor. Venus es mencionada por medio de una perífrasis: se la llama *la deidad que dieron las espumas* porque nació del mar después de que en el agua cayeran los genitales de Urano, que había sido castrado por su propio hijo.

tiendes aún no las alas abrasadas[8]
y ya vuelan al suelo desmayadas.
Tan cerca, tan unida
está al morir tu vida,
que dudo si en sus lágrimas la Aurora
mustia tu nacimiento o muerte llora.[3]

Francisco de Rioja

SONETO A CRISTO CRUCIFICADO

No me mueve,[9] mi Dios, para quererte
el cielo que me tienes prometido,
ni me mueve el infierno tan temido
para dejar por eso de ofenderte.

Tú me mueves, Señor, muéveme el verte
clavado en una cruz y escarnecido,[10]
muéveme ver tu cuerpo tan herido,
muévenme tus afrentas[11] y tu muerte.

Muéveme, en fin, tu amor, y en tal manera
que aunque no hubiera cielo, yo te amara,
y aunque no hubiera infierno, te temiera.

---

8 'Aún no has extendido tus pétalos abrasados'. Tácitamente, se compara a la flor con un pájaro.

9 *mover*: impulsar, motivar.

10 *escarnecido*: burlado, maltratado.

11 Es decir, 'las afrentas o deshonras que sufriste'.

3 Según el mito, la Aurora, personificación del amanecer, llora todas las mañanas por un amante perdido: sus lágrimas son el rocío. El poeta dice que, como la vida de la rosa es tan breve, cuesta saber si la Aurora, con el rocío, pretende marchitar a la flor (*mustiarla*) en la hora de su nacimiento o manifestar llorando la pena por su inmediata muerte. El poema insiste, en definitiva, en la brevedad de la vida de la rosa con una intención simbólica: se nos quiere dar a entender que todas las cosas son efímeras y que la belleza y los otros bienes mundanos son tan inconsistentes como inútiles.

No tienes que me dar por que te quiera,[12]
pues aunque cuanto espero no esperara,
lo mismo que te quiero te quisiera.[4]

Anónimo

[PERDIDO ANDO, SEÑORA, ENTRE LA GENTE][5]

Perdido ando, señora, entre la gente,
sin vos, sin mí, sin ser, sin Dios, sin vida:
sin vos porque de mí no sois servida,[13]
sin mí porque con vos no estoy presente;[6]

sin ser porque del ser estando ausente
no hay cosa que del ser no me despida;

12 'No tienes que darme nada para que te quiera'.

13 Es decir, 'porque rechazáis mi amor'. El amor se entiende como un servicio que el amante le hace a la amada, tal y como sucedía en la tradición medieval del amor cortés, de la que procede el mote glosado en el poema.

4 Aunque impreso por primera vez en 1638, este soneto anónimo empezó a difundirse bastante antes, seguramente a fines del siglo XVI. Desde el primer momento gozó de gran fama y fue aprendido como oración devocional. Los misioneros lo utilizaron en la evangelización de los pueblos americanos y en la enseñanza del español. Asimismo, circuló traducido al latín por toda la Europa católica. El texto ilustra algunos de los aspectos más profundos de la espiritualidad contrarreformista, pues invita al creyente a situarse mentalmente ante el Crucificado para establecer con Él una relación de afecto, de modo que el sentimiento religioso arraigue en el amor, y no en la esperanza del premio ni en el temor del castigo.

5 El siguiente soneto está inspirado por un *mote*, palabra con la que se aludía a un verso o un par de versos que sintetizaba un determinado pensamiento o emoción. En concreto, el autor amplía y glosa un mote de origen medieval que decía "sin Dios, y sin vos y mí", y que ya había sido utilizado en el siglo XV por Jorge Manrique. Tal mote solía ser usado por los amantes no correspondidos para dar a entender el sentimiento de frustración y soledad que les embargaba al verse rechazados.

6 El poeta reproduce una idea propia del neoplatonismo, filosofía que tiñó el amor cortés durante el Renacimiento. Según los neoplatónicos, el alma del enamorado no vive en su propio cuerpo, sino junto al alma de la amada, así que, cuando ella falta, él se siente ausente de sí mismo.

sin Dios porque mi alma a Dios olvida
por contemplar en vos continuamente;[7]

sin vida porque ausente de su alma
nadie vive, y si ya no estoy difunto
es en fe de esperar vuestra venida.[8]

¡Oh vos, por quien perdí alegría y calma,
miradme amable y volvereisme al punto
a vos, a mí, a mi ser, mi Dios, mi vida![9]

Bernardo de Balbuena

A UNA MUJER QUE SE AFEITABA[14] Y ESTABA HERMOSA

Yo os quiero confesar, don Juan, primero,
que aquel blanco y color de doña Elvira
no tiene de ella más, si bien se mira,
que el haberle costado su dinero.[10]

Pero tras eso confesaros quiero
que es tanta la beldad[15] de su mentira,

14 *afeitarse*: maquillarse.
15 *beldad*: belleza.

7 El amor cortés entra a menudo en conflicto con la espiritualidad cristiana, pues el amante, como vive tan sólo para pensar en su amada (*contemplar en vos*), acaba olvidándose de Dios.
8 Así como el cristiano tiene fe en la segunda *venida* de Cristo, el amante, que ha divinizado a su amada, sólo espera el regreso de ella.
9 El soneto tiene una estructura cerrada que corresponde al esquema manierista de la *diseminación-correlación*: los elementos enumerados en el v. 2 van apareciendo uno por uno, y son explicados a lo largo de los once versos siguientes, en tanto que al final del poema se relacionan de nuevo en el mismo orden que al principio.
10 Lo que el poeta le viene a decir a su amigo don Juan es que el cutis blanco y las mejillas sonrosadas (*el blanco y el color*) de la hermosa doña Elvira no le pertenecen en realidad, porque los ha conseguido maquillándose con unos cosméticos que le *han costado su dinero*.

que en vano a competir con ella aspira
belleza igual de rostro verdadero.

Mas, ¿qué mucho que yo perdido ande
por un engaño tal,[16] pues que sabemos
que nos engaña así Naturaleza?

Porque ese cielo azul que todos vemos
ni es cielo ni es azul. ¡Lástima grande
que no sea verdad tanta belleza![11]

Bartolomé Leonardo de Argensola

---

16 'Pero ¿qué tiene de extraño que yo esté obsesionado por la engañosa belleza de doña Elvira?'.

11 Aunque en clave desenfadada y con un punto satírico, el soneto entrelaza dos temas que los poetas barrocos solían abordar en tono grave: el desengaño ante la falsedad de las apariencias y la discusión sobre qué obras son más perfectas, si las del arte o las de la naturaleza. Encandilado con doña Elvira, el personaje que habla en el poema afirma que la hermosura fingida de su amada es superior a la belleza auténtica, y que también la Naturaleza nos engaña, pues lo aparente no siempre coincide con lo real. Al declarar que el cielo *ni es cielo ni es azul*, Argensola parece recoger un tópico que se remonta a la filosofía griega, aunque es posible también que se esté haciendo eco del cambio de ideas que trajo consigo la teoría heliocéntrica de Copérnico, según la cual ya no era posible concebir el cielo como una esfera azul que encierra el universo, en cuyo centro está la Tierra, pues, en realidad, el orbe no posee límite conocido, y el azul aparente del cielo no pertenece a ninguna superficie, sino que es el efecto de la refracción de la luz en la atmósfera.

Neoclasicismo

A principios del siglo XVIII, la dinastía borbónica, recién instalada en el trono español, se enfrenta a la necesidad de promover el progreso de un país empobrecido por las guerras y muy atrasado social y culturalmente. La minoría ilustrada participa en ese proyecto de modernización, y a tal efecto propone el fomento de las *ciencias útiles*. Pero los *ilustrados* muestran escasa simpatía por la lírica, porque, además de menospreciar el sentimiento individual y la libre imaginación, consideran que los alardes ornamentales y de ingenio característicos del Barroco habían supuesto la corrupción de los modelos clásicos. Los poetas del XVIII recuperan así el ideal renacentista de claridad y de equilibrio, pero suelen caer en el prosaísmo, pues su creatividad se subordina al estricto cumplimiento de las normas de la Poética y a la consecución del propósito didáctico sintetizado en el lema *enseñar deleitando*. De ahí la boga del género de la fábula, caracterizado por el afán pedagógico y la ausencia de lirismo. En nuestra antología recogemos una de las más conocidas de Félix María Samaniego (1745-1801), autor riojano educado en Francia, donde se imbuyó del espíritu crítico de los ilustrados y conoció la obra de su modelo, el francés Jean La Fontaine.

Los sonetos amorosos no son tan frecuentes en el siglo XVIII como en los dos anteriores, pero alguno hay tan conmovedor como el que incluimos de José Cadalso (1741-1782), militar de oficio, pero poeta, dramaturgo y gran ensayista por vocación. Es, sin embargo, la poesía *anacreóntica* (inspirada en el griego Anacreonte) el género que mejor expresa el galanteo dieciochesco. Los poetas y sus amadas, como en el Renacimiento, toman nombres de pastores ficticios, pero ahora el sentimiento amoroso no es dolorosa pasión sin correspondencia, sino disfrute de los placeres sensuales en un marco natural idealizado. La invitación al canto y a la danza, y al goce del vino en amistad, son otros tantos tópicos del género, como puede verse en «A Dorila», de Juan Meléndez Valdés (1754-1817), el más importante cultivador de la anacreóntica en España.

LA ZORRA Y LAS UVAS

Es voz común que, a más del mediodía,[1]
en ayunas la zorra iba cazando.
Halla una parra, quédase mirando
de la alta vid el fruto que pendía.

Causábale mil ansias y congojas[2]
no alcanzar a las uvas con la garra,
al mostrar a sus dientes la alta parra
negros racimos entre verdes hojas.

Miró, saltó y anduvo en probaduras;
pero vio el imposible ya de fijo.[3]
Entonces fue cuando la zorra dijo:
"¡No las quiero comer! ¡No están maduras!"

No por eso te muestres impaciente,
si se te frustra, Fabio, algún intento;[4]
aplica bien el cuento
y di: "¡No están maduras!", frescamente.[1]

Félix María de Samaniego

1 O sea, 'se dice que, pasado el mediodía'.
2 *congoja*: angustia.
3 'Pero se convenció, definitivamente (*de fijo*), de que aquello le iba a resultar imposible'.
4 Esto es, 'si fracasas en la consecución de algún propósito'. *Fabio* es el nombre literario del destinatario de la enseñanza que la fábula contiene.

1 Félix de Samaniego y Tomás de Iriarte son los dos autores de fábulas más famosos de la literatura española. Pero, a diferencia de Iriarte, Samaniego se limitó a menudo a trasladar al castellano fábulas del griego Esopo, el latino Fedro o el francés La Fontaine, como es el caso de «La zorra y las uvas». La calidad literaria de sus fábulas, no obstante, es superior a las de Iriarte, pues Samaniego no sólo narra con gracia inigualable la historia, sino que la describe con gran plasticidad. La irónica enseñanza de esta famosísima fábula, cuyos protagonistas, como es característico de este género, son animales que representan cualidades o defectos humanos, se sintetiza en la moraleja de los versos finales.

A DORILA[2]

¡Cómo se van las horas,
y tras ellas los días
y los floridos años[5]
de nuestra frágil vida!

La vejez luego[6] viene,
del amor enemiga,
y entre fúnebres sombras
la muerte se avecina,

que, escuálida[7] y temblando,
fea, informe, amarilla,
nos aterra y apaga
nuestros fuegos y dichas.

El cuerpo se entorpece,
los ayes nos fatigan,
nos huyen los placeres
y deja la alegría.[8]

Si esto, pues, nos aguarda,
¿para qué, mi Dorila,
son los floridos años
de nuestra frágil vida?

Para juegos y bailes
y cantares y risas

---

5 Es decir, 'los años de la juventud', *floridos* como la primavera.
6 *luego*: enseguida.
7 *escuálida*: 'flaca, raquítica'. El poeta personifica a continuación a la muerte y la describe con el aspecto que presenta un cadáver.
8 Esto es, 'y la alegría nos abandona'.

2 Dorila es el nombre ficticio de una mujer, a la que Meléndez Valdés se refiere en otros poemas, y que encubre casi con toda seguridad a una amada del poeta.

nos los dieron los cielos,
las Gracias[3] los destinan.

Ven, ¡ay!, ¿qué te detiene?
Ven, ven, paloma mía,
debajo de estas parras,
do lene el viento aspira;[9]

y entre brindis süaves[10]
y mimosas delicias
de la niñez gocemos,
pues vuela tan aprisa.[4]

Juan Meléndez Valdés

SOBRE EL PODER DEL TIEMPO

Todo lo muda[11] el tiempo, Filis mía,
todo cede al rigor de sus guadañas;[12]
ya transforma los valles en montañas,
ya pone un campo donde un mar había.

Él muda en noche opaca el claro día,
en fábulas pueriles[13] las hazañas,

9 Eso es 'donde sopla una brisa ligera (*lene*)'.
10 La diéresis sobre la u indica que las dos vocales no deben pronunciarse como diptongo, con el objeto de mantener el cómputo silábico del verso.
11 *mudar*: cambiar el aspecto o la naturaleza de algo.
12 *guadaña*: utensilio para segar, que a menudo empuña la representación simbólica de la muerte.
13 *pueril*: infantil.

3 En la mitología griega, las tres Gracias (Áglae, Eufrosina y Talía) eran las diosas de la belleza, la bondad, la naturaleza y la creatividad. Además de proporcionar alegría y bienestar a los seres humanos, presidían los banquetes, las danzas y cualquier actividad placentera.
4 Esta deliciosa anacreóntica está compuesta a partir del tópico horaciano del *carpe diem* ('atrapa el día'), que propone aprovechar el tiempo fugacísimo de la juventud para gozar de los placeres.

alcázares[14] soberbios en cabañas,
y el juvenil ardor en vejez fría.

Doma el tiempo al caballo desbocado,
detiene al mar y viento enfurecido,
postra al león y rinde al bravo toro.

Sola una cosa al tiempo denodado[15]
ni cederá, ni cede ni ha cedido,
y es el constante amor con que te adoro.[5]

José Cadalso

14 *alcázar*: palacio, fortaleza.
15 *denodado*: decidido, esforzado.

5 El tema de la inevitable mudanza que trae consigo el paso del tiempo ("Todo lo mudará la edad ligera / por no hacer mudanza en su costumbre", escribió Garcilaso en el soneto XXIII), un motivo esencial del *carpe diem*, es planteado por Cadalso con el propósito de proclamar la grandeza de su amor por Filis, que no se deja someter a la ley inexorable del tiempo. La huella del poema de Quevedo «Amor constante más allá de la muerte» no empaña la belleza de este soneto, construido de forma tan equilibrada que cada frase ocupa un verso (recurso que recibe el nombre de *esticomitia*). El nombre de Filis, usado convencionalmente desde antiguo para nombrar a la amada, encubre a la amante de Cadalso, la actriz María Ignacia Ibáñez. El fallecimiento inesperado de la actriz, a la edad de veinticinco años, provocó la desesperación del escritor, de quien se cuenta que intentó desenterrar el cadáver para despedirse de ella.

José de Espronceda

La vida y obra del principal representante del romanticismo español (1808-1842) están marcadas por la lucha contra el absolutismo y la defensa de los ideales liberales, temas frecuentes en sus poemas políticos y patrióticos en los que condena la tiranía y exalta la libertad. En 1823 funda con otros jóvenes la sociedad secreta «Los Numantinos», cuyos miembros serán detenidos por sus actividades contra el rey Fernando VII. En 1827 emigra a Lisboa y luego a Londres, Holanda y París. En la capital portuguesa se enamora de Teresa Mancha, hija de un exiliado liberal. A pesar de que ella es una mujer casada, ambos jóvenes emprenden la fuga y tienen una hija, si bien Teresa, cansada de las ausencias y amoríos del poeta, acabará por abandonarlo. A la muerte de su amada en 1839, Espronceda compone su dolorido «Canto II. A Teresa», que forma parte de *El diablo mundo*. La angustia y el desengaño románticos tiñen también su poesía amorosa, como «A Jarifa en una orgía». Su estilo destaca por la fuerza expresiva, el sentido del ritmo y un acertado uso de la polimetría, como demuestran sus célebres «Canción del pirata», «El mendigo», «El verdugo», «El reo de muerte» y la leyenda en verso *El estudiante de Salamanca*.

A ***, DEDICÁNDOLE ESTAS POESÍAS[1]

Marchitas ya las juveniles flores,
nublado el sol de la esperanza mía,
hora tras hora cuento, y mi agonía
crecen y mi ansiedad y mis dolores.[1]

---

1 Esto es, 'y mi agonía y mi ansiedad y mis dolores crecen'.

1 Esta dedicatoria en forma de soneto figura al frente de las *Poesías* (1840) de Espronceda. La oculta destinataria (***) pudo ser Carmen Osorio, mujer de vida frívola y amante del poeta, o bien su prometida Bernarda de Beruete, aunque lo más probable es que se tratara de Teresa Mancha.

Sobre terso[2] cristal, ricos colores
pinta alegre, tal vez, mi fantasía,
cuando la triste realidad sombría
mancha el cristal y empaña sus fulgores.[3]

Los ojos vuelvo en incesante anhelo,
y gira en torno indiferente el mundo,
y en torno gira indiferente el cielo.

A ti las quejas de mi mal profundo,
hermosa sin ventura, yo te envío:[2]
mis versos son tu corazón y el mío.[3]

A JARIFA EN UNA ORGÍA[4]

Trae, Jarifa, trae tu mano,
ven y pósala en mi frente,
que en un mar de lava hirviente
mi cabeza siento arder.
Ven y junta con mis labios
esos labios que me irritan,

---

2 *terso*: limpio y reluciente.
3 *fulgor*: resplandor.

2 Se ha interpretado que la mujer a la que Espronceda dedicó el libro de *Poesías* y este soneto era Teresa Mancha debido a la semejanza fonética entre el adjetivo *terso* del v. 5 (*terso cristal*) y el nombre de la amada, así como por la homofonía del verbo *mancha* en el v. 8 (*mancha el cristal*) y el apellido de Teresa. Pero aún hay más indicios: la mujer es una "hermosa sin ventura [sin suerte]", como lo fue Teresa al fallecer a temprana edad, por lo que el poeta, ya sin su amada, carece de "esperanzas" y vive una "realidad sombría".
3 Este soneto aborda algunos de los temas más típicos del romanticismo esproncediano: la pérdida de la juventud, la ilusión y la esperanza, el contraste entre los "ricos colores" de la fantasía y la "realidad sombría", la indiferencia de la gente (*el mundo*) y de Dios (*el cielo*) ante el dolor y la angustiosa soledad del poeta, y la poesía como expresión de su "mal profundo".
4 El nombre de Jarifa tiene unas connotaciones exóticas y orientales muy del gusto romántico. La *orgía*, o ceremonia del desenfreno de la embriaguez y la lujuria, es asimismo un motivo romántico que evidencia la rebelión del artista y su rechazo de la moral burguesa.

donde aún los besos palpitan
de tus amantes de ayer.[5]

¿Qué la virtud, la pureza?[4]
¿Qué la verdad y el cariño?
Mentida ilusión de niño
que halagó mi juventud.
Dadme vino: en él se ahoguen
mis recuerdos; aturdida,
sin sentir, huya la vida,
paz me traiga el ataúd.[6]

El sudor mi rostro quema,
y en ardiente sangre rojos
brillan inciertos mis ojos,
se me salta el corazón.
Huye, mujer, te detesto,
siento tu mano en la mía,
y tu mano siento fría,
y tus besos hielo son.

¡Siempre igual! Necias mujeres,
inventad otras caricias,
otro mundo, otras delicias,
¡o maldito sea el placer!
Vuestros besos son mentira,
mentira vuestra ternura,

4 Es decir, '¿Qué ha sido de la virtud y la pureza?'.

5 Víctima del desengaño y la desilusión, el poeta acude a un burdel a sabiendas de que la prostituta no le proporcionará consuelo, justamente por la condición venal de su amor. El sentimiento de hastío y el abandono lo llevan a incurrir en esta actitud contradictoria.

6 El poeta romántico, que ya no cree en los valores y los ideales en que se educó, huye de una realidad que abomina, se refugia en la prostitución y en el alcohol y acaba deseando la muerte como única salida para vencer su propia frustración. Eso afirma Espronceda. No obstante, a veces resulta difícil distinguir lo en verdad sentido de la simple retórica.

es fealdad vuestra hermosura,
vuestro gozo es padecer.[7]

Yo quiero amor, quiero gloria,
quiero un deleite divino,
como en mi mente imagino,
como en el mundo no hay;[8]
y es la luz de aquel lucero
que engañó mi fantasía,
fuego fatuo,[5] falso guía
que errante y ciego me tray.[6]

¿Por qué murió para el placer mi alma,
y vive aún para el dolor impío?[7]
¿Por qué, si yazgo en indolente calma,[8]
siento, en lugar de paz, árido hastío?

¿Por qué este inquieto abrasador deseo?
¿Por qué este sentimiento extraño y vago,
que yo mismo conozco un devaneo,[9]
y busco aún su seductor halago?[10]

¿Por qué aún fingirme amores y placeres
que cierto estoy de que serán mentira?

---

5 *fuegos fatuos*: pequeñas llamas que flotan en el aire al inflamarse ciertas sustancias desprendidas de materia en descomposición.

6 *tray*: 'trae', forma anómala del verbo para conservar la rima.

7 *impío*: sin piedad, cruel.

8 Esto es, 'si estoy echado (*yazgo*) en perezosa (*indolente*) calma'.

9 O sea, 'que yo mismo sé que no es más que un amor pasajero o una acción reprobable (*devaneo*)'. El poeta alude al deseo sexual que le impulsa a recurrir a una prostituta.

10 *halago*: satisfacción, deleite.

7 El desengaño del sujeto lírico le lleva a asimilar la falsedad del amor de la ramera (de mano "fría" y besos de "hielo") con el amor de cualquier otra mujer, cuyos besos considera "mentira" y cuya belleza juzga "fealdad".

8 Esta expresión de deseos responde a los ideales románticos, que persiguen lo absoluto y lo eterno, y están condenados, por tanto, al fracaso.

¿Por qué en pos de[11] fantásticas mujeres
necio tal vez mi corazón delira,

si luego, en vez de prados y de flores,
halla desiertos áridos y abrojos,[12]
y en sus sandios y lúbricos[13] amores
fastidio sólo encontrará y enojos?

Yo me arrojé, cual rápido cometa,
en alas de mi ardiente fantasía
doquier[14] mi arrebatada mente inquieta
dichas y triunfos encontrar creía.

Yo me lancé con atrevido vuelo
fuera del mundo en la región etérea,[15]
y hallé la duda, y el radiante cielo
vi convertirse en ilusión aérea.[9]

Luego en la tierra la virtud, la gloria
busqué con ansia y delirante amor,
y hediondo[16] polvo y deleznable escoria[17]
mi fatigado espíritu encontró.

Mujeres vi de virginal limpieza
entre albas[18] nubes de celeste lumbre;
yo las toqué, y en humo su pureza
trocarse vi,[19] y en lodo y podredumbre.

---

11 *en pos de*: detrás de.
12 *abrojo*: planta de fruto espinoso que es muy perjudicial para el sembrado.
13 *sandio*: estúpido; *lúbrico*: lujurioso, con deseo sexual exagerado y vicioso.
14 *doquier*: dondequiera que, en cualquier sitio que.
15 *región etérea*: el cielo.
16 *hediondo*: maloliente.
17 *deleznable escoria*: despreciable materia inmunda.
18 *albas*: blancas.
19 *trocarse vi*: vi cambiarse o convertirse.

9 El poeta alude a las dudas suscitadas por la existencia de una vida más allá de la muerte y a la consiguiente pérdida de fe religiosa.

Y encontré mi ilusión desvanecida
y eterno e insaciable mi deseo.
Palpé la realidad y odié la vida:
sólo en la paz de los sepulcros creo.

Y busco aún y busco codicioso,
y aún deleites el alma finge y quiere:
pregunto y un acento pavoroso[20]
«¡Ay!», me responde, «desespera[21] y muere.

»Muere, infeliz: la vida es un tormento,
un engaño el placer; no hay en la tierra
paz para ti, ni dicha, ni contento,
sino eterna ambición y eterna guerra.

»Que así castiga Dios el alma osada
que aspira loca, en su delirio insano,
de la verdad para el mortal velada
a descubrir el insondable arcano».[22]

¡Oh, cesa! No, yo no quiero
ver más, ni saber ya nada:
harta mi alma y postrada,[23]
sólo anhela descansar.
En mí muera el sentimiento,
pues ya murió mi ventura;[24]
ni el placer ni la tristura[25]
vuelvan mi pecho a turbar.

---

20 *un acento pavoroso*: una voz aterradora.

21 *desesperar*: 'perder la esperanza', pero también, 'quitarse la vida'.

22 Esto es, 'que Dios castiga con la muerte (*así*) al alma atrevida (*osada*) que aspira, en su loco desvarío o alucinación (*delirio insano*), a descubrir el impenetrable secreto o misterio (*insondable arcano*) de la verdad de la vida, oculta (*velada*) para el ser humano (*el mortal*)'.

23 *postrada*: débil, abatida, enferma.

24 *ventura*: felicidad, suerte.

25 *tristura*: tristeza.

Pasad, pasad en óptica ilusoria
y otras jóvenes almas engañad:
nacaradas[26] imágenes de gloria,
coronas de oro y de laurel, pasad.[10]

Pasad, pasad, mujeres voluptuosas,[27]
con danza y algazara[28] en confusión;
pasad como visiones vaporosas
sin conmover ni herir mi corazón.

Y aturdan mi revuelta fantasía
los brindis y el estruendo del festín,
y huya la noche y me sorprenda el día
en un letargo[29] estúpido y sin fin.

Ven, Jarifa; tú has sufrido
como yo; tú nunca lloras.
Mas, ¡ay triste!, que no ignoras
cuán amarga es mi aflicción.
Una misma es nuestra pena,
en vano el llanto contienes…
Tú también, como yo, tienes
desgarrado el corazón.[11]

---

26 *nacaradas*: blancas como el nácar.

27 *voluptuosas*: dispuestas a disfrutar de placeres intensos o a proporcionarlos.

28 *algazara*: ruido de muchas voces que nace de la alegría.

29 *letargo*: sopor, somnolencia profunda.

10 La *corona de oro* era símbolo de riqueza y poder, y la de *laurel*, atributo de gloria artística; por eso el poeta, desengañado, las invita a que "pasen" de largo.

11 Este poema es un monólogo dramático en que Espronceda expresa el sentimiento de fracaso romántico ante el desvanecimiento de toda clase de ideales y ante la imposibilidad de ver cumplidos sus *insaciables deseos* y de encontrar sentido a la existencia. Pese al desdén inicial por la ramera, la identificación del poeta, en la última estrofa, con una persona marginada y despreciada por la moral de la sociedad como la prostituta coincide con su defensa de otros seres marginales como el pirata, el mendigo, el verdugo, etc., con los que, de uno u otro modo, se identifica.

Gustavo Adolfo Bécquer

Cuando en diciembre de 1870 murió un oscuro periodista llamado Gustavo Adolfo Bécquer, nadie podía sospechar que sus poesías, la mayoría inéditas, se convertirían pronto en una de las obras más populares de la literatura española. Sevillano nacido en 1836 en el seno de una familia de pintores, a los 18 años Bécquer marcha a Madrid para dedicarse de lleno a la literatura. En la capital dirige una obra enciclopédica sobre los templos de España, pero la empresa fracasa, y en 1860 es contratado como redactor de *El Contemporáneo*, diario en el que Bécquer escribía tanto crónicas de sociedad como parlamentarias y donde publicó sus *Leyendas*. La revolución del 68 lo dejó sin empleo, y un año más tarde se separó de su esposa. Sin recursos y con la salud muy quebrantada, el poeta falleció a los 34 años. Las *Rimas* de Bécquer no sólo gozaron del favor del público, sino que estaban destinadas a cambiar el curso de la poesía española. Frente a la exaltación y la grandilocuencia románticas, Bécquer prefiere el tono intimista y la brevedad y sencillez formal en su retrato de la biografía del amor. La emoción y el sentimiento, que se manifiestan con sus más delicados matices, ganan así en autenticidad y lirismo, creando un mundo de sugerencias y evocaciones muy cercano al simbolismo y que sabrán apreciar en todo su valor poetas de generaciones posteriores como Rosalía de Castro, Juan Ramón Jiménez, los hermanos Machado, Salinas, Alberti o Cernuda. De este modo Bécquer, considerado a veces como posromántico, es en realidad el primer poeta español moderno.

RIMA VII

Del salón en el ángulo oscuro,
de su dueña tal vez olvidada,
silenciosa y cubierta de polvo,
veíase el arpa.

¡Cuánta nota dormía en sus cuerdas,
como el pájaro duerme en las ramas,
esperando la mano de nieve
que sabe arrancarlas!

—¡Ay! —pensé—, ¡cuántas veces el genio
así duerme en el fondo del alma,
y una voz como Lázaro espera
que le diga: «Levántate y anda»![1]

RIMA LIII

Volverán las oscuras golondrinas
en tu balcón sus nidos a colgar,
y otra vez con el ala a sus cristales
jugando llamarán.

Pero aquellas que el vuelo refrenaban
tu hermosura y mi dicha a contemplar,
aquellas que aprendieron nuestros nombres...
ésas... ¡no volverán!

Volverán las tupidas madreselvas
de tu jardín las tapias a escalar,

1 Con esta alegoría del arpa, Bécquer expresa su idea de la creación poética. El poeta es un arpa en cuyo espíritu la poesía está dormida, al igual que la música ("las notas") en las cuerdas de ese instrumento, mientras una "mano de nieve" experta no sea capaz de dar forma artística (esto es, vestir con palabras) a lo que sólo es caos o inspiración en su mente. La violencia del término "arrancar" revela la "lucha" que exige la creación poética. De igual modo, el "genio", definido en la rima III como la facultad capaz de unir inspiración y razón para que surja el poema, se halla dormido muchas veces dentro del poeta, en espera de una "voz" divina, como la de Jesucristo al resucitar a Lázaro (aunque "levántate y anda" se lo dijo en realidad al paralítico, y no a Lázaro; véase Mateo, 9,5), una voz divina que lo despierte y obre el milagro de la creación poética. Aunque no se diga expresamente, esta "mano de nieve", esta "voz", tienen unas claras connotaciones femeninas. La Mujer y el Amor son en Bécquer inseparables de la Poesía, el mejor acicate para "despertar" el genio dormido.

y otra vez a la tarde aún más hermosas
sus flores se abrirán.

Pero aquellas cuajadas de rocío,
cuyas gotas mirábamos temblar
y caer como lágrimas del día...
ésas... ¡no volverán!

Volverán del amor en tus oídos
las palabras ardientes a sonar;
tu corazón de su profundo sueño
tal vez despertará.

Pero mudo y absorto y de rodillas,
como se adora a Dios ante su altar,
como yo te he querido... desengáñate,
nadie así te amará.[2]

RIMA LXVI

¿De dónde vengo?... El más horrible y áspero
de los senderos busca;
las huellas de unos pies ensangrentados
sobre la roca dura,
los despojos de un alma hecha jirones
en las zarzas agudas,
te dirán el camino
que conduce a mi cuna.

---

2 Al tiempo cíclico de la naturaleza (el retorno de las aves, la floración de las plantas...), Bécquer opone el carácter único, irrepetible, de la experiencia humana y, en particular, de la vivencia amorosa. Una elaborada estructura estrófica, basada en el paralelismo y la antítesis, y un ritmo marcadamente musical contribuyen a dar vida y autenticidad a dos tópicos de la poesía amorosa: considerar a la amada como un Dios (un motivo que tiene su origen en la poesía de amor cortés), y que ella, tras rechazar al poeta, no logrará encontrar otro amor tan ferviente.

¿Adónde voy? El más sombrío y triste
de los páramos[1] cruza,
valle de eternas nieves y de eternas
melancólicas brumas.
En donde esté una piedra solitaria
sin inscripción alguna,
donde habite el olvido,
allí estará mi tumba.[3]

1 *páramo*: terreno sin cultivar e inhóspito.

3 Bécquer se interroga sobre el sentido de su vida y nos muestra una imagen desoladora tanto del camino recorrido (primera estrofa) como del que aún le aguarda (segunda estrofa). El sufrimiento, tanto físico ("pies ensangrentados") como espiritual ("alma hecha jirones") ha marcado su existencia. La pérdida de ilusiones, la sensación de fracaso y la aceptación resignada de morir en el más absoluto olvido preside su visión del futuro, que se concreta en la terrible y hermosa imagen de los tres últimos versos, inspiradores de un libro de Luis Cernuda: *Donde habite el olvido* (1934).

Rosalía de Castro

Rosalía de Castro nació en Santiago de Compostela en 1837. Era hija de una madre soltera y un sacerdote, circunstancia escandalosa que torturó siempre a la autora, y que explica en parte el dolor que impera en sus versos. Rosalía pasó su niñez en el ámbito rural, donde aprendió el gallego, lengua que hablaban los campesinos, pero que no se cultivaba literariamente desde el siglo XV. Con *Cantares galegos* (1863), hizo una aportación decisiva al *Rexurdimento galego,* movimiento de recuperación de la lengua y la cultura gallegas. El poemario recoge y glosa canciones de la tradición oral galaica a fin de exaltar los paisajes y costumbres de Galicia, al tiempo que señala ciertas injusticias sociales, como las relacionadas con el drama de la emigración. Con sus últimos poemarios, *Follas novas* (1880), en gallego, y *En las orillas del Sar* (1894), en castellano, Rosalía anticipó la poesía del siglo XX por su capacidad para expresar los sentimientos a través de símbolos paisajísticos, su rebeldía frente a la hipocresía y la injusticia social y su religiosidad torturada, alejada de la simple creencia conformista.

ADIÓS

Adiós, ríos; adiós, fuentes;
adiós, arroyos pequeños;
adiós, parajes queridos,
no sé cuando nos veremos.[1]

1 El poema es una traducción de uno de los *Cantares galegos*, cuya versión original puede leerse en el Apéndice. La primera estrofa es un canto de origen popular, que Rosalía amplifica en el resto del poema. El personaje que habla es un emigrante que está a punto de embarcar hacia América y que se despide con tristeza de su tierra natal, situación que tuvieron que afrontar muchos gallegos en la segunda mitad del siglo XIX.

Tierra mía, tierra mía,
tierra donde me crié,
huerta que he querido tanto,
linda higuera que planté,

prados, ríos, arboledas,
pinos que mueve la brisa,
pajaritos piadores,
casa en que hallé la alegría,

noches de luna brillante,
molino del castañar,
campanitas timbradoras
de la iglesia del lugar,

moras de verdes zarzales
que yo le daba a mi amor,
caminos entre maizales,
¡adiós para siempre, adiós![2]

¡Adiós gloria! ¡Adiós contento!
¡Adiós casa en que nací!
¡Dejo mi aldea de siempre
por un lejano país!

¡Dejo amigos por extraños,
dejo el campo por el mar,
dejo, en fin, lo que más amo…!
¡Quién se pudiera quedar…!

Pero soy pobre y no es mía
mi tierra, ¡qué gran pecado…!

2 Rosalía retrata el paisaje gallego como un *locus amoenus* romántico, lleno de agua, exuberante vegetación y construcciones pintorescas. Pretende así contrarrestar, tal y como declara en el prólogo de *Cantares galegos*, la imagen que se tenía de Galicia en el resto de España: la de un territorio inhóspito y poco civilizado, poblado por gentes hoscas y semisalvajes.

¡Si hasta a quien nace sin nada
se le entrega de prestado
la orilla por donde pasa…![3]

Os tengo, pues, que dejar,
huerta que tanto adoré,
noble fuego de mi hogar,
arbolillos que planté,
fontana del cabañal.[1]

Adiós, adiós, que me voy,
verdores del camposanto[2]
donde a mi padre enterraron,
verdor que he besado tanto,
tierra que nos ha criado.

¡Adiós también a mi Virgen,
blanca como un serafín![3]
Os llevo en el corazón:
a Dios rogadle por mí,
mi Virgen de la Asunción.

Ya se oyen lejos, muy lejos,
las campanas de Pomar,
para mí, ¡pobre infeliz!,
ya nunca más tocarán.

Ya se oyen lejos, más lejos:
cada toque es un dolor.

---

1 *fontana*: manantial; *cabañal*: camino por donde transita el ganado.
2 *verdor*: hierba; *camposanto*: cementerio.
3 *serafín*: ángel.

3 La queja del emigrante refleja una dolorosa realidad social. El campesino gallego se veía forzado a abandonar su lugar de nacimiento porque la tierra que trabajaba y sentía como suya no era de su propiedad, sino que pertenecía a un amo a quien debía pagar una renta incluso en los períodos en que la producción agrícola era escasa.

Me voy solo, sin amparo…
¡Adiós, tierra mía, adiós!

¡Adiós también, amor mío…!
¡Adiós por siempre quizá…!
Te digo este adiós llorando
desde la orilla del mar.

No me olvides, niña mía;
si muriera de añoranza…,
tantas leguas mar adentro…
¡Dulce hogar, querida casa…![4]

[DICEN QUE NO HABLAN LAS PLANTAS]

Dicen que no hablan las plantas, ni las fuentes, ni los
pájaros,
ni el onda[4] con sus rumores, ni con su brillo los astros:
lo dicen, pero no es cierto, pues siempre cuando yo paso
de mí murmuran y exclaman: «Ahí va la loca, soñando
con la eterna primavera de la vida y de los campos,

4 Es decir, 'la onda del río'.

4 El poema inspira solidaridad con el emigrante, una persona que se ve forzada a romper con sus raíces, a alejarse de su amada y de la tierra donde reposan sus antepasados y a enfrentarse a un futuro dominado por la nostalgia y el desarraigo. La emigración, por otro lado, tuvo evidentes repercusiones sociales, pues produjo la despoblación progresiva de Galicia y obligó a muchas mujeres a vivir en soledad, realizando tareas hasta entonces consagradas al hombre. Tal problema social fue abordado por Rosalía en *Follas novas* y *En las orillas del Sar*. En general, pues, llama la atención el contraste entre la dura realidad que se refleja en el poema y el candor que transmiten los versos, que Rosalía llenó de diminutivos cariñosos y exclamaciones para imitar la espontaneidad de la poesía popular. El mismo efecto se consigue por medio de la irregularidad métrica, también característica de la lírica tradicional, y es que las estrofas ocho a la once constan de cinco versos cada una, lo que constituye una anomalía en un poema formado por cuartetas asonantadas.

y ya bien pronto, bien pronto, tendrá los cabellos canos,
y ve temblando, aterida,[5] que cubre la escarcha el prado».

Hay canas en mi cabeza, hay en los prados escarcha;
mas yo prosigo soñando, pobre, incurable sonámbula,
con la eterna primavera de la vida que se apaga
y la perenne[6] frescura de los campos y las almas,
aunque los unos se agostan[7] y aunque las otras se abrasan.

Astros y fuentes y flores, no murmuréis de mis sueños;
sin ellos, ¿cómo admiraros, ni cómo vivir sin ellos?[5]

---

5 *aterida*: rígida y paralizada por el frío.
6 *perenne*: imperecedera, eterna.
7 *agostarse*: secarse, morirse.

5 Rosalía se retrata a sí misma según el prototipo del poeta romántico, ser solitario cuyas convicciones, conducta y percepción de la realidad la separan por completo del resto de las personas. Una de sus singularidades es que se niega a aceptar las leyes de la vida, pues, si bien sabe que el ser humano es finito y está condenado a morir, lo mismo que los prados que la escarcha marchita, se empeña en soñar con la eternidad, simbolizada por la imagen de una primavera perpetua. En la interrogación retórica que cierra el poema, por otro lado, se evidencia el profundo valor que los románticos atribuían a los sueños, es decir, a la conciencia subjetiva. La imaginación no sólo permite la comunicación con la naturaleza, sino que es el alimento de la esperanza, sin la que el poeta no podría vivir.

Rubén Darío

Aunque Rubén Darío (1867-1916) nació en Nicaragua, la literatura española lo tiene por uno de los suyos dado el fecundo magisterio que ejerció sobre los poetas de la Península. Darío contribuyó decisivamente a que en España arraigara el modernismo, un movimiento que renovó la poesía alejándola por igual del prosaísmo de la lírica realista y del exacerbado sentimentalismo de los peores poetas románticos. Rubén escribe porque ama la belleza y porque se siente a disgusto en el mundo. En *Azul...* (1888) y *Prosas profanas* (1896), se evade de la realidad retratando un universo exótico habitado por hadas y cisnes, princesas orientales y seres mitológicos; sus versos respiran sensualidad y vitalismo, son impecables en su forma y poseen un estilo colorido y musical que se apoya en audaces efectos rítmicos y en el uso de metros tan insólitos como el eneasílabo. En *Cantos de vida y esperanza* (1905), por el contrario, la voz de Rubén, aun sin perder su brillantez estilística, suena más madura y profunda, pues nos habla en tono grave e incluso angustiado de la pérdida de la juventud, el dolor que provoca el paso del tiempo y el miedo desatado por la cercanía de la muerte.

VENUS

En la tranquila noche, mis nostalgias amargas sufría.
En busca de quietud bajé al fresco y callado jardín.
En el oscuro cielo Venus bella temblando lucía,
como incrustado en ébano[1] un dorado y divino jazmín.

A mi alma enamorada, una reina oriental parecía,
que esperaba a su amante bajo el techo de su camarín,[2]

1 *ébano*: madera de intenso color negro.
2 *camarín*: aposento en el que se asea, maquilla y peina una mujer.

o que, llevada en hombros, la profunda extensión recorría,
triunfante y luminosa, recostada sobre un palanquín.[3]

«¡Oh reina rubia!» díjele, «mi alma quiere dejar su crisálida[4]
y volar hacia a ti, y tus labios de fuego besar;
y flotar en el nimbo[5] que derrama en tu frente luz pálida

y en siderales éxtasis no dejarte un momento de amar».
El aire de la noche refrescaba la atmósfera cálida.
Venus, desde el abismo, me miraba con triste mirar.[1]

CANCIÓN DE OTOÑO EN PRIMAVERA

Juventud, divino tesoro,
¡ya te vas para no volver!
Cuando quiero llorar, no lloro...
y a veces lloro sin querer...

Plural ha sido la celeste
historia de mi corazón.[2]

---

3 *palanquín*: tablero que se usaba en Oriente para llevar en alto, a hombros de varios sirvientes, a una persona importante.

4 *dejar su crisálida*: 'abandonar el cuerpo que la aprisiona', como hace la mariposa cuando rompe el capullo en que vivía mientras se formaban sus alas.

5 *nimbo*: resplandor que rodea a los cuerpos celestes y a las imágenes sagradas.

1 El poeta, acosado por la tristeza, busca una vía de escape en el amor, pero no aspira a conquistar el corazón de una mujer, sino a gozar de ese amor absoluto que sólo puede dispensar un ser ideal. Así es precisamente la pasión que encarna Venus, diosa romana del amor que se materializa en el cielo a través del planeta del mismo nombre. Por supuesto, el poeta sabe que su anhelo está condenado al fracaso, como prueba la mirada triste, seguramente compasiva, que Venus le dirige en el último verso. La composición aborda así un tema típico del modernismo: el fracaso con que topa el hombre cuando intenta conquistar lo ideal. Por otro lado, el poema refleja el afán de innovación característico de Rubén, pues está construido con un metro muy raro en la lírica castellana: el heptadecasílabo.

2 El poeta quiere dar a entender que ha amado a mujeres de muy distinto carácter y condición a lo largo de su vida. De hecho, el poema, a partir de este punto, es una evocación melancólica de su historial amoroso.

Era una dulce niña, en este
mundo de duelo y de aflicción.

Miraba como el alba pura;
sonreía como una flor.
Era su cabellera obscura
hecha de noche y de dolor.

Yo era tímido como un niño.
Ella, naturalmente, fue,
para mi amor hecho de armiño,
Herodías y Salomé…[3]

Juventud, divino tesoro,
¡ya te vas para no volver!
Cuando quiero llorar, no lloro,
y a veces lloro sin querer…

La otra fue más sensitiva,[6]
y más consoladora y más
halagadora y expresiva,
cual no pensé encontrar jamás.

Pues a su continua ternura
una pasión violenta unía.
En un peplo de gasa pura
una bacante se envolvía…[4]

---

6 *sensitiva*: sensible, que tiene capacidad de sentir.

3 A su primera amada, el poeta, todavía inocente, le entregó un cariño delicado como el pelaje del *armiño*, especie de comadreja de brillante pelo blanco. Ella, en cambio, ya era sabia en el amor y corrompió al poeta. Por eso se la compara con la reina Herodías y su hija Salomé, personajes bíblicos que encarnan la lujuria enfermiza y la maldad, pues Herodías cometió adulterio e incesto y Salomé provocó la decapitación de Juan el Bautista.

4 El poeta resume las dos facetas de su segundo amor con una metáfora que alude a la mitología griega. Su amada era como una *bacante* ('mujer que se emborrachaba y participaba en orgías en las fiestas consagradas al dios Dioniso') pero vestía una delicada túnica (*peplo*) de gasa, lo que sugiere que envolvía su fondo apasionado en unas maneras tiernas.

En sus brazos tomó mi ensueño
y lo arrulló como a un bebé...
Y le mató, triste y pequeño,
falto de luz, falto de fe...

Juventud, divino tesoro,
¡te fuiste para no volver!
Cuando quiero llorar, no lloro,
y a veces lloro sin querer...

Otra juzgó que era mi boca
el estuche de su pasión,
y que me roería, loca,
con sus dientes el corazón,

poniendo en un amor de exceso
la mira de su voluntad,
mientras eran abrazo y beso
síntesis de la eternidad;

y de nuestra carne ligera
imaginar siempre un Edén,
sin pensar que la Primavera
y la carne acaban también...[5]

Juventud, divino tesoro,
¡ya te vas para no volver!
Cuando quiero llorar, no lloro,
y a veces lloro sin querer...

¡Y las demás!, en tantos climas,
en tantas tierras, siempre son,

5 La tercera amante estaba dominada por un poderoso instinto sexual y convirtió el exceso en su principal *mira* u objetivo. Con sus besos y abrazos, el poeta se sintió en el paraíso y creyó encontrar la gloria eterna que todo hombre anhela. A la larga, sin embargo, comprendió que su felicidad era un espejismo, pues *la Primavera y la carne*, es decir, los placeres relacionados con la juventud y el sexo, son cosas pasajeras.

si no pretexto de mis rimas,
fantasmas[7] de mi corazón.

En vano busqué a la princesa
que estaba triste de esperar.
La vida es dura. Amarga y pesa.
¡Ya no hay princesa que cantar!

Mas a pesar del tiempo terco,
mi sed de amor no tiene fin;
con el cabello gris, me acerco
a los rosales del jardín...[8]

Juventud, divino tesoro,
¡ya te vas para no volver!
Cuando quiero llorar, no lloro,
y a veces lloro sin querer...

¡Mas es mía el Alba de oro![6]

LO FATAL

Dichoso el árbol que es apenas sensitivo,
y más la piedra dura, porque ésa ya no siente,
pues no hay dolor más grande que el dolor de ser vivo,
ni mayor pesadumbre que la vida consciente.

7 *fantasma*: fantasía, imaginación.

8 Es decir, 'a pesar de que soy viejo, sigo buscando el amor'.

6 Con el verso final, aislado intencionadamente del resto de la composición, los sentimientos del poeta adquieren un sentido trascendente. En los tres episodios amorosos relatados, la ardorosa sensualidad y la pasión violenta de las mujeres aniquilan la pureza y la inocencia del poeta, quien no logra saciar su "sed de amor". Al llegar a la vejez (el *otoño* del título), Darío renuncia a la "princesa" que ansiaba y proyecta su deseo hacia un puro ideal de carácter religioso: la mayúscula del nombre sugiere que el *Alba de oro* ('Mañana dorada') alude a la esperanza de un renacer más allá de la muerte (la *primavera* anhelada), en una existencia renovada y plena.

Ser y no saber nada, y ser sin rumbo cierto,
y el temor de haber sido y un futuro terror...
Y el espanto seguro de estar mañana muerto,
y sufrir por la vida y por la sombra y por

lo que no conocemos y apenas sospechamos,
y la carne que tienta con sus frescos racimos,
y la tumba que aguarda con sus fúnebres ramos,
¡y no saber adónde vamos,
ni de dónde venimos...![7]

7 En este poema sobrecogedor, que cierra el libro *Cantos de vida y esperanza*, Rubén Darío refleja su angustia frente a la incertidumbre de la vida humana, que está llena de confusiones y apenas depara certezas, más allá de la evidencia insoslayable de que todos estamos condenados a morir. Así las cosas, el poeta envidia al árbol y a la piedra, que no padecen porque carecen de la facultad de sentir y pensar. Él, en cambio, dado que es un hombre consciente, percibe con tristeza que en su vida se acumulan atropelladamente los sufrimientos, idea que nos transmite por medio de la reiteración casi obsesiva de la conjunción *y*.

Miguel de Unamuno

La obra del escritor bilbaíno Miguel de Unamuno (1864-1936) es un vivo reflejo de su atormentada y contradictoria personalidad. Catedrático de Griego y rector de la Universidad de Salamanca, su faceta de pensador impregna por igual todos los géneros literarios que, de la novela al ensayo, practica con desigual fortuna. Traumatizado por la enfermedad y la muerte posterior de su hijo Raimundo, obsesionado por la vida en el más allá y abrumado por la pérdida de la fe religiosa, Unamuno confiesa que sus poesías son "gritos del corazón" con los que expresa su dolor y sus dudas y con los que intenta remover las conciencias de sus lectores. Por eso no es de extrañar que desdeñe las brillantes innovaciones del modernismo, a las que tilda de "garambainas", y que, en la estela de la poesía romántica inglesa e italiana, persiga una palabra "desnuda de ropaje" que exprese las ideas "densas" que lo angustian. En verso libre o con la disciplina del soneto, su obra poética más destacable está recogida en *Poesías* (1907), en el extenso poema religioso *El Cristo de Velázquez* (1920) y en su conmovedor *Cancionero* (1953).

A MI BUITRE

Este buitre voraz de ceño torvo[1]
que me devora las entrañas fiero[1]

---

1 *voraz*: que come mucho; *de ceño torvo*: con un aspecto que infunde miedo.

1 En el buitre que "devora las entrañas" al poeta hay una alusión al mito griego de Prometeo. Este dios, que había creado a los hombres, modelándolos con arcilla, robó el fuego del Olimpo para entregárselo al género humano. En castigo por esta conducta, Zeus envió a los mortales a Pandora, portadora de todos los males, y encadenó a Prometeo a una roca de la cumbre del Cáucaso, donde un águila le devoraba durante el día el hígado que, sin embargo, cada noche se le regeneraba. Unamuno cambia el águila del mito por un ave carroñera como el buitre, para dotar a la historia de mayor patetismo.

y es mi único constante compañero
labra mis penas con su pico corvo.[2]

El día en que le toque el postrer[2] sorbo
apurar de mi negra sangre, quiero
que me dejéis con él solo y señero[3]
un momento, sin nadie como estorbo.

Pues quiero, triunfo haciendo mi agonía
mientras él mi último despojo traga,
sorprender en sus ojos la sombría

mirada al ver la suerte que le amaga[4]
sin esta presa en que satisfacía
el hambre atroz que nunca se le apaga.[3]

---

2 *postrer*: último.
3 *señero*: aislado.
4 *amaga*: amenaza.

2 *corvo*: 'curvo'. El buitre es para Unamuno un símbolo del pensamiento que lo atormenta con sus dudas sobre el sentido de la existencia y la vida en el más allá, pero que al tiempo le hace sentirse vivo. De ahí que en el poema «El buitre de Prometeo» Unamuno escriba: "Gracias a ti, mi buitre, no estoy solo; / [...] / el dolor de pensar es ya un remedio, / mejor tus picotazos que no el tedio... / [...] / Nacer fue mi delito, / nacer a la conciencia, / sentir el mar en mí de lo infinito / y amar a los humanos... / ¡pensar es mi castigo! / ¡Dale, dale de firme, cruel amigo!".
3 La "suerte" que aguarda al buitre tras acabar con la vida del poeta-Prometeo no es otra que la misma muerte. Como escribe Unamuno en «El buitre de Prometeo»: "Dormirás para siempre / aquí, mi buitre, en mí, sobre tu presa / y yo, tu pábulo ['pasto'] hoy, seré tu huesa ['tumba']". Unamuno simboliza en este poema, pues, la angustia existencial del hombre que se debate entre la fe religiosa, que le asegura la inmortalidad del alma tras la muerte, y el racionalismo, que niega o pone en duda la existencia de Dios o de otro mundo fuera de éste. Ese vaivén entre razón y fe, causa del tormento del poeta, constituye el núcleo de la obra de Unamuno, quien escribió: "me pasaré la vida luchando con el misterio, y aun sin esperanza de penetrarlo, porque la lucha es mi alimento y mi consuelo".

Manuel Machado

Hermano mayor del poeta Antonio Machado, Manuel Machado nace en Sevilla en 1874 y se educa en la Institución Libre de Enseñanza madrileña. De carácter alegre, se sumerge en el ambiente bohemio de la capital y frecuenta tertulias literarias y cafés flamencos. En 1899 marcha a París, donde trabaja como traductor y se empapa de las corrientes literarias de moda. Fruto de esta experiencia es su libro *Alma* (1902), una obra fundamental en la renovación modernista de la poesía española. *Caprichos* (1905) y *Alma. Museo. Los Cantares* (1907) completan esta etapa caracterizada por una síntesis de recursos simbolistas y parnasianos con otros procedentes de la tradición popular. Sus poemas, de gran perfección formal, muestran estados de ánimo dominados por la apatía y la fatiga propias de una estética decadentista junto a delicadas descripciones de cuadros y escenas galantes. Con *El mal poema* (1909), se acerca a la modernidad al cultivar una poesía urbana en la que cabe lo canallesco y prosaico, la experiencia personal y la ironía, así como la mezcla de registros, estilos y voces diversas. En 1921 publica *Ars moriendi*, testamento lírico con poemas meditativos de tono elegante y sereno. Durante los años veinte y hasta 1936 escribe y estrena en colaboración con su hermano Antonio varias obras de teatro de gran éxito. En 1947 fallece en Madrid.

CASTILLA[1]

El ciego sol se estrella
en las duras aristas de las armas,

1 Este poema dramatiza el primer episodio del *Cantar de mio Cid* (pp. 17-20 de este libro). El Cid ha sido desterrado de Castilla por el rey Alfonso VI, y Rodrigo Díaz, en compañía de algunos vasallos leales, emprende el duro camino del destierro. Llegados a Burgos, buscan alojamiento, pero el rey ha prohibido, bajo pena de muerte, que se les conceda hospitalidad.

llaga de luz los petos y espaldares[1]
y flamea[2] en las puntas de las lanzas.

El ciego sol, la sed y la fatiga.
Por la terrible estepa castellana,
al destierro, con doce de los suyos
—polvo, sudor y hierro—, el Cid cabalga.

Cerrado está el mesón a piedra y lodo...[3]
Nadie responde. Al pomo de la espada
y al cuento de las picas, el postigo
va a ceder...[4] ¡Quema el sol, el aire abrasa!

A los terribles golpes,
de eco ronco, una voz pura, de plata
y de cristal, responde... Hay una niña
muy débil y muy blanca
en el umbral. Es toda
ojos azules; y en los ojos, lágrimas.
Oro pálido nimba[5]
su carita curiosa y asustada.

—¡Buen Cid! Pasad... El rey nos dará muerte,
arruinará la casa
y sembrará de sal el pobre campo
que mi padre trabaja...[2]

---

1 La luz solar es tan intensa que —metafóricamente— produce llagas (*llaga*) en la coraza metálica que, por delante (*peto*) y por detrás (*espaldar*), resguardaba el cuerpo del guerrero.

2 *flamea*: despide llamas.

3 *a piedra y lodo*: a cal y canto, cerrado de manera que no se puede abrir.

4 O sea, '[con los golpes] del refuerzo defensivo sobre la empuñadura de la espada (*pomo*) y de la pieza metálica (*cuento*) que llevan las lanzas (*picas*) en su base, la puerta pequeña que hay dentro de la mayor (*postigo*) va a ceder'.

5 *nimba*: 'adorna su cabeza como un *nimbo* o aureola'; se refiere al cabello rubio (*oro pálido*) de la niña.

2 Sembrar de sal los campos —lo que equivalía a inutilizarlos— era castigo que se imponía a los traidores al rey.

Idos. El Cielo os colme de venturas...
¡En nuestro mal, oh Cid, no ganáis nada![3]

Calla la niña y llora sin gemido...
Un sollozo infantil cruza la escuadra[6]
de feroces guerreros,
y una voz inflexible grita: «¡En marcha!».

El ciego sol, la sed y la fatiga.
Por la terrible estepa castellana,
al destierro, con doce de los suyos
—polvo, sudor y hierro—, el Cid cabalga.[4]

FELIPE IV[5]

Nadie más cortesano ni pulido
que nuestro rey Felipe, que Dios guarde,
siempre de negro hasta los pies vestido.

Es pálida su tez[7] como la tarde,
cansado el oro de su pelo undoso[8]
y, de sus ojos, el azul, cobarde.

---

6 *escuadra*: pequeño grupo de soldados.
7 *tez*: piel del rostro.
8 *undoso*: ondulado.

3 Este verso es reproducción casi literal —por ello va en cursiva— de las palabras que la niña pronuncia en el *Cantar de mio Cid*, y que pueden leerse en la pág. 14 de este libro.

4 La fortaleza y ferocidad de los guerreros se contrasta con la delicadeza e indefensión de la niña. Pero pese a la necesidad de reposo y refrigerio que, en tan tórrido ambiente, acucia a los hombres del Cid, el héroe ordena marchar, dando así muestras de su magnanimidad.

5 Amante de la pintura, Manuel Machado compuso toda una serie de poemas —la mayoría, sonetos— inspirados por óleos de famosos artistas e influidos quizá por las espléndidas descripciones pictóricas de Rubén Darío. Entre estas "pinturas a pluma o poesías a pincel", como las denominó Machado, destaca ésta, delicadísima, del rey Felipe IV, basada en un famoso cuadro de Velázquez que se encuentra en el Museo del Prado.

Sobre su augusto pecho generoso,
ni joyeles[9] perturban ni cadenas
el negro terciopelo silencioso.

Y en vez de cetro real, sostiene apenas,
con desmayo galán,[10] un guante de ante[6]
la blanca mano de azuladas venas.[7]

9 *joyel*: joya pequeña.
10 Eso es, 'con desfallecimiento airoso'.

6 En realidad, quien sostiene "un guante de ante" en la mano es el infante don Carlos en otro óleo de Velázquez, y no el rey Felipe IV. Pero ése es un 'error' deliberado, pues, según Machado, "yo pinto esos cuadros [...] con todo lo que evocan en mi espíritu [...], teniendo buen cuidado de cometer ciertas inexactitudes, que son del todo necesarias a mi intento". Por otro lado, y como señaló Dámaso Alonso, nótese que éste es el único verso que queda suelto en los cuatro tercetos encadenados, pero el poeta lo ha resuelto con una genial rima interna: "gu*ante* de *ante*".

7 En este poema traza Machado una estampa decadente del rey español en la que contrasta la severidad de su vestidura negra ("de negro hasta los pies vestido") con la palidez de su rostro y la blancura de sus manos. Esa austeridad (el rey no va engalanado con una sola joya ni ostenta el cetro real) refleja la propia de la corte de los Austrias, pues el poeta se propone llevar a cabo una "síntesis de los sentimientos de la época y del pintor". En el sutil retrato del monarca, la blancura de su piel nos revela su falta de vitalidad, mientras que su actitud o su psicología quedan de manifiesto en los adjetivos antropomorfos con que Machado designa su pelo (*cansado*), el color azul de sus ojos (*cobarde*) y el negro del terciopelo (*silencioso*).

Antonio Machado

La dimensión humana de Machado y su insobornable compromiso con el pueblo nos han dejado una huella tan imperecedera como su propia poesía. Nacido en Sevilla (1875) en el seno de una familia liberal, Antonio Machado se educó en los valores laicos y progresistas de la Institución Libre de Enseñanza madrileña. Tras una estancia en París, en 1903 publica *Soledades*, un breve poemario ampliado en 1907 con el título de *Soledades. Galerías. Otros poemas*. El libro, de un modernismo intimista, está dominado por la nostalgia de la infancia, la inquietud por el paso del tiempo y el destino del hombre. En 1907 gana la cátedra de Francés del instituto de Soria, y en esta ciudad contrae matrimonio con Leonor Izquierdo, una muchacha de dieciséis años. Sus nuevas circunstancias vitales y el influjo de Unamuno y Ortega le hacen abandonar un tanto la poesía introspectiva en favor de un paisajismo cordial y, sobre todo, de la crítica del atraso material y la miseria moral del país. *Campos de Castilla* se publica en 1912, el año en que muere prematuramente su esposa, y en ediciones posteriores el libro incorpora poemas que la evocan emocionadamente. Algo agotada su vena lírica, *Nuevas canciones* (1924) ahondan su tendencia reflexiva, patente ya en sus libros en prosa. Tras la derrota de la España republicana, el poeta muere en 1939 en Colliure (Francia), fiel hasta el último momento a sus convicciones sociales y políticas.

[EL LIMONERO LÁNGUIDO SUSPENDE]

El limonero lánguido suspende
una pálida rama polvorienta
sobre el encanto de la fuente limpia,
y allá en el fondo sueñan
los frutos de oro…
Es una tarde clara,

casi de primavera,
tibia tarde de marzo,
que el hálito[1] de abril cercano lleva;
y estoy solo, en el patio silencioso,
buscando una ilusión cándida y vieja:
alguna sombra sobre el blanco muro,
algún recuerdo, en el pretil[2] de piedra
de la fuente dormido, o, en el aire,
algún vagar de túnica ligera.

En el ambiente de la tarde flota
ese aroma de ausencia,
que dice al alma luminosa: nunca,
y al corazón: espera.

Ese aroma que evoca los fantasmas
de las fragancias vírgenes y muertas.

Sí, te recuerdo, tarde alegre y clara,
casi de primavera,
tarde sin flores, cuando me traías
el buen perfume de la hierbabuena,
y de la buena albahaca,[3]
que tenía mi madre en sus macetas.

Que tú me viste hundir mis manos puras
en el agua serena,
para alcanzar los frutos encantados
que hoy en el fondo de la fuente sueñan…

Sí, te conozco, tarde alegre y clara,
casi de primavera.[1]

---

1 *hálito*: soplo suave del aire, brisa.

2 *pretil*: barandilla, paredilla.

3 La *hierbabuena* y la *albahaca* son plantas muy aromáticas.

1 El título con el que este hermoso poema se publicó por vez primera («El poeta visita el patio de la casa en que nació») nos pone en la senda del

CAMPOS DE SORIA[2]

I

Es la tierra de Soria árida y fría.
Por las colinas y las sierras calvas,[4]
verdes pradillos, cerros cenicientos,
la primavera pasa
dejando entre las hierbas olorosas
sus diminutas margaritas blancas.

La tierra no revive, el campo sueña.
Al empezar abril está nevada
la espalda del Moncayo;[3]
el caminante lleva en su bufanda

---

4 *calvas*: sin arbolado.

propósito de Machado: una evocación de la infancia, percibida como una época feliz y paradisiaca. El patio con el limonero, la tarde primaveral y el aroma de las plantas avivan el recuerdo del poeta y estimulan las emociones vividas en el pasado, del que sólo queda un "aroma de ausencia" que hace pensar a la razón (el "alma luminosa") que el pasado no volverá pero que no desvanece la confianza del "corazón" en recuperarlo. Machado busca en el pasado la alegría, la esperanza, la fe religiosa ("una ilusión cándida"), así como una metafórica "túnica ligera", que puede representar a la madre o a las "hadas" que en la infancia le proporcionaron la felicidad y un mundo de certidumbres. Pero aunque el poeta recupera pasajeramente esas emociones puras, no ignora que su percepción del pasado no es más que un reflejo como el de esos "frutos de oro" o "encantados", un mero espejismo, un ideal, un sueño que no ha hecho sino transformar y embellecer la verdadera realidad de los limones suspendidos de una "pálida rama polvorienta".

2 Este poema en nueve secciones es uno de los más logrados ejemplos del nuevo sesgo que toma la poesía de Antonio Machado en *Campos de Castilla*, tras el intimismo y la introspección simbolistas que caracteriza *Soledades. Galerías. Otros poemas*. Como escribió el poeta sevillano, "cinco años en la tierra de Soria orientaron mis ojos y mi corazón hacia lo esencial castellano". Sin embargo, la descripción objetiva del paisaje y de las gentes de Castilla se contagia del afecto y las emociones del poeta, que desea expresar su admiración y "gran amor a España" pero también su desdén por el atraso, la ignorancia y la degradación moral de muchos de sus habitantes.

3 El macizo del Moncayo, situado entre las provincias de Soria y Zaragoza, suele tener nieves perpetuas.

envueltos cuello y boca, y los pastores
pasan cubiertos con sus luengas[5] capas.

II

Las tierras labrantías,
como retazos de estameñas pardas,[6]
el huertecillo, el abejar, los trozos
de verde obscuro en que el merino[7] pasta,
entre plomizos peñascales, siembran
el sueño alegre de infantil Arcadia.[4]
En los chopos lejanos del camino,
parecen humear las yertas[8] ramas
como un glauco[9] vapor —las nuevas hojas—
y en las quiebras de valles y barrancas
blanquean los zarzales florecidos,
y brotan las violetas perfumadas.

III

Es el campo undulado,[10] y los caminos
ya ocultan los viajeros que cabalgan
en pardos borriquillos,
ya al fondo de la tarde arrebolada[11]
elevan las plebeyas[12] figurillas,
que el lienzo de oro del ocaso manchan.

---

5 *luengas*: vocablo antiguo de uso literario que significa 'largas'.
6 *estameña*: tejido sencillo de lana oscura; *parda*: color de la tierra mojada.
7 *merino*: raza de ovejas o carneros que dan una lana muy fina.
8 *yertas*: inmóviles.
9 *glauco*: de color verde claro o grisáceo.
10 *undulado*: transcripción culta y poética de 'ondulado'.
11 *arrebolada*: rosada por efecto de los rayos del sol poniente.
12 *plebeya*: del pueblo.

4 La Arcadia es una región montañosa griega poblada de bosques y pastos que en la tradición literaria se asocia con la vida idealizada de pastores que se entregan al amor y a la poesía.

Mas si trepáis a un cerro y veis el campo
desde los picos donde habita el águila,
son tornasoles de carmín y acero,
llanos plomizos, lomas plateadas,
circuidos por montes de violeta,
con las cumbres de nieve sonrosada.

IV

¡Las figuras del campo sobre el cielo!
Dos lentos bueyes aran
en un alcor,[13] cuando el otoño empieza,
y entre las negras testas[14] doblegadas
bajo el pesado yugo,
pende un cesto de juncos y retama,[15]
que es la cuna de un niño;
y tras la yunta marcha
un hombre que se inclina hacia la tierra,
y una mujer que en las abiertas zanjas
arroja la semilla.
Bajo una nube de carmín y llama,
en el oro fluido y verdinoso
del poniente, las sombras se agigantan.[5]

V

La nieve. En el mesón al campo abierto
se ve el hogar donde la leña humea
y la olla al hervir borbollonea.[16]

---

13 *alcor*: colina.
14 *testa*: cabeza.
15 *retama*: arbusto con muchas ramas delgadas y flexibles.
16 *borbollonea*: hierve con burbujas.

5 Tras las tres secciones iniciales, centradas casi por entero en la descripción del paisaje, los seres humanos y su yunta de bueyes pasan a primer plano, destacándose «sobre el cielo» y el sol intenso de poniente.

El cierzo[17] corre por el campo yerto,
alborotando en blancos torbellinos
la nieve silenciosa.
La nieve sobre el campo y los caminos,
cayendo está como sobre una fosa.
Un viejo acurrucado tiembla y tose
cerca del fuego; su mechón de lana
la vieja hila, y una niña cose
verde ribete a su estameña grana.[18]
Padres los viejos son de un arriero[19]
que caminó sobre la blanca tierra,
y una noche perdió ruta y sendero,
y se enterró en las nieves de la sierra.
En torno al fuego hay un lugar vacío,
y en la frente del viejo, de hosco ceño,[20]
como un tachón sombrío
—tal el golpe de un hacha sobre un leño—.
La vieja mira al campo, cual si oyera
pasos sobre la nieve. Nadie pasa.
Desierta la vecina carretera,
desierto el campo en torno de la casa.
La niña piensa que en los verdes prados
ha de correr con otras doncellitas
en los días azules y dorados,
cuando crecen las blancas margaritas.[6]

---

17 *cierzo*: viento fuerte, fresco y seco del norte.
18 *ribete*: cinta con que se adorna la orilla de una prenda; *grana*: granate.
19 *arriero*: hombre que transporta mercancías en caballerías.
20 *de hosco ceño*: con un gesto poco amable o de enfado en el entrecejo.

6 Si en la sección IV Machado pone de relieve la dureza de la vida de los campesinos, que han de labrar y sembrar el campo llevandc a su niño colgado de la yunta, en esta sección nos pinta una escena más penosa: la familia aquí descrita está constituida sólo por dos ancianos y su nieta, pues el padre de la niña murió perdido en la nieve. El dolor del anciano (reflejado en ese "tachón sombrío" de su ceño, "un golpe de un hacha sobre un

VI

¡Soria fría, *Soria pura,*
cabeza de Extremadura,[7]
con su castillo guerrero
arruinado, sobre el Duero;
con sus murallas roídas
y sus casas denegridas!

¡Muerta ciudad de señores,
soldados o cazadores;
de portales con escudos
de cien linajes hidalgos,
y de famélicos[21] galgos,
de galgos flacos y agudos,
que pululan[22]
por las sórdidas[23] callejas,
y a la media noche ululan,[24]
cuando graznan las cornejas!

¡Soria fría! La campana
de la Audiencia da la una.
Soria, ciudad castellana
¡tan bella! bajo la luna.[8]

---

21 *famélicos*: hambrientos.
22 *pulular*: abundar y moverse por un sitio.
23 *sórdidas*: miserables y sucias.
24 *ulular*: aullar.

leño") y la soledad absoluta en que la familia vive contrastan con la ilusión de la niña por jugar con otras niñas cuando llegue la simbólica primavera.

7 "Soria pura, cabeza de Extremadura" es la leyenda que figura en el escudo de la ciudad. En la Edad Media, se llamaba *Extremadura* a la zona fronteriza de Castilla con los reinos musulmanes, así como al territorio hasta donde llegaban los ganados trashumantes.

8 El poeta ensalza la belleza de Soria pero censura el atraso de una ciudad anclada en las glorias bélicas del pasado. La laboriosidad y el dolor de los campesinos de las secciones anteriores contrasta con los inactivos soldados, los ociosos cazadores y los famélicos perros de una "muerta ciudad".

VII

¡Colinas plateadas,
grises alcores, cárdenas[25] roquedas
por donde traza el Duero
su curva de ballesta[26]
en torno a Soria, obscuros encinares,
ariscos pedregales, calvas sierras,
caminos blancos y álamos del río,
tardes de Soria, mística y guerrera,
hoy siento por vosotros, en el fondo
del corazón, tristeza, tristeza
que es amor! ¡Campos de Soria
donde parece que las rocas sueñan,
conmigo vais! ¡Colinas plateadas,
grises alcores, cárdenas roquedas!...[9]

VIII

He vuelto a ver los álamos dorados,
álamos del camino en la ribera
del Duero, entre San Polo y San Saturio,[10]
tras las murallas viejas

25 *cárdenas*: moradas.

26 *ballesta*: especie de arco antiguo que lanzaba flechas mediante un resorte.

9 En esta sección VII Machado describe de manera sintética, mediante la enumeración de sustantivos y adjetivos, la belleza austera de la tierra soriana. El tono exclamativo y el apóstrofe que dominan el poema se realzan por la súbita irrupción de su autor, que impregna la composición de una honda emotividad. Llegados a este punto entendemos que las descripciones cordiales de Soria no son más que la transmutación poética de la profunda huella que esa región y sus gentes han dejado en Machado, que les rinde así un homenaje en el momento de su despedida.

10 Estos versos aluden al camino que bordea la orilla derecha del Duero y que, partiendo de Soria, pasa por la ermita medieval de San Polo y conduce a la de San Saturio. Orillado de álamos, este camino fue uno de los paseos predilectos de Machado.

de Soria —barbacana[27]
hacia Aragón, en castellana tierra.

Estos chopos[28] del río, que acompañan
con el sonido de sus hojas secas
el son del agua, cuando el viento sopla,
tienen en sus cortezas
grabadas iniciales que son nombres
de enamorados, cifras que son fechas.
¡Álamos del amor que ayer tuvisteis
de ruiseñores vuestras ramas llenas;
álamos que seréis mañana liras[29]
del viento perfumado en primavera;
álamos del amor cerca del agua
que corre y pasa y sueña,
álamos de las márgenes del Duero,
conmigo vais, mi corazón os lleva![11]

IX

¡Oh!, sí, conmigo vais, campos de Soria,
tardes tranquilas, montes de violeta,
alamedas del río, verde sueño

27 *barbacana*: construcción defensiva a la entrada de un puente.

28 *chopo*: álamo.

29 *lira*: instrumento de cuerda antiguo.

11 La implicación del sujeto lírico con el paisaje cobra mayor densidad sentimental en la sección VIII, pues ahora los álamos que bordean el Duero son para el poeta los "álamos del amor" que proporcionaban frescura y sombra a sus paseos a solas o con su esposa Leonor. El sentimiento amoroso impregna toda la composición: está presente en los propios álamos y los ruiseñores, árboles y aves que en la tradición literaria se asocian con el amor, en las "iniciales" que los enamorados graban en las cortezas, en el "corazón" del poeta donde se han registrado todas esas imágenes y emociones, en el cercano advenimiento de la primavera, estación tradicional del amor, y por fin, en el agua del río "que corre y pasa y sueña", símbolo también de la vida.

del suelo gris y de la parda tierra,
agria melancolía
de la ciudad decrépita,[30]
me habéis llegado al alma,
¿o acaso estabais en el fondo de ella?
¡Gentes del alto llano numantino[12]
que a Dios guardáis como cristianas viejas,
que el sol de España os llene
de alegría, de luz y de riqueza![13]

[CAMINANTE, SON TUS HUELLAS]

Caminante, son tus huellas
el camino, y nada más;
caminante, no hay camino,
se hace camino al andar.
Al andar se hace camino,
y al volver la vista atrás
se ve la senda que nunca
se ha de volver a pisar.

---

30 *decrépita*: que tiene una gran decadencia física y espiritual.

12 Aquí se alude a la antigua ciudad celtibérica de Numancia, situada en un cerro a siete km de Soria. Numancia resistió durante veinte años los ataques de las tropas romanas, hasta que, tras ser sometida en el año 123 a. de C. a un implacable asedio de trece meses, sus habitantes prefirieron incendiar la ciudad e inmolarse antes que perder su libertad.

13 La sección final recapitula los rasgos de los campos sorianos y de sus gentes que han "llegado al alma" del poeta —con lo que, una vez más, queda patente el punto de subjetivismo de aquellas descripciones—, y Machado se despide de esas tierras con el deseo de que progresen materialmente y de que sus habitantes alcancen la "luz" de las ideas modernas: Machado apela, en suma, a lo que en otras composiciones de *Campos de Castilla* denomina "la juventud más joven" y trabajadora (la España "del cincel y de la maza"), que arrumbará a la España reaccionaria y anclada en valores rancios y privilegios del pasado (los "señores, soldados y cazadores" de la sección VI, o las "cristianas viejas" de esta sección).

Caminante, no hay camino,
sino estelas[31] en la mar.[14]

[TODO PASA Y TODO QUEDA]

Todo pasa y todo queda,
pero lo nuestro es pasar,
pasar haciendo caminos,
caminos sobre la mar.

---

31 *estela*: huella que deja en la superficie del agua un barco en movimiento.

14 Este poema, como el que sigue, pertenece a la sección «Proverbios y cantares» de *Campos de Castilla*, una serie de reflexiones filosóficas muy breves que, con el paso del tiempo, Machado cultivó con mayor asiduidad. En este romance, el poeta expresa su convicción de que el ser humano es el responsable de trazar su propio rumbo en el mar de la vida, y nos advierte que no es posible recuperar el pasado. El siguiente poema completa a este al afirmar la condición pasajera de la vida del hombre.

Juan Ramón Jiménez

Con la obra del "andaluz universal" la poesía española inaugura la modernidad. Nacido en 1881 en Moguer (Huelva), Juan Ramón Jiménez se educa con los jesuitas y pronto abandona los estudios de Derecho para entregarse de manera obsesiva a la creación poética. Su carácter depresivo lo lleva de un sanatorio a otro hasta que, tras una temporada de retiro en Moguer, en 1911 se instala en la Residencia de Estudiantes madrileña, desde donde ejerce una influencia decisiva en la generación del 27. En 1916 se casa con Zenobia Camprubí, y, al desencadenarse la guerra civil, la pareja parte al exilio. Juan Ramón falleció en Puerto Rico en 1958, dos años después de haber obtenido el Premio Nobel. Su ingente obra poética se inicia con un modernismo de tintes románticos y simbolistas (*Arias tristes*, *Jardines lejanos*, *Baladas de primavera*...) que evoluciona hacia su ideal de "poesía desnuda", basado en la sencillez y la depuración del lenguaje poético. En 1916 publica *Diario de un poeta recién casado*, libro de una sorprendente experimentación formal y temática que cambiará el rumbo de la lírica española. Con una extremada conciencia autocrítica, a partir de entonces ahonda en la búsqueda de la Belleza y de la verdadera esencia de la realidad y de sí mismo a través de una expresión cada vez más conceptual. En libros como *Eternidades* (1918), *Piedra y cielo* (1919) y *Belleza* (1923), el poeta acendra sus ansias de absoluto y eternidad con una suerte de misticismo poético que alcanza su cima en *En el otro costado* (1942) y, sobre todo, en *Dios deseado y deseante* (1949).

EL VIAJE DEFINITIVO

...Y yo me iré. Y se quedarán los pájaros
cantando;
y se quedará mi huerto, con su verde árbol,
y con su pozo blanco.

Todas las tardes, el cielo será azul y plácido;
y tocarán, como esta tarde están tocando,
las campanas del campanario.

Se morirán aquellos que me amaron;
y el pueblo se hará nuevo cada año;
y en el rincón aquel de mi huerto florido y encalado,[1]
mi espíritu errará, nostáljico...[2]

Y yo me iré; y estaré solo, sin hogar, sin árbol
verde, sin pozo blanco,
sin cielo azul y plácido...
Y se quedarán los pájaros cantando.[1]

LA ESPIGA

Granado el oro, está la espiga,[3] al día claro,
encendiendo en la luz su apretado tesoro;
pero se pone triste, y, en un orgullo avaro,
derrama por la tierra, descontenta, su oro.

---

1 Esto es, 'con los muros pintados de cal ('blancos')'.

2 *errará nostáljico*: 'vagará con nostalgia'. Juan Ramón escribía siempre *j* ante las vocales *e* y *i*, y *s* en lugar de *x*.

3 'Con los granos llenos y gruesos (*granado*), está la espiga amarilla (*el oro*)'.

1 Como el título indica, la muerte se presenta como un viaje sin retorno, de ahí el tono melancólico de despedida que tiñe toda la composición. El poeta siente dejar las cosas que ha amado en su vida y, en particular, el goce de la belleza de la naturaleza. En contraste con el tiempo eterno y cíclico de la naturaleza, que se renueva cada año, el tiempo del hombre es finito, pues acaba con la muerte. Pero, como escribe Juan Ramón Jiménez en un poema posterior, lo que en realidad sucumbe con la muerte es "este pelele negro / de mi cuerpo", que es el que en «El viaje definitivo» quedará "sin hogar, sin árbol / verde, sin pozo blanco...", ya que el espíritu del poeta permanecerá en "el rincón aquel de mi huerto florido" y simbolizado en esos pájaros que "se quedarán cantando". Y es que para Juan Ramón, como escribirá en un poema de *Belleza*, "morir es trascender / y tú estás trascendiendo / —recordarte sería acompañarte—, / en las noches de estrellas, / en las auroras puras / [...] / vivo tú, vivo tú, vivo y ardiente, / sobre la pobre paz de nuestro seco olvido!".

De nuevo se abre el grano rico en la sombra amiga
—cuna y tumba, almo trueque—[4] de la tierra mojada,
para surjir de nuevo, en otra bella espiga
más redonda, más firme, más alta y más dorada.

Y... ¡otra vez a la tierra! ¡Anhelo inestinguible,
ante la norma única de la espiga perfecta,
de una suprema forma, que eleve a lo imposible
el alma, ¡oh poesía!, infinita, áurea, recta![2]

I de febrero.

SOLEDAD

En ti estás todo, mar, y sin embargo,
¡qué sin ti estás, qué solo,
qué lejos, siempre, de ti mismo!

Abierto en mil heridas, cada instante,
cual mi frente,
tus olas van, como mis pensamientos,
y vienen, van y vienen,
besándose, apartándose,
en un eterno conocerse,
mar, y desconocerse.

---

4 *almo trueque*: cambio que alimenta.

2 El proceso de creación poética se compara alegóricamente en este bellísimo poema de *Poemas agrestes* (1911) con una espiga que brota de la tierra con gran vigor y madura hasta alcanzar un intenso y luminoso dorado pero que, insatisfecha de su hermosura y lozanía, se deja caer en la tierra para así fecundarla y poder crecer "más redonda, más firme, más alta y más dorada". Ese proceso se repite una y otra vez, pues las ansias de perfección de la espiga no conocen límites, el mismo deseo de perfección que sintió siempre Juan Ramón Jiménez en su poesía y en su espíritu. Al fondo, probablemente, las palabras de Jesucristo: "si el grano de trigo [cae en la tierra y] muere, da mucho fruto" (San Juan, 12, 24).

Eres tú, y no lo sabes,
tu corazón te late, y no lo siente...
¡Qué plenitud de soledad, mar solo![3]

CANCIÓN

(Álamo blanco)

Arriba canta el pájaro,
y abajo canta el agua.
—Arriba y abajo,
se me abre el alma.—

Mece a la estrella el pájaro,
a la flor mece el agua.
—Arriba y abajo,
me tiembla el alma.—[4]

---

3 En *Diario de un poeta recién casado* (1916), la contemplación del mar en su viaje en barco a Nueva York sugiere a Juan Ramón dos ideas en apariencia contradictorias: por un lado, asocia su inmensidad con la noción de totalidad, de absoluto, al tiempo que con la placentera sensación de soledad ("es la soledad como un gran pensamiento de luz", escribió el poeta en *Platero y yo*); y, por otro lado, el movimiento incesante de las olas le hace pensar en la búsqueda continua e incansable de sí mismo, de su verdadero ser, que consiste, según Unamuno, en la conciencia de la existencia; y ese esfuerzo, esa lucha, lo es también por alcanzar la perfección. El poeta, que reproduce el movimiento de las aguas en el ritmo de sus versos y en la abundancia de verbos, se identifica con el mar pues le parece que sus inquietas aguas expresan bien el desasosiego que él siente y su lucha solitaria por alcanzar la belleza, la perfección y el conocimiento o autoconocimiento.

4 La tentación romántica de refugiarse exclusivamente en el mundo ideal es desechada por Juan Ramón en un texto aforístico de *Diario de un poeta recién casado*: "Raíces y alas. Pero que las alas arraiguen y las raíces vuelen". Lo que el poeta pretende es que la búsqueda del ideal (el amor, la belleza, la perfección, el espíritu...) arranque y se nutra del mundo real o material y que, a la inversa, el mundo ideal (*las alas*) fecunde con todas sus bondades el mundo real (*las raíces*). Ése es el sentido de «Canción»: el mundo de "arriba", representado por la *estrella* y el *pájaro*, y el mundo de "abajo", simbolizado por el *agua* y la *flor*, se enlazan y funden a través del "álamo blanco", árbol cuyas raíces baña el agua, cuyas hojas mueve el viento y que constituye, a su vez, un símbolo del alma del poeta. Esa unión y armonía

[INTELIJENCIA, DAME]

¡Intelijencia, dame
el nombre esacto de las cosas!

...Que mi palabra sea
la cosa misma,
creada por mi alma nuevamente.
Que por mí vayan todos
los que no las conocen, a las cosas;
que por mí vayan todos
los que ya las olvidan, a las cosas;
que por mí vayan todos
los mismos que las aman, a las cosas...
¡Intelijencia, dame
el nombre esacto, y tuyo,
y suyo, y mío, de las cosas![5]

EL NOMBRE CONSEGUIDO DE LOS NOMBRES

Si yo, por ti, he creado un mundo para ti,
dios, tú tenías seguro que venir a él,
y tú has venido a él, a mí seguro,
porque mi mundo todo era mi esperanza.

---

de los dos ámbitos opuestos se evidencia en unos versos añadidos al poema en una versión posterior: "¡Entre dos conmociones, / la columna de plata! ['el álamo blanco'] / Hoja, pájaro, estrella; / baja flor, raíz, agua".

5 La lucha por dar con el lenguaje que sea capaz de desvelar la verdadera esencia de la realidad es una de las claves de la poética de Juan Ramón y el núcleo de este famoso poema. El poeta crea su mundo, al igual que Dios en el Génesis, mediante el acto de dar nombre a las cosas y, tal y como defendía Bécquer, sometiendo sus emociones al dictado de la razón o la "inteligencia". El mundo así creado, cuya sustancia es el lenguaje, tiene una entidad superior a la propia realidad, a "las cosas", a las que, por otro lado, el hombre sólo puede acceder mediante las palabras. La labor creativa del poeta consiste en presentar la realidad a una nueva luz que hará que algunos descubran "las cosas", que otros las recuperen tras haberlas "olvidado" y que otros sepan al fin por qué las "aman".

Yo he acumulado mi esperanza
en lengua, en nombre hablado, en nombre escrito;
a todo yo le había puesto nombre
y tú has tomado el puesto
de toda esta nombradía.

Ahora puedo yo detener ya mi movimiento,
como la llama se detiene en ascua roja
con resplandor de aire inflamado azul,
en el ascua de mi perpetuo estar y ser;
ahora yo soy ya mi mar paralizado,
el mar que yo decía, mas no duro,
paralizado en olas de conciencia en luz
y vivas hacia arriba todas, hacia arriba.

Todos los nombres que yo puse
al universo que por ti me recreaba yo,
se me están convirtiendo en uno y en un
dios.

El dios que es siempre al fin,
el dios creado y recreado y recreado
por gracia y sin esfuerzo.
El Dios. El nombre conseguido de los nombres.[6]

6 En esta composición de *Animal de fondo* se produce la culminación del misticismo poético en que consiste la obra de Juan Ramón: el poeta, que se autodenomina en el libro *dios deseante*, da por cumplido el proceso de búsqueda de cuanto desea —la belleza, la verdad, la perfección, el absoluto...—, y por fin encuentra el *dios deseado* y se funde con él. Para el poeta moguereño, este dios no es el cristiano, sino "la conciencia, mi conciencia [...] y la de otro, la de todos", una conciencia que se plasma en la belleza y la verdad de su poesía, ese "mundo" hecho de "lengua", de "nombre hablado" que él ha "creado" para que dios acuda y se revele en él, ocupando el centro de "toda esta nombradía". El "universo" resultante de esa creación es una totalidad o unidad que contiene los cuatro elementos de que, según Empédocles, estaba formada la materia: el agua ("mar"), el aire ("aire inflamado"), el fuego ("llama") y la tierra, que aquí queda implícita. Pero como la búsqueda ya ha concluido, el mar (su pensamiento) ya no

[CANCIÓN, TÚ ERES VIDA MÍA]

Canción, tú eres vida mía,
y vivirás, vivirás;
y las bocas que te canten
cantarán eternidad.[7]

---

se debate en "mil heridas", como nos decía en el poema «Soledad», sino que, alcanzada la plenitud y la serenidad, es "mar paralizado" cuyas olas se han convertido en "conciencia en luz". Esta luz, como la "llama" que también "se detiene en ascua roja", nos remite a la imaginería mística de San Juan de la Cruz y nos desvela que el "dios" que buscaba Juan Ramón estaba en su interior y que, al hacerlo aflorar en su poesía, el moguereño lo ha elevado a "El Dios" con mayúscula: "El nombre conseguido de los nombres". "Mi dios", concluye el poeta en un texto en prosa, "es mi obra porque mi dios es mi conciencia", y esa obra es la que lo convertirá en "inmortal".

7 La vida del poeta se ha transfigurado en poesía ("¡Crearme, recrearme, vaciarme!", exclama en una composición de *Belleza*), y, puesto que en su obra Juan Ramón se esfuerza por alcanzar la perfección, la belleza y la eternidad, cada vez que alguien lea sus poemas revivirá a su autor y sus anhelos de eternidad, una idea que procede de Miguel de Unamuno.

Pedro Salinas

Salinas perteneció a una generación de "poetas profesores" que aunaron el rigor de su formación académica con la brillantez de una creación poética que alumbró la edad de plata de la literatura española. Nacido en Madrid en 1891, Pedro Salinas fue lector de español en la Sorbona parisiense (1914-1917), catedrático de la Universidad de Sevilla (1918-1929) y Secretario de la Universidad Internacional de Verano. En 1936 se trasladó a EEUU como profesor invitado de una universidad, y, a causa de la guerra civil, ya no volvió a pisar tierra española. Salinas falleció en Boston en 1951. Muy influida por la lírica pura de Juan Ramón Jiménez, la poesía de Salinas bucea en la realidad para dar con su esencia. Su inclinación por un lenguaje próximo al hablado y su gusto por los juegos de ingenio son perceptibles en *Presagios* (1924), *Seguro azar* (1929) y *Fábula y signo* (1931), libros en los que busca el sentido profundo de paisajes, del amor y hasta de inventos como la bombilla o el radiador. Su obra maestra es la trilogía amorosa formada por *La voz a ti debida* (1933), *Razón de amor* (1936) y *Largo lamento* (1938). En el primer libro del ciclo el poeta nos describe el nacimiento y los vaivenes de una relación amorosa apasionada y mediatizada por la distancia física, mientras que en los dos últimos prevalece el recuerdo, la reflexión y, finalmente, la dolorosa ruptura. En sus tres últimos poemarios, *El contemplado* (1946), *Todo más claro* (1949) y *Confianza* (1955) busca la paz del espíritu, expresa su angustia ante la deshumanización del progreso y reivindica cuanto hay de hermoso y delicado en la naturaleza para proclamar su fe en en la vida.

[EL ALMA TENÍAS]

El alma tenías
tan clara y abierta,
que yo nunca pude
entrarme en tu alma.

Busqué los atajos
angostos,[1] los pasos
altos y difíciles…
A tu alma se iba
por caminos anchos.
Preparé alta escala[2]
—soñaba altos muros
guardándote el alma—
pero el alma tuya
estaba sin guarda
de tapial ni cerca.
Te busqué la puerta
estrecha del alma,
pero no tenía,
de franca[3] que era,
entradas tu alma.
¿En dónde empezaba?
¿Acababa, en dónde?
Me quedé por siempre
sentado en las vagas
lindes de tu alma.[1]

1 *angosto*: estrecho.
2 *escala*: escalera de mano.
3 *franca*: 'libre, no cerrada', pero también, 'sincera'.

1 Salinas escribió que toda su poesía es "una aventura hacia lo absoluto", de ahí su intento de penetrar en el alma de la amada en este poema de *Presagios*. La suya es, sin embargo, una tentativa frustrada, porque el poeta imagina que, para conseguir su propósito, ha de subir a una cumbre o escalar, como un caballero medieval, los simbólicos muros de un castillo… sin comprender que el alma de la amada es tan inmensa que no tiene límites, por lo que el amante queda desconcertado al borde de esa vastedad. En su búsqueda de la elevación y hondura espirituales, Salinas recurre a paradojas muy reveladoras de su propósito: en otro poema en que también se entrega a la búsqueda del alma, escribe que ésta "se recata / con disfraz de claridades / en tu forma del espejo", y al intentar oír la verdadera voz de la amada, dice: "si te escucho / no te oigo bien el silencio".

[QUÉ ALEGRÍA, VIVIR]

Qué alegría, vivir
sintiéndose vivido.
Rendirse
a la gran certidumbre, oscuramente,
de que otro ser, fuera de mí, muy lejos,
me está viviendo.[2]
Que cuando los espejos, los espías,
azogues, almas cortas, aseguran
que estoy aquí, yo, inmóvil,
con los ojos cerrados y los labios,
negándome al amor
de la luz, de la flor y de los nombres,
la verdad trasvisible es que camino
sin mis pasos, con otros,
allá lejos, y allí
estoy besando flores, luces, hablo.[3]
Que hay otro ser por el que miro el mundo
porque me está queriendo con sus ojos.

---

2 La unión de los enamorados es tal en este poema que, al igual que en la lírica petrarquista el amante lleva grabada en su interior la imagen de la amada ("Escrito está en mi alma vuestro gesto ['rostro']", escribió Garcilaso), para Salinas los amantes viven y actúan sintiendo que la persona amada vive en ellos y a través de ellos. En una ocasión, el poeta le comentó a su esposa "lo hermoso que es vivir en otro, vivirse en algo más que esta limitación que es uno mismo; [...] del mismo modo que yo vivo, aquí, muchas cosas en las cuales [...] existes tú, así me he sentido existir en ti"; y a Katherine Whitmore, la amada que le inspiró los versos de *La voz a ti debida*, le escribió: "Yo me siento vivir a tu lado, [...] yo no vivo solo [...] sino con la profunda alegría de que un amor me acompaña aquí en mi soledad".

3 El *azogue* es el mercurio, metal blanco que se emplea para recubrir la parte posterior de los espejos. Los espejos son *espías*, porque 'vigilan' al sujeto lírico, y son *almas cortas* porque, al reflejar su imagen física, *inmóvil* y con los *labios* y los *ojos cerrados*, ignoran que, en su interior, el amante camina por otro lugar y está *besando flores*, viendo *luces* y hablando a través, naturalmente, de la amada. Ésa es la verdad *trasvisible*, neologismo de Salinas que significa 'realidad interior, que está más allá de los sentidos'.

Que hay otra voz con la que digo cosas
no sospechadas por mi gran silencio;
y es que también me quiere con su voz.
La vida —¡qué transporte[4] ya!—, ignorancia
de lo que son mis actos, que ella hace,
en que ella vive, doble, suya y mía.
Y cuando ella me hable
de un cielo oscuro, de un paisaje blanco,
recordaré
estrellas que no vi, que ella miraba,
y nieve que nevaba allá en su cielo.
Con la extraña delicia de acordarse
de haber tocado lo que no toqué
sino con esas manos que no alcanzo
a coger con las mías, tan distantes.
Y todo enajenado[5] podrá el cuerpo
descansar, quieto, muerto ya. Morirse
en la alta confianza
de que este vivir mío no era sólo
mi vivir: era el nuestro. Y que me vive
otro ser por detrás de la no muerte.[4]

[LAS OYES CÓMO PIDEN REALIDADES]

¿Las oyes cómo piden realidades,
ellas, desmelenadas, fieras,
ellas, las sombras que los dos forjamos

4 *transporte*: enajenación, locura.

5 *enajenado*: 'fuera de sí, desposeído', en sentido literal y figurado, porque el cuerpo del amante se encuentra también en la amada.

4 El amor como vencedor de la soledad y la finitud humanas, de la muerte, a la que sobrevive (por eso es *la no muerte*), es un tema recurrente en la lírica amorosa que alcanza en estos versos una verdad y una intensidad poco frecuentes.

en este inmenso lecho de distancias?
Cansadas ya de infinitud, de tiempo
sin medida, de anónimo, heridas
por una gran nostalgia de materia,
piden límites, días, nombres.
No pueden
vivir así ya más: están al borde
del morir de las sombras, que es la nada.
Acude, ven conmigo.
Tiende tus manos, tiéndeles tu cuerpo.
Los dos les buscaremos
un color, una fecha, un pecho, un sol.
Que descansen en ti, sé tú su carne.[5]
Se calmará su enorme ansia errante,
mientras las estrechamos
ávidamente entre los cuerpos nuestros
donde encuentren su pasto y su reposo.
Se dormirán al fin en nuestro sueño
abrazado, abrazadas. Y así luego,
al separarnos, al nutrirnos sólo
de sombras, entre lejos,
ellas
tendrán recuerdos ya, tendrán pasado
de carne y hueso,
el tiempo que vivieron en nosotros.

5 La separación física a que se vieron obligados Salinas y su amada (Whitmore era profesora en una universidad norteamericana) está en el origen de este poema con el que se cierra *La voz a ti debida*. Cansado de "infinitud" y urgido por una "gran nostalgia de materia", el poeta renuncia pasajeramente a su aspiración al ideal o al absoluto porque siente que su amada, alejada de él por un "inmenso lecho de distancias", puede reducirse a una mera "sombra" y desvanecerse en "la nada", de ahí que la exhorte a encarnarse y reunirse con él (en otro poema del libro, dirá: "para consolarme / me envías sombras, copias, / retratos, simulacros / [...] / Yo vivo de sombras, entre sombras / de carne tibia").

Y su afanoso sueño
de sombras, otra vez, será el retorno
a esta corporeidad mortal y rosa
donde el amor inventa su infinito.[6]

6 Satisfecha el ansia erótica del amante tras un encuentro con la amada, después de haberse "corporeizado" las "sombras", éstas volverán a cobrar consistencia, alimentadas de nuevo por "recuerdos" y un "pasado de carne y hueso"; transcurrido el tiempo, el poeta deseará una vez más "esta corporeidad mortal y rosa / donde el amor inventa su infinito", hermosísimos versos que inspiraron una novela de Umbral y que nos recuerdan que la búsqueda del absoluto saliniana se sustenta siempre en la realidad, tal y como nos advertía en uno de sus primeros poemas: "Suelo. Nada más. / [...] / Y que te baste con eso. / Porque en el suelo los pies hincados, / en los pies torso derecho, / en el torso la testa firme / y allá, al socaire de la frente, / la idea pura y en la idea pura / la llave / [...] de lo eterno".

Jorge Guillén

Si cada miembro de la generación del 27 tuvo una voz poética propia, la de Guillén fue verdaderamente singular. Amigo entrañable de Pedro Salinas, Jorge Guillén nació en Valladolid en 1893 y fue lector de español en la Sorbona y catedrático de literatura en Murcia y Sevilla. Exiliado tras la guerra civil, fue profesor de varias universidades norteamericanas y, una vez jubilado, residió primero en Italia y luego en Málaga, ciudad donde falleció en 1984. Al igual que Juan Ramón Jiménez y Salinas, Guillén busca la plenitud y la perfección en la realidad y se entusiasma al percibir la armonía de la Creación y el encaje perfecto del hombre en un mundo que considera "bien hecho". Hasta 1950, publicó cuatro ediciones, sucesivamente ampliadas, de *Cántico*, el "libro más jubiloso" de toda la poesía española, en opinión de José Manuel Blecua. Guillén canta al vitalismo, al amor, a la dicha absoluta pero simple de "ser", con un lenguaje preciso, desnudo, claro. Pero el "acorde" con el mundo se ve amenazado por el caos, el dolor y el desorden, que se enseñorean de *Clamor* (compuesto por los libros *Maremágnum*, 1957, *Que van a dar a la mar*, 1960, y *A la altura de las circunstancias*, 1963). El poeta protesta ante la injusticia y clama contra la opresión, las guerras, la muerte. Pero ese indignado clamor no sofoca su fe en la vida, que vuelve a resurgir con fuerza en *Homenaje* (1967), *Y otros poemas* (1973) y *Final* (1981), libros en que los elogios a figuras literarias y la serena reflexión sobre el mundo y la sociedad culminan su obra completa, titulada *Aire nuestro*.

MÁS ALLÁ

I

(El alma vuelve al cuerpo,
se dirige a los ojos
y choca.)—¡Luz! Me invade
todo mi ser. ¡Asombro!

Intacto aún, enorme,
rodea el tiempo... Ruidos
irrumpen.[1] ¡Cómo saltan
sobre los amarillos

todavía no agudos
de un sol hecho ternura
de rayo alboreado
para estancia difusa,

mientras van presentándose
todas las consistencias
que al disponerse en cosas
me limitan, me centran![2]

¿Hubo un caos? Muy lejos
de su origen, me brinda
por entre hervor de luz
frescura en chispas. ¡Día![3]

---

1 «Más allá» es el poema con el que se inicia *Cántico* y del que ofrecemos la primera de sus seis secciones. Al despertar por la mañana, el sujeto lírico abre los ojos, recobra la conciencia y contempla, a una luz que le aleja las sombras de la noche y del sueño, el mundo más inmediato, un mundo en el que se reconoce y que le dota de identidad. "Ese hombre", nos explica Guillén, "se conoce así, gracias a un más allá que no es él. Nada sería el sujeto sin esa red de relaciones con el objeto, con los objetos. [...] El despertar de cada durmiente recompone el careo que es nuestra vida: un yo en diálogo con la realidad". La reacción inmediata de *asombro* refleja a las claras la actitud entusiasta del poeta ante la vida y la poesía, que pretende que sea un cántico a la mera existencia. Los sentidos del sujeto se aguzan y le ayudan a *centrarse*: percibe otra coordenada, el tiempo, y capta los sonidos que lo envuelven, aunque sean desagradables: "Ruidos irrumpen".

2 Los débiles rayos del sol del amanecer van iluminando la estancia y perfilando las *cosas* que contribuyen a que el sujeto sea quien es. En la sección VI de este mismo poema, que no reproducimos, Guillén añadirá: "¡Oh perfección: dependo / del total más allá, / dependo de las cosas!".

3 El día y la luz solar vencen el *caos* en que, para el poeta, consiste la oscuridad de la noche y la inconsciencia. En opinión de Guillén, el hombre no debe resignarse al "caos en agresión", que "pide norma", esto es, orden, armonía, claridad, amor. Por otro lado, este poema está en deuda con

Una seguridad
se extiende, cunde,[1] manda.
El esplendor aploma[2]
la insinuada mañana.

Y la mañana pesa,
vibra sobre mis ojos,
que volverán a ver
lo extraordinario: todo.[4]

Todo está concentrado
por siglos de raíz
dentro de este minuto,
eterno y para mí.

Y sobre los instantes
que pasan de continuo,
voy salvando el presente:
eternidad en vilo.

Corre la sangre, corre
con fatal avidez.[5]

---

1 *cundir*: extenderse.

2 *aplomar*: aumentar el peso.

la composición «Convalecencia», de Juan Ramón Jiménez, a la que pertenecen los siguientes versos: "Callo / [...] / dejándome lamer de ti, sol manso. / ... De pronto, sol, te yergues, / [...] / y, en una algarabía ardiente y loca, / ladras a los fantasmas vanos / que, mudas sombras, me amenazan / desde el desierto del ocaso".

4 El simple "ajuste entre los ojos y la luz", la contemplación de cuanto rodea al sujeto, a medida que el sol se levanta y luce con mayor intensidad, es calificada por Guillén como "el extraordinario fenómeno de la normalidad".

5 Tanto Unamuno como, posteriormente, Pedro Salinas, pusieron de relieve que la tradición cultural, lingüística, literaria, etc. converge en cada uno de nosotros y nos define. Para Guillén, esa tradición (los *siglos de raíz*) se adensa en el instante presente, que él vive con tal intensidad que se convierte en un "minuto eterno", una "eternidad *en vilo*", porque por el individuo corre una poderosa corriente vital. "Pasado y futuro", escribe el poeta, "yacen en estado latente de idea. Sólo el presente es real".

A ciegas acumulo
destino: quiero ser.

Ser, nada más. Y basta.
Es la absoluta dicha.
¡Con la esencia en silencio
tanto se identifica!

¡Al azar de las suertes
únicas de un tropel
surgir entre los siglos,
alzarse con el ser,

y a la fuerza fundirse
con la sonoridad
más tenaz: sí, sí, sí,
la palabra del mar![6]

Todo me comunica,
vencedor, hecho mundo,
su brío para ser
de veras real, en triunfo.

Soy, más: estoy. Respiro.
Lo profundo es el aire.
La realidad me inventa,
soy su leyenda. ¡Salve![7]

6 La idea de que el mar simboliza el absoluto y la afirmación de la vida procede de Juan Ramón Jiménez.

7 Tras afirmar que él es depositario de la tradición, Guillén escribe en el verso 40 que su propósito o "destino" es simplemente *ser*: "Es la absoluta dicha", agrega; pero ahora precisa que hay un estadio superior aún: *estar*, verbo que actualiza o pone en práctica la mera esencia del ser y que "constituye la consumación del ser", añade el poeta. El acto de *respirar* es una de las máximas expresiones de ese *estar*, una de las formas en que se produce la absorción del entorno que Jorge Guillén denomina "más allá". En el poema titulado «Mientras el aire es nuestro», escribe: "Respiro, / y el aire en mis pulmones / ya es saber, ya es amor, ya es alegría / [...] / Vivir, vivir, raptar —de vida a ritmo— / todo este mundo que me exhibe el aire".

MUERTE A LO LEJOS

Je soutenais l'éclat de la mort toute pure.
VALÉRY[8]

Alguna vez me angustia una certeza,[9]
y ante mí se estremece mi futuro.
Acechándolo está de pronto un muro
del arrabal final en que tropieza

la luz del campo.[10] ¿Mas habrá tristeza
si la desnuda el sol? No, no hay apuro
todavía. Lo urgente es el maduro
fruto. La mano ya lo descorteza.

... Y un día entre los días el más triste
será. Tenderse deberá la mano
sin afán. Y acatando el inminente

poder diré sin lágrimas: embiste,
justa fatalidad. El muro cano
va a imponerme su ley, no su accidente.[11]

---

8 'Yo resistía el estallido de la muerte pura', verso que figura en el libro *La joven Parca* (1917), de Paul Valéry.

9 En este verso se percibe una reminiscencia de uno de tantos poemas sobre la muerte de Juan Ramón Jiménez: "A veces, me acomete / un momentáneo horror" (*Eternidades*).

10 El futuro del poeta está amenazado por un muro del último *arrabal* ('barrio a las afueras de una ciudad') de la existencia humana, la tapia del cementerio contra la que topa la luz del campo ('la vida'). Los versos rememoran otros famosos de las coplas manriqueñas: "todo se torna graveza ['pesadez y molestia'] / cuando llega / el arrabal de senectud ['vejez']".

11 La actitud de Guillén ante la muerte en este poema es pareja de su actitud ante la vida: la muerte es una "certeza" que a veces angustia al poeta, pero, cuando compone este soneto, Guillén tiene treinta y siete años, y, al menos de momento, decide desechar la tristeza que la luz solar ahuyenta, pues "no hay apuro / todavía". Se impone, pues, poner en práctica el viejo lema del *carpe diem* horaciano, gozar de la vida y comer el maduro fruto que "la mano ya descorteza". Pero la muerte llegará sin remedio y, aunque el poeta no la desea (la mano ha de tenderse "sin afán"), aceptará lo que considera una"justa fatalidad": evocando las palabras de Séneca ("Mo-

CARA A CARA[12]

I

Lo demás es lo otro: viento triste,
mientras las hojas huyen en bandadas.
FEDERICO GARCÍA LORCA

Verde oscuro amarillento,
deslumbra un tigre. Fosfórico,
el círculo de agresión
general cierra su coso.[13]

Aun los cielos se barajan
—múltiples, bárbaros, lóbregos—
para formar una sola
sombra de dominio a plomo.

Nublado. Las nubes sitian
a las torres y cimborrios[3]
de la ciudad, de improviso

3 *cimborrio*: construcción cilíndrica situada bajo una cúpula.

rir es una ley, no un castigo"), Guillén nos recuerda que "el muro cano ['la muerte']" le impondrá "su ley, no su accidente ['suceso imprevisto']". "No es un fracaso", concluirá el poeta años más tarde en la composición titulada «Fuera del mundo»: "Es el término justo de una Historia, / Historia sabiamente organizada".

12 En la poesía de Guillén se exalta la realidad a tal punto que en «Beato sillón» el poeta llega a escribir: "El mundo está bien / hecho", aunque tenga "sus fallas y excelencias", agregará más adelante. Sin embargo, el "mundo" al que se refiere Guillén es la Creación, no la sociedad humana, de la que escribe: "Este mundo del hombre está mal hecho". El mal, el dolor, el caos, la pesadumbre, el desorden social vienen a perturbar la armonía y el "acorde" del hombre con la Creación, e irrumpen también en la poesía de Guillén. «Cara a cara», poema del que reproducimos dos secciones, es un ejemplo excelso de la reacción del poeta ante la violencia de la guerra civil.

13 Las imágenes violentas de raigambre lorquiana dominan esta primera estrofa: un tigre que deslumbra y "un círculo de agresión" con el brillo del fósforo que se cierra (sobre el sujeto) como si fuera una plaza de toros (*coso*), en una alusión a España, a la que Valle Inclán llamó "ruedo ibérico".

campestre. Se aguza un chopo
bajo un retumbo que lejos
se extingue, derrumbe sordo.
En el aire cruelmente
blando se ahuman los troncos,
y un crepúsculo a deshora
derrama en el día golfos
de una oscuridad que pide
luz urgente de socorro.[14]

Se encienden lámparas íntimas
que recogen en sus conos
de resplandor esos ámbitos
amigos de los coloquios.

Hay una desolación
a contra luz, algo anónimo
que zumba hostil, un difuso
conflicto de tarde y lodo
—con su tedio, que no deja
de escarbar. Y de sus hoyos
emergen desparramándose,
asfixiando, los enojos
escondidos, la más fosca
pululación[4] del bochorno,
el hervidero enemigo
de cuantos dioses invoco.

En relámpagos se rasgan
los cielos hasta esos fondos

---

4 *fosca pululación*: oscura multiplicación.

14 El mundo solar que prevalece en *Cántico* es sofocado en este poema por la oscuridad: los cielos se desordenan y caen *a plomo*, cubriendo el mundo de sombras, las nubes rodean (*sitian*) a las torres, convirtiendo la ciudad en un campo, un retumbo lejano sofoca a un chopo, y el tiempo se trastorna hasta difundir una oscuridad "que pide / luz urgente de socorro".

tan vacíos que iluminan
los cárdenos dolorosos.

El agresor general
va rodeándolo todo.
—Pues… aquí estoy. Yo no cedo.
Nada cederé al demonio.[15]

III

Si las furias de un amor,
si un paraíso de apóstol
¡ay! me conducen —en nombre
de algún dios— hasta algún foso,[16]

si el combate, si el disturbio
me desmenuzan en trozos
el planeta y se me clavan
los añicos entre escombros,

desde el centro del escándalo
yo sufriré con los rotos.[17]
Y cuando llegue la noche,
astros habrá tan notorios

que no fallará a mis plantas
el suelo. Yo me compongo
para mi soberanía
la paz de un islote propio.

15 Y frente al "agresor general" (con el doble significado de 'total' y 'grado militar', en alusión a Franco), la resistencia del hombre y de la vida.

16 La Iglesia apoyó la rebelión militar de Franco y calificó la guerra de "cruzada"; de ahí las referencias a las "furias de un amor" [cristiano], al "paraíso [prometido] de un apóstol" y a la violencia desatada "en nombre de algún dios".

17 El poeta expresa su compromiso con las víctimas ("los rotos") al compartir con ellas los sufrimientos que ha traído consigo "el escándalo" de la guerra desencadenada por los militares rebeldes.

¿Quién podría arrebatarme
tal libertad? No hay estorbo
que al fin me anule este goce
del más salvado tesoro.[18]

18 A la represión y la cárcel, que Guillén padeció en carne propia, el poeta opone la libertad interior ("un islote propio"), la libertad del espíritu ("astros habrá"), que, aunque parezca una paradoja, le permite mantener los pies en "el suelo". En versos de las secciones siguientes de este poema, Guillén añadirá que su "afán por las esencias" quedará intacto y su determinación de afrontar la realidad y exaltarla cuando sea oportuno permanecerá inalterada: "Heme ante la realidad / cara a cara. No me escondo, / sigo en mis trece. Ni cedo / ni cederé, siempre atónito ['asombrado ante la Creación']".

Gerardo Diego

El dominio de las más variadas formas poéticas, el ansia de experimentación y un hondo anhelo de espiritualidad son los rasgos más sobresalientes de la extensa obra de Gerardo Diego. Nacido en Santander en 1896, fue profesor de Instituto desde 1920 en Soria, como Antonio Machado, y posteriormente en Gijón, Santander y Madrid. Promotor de muchos de los actos del centenario de Góngora en 1927 y editor de *Poesía española. Antología 1915-1931*, libro que consagraría al grupo de jóvenes poetas de su generación, Diego fue también un gran aficionado a la música. En su obra conviven la estética vanguardista con la neopopular y la clásica. *Imagen* (1922) y *Manual de espumas* (1925), con sus juegos verbales y libre disposición de los versos, son posiblemente la mejor muestra de los movimientos ultraísta y creacionista, mientras que su poema *Fábula de Equis y Zeda* (1932) es un buen ejemplo de la moda gongorina. El rigor formal y un hondo lirismo predominan, en cambio, en *Versos humanos* (1925), libro al que pertenece el famoso soneto al ciprés de Silos, y *Alondra de verdad* (1941). Diego se inclinó progresivamente por las formas tradicionales, bien sea en libros como *El romancero de la novia* (1920) y *Soria* (1923), bien en sus composiciones de tema religioso, como los villancicos y letrillas de *Versos divinos* (1938). Partidario de una concepción de la poesía como divertimento o creación libre, siguió escribiendo y publicando poemas sobre los más diversos temas, entre ellos el taurino en *La suerte o la muerte* (1963), hasta su fallecimiento en Madrid en 1987.

ROMANCE DEL DUERO

Río Duero, río Duero,
nadie a acompañarte baja,
nadie se detiene a oír
tu eterna estrofa de agua.

Indiferente o cobarde
la ciudad vuelve la espalda.
No quiere ver en tu espejo
su muralla desdentada.[1]

Tú, viejo Duero, sonríes
entre tus barbas de plata,
moliendo con tus romances
las cosechas mal logradas.[2]

Y entre los santos de piedra[3]
y los álamos de magia
pasas llevando en tus ondas
palabras de amor, palabras.[4]

Quién pudiera como tú,
a la vez quieto y en marcha,
cantar siempre el mismo verso
pero con distinta agua.[5]

---

1 El poeta describe aquí la ciudad de Soria y su *muralla desdentada* ('de rotas almenas') con la misma mezcla de desdén y afecto con que lo hace Machado en los versos 79-84 de «Campos de Soria», poema en que se inspiró Diego para el suyo: "¡Soria fría [...] / con su castillo guerrero / arruinado sobre el Duero; / con sus murallas roídas / y sus casas denegridas!".

2 La sabiduría propia de la ancianidad, implícita en la metáfora con que se describe la espuma blanca del río (*barbas de plata*), remite a la idea de la *tradición eterna* unamuniana, "el fondo del ser del hombre mismo", esto es, los valores más enraizados de un pueblo, sus creencias, el lenguaje, los sentimientos, las canciones populares (como los *romances* o la *eterna estrofa de agua* que menciona el poeta), que se transmiten de padres a hijos.

3 Diego alude quizá a las ermitas de San Polo y San Saturio.

4 Las creencias religiosas (que implican los *santos de piedra*) y el amor (simbolizado por los *álamos de magia*) forman parte esencial de la tradición eterna. La alameda que bordea el Duero es descrita por Machado en el poema mencionado como "álamos del amor" que "tienen en sus cortezas / grabadas iniciales que son nombres / de enamorados".

5 Para expresar su idea de que todo en la vida está en cambio permanente, el filósofo griego Heráclito de Éfeso (s. V a. C.) pone el ejemplo de que no entramos dos veces en el mismo río, puesto que sus aguas cambian y el bañista también, aunque el cauce sea casi el mismo. A eso alude Diego al decir que el río está "a la vez quieto y en marcha".

Río Duero, río Duero,
nadie a estar contigo baja,
ya nadie quiere atender
tu eterna estrofa olvidada,

sino los enamorados
que preguntan por sus almas
y siembran en tus espumas
palabras de amor, palabras.[6]

EL CIPRÉS DE SILOS[7]

A Ángel del Río[8]

Enhiesto[1] surtidor de sombra y sueño
que acongojas el cielo con tu lanza.
Chorro que a las estrellas casi alcanza
devanado[2] a sí mismo en loco empeño.

Mástil de soledad, prodigio isleño;
flecha de fe, saeta de esperanza.
Hoy llegó a ti, riberas del Arlanza,[9]
peregrina al azar, mi alma sin dueño.

1 *enhiesto*: erguido.
2 *devanado*: enrollado.

6 La "tradición eterna" está simbolizada aquí por el amor, la naturaleza y el agua del río, que fluye como el tiempo. La ciudad, en cambio, es el presente superficial e ignorante que se olvida (*vuelve la espalda*) de la verdadera tradición y no quiere contemplar su decadencia.

7 En verano de 1924 Gerardo Diego hizo una excursión al monasterio románico de Santo Domingo de Silos (Burgos) y pasó la noche allí. Después de cenar salió al claustro para, según sus palabras, "gozar de la contemplación del ciprés y de la noche estrellada". Esa misma noche compuso este hermosísimo soneto y lo escribió en el libro de visitas del convento.

8 Diego visitó el monasterio acompañado de su amigo Ángel del Río, prestigioso catedrático a quien se deben una buena síntesis de la historia de la literatura española y excelentes estudios de la obra de Lorca.

9 El Arlanza es un afluente del Pisuerga que discurre cerca del monasterio.

Cuando te vi, señero,[3] dulce, firme,
qué ansiedades sentí de diluirme
y ascender como tú, vuelto en cristales,[4]

como tú, negra torre de arduos[5] filos,
ejemplo de delirios verticales,
mudo ciprés en el fervor de Silos.[10]

---

3 *señero*: aislado, solitario.

4 *vuelto en cristales*: 'convertido en cristales', metáfora que alude tanto a la claridad del aire por el que asciende el ciprés como a la 'iluminación' mística que experimenta quien contempla el árbol. La metáfora contrasta con la que emplea en el verso siguiente: "negra torre".

5 *arduos*: difíciles, esforzados.

10 El poeta llega al monasterio extraviado espiritualmente (como un *alma sin dueño*), y, al contemplar la altura y espigamiento del ciprés, ve en él un símbolo de sus ansias de elevación espiritual y sus anhelos místicos, que encuentran un ambiente propicio en el *fervor* monacal de Silos. El soneto, de una rara perfección formal, lo constituye una catarata de imágenes y metáforas que ponen de relieve el aislamiento del ciprés (*mástil de soledad*, *prodigio isleño*, *señero...*) y su movimiento vertical, que representa la unión mística con Dios (*surtidor de sombra y sueño*, *lanza*, *chorro* hacia *las estrellas*, *flecha de fe*, *saeta de esperanza*, *delirios verticales...*).

Federico García Lorca

Pocos poetas españoles han alcanzado la universalidad conseguida por el granadino Federico García Lorca (1898-1936). Pasa los años decisivos de su infancia en el pueblo de Fuente Vaqueros, origen de su amor hacia lo popular y de su solidaridad hacia los desfavorecidos. Sus dotes artísticas para la música, la pintura, el teatro y la poesía se manifestan con precocidad. Instalado desde 1919 en la madrileña Residencia de Estudiantes, traba amistad con Salvador Dalí y Luis Buñuel, y suma a su amplio conocimiento de la poesía popular y culta los lenguajes más renovadores de las vanguardias. En sus primeros libros, como *Poema del cante jondo* (1931) o el *Romancero gitano* (1928), Lorca da cuenta de esta fructífera combinación y elabora un particular universo simbólico, profundamente andaluz y absolutamente universal. No obstante, para escapar de ciertos tópicos asociados a su obra como el del gitanismo, Lorca radicaliza su lenguaje poético en *Poeta en Nueva York*, compuesto entre 1929 y 1931 durante su estancia en EE UU. El libro, resultado de una crisis personal y estética, muestra una brillante asimilación del surrealismo, una profunda crítica social y el hondo pesimismo existencial que acompañó siempre al poeta y que contrasta con la arrolladora vitalidad y alegría de su imagen pública. Tras su regreso a España, Lorca se compromete cada vez más con los ideales republicanos, acrecienta su producción dramática hasta convertirse en un dramaturgo excepcional y alcanza una gran celebridad pública. Su creación poética prosigue con títulos como la portentosa elegía «Llanto por la muerte de Ignacio Sánchez Mejías» (1935) o los *Sonetos del amor oscuro*, poemario publicado póstumamente y que revela una asunción no conflictiva de su homosexualidad. Tras el golpe de estado de 1936, Lorca marcha a Granada, pero allí es detenido por los franquistas y, poco después, fusilado. Sofocada así una de las voces más importantes de nuestra literatura, el escritor se ha convertido desde entonces en un símbolo de la libertad y la cultura agredidas por la barbarie del fascismo.

ROMANCE DE LA LUNA, LUNA

A Conchita García Lorca[1]

La luna vino a la fragua[2]
con su polisón de nardos.
El niño la mira, mira.
El niño la está mirando.
En el aire conmovido
mueve la luna sus brazos
y enseña, lúbrica y pura,
sus senos de duro estaño.[1]
—Huye luna, luna, luna.
Si vinieran los gitanos,
harían con tu corazón
collares y anillos blancos.
—Niño, déjame que baile.
Cuando vengan los gitanos,
te encontrarán sobre el yunque
con los ojillos cerrados.[2]
—Huye luna, luna, luna,
que ya siento sus caballos.

---

1 La luna, personificada como una bailarina lujuriosa (*lúbrica*) y pura al mismo tiempo, acude a la herrería (*fragua*), donde el niño está solo. Su vestido es blanco, como la flor de los nardos, y abultado por llevar debajo un *polisón* ('armazón sujeta a la cintura que se ponían las mujeres para ahuecar el vestido por detrás'). La luna llena, que es como un gran disco o un seno de *estaño* ('metal brillante como la plata'), mueve los brazos ('los rayos lunares') para embelesar al niño con su danza de muerte. La asociación entre el amor (representado por la lujuriosa luna con sus senos al aire y su incitante baile) y la muerte (pues la luna no sólo es símbolo femenino, sino también de muerte) es muy habitual en Lorca.

2 *yunque*: 'pieza de hierro sobre la que se golpean los metales para moldearlos'; *con los ojillos cerrados*: esto es, 'muerto'.

1 Concha García Lorca (1903-1962) era la mayor de las hermanas del poeta.

2 La *fragua* es el 'fogón en que se caldean los metales para forjarlos'. Junto a otros oficios como el de esquilador y el de tratante de ganado, los gitanos solían ejercer el trabajo de forjador.

—Niño, déjame, no pises
mi blancor almidonado.[3]

El jinete se acercaba
tocando el tambor del llano.[3]
Dentro de la fragua el niño
tiene los ojos cerrados.
Por el olivar venían,
bronce y sueño, los gitanos.[4]
Las cabezas levantadas
y los ojos entornados.

Cómo canta la zumaya,[5]
¡ay, cómo canta en el árbol!
Por el cielo va la luna
con un niño de la mano.[4]

Dentro de la fragua lloran,
dando gritos, los gitanos.
El aire la vela, vela.[6]
El aire la está velando.[5]

3 *blancor almidonado*: 'la luz de la luna', 'el vestido blanco de la luna'. El *almidón* es una sustancia que antiguamente se empleaba para blanquear y endurecer la ropa.

4 Los gitanos, morenos como el bronce, regresan cansados.

5 *zumaya*: autillo, ave rapaz nocturna parecida a la lechuza. Su canto suele ser anuncio de mal agüero.

6 *velar*: 'cuidar con atención', aunque también, 'soplar el viento durante toda la noche'.

3 El jinete que se acerca cabalgando es la muerte. El *llano* es comparado a un tambor al que golpean los cascos del caballo al galopar.

4 La luna, como sucede en varias religiones primitivas, se presenta aquí como una acompañante de las almas al otro mundo.

5 García Lorca reelabora en estos versos finales la popular «Nana de los gitanos de Granada»: "Tengo una choza en el campo. / Tengo una choza en el campo. / El aire la vela vela, / el aire la está velando". Las alusiones al aire (en el v. 5, asociado a la sensualidad, y en los vv. 35-36, a la muerte) dotan a este romance de una estructura circular.

CIUDAD SIN SUEÑO

Nocturno del Brooklyn Bridge[6]

No duerme nadie por el cielo. Nadie, nadie.
No duerme nadie.
Las criaturas de la luna huelen y rondan las cabañas.
Vendrán las iguanas vivas a morder a los hombres que no sueñan
y el que huye con el corazón roto encontrará por las esquinas
al increíble cocodrilo quieto bajo la tierna protesta de los astros.

No duerme nadie por el mundo. Nadie, nadie.
No duerme nadie.
Hay un muerto en el cementerio más lejano
que se queja tres años
porque tiene un paisaje seco en la rodilla
y el niño que enterraron esta mañana lloraba tanto
que hubo necesidad de llamar a los perros para que callase.

No es sueño la vida.[7] ¡Alerta! ¡Alerta! ¡Alerta!
Nos caemos por las escaleras para comer la tierra húmeda

---

6 Lorca tituló esta composición de *Poeta en Nueva York* «Vigilia» (con el sentido de 'estar despierto') y luego cambió el título por «Ciudad sin sueño». El *nocturno* es una pieza musical de tono melancólico. El puente neoyorkino de Brooklyn une la isla de Manhattan con el barrio de Brooklyn.

7 El poeta niega la famosa sentencia de Calderón que presenta la vida como algo ilusorio y pasajero (una "sombra", una "ficción", pues "todos los que viven sueñan", afirma Basilio en *La vida es sueño*), un sueño del que sólo despertamos con la muerte y el renacer a la vida eterna. Pero la noche neoyorkina despierta en el poeta unos sentimientos muy distintos a esa visión cristiana: para Lorca, la vida en la gran urbe *no es sueño* (en el doble sentido de 'descanso físico y mental' y de 'ensoñación, ilusión, fantasía'), sino un estado de permanente vigilia que se convierte en una maldición y una pesadilla. En la noche, las iguanas y los cocodrilos amenazan a quienes no duermen o huyen "con el corazón roto" (como el propio poeta), y los muertos no descansan y continúan sufriendo, pues no se renace a otra vida.

o subimos al filo de la nieve con el coro de las dalias muertas.
Pero no hay olvido ni sueño:
carne viva. Los besos atan las bocas
en una maraña de venas recientes
y al que le duele su dolor le dolerá sin descanso
y el que teme la muerte la llevará sobre los hombros.[8]

Un día
los caballos vivirán en las tabernas
y las hormigas furiosas
atacarán los cielos amarillos que se refugian en los ojos de las vacas.
Otro día
veremos la resurrección de las mariposas disecadas
y aun andando por un paisaje de esponjas grises y barcos mudos
veremos brillar nuestro anillo y manar rosas de nuestra lengua.

¡Alerta! ¡Alerta! ¡Alerta!
A los que guardan todavía huellas de zarpa y aguacero,
a aquel muchacho que llora porque no sabe la invención del puente
o a aquel muerto que ya no tiene más que la cabeza y un zapato,
hay que llevarlos al muro donde iguanas y sierpes esperan,

8 Muy afectado por un desengaño amoroso, Lorca realiza un viaje a los Estados Unidos en 1929 y proyecta su profundo dolor en la ciudad de Nueva York, que es, para el poeta, "símbolo patético" del "sufrimiento", una ciudad dominada por la muerte porque de ella ha desaparecido el amor pero donde, paradójicamente, no es posible la muerte y el olvido: "no hay olvido ni sueño: / carne viva", sólo un "dolor" (en "carne viva") que duele "sin descanso". El hondo sufrimiento del poeta perdura porque aún no ha logrado desprenderse de la "maraña de venas recientes" que "atan las bocas".

donde espera la dentadura del oso,
donde espera la mano momificada del niño
y la piel del camello se eriza con un violento escalofrío
  azul.[9]

No duerme nadie por el cielo. Nadie, nadie.
No duerme nadie.
Pero si alguien cierra los ojos
¡azotadlo, hijos míos, azotadlo!
Haya un panorama de ojos abiertos
y amargas llagas encendidas.
No duerme nadie por el mundo. Nadie, nadie.
Ya lo he dicho.
No duerme nadie.
Pero si alguien tiene por la noche exceso de musgo en
  las sienes,
abrid los escotillones[7] para que vea bajo la luna
las copas falsas, el veneno y la calavera de los teatros.[10]

---

7 *escotillón*: trampilla situada en el piso de los escenarios que se utiliza para hacer salir o desaparecer de la escena personas o cosas.

9 En las dos últimas estrofas Lorca se refiere probablemente a la resurrección de los muertos previa al Juicio Final (Ap. 20, 11-15), día en que, según el poeta, "los caballos [recurrente símbolo sexual en Lorca] vivirán en las tabernas", "las hormigas furiosas / atacarán los cielos amarillos que se refugian en los ojos de las vacas" [alusión a la muerte], resucitarán "las mariposas [símbolo del espíritu] disecadas" y volverán a "manar rosas de nuestra lengua".

10 Frente a la tenue esperanza a que apunta la "resurrección" en las estrofas cuarta y quinta, la última estrofa es desoladora: el poeta pide que "haya un panorama de ojos abiertos / y amargas llagas encendidas" para que nadie se sienta tentado de negar la cruda realidad y la verdad desnuda en el teatro de la vida: "copas falsas, el veneno y la calavera de los teatros". En «Paisaje de la multitud que vomita», otra composición de *Poeta en Nueva York* del mismo apartado («Calles y sueños»), el "poeta" se describe "sin brazos" y "sin caballo efusivo que corte / los espesos musgos de mis sienes", versos donde el *caballo* es una evidente alusión sexual y el *musgo en mis sienes* una probable referencia al tormento interior del poeta o a la muerte, al igual que en el v. 47 de «Ciudad sin sueño».

LLANTO POR IGNACIO SÁNCHEZ MEJÍAS

II

LA SANGRE DERRAMADA[11]

¡Que no quiero verla!

Dile a la luna que venga,
que no quiero ver la sangre
de Ignacio sobre la arena.[12]

¡Que no quiero verla!

La luna de par en par,
caballo de nubes quietas,
y la plaza gris del sueño
con sauces en las barreras.[13]

¡Que no quiero verla!
Que mi recuerdo se quema.
¡Avisad a los jazmines
con su blancura pequeña![14]

¡Que no quiero verla!

---

11 Este poema es la segunda parte de la elegía que Lorca compuso a la muerte de Ignacio Sánchez Mejías, torero y mecenas de poetas, escritor aficionado él mismo, que murió el 13 de agosto de 1934, dos días después de ser corneado en la plaza de toros de Manzanares (Ciudad Real).

12 Nueva referencia a la luna en clave mítica, como acompañante del alma de los muertos al otro mundo.

13 García Lorca transforma la plaza de toros en un espacio simbólico dominado por la muerte. Así, tanto la *luna* llena ("caballo de nubes quietas" que abre "de par en par" las puertas hacia el otro mundo) como los *sauces* (un árbol funerario) y el *sueño* son símbolos de muerte. Lorca opinaba que la afición española por el toreo se basa "en una emoción en la que intervienen los muertos asomados en sus inmóviles barreras y contrabarreras de luz lunar".

14 La contemplación de la sangre roja hace que al poeta se le borre (*quema*) el recuerdo de su amigo en vida, de ahí que invoque a los *jazmines* para que sofoquen con su blancura esa imagen dolorosa.

La vaca del viejo mundo[15]
pasaba su triste lengua
sobre un hocico de sangres
derramadas en la arena,
y los toros de Guisando,
casi muerte y casi piedra,
mugieron como dos siglos
hartos de pisar la tierra.[16]

No.
¡Que no quiero verla!

Por las gradas sube Ignacio
con toda su muerte a cuestas.[17]
Buscaba el amanecer,
y el amanecer no era.
Busca su perfil seguro,
y el sueño lo desorienta.
Buscaba su hermoso cuerpo
y encontró su sangre abierta.
¡No me digáis que la vea!
No quiero sentir el chorro
cada vez con menos fuerza;
ese chorro que ilumina
los tendidos y se vuelca
sobre la pana y el cuero
de muchedumbre sedienta.

---

15 La *vaca del viejo mundo* es símbolo de la luna.

16 Los *toros de Guisando* (Ávila) son dos becerros de granito que constituyen una de las escasas muestras del arte celtibérico peninsular. Su condición primitiva casa a la perfección con la ambientación mítico-simbólica que se ofrece de la muerte del torero, que, como la de Jesucristo, ocasiona diversos prodigios: la "vaca" celestial recoge con su lengua la sangre de la arena y los toros de Guisando lamentan la muerte de Sánchez Mejías con un mugido hiperbólico ("como dos siglos / hartos de pisar la tierra").

17 El torero sube con la cruz de la muerte por las gradas de la plaza para ser sacrificado por el toro; en esta imagen se compara al torero con Jesucristo.

¿Quién me grita que me asome?
¡No me digáis que la vea!

No se cerraron sus ojos
cuando vio los cuernos cerca,
pero las madres terribles
levantaron la cabeza.[18]
Y a través de las ganaderías,
hubo un aire de voces secretas
que gritaban a toros celestes,
mayorales de pálida niebla.[19]

No hubo príncipe en Sevilla
que comparársele pueda,
ni espada como su espada,
ni corazón tan de veras.
Como un río de leones
su maravillosa fuerza,
y como un torso de mármol
su dibujada prudencia.
Aire de Roma andaluza
le doraba la cabeza[20]
donde su risa era un nardo

18 Alusión al mito de las tres Parcas: Cloto hila el hilo de la vida, Láquesis lo devana y Atropos lo quiebra. Lorca probablemente tomó la expresión *madres terribles* del *Fausto* de Goethe o acaso de Nietzsche, que las designó con los nombres de Ilusión, Voluntad y Dolor.

19 *mayoral*: 'capataz de una ganadería de reses bravas'. La asociación con la *pálida niebla* es una imagen fantasmal y simbólica de la muerte. Lorca dota de un tono cósmico la muerte del torero al pluralizar la constelación de Tauro (*toros celestes*) y del Boyero (*mayorales*).

20 El elogio del torero se lleva a cabo mediante comparaciones hiperbólicas (*como un río de leones*), algunas de las cuales lo asimilan a los emperadores romanos, como el "aire de Roma" que "le doraba la cabeza" o el "torso de mármol" con que se compara su prudencia (el *torso* es una estatua del tronco humano sin las extremidades). En consonancia con el género medieval del *planto* ('llanto') al que remite el poema, Lorca destaca dos de las virtudes que la épica suele atribuir a los héroes, la prudencia y la fortaleza.

de sal[8] y de inteligencia.
¡Qué gran torero en la plaza!
¡Qué buen serrano en la sierra!
¡Qué blando con las espigas!
¡Qué duro con las espuelas!
¡Qué tierno con el rocío!
¡Qué deslumbrante en la feria!
¡Qué tremendo con las últimas
banderillas de tiniebla![21]

Pero ya duerme sin fin.
Ya los musgos y la hierba
abren con dedos seguros
la flor de su calavera.
Y su sangre ya viene cantando:
cantando por marismas[9] y praderas,
resbalando por cuernos ateridos,[10]
vacilando sin alma por la niebla,
tropezando con miles de pezuñas
como una larga, oscura, triste lengua,[22]
para formar un charco de agonía
junto al Guadalquivir de las estrellas.

¡Oh blanco muro de España![23]
¡Oh negro toro de pena!

---

8 *nardo*: 'flor blanca y muy olorosa que simboliza la sencillez y la pureza'; es posible que se refiera a la blancura de los dientes; *sal*: ingenio y gracia.

9 *marisma*: terreno bajo y pantanoso que inundan las aguas del mar.

10 *aterido*: rígido y paralizado por el frío.

21 Con estos versos concluye la alabanza del fallecido, una parte característica de toda elegía. En ellos se aprecia la influencia de la estrofa XXVI de las *Coplas a la muerte de su padre* de Jorge Manrique.

22 La sangre, fluido vital del torero, se "derrama" por un mundo dominado por la muerte, lamiendo todo a su paso con su roja y "triste lengua", que contrasta con la "lengua de la vaca" lunar del v. 16.

23 El *blanco muro* es un símbolo de la muerte, por alusión a los muros del cementerio.

¡Oh sangre dura de Ignacio!
¡Oh ruiseñor de sus venas!

No.
¡Que no quiero verla!
Que no hay cáliz que la contenga,
que no hay golondrinas que se la beban,
no hay escarcha de luz que la enfríe,
no hay canto ni diluvio de azucenas,
no hay cristal que la cubra de plata.[24]
No.
¡¡Yo no quiero verla!!

24 En la última estrofa se retoma el motivo cristológico como medio para sublimar todavía más la figura del torero. Con el *cáliz* se alude a la última cena y la pasión de Jesucristo, pues el cáliz es la copa de vino de la que los apóstoles bebieron en la última cena tras haber proclamado Jesús: "Ésta es mi sangre de la Alianza" (Marcos, 14, 24), palabras con las que instituyó el sacramento de la eucaristía. Por otra parte, la leyenda atribuye a las golondrinas, simbólicas de la primavera y el renacimiento, el haber sacado las espinas de la corona de Jesucristo, aunque no el haber bebido su sangre. Las azucenas son símbolo de pureza y se utilizan con frecuencia en los pasos de las procesiones de Semana Santa en Andalucía. Por último, el "cristal que la cubra de plata" se refiere al relicario donde se guarda y exhibe el cáliz.

Dámaso Alonso

Como muchos poetas del 27, Dámaso Alonso (1898-1990) conjugó la creación con la labor crítica. Profesor en varias universidades europeas y americanas, y director de la Real Academia de la Lengua entre 1968 y 1982, sus estudios literarios en torno a la lírica tradicional y Góngora son fundamentales. En 1921 sacó a la luz *Poemas puros. Poemillas de la ciudad*, libro en la línea de la poesía pura y vanguardista, pero hasta 1944 no publica su siguiente obra, *Hijos de la ira*. En este poemario da cauce libre, tras la dura experiencia de la guerra civil, a su angustia existencial y a su conflictiva relación con Dios y la muerte. El verso libre y un lenguaje rico en léxico y giros expresivos que tienden al prosaísmo y al monólogo, no exento de improperios e imágenes alucinadas y macabras, caracterizan este libro, que inicia una corriente de "poesía desarraigada" de corte existencial y honda influencia en los jóvenes poetas de los años cuarenta y cincuenta. *Oscura noticia* (1944) y *Hombre y Dios* (1955) completarán su breve pero intensa labor poética.

INSOMNIO

Madrid es una ciudad de más de un millón
  de cadáveres (según las últimas estadísticas).[1]
A veces en la noche yo me revuelvo y me incorporo
  en este nicho en el que hace cuarenta y cinco años
  que me pudro,

---

1 Un millón de habitantes era la población que tenía Madrid en 1940, fecha en que se compuso este poema. La identificación de personas con cadáveres y de Madrid con un cementerio parece inspirada en el artículo de Larra «El día de difuntos de 1836»: "El cementerio está dentro de Madrid. Madrid es el cementerio. Pero vasto cementerio donde cada casa es el nicho de una familia, cada calle el sepulcro de un acontecimiento, cada corazón la urna cineraria de una esperanza o un deseo".

y paso largas horas oyendo gemir al huracán, o ladrar
los perros, o fluir blandamente la luz de la luna.
Y paso largas horas gimiendo como el huracán, ladrando
como un perro enfurecido, fluyendo como la leche
de la ubre[1] caliente de una gran vaca amarilla.[2]
Y paso largas horas preguntándole a Dios,
preguntándole por qué se pudre lentamente mi alma,
por qué se pudren más de un millón de cadáveres
en esta ciudad de Madrid,
por qué mil millones de cadáveres se pudren
lentamente en el mundo.
Dime, ¿qué huerto quieres abonar con nuestra
podredumbre?
¿Temes que se te sequen los grandes rosales del día,
las tristes azucenas letales[2] de tus noches?[3]

1 *ubre*: teta de la hembra de los mamíferos.
2 *letal*: que ocasiona la muerte, mortal.

2 La imagen de la *gran vaca amarilla*, quizá inspirada en otras semejantes de Lorca para aludir a la muerte ("cielos amarillos que se refugian en los ojos de las vacas", "la vaca del viejo mundo"…), debe interpretarse como la visión de una existencia enfermiza y falta de vitalidad, la de una sociedad atenazada, alienada y determinada por la muerte y el dolor.
3 La invocación a Dios y la extensión de la *podredumbre* al mundo entero imprime un tono sombrío, existencial y metafísico al poema, cuyo título («Insomnio») nos desvela la pesadilla terrible que es la existencia para el poeta.

Vicente Aleixandre

La vida de Vicente Aleixandre (Sevilla, 1898-Madrid, 1984) parecía destinada al ejercicio de la docencia en una Escuela de Comercio o al desempeño de un trabajo de empleado en una compañía de ferrocarriles, cuando en 1925 una grave enfermedad renal lo apartó para siempre de la vida activa. Con el inicio de su enfermedad, la creación poética, inducida por la lectura de Rubén Darío, se le ofrece como posibilidad de trascender el dolor y dar un giro radical a su vida, sobre todo cuando, tras un libro primerizo, *Ámbito* (1928), el poeta se abre al influjo del surrealismo francés y cultiva un lenguaje liberado de la lógica, capaz de expresar la dimensión inconsciente del ser humano. La primera etapa de su obra es una celebración vitalista y romántica de la unidad del cosmos, a cuyas fuerzas se suma el hombre cuando se entrega a la pasión amorosa, entendida como impulso dirigido a fundirse con la naturaleza toda, a través de la unión con el ser amado. Tal es el sentido de los títulos de dos espléndidos poemarios, *Espadas como labios* (1932) y, sobre todo, *La destrucción o el amor* (1935). El epígrafe revelador de su obra cumbre, *Sombra del paraíso* (1944), evoca un mundo edénico de felicidad y amor perdidos y expresa la belleza esencial que el poeta descubre en el mundo "antes de la aparición del hombre", pese al contexto de guerra europea y posguerra española en que fue escrito. En los años cincuenta Aleixandre se convierte en referencia estética y moral para los poetas jóvenes, por la importancia que adquiere en su obra la solidaridad y el compromiso ético a partir de *Historia del corazón* (1954): el poeta ha de compartir su vida y sentirse uno con el resto de los hombres, y comunicarse con ellos para guiarlos hacia una comprensión más profunda de la existencia. El mismo propósito de alcanzar un mundo más libre y fraternal tiene su siguiente libro, *En un vasto dominio* (1962). Su última etapa la componen dos libros más densos y filosóficos en los que el poeta analiza su propia existencia desde el "arrabal" de senectud: *Poemas de la consumación* (1968) y *Diálogos del conocimiento* (1974).

SE QUERÍAN

Se querían.[1]
Sufrían por la luz, labios azules en la madrugada,
labios saliendo de la noche dura,
labios partidos, sangre, ¿sangre dónde?[2]
Se querían en un lecho navío, mitad noche, mitad luz.[3]

Se querían como las flores a las espinas hondas,
a esa amorosa gema[1] del amarillo nuevo,
cuando los rostros giran melancólicamente,
giralunas[2] que brillan recibiendo aquel beso.

Se querían de noche, cuando los perros hondos
laten bajo la tierra y los valles se estiran
como lomos arcaicos que se sienten repasados:
caricia, seda, mano, luna que llega y toca.[4]

Se querían de amor entre la madrugada,
entre las duras piedras cerradas de la noche,

---

1 *gema*: yema, capullo de una flor completamente cerrado.
2 *giralunas*: neologismo creado a partir de *girasoles* y con el que se refiere a los rostros que se iluminan al ser besados.

1 En términos a menudo irracionales, el poema describe la relación amorosa de unos amantes, cuya identidad no se precisa.
2 Para Aleixandre, el amor es una fuerza que disuelve a todos los seres en la naturaleza y une a los contrarios en una pasión destructiva que iguala el placer y el dolor, la vida y la muerte. En el poema «Unidad en ella» escribe: "Quiero amor o la muerte, quiero morir del todo, / quiero ser tú, tu sangre, [...] / Este beso en tus labios como una lenta espina".
3 El lecho que acoge a los amantes es un *navío* ('barco grande, generalmente de guerra') que, en su movimiento, simboliza la unión de opuestos que es el amor, la fusión de la *noche* (quizá la 'inconsciencia y el placer', pero también el 'dolor', pues en el v. 3 la califica de *dura*) y la *luz* (la 'claridad mental de la razón', en que *se quieren* pero por la que también *sufren*, v. 2).
4 El poeta describe la relación amorosa con imágenes que implican y funden a toda la creación: personas, animales y naturaleza. Así, mientras que los *perros hondos* aluden a la pasión amorosa, los cuerpos humanos son descritos mediante una animalización de la naturaleza: "los valles se estiran / como lomos arcaicos".

duras como los cuerpos helados por las horas,
duras como los besos de diente a diente sólo.[5]

Se querían de día, playa que va creciendo,
ondas que por los pies acarician los muslos,
cuerpos que se levantan de la tierra y flotando...[6]
Se querían de día, sobre el mar, bajo el cielo.

Mediodía perfecto, se querían tan íntimos,
mar altísimo y joven, intimidad extensa,
soledad de lo vivo, horizontes remotos
ligados como cuerpos en soledad cantando.

Amando. Se querían como la luna lúcida,
como ese mar redondo que se aplica a ese rostro,
dulce eclipse de agua, mejilla oscurecida,
donde los peces rojos van y vienen sin música.[7]

Día, noche, ponientes, madrugadas, espacios,
ondas nuevas, antiguas, fugitivas, perpetuas,
mar o tierra, navío, lecho, pluma, cristal,
metal, música, labio, silencio, vegetal,
mundo, quietud, su forma. Se querían, sabedlo.[8]

---

5 El poeta asocia de nuevo la noche a imágenes 'negativas': las horas de la noche son descritas como "duras piedras cerradas" que dejan los "cuerpos helados" y en las que los amantes se besan con los "dientes". No obstante, esa *dureza* de la noche sólo es negativa en apariencia, pues la máxima aspiración de Aleixandre es alcanzar la unidad de todo lo creado.

6 La suspensión de la frase parece invitar al lector a que participe de la concepción telúrica del amor del poeta.

7 La luna es un "mar redondo" y éste, a su vez, el rostro del amante, que se oscurece como en un eclipse lunar y por el que nadan los "peces rojos" de la pasión amorosa.

8 El irracionalismo y la ruptura de la lógica de raigambre surrealista culminan en la enumeración caótica de sustantivos y adjetivos —algunos de ellos dispersos por el poema— asociados a la unión de los amantes. La composición concluye con su motivo reiterado (*Se querían*) e invocando al lector (*sabedlo*), quizá para implicarlo.

EN LA PLAZA

Hermoso es, hermosamente humilde y confiante,
vivificador y profundo,
sentirse bajo el sol, entre los demás, impelido,
llevado, conducido, mezclado, rumorosamente arrastrado.

No es bueno
quedarse en la orilla
como el malecón o como el molusco que quiere
calcáreamente imitar a la roca.
Sino que es puro y sereno arrasarse en la dicha
de fluir y perderse,
encontrándose en el movimiento con que el gran
corazón de los hombres palpita extendido.[9]

Como ese que vive ahí, ignoro en qué piso,
y le he visto bajar por unas escaleras
y adentrarse valientemente entre la multitud y perderse.
La gran masa pasaba. Pero era reconocible el diminuto
corazón afluido.[10]
Allí, ¿quién lo reconocería? Allí con esperanza, con
resolución o con fe, con temeroso denuedo,[3]

---

3 *denuedo*: esfuerzo y valor en la lucha.

9 Según parece, el poema pudo inspirárselo al autor la manifestación en favor de la República que tuvo lugar el 15 de abril de 1931 en la plaza del Sol de Madrid. Aleixandre la describió del siguiente modo: "Mujeres, jóvenes, hombres maduros. [...] Pocas veces he visto a la ciudad tan hermanada, tan unificada: la ciudad era una voz, una circulación y, afluyendo toda la sangre, un corazón mismo palpitador". En consonancia con la "nueva mirada" hacia los otros que caracteriza a la segunda etapa de su obra, en este poema de *Historia del corazón* Aleixandre propone sumarse solidariamente al "gran corazón" de la colectividad y rechaza el aislamiento del que se queda "en la orilla", al igual que el *malecón*, una muralla que sirve de defensa contra las aguas (en este caso, las simbólicas aguas de la gente).

10 El personaje anónimo une su "diminuto corazón" al "gran corazón" del colectivo, junta su individualidad, sin perderla, con el conjunto social, como *afluye* un río a otro mayor.

con silenciosa humildad, allí él también
transcurría.

Era una gran plaza abierta, y había olor de existencia.
Un olor a gran sol descubierto, a viento rizándolo,
un gran viento que sobre las cabezas pasaba su mano,
su gran mano que rozaba las frentes unidas y las
reconfortaba.[11]

Y era el serpear que se movía
como un único ser, no sé si desvalido, no sé si poderoso,
pero existente y perceptible, pero cubridor de la tierra.[12]

Allí cada uno puede mirarse y puede alegrarse y puede
reconocerse.
Cuando, en la tarde caldeada, solo en tu gabinete,[4]
con los ojos extraños y la interrogación en la boca,
quisieras algo preguntar a tu imagen,

no te busques en el espejo,
en un extinto diálogo en que no te oyes.
Baja, baja despacio y búscate entre los otros.[13]

---

4 *gabinete*: en las casas antiguas, 'sala contigua al dormitorio'.

11 En la Biblia, el sol es, por excelencia, el bien compartido por los seres humanos de toda condición, y el viento a menudo simboliza el Espíritu que actúa en ellos.

12 La idea de que la "gran masa humana" es "como un único ser" está probablemente inspirada en Jules Romains (1885-1972), escritor francés opuesto al individualismo que en su teoría del *unanimismo* defendió que la colectividad humana tiene un "alma única".

13 El poeta aconseja al lector, y sobre todo al intelectual y al artista, que no se aísle ni adopte una vana actitud introspectiva, pues de ese modo no obtendrá respuesta a sus interrogantes, sino que se hermane con la gente y aprenda a reconocerse "entre los otros". Es lo que Antonio Machado (escritor por el que Aleixandre sentía verdadera devoción) había experimentado en su trayectoria personal y poética y lo que recomendó en tantos de sus «Proverbios y cantares»: "Ese tu Narciso / ya no se ve en el espejo, / porque es el espejo mismo"; "Busca en tu prójimo espejo"; "No es el yo fundamental / lo que busca el poeta, / sino el tú esencial", "Con el tú de mi canción / no te aludo, compañero; / ese tú soy yo", etc.

Allí están todos, y tú entre ellos.
Oh, desnúdate y fúndete, y reconócete.

Entra despacio, como el bañista que, temeroso,
con mucho amor y recelo al agua,
introduce primero sus pies en la espuma,
y siente el agua subirle, y ya se atreve, y casi ya se decide.
Y ahora con el agua en la cintura todavía no se confía.
Pero él extiende sus brazos, abre al fin sus dos brazos
y se entrega completo.
Y allí fuerte se reconoce, y se crece y se lanza,
y avanza y levanta espumas, y salta y confía,
y hiende[5] y late en las aguas vivas, y canta, y es joven.

Así, entra con pies desnudos. Entra en el hervor,
en la plaza.
Entra en el torrente que te reclama y allí sé tú mismo.
¡Oh pequeño corazón diminuto, corazón que quiere latir
para ser él también el unánime corazón que le alcanza![14]

5 *hiende*: corta el agua al nadar.

14 Con un lenguaje directo, desprovisto ya de las imágenes de corte surrelista de la etapa anterior, y habiendo olvidado por completo su pesimismo respecto al hombre, Aleixandre invita al lector (un "corazón diminuto" porque es un solo individuo) a que abandone todo temor y, como un bañista inexperto y temeroso del agua, se lance a las "aguas vivas" y se deje arrastrar por el torrente de la humanidad para fundirse en su "unánime corazón", en la seguridad de que "en el hervor" de la plaza no perderá su ser individual.

Rafael Alberti

La infancia de Rafael Alberti (1902-1999) transcurre en la localidad gaditana de El Puerto de Santa María, escenario paradisiaco del que es desterrado en 1917 cuando su familia se traslada a Madrid. Aunque su primera vocación artística es la pintura, pronto encamina sus pasos hacia la poesía, género en el que demostrará un raro virtuosismo técnico. Sus primeras obras evidencian una prodigiosa capacidad para asimilar tonos y estilos muy diferentes: la tradición popular en *Marinero en tierra* (1924), la poesía pura en *La amante* (1924), las vanguardias y el estilo barroco en el neogongorino *Cal y canto* (1929)... Una honda crisis personal le inspira *Sobre los ángeles* (1929), libro de raigambre surrealista y su obra maestra. En 1931 se afilia al Partido Comunista y su poesía adquiere un tono comprometido y político en libros como *De un momento a otro* (1937) o *El poeta en la calle* (1938). La derrota de los republicanos lo obliga a exiliarse primero en Buenos Aires y luego en Roma, hasta que, tras la restauración de la democracia, en 1977 regresa a España y es elegido diputado a Cortes. Su obra en el exilio oscila entre la nostalgia y el vitalismo, entre la fidelidad a la poesía y su compromiso cívico, dualidad a la que alude el título *Entre el clavel y la espada* (1941). De su extensa y riquísima obra poética cabe destacar también *A la pintura* (1948), libro en que homenajea a los artistas que admiraba y a la pasión pictórica de sus años juveniles, *Retornos de lo vivo lejano* (1952), cuyo tema recurrente es la añoranza de personas y lugares aún vivos en su memoria, y *Roma, peligro para caminantes* (1968), celebración del hallazgo de la capital italiana.

[SI MI VOZ MURIERA EN TIERRA]

Si mi voz muriera en tierra,
llevadla al nivel del mar
y dejadla en la ribera.

Llevadla al nivel del mar
y nombradla capitana
de un blanco bajel de guerra.

¡Oh mi voz condecorada
con la insignia marinera:
sobre el corazón un ancla,
y sobre el ancla una estrella,
y sobre la estrella el viento,
y sobre el viento la vela![1]

LOS DOS ÁNGELES[2]

Ángel de luz, ardiendo,
¡oh, ven!, y con tu espada
incendia los abismos donde yace
mi subterráneo ángel de las nieblas.

---

1 Alberti sintió un verdadero trauma cuando en 1917 su familia se trasladó a vivir a Madrid. "Me arrancaron del mar", escribió Alberti, "convirtiéndome para siempre en un marinero de tierra. [...] La nostalgia hecha espuma de aquel mar de mi infancia y años adolescentes se me va a ir convirtiendo poco a poco en canción". Ese sentimiento es el que se refleja en este y otros poemas de *Marinero en tierra*, libro en que el poeta opone la tierra al mar: mientras que la *tierra* representa el mundo adulto, la realidad, la vulgaridad cotidiana y la muerte, el *mar* es el espacio de la infancia feliz, la fantasía, el ideal poético y la vida, el símbolo del paraíso perdido.

2 En *Sobre los ángeles* Alberti poetiza una etapa de profunda crisis espiritual y de identidad que describió en *La arboleda perdida* del siguiente modo: "¿Qué espadazo de sombra me separó casi insensiblemente de la luz [...] para arrojarme en aquel pozo de tinieblas? [...] Yo no podía dormir, me dolían las raíces del pelo y de las uñas, derramándome en bilis amarilla". Y menciona algunas de las causas de su malestar: un "amor imposible", "celos rabiosos", un "amigo suicida", "la envidia y el odio inconfesados", "los bolsillos vacíos", "miedos infantiles", el "descontento" de su obra anterior...: "Y se me revelaron entonces los ángeles", prosigue el poeta, "como irresistibles fuerzas del espíritu, moldeables a los estados más turbios y secretos de mi naturaleza. Y los solté en bandadas por el mundo, ciegas reencarnaciones de todo lo cruento, lo desolado, lo agónico, lo terrible y a veces bueno que había en mí y me cercaba".

¡Oh espadazo en las sombras![3]
Chispas múltiples,
clavándose en mi cuerpo,
en mis alas sin plumas,
en lo que nadie ve,
vida.

Me estás quemando vivo.
Vuela ya de mí, oscuro
Luzbel de las canteras sin auroras,
de los pozos sin agua,
de las simas sin sueño,
ya carbón del espíritu,
sol, luna.

Me duelen los cabellos
y las ansias. ¡Oh, quémame!
¡Más, más, sí, sí, más! ¡Quémame!

¡Quémalo, ángel de luz, custodio mío,
tú que andabas llorando por las nubes,
tú, sin mí, tú, por mí,
ángel frío de polvo, ya sin gloria,
volcado en las tinieblas!

¡Quémalo, ángel de luz,
quémame y huye![4]

---

3 Alberti alude al arcángel san Miguel, quien venció a los ángeles rebeldes encabezados por Luzbel y los expulsó del cielo con su espada de fuego; de ahí que san Miguel sea considerado el protector de los hombres ante las tentaciones del Diablo y el encargado de acompañar a las almas al Paraíso.

4 La lucha entre el ángel de la luz y el de las sombras simboliza el combate que se libra en el interior del poeta, consumido por el fuego de sus propios tormentos. Pero la resolución del conflicto es ambigua, pues el poeta no sólo desea que el ángel de la luz queme al de las sombras, sino que él mismo ansía abrasarse tanto en las llamas de Luzbel como en las de san Miguel.

RETORNOS DEL AMOR EN LA NOCHE TRISTE

Ven, amor mío, ven, en esta noche
sola y triste de Italia.[5] Son tus hombros
fuertes y bellos los que necesito.
Son tus preciosos brazos, la largura
maciza de tus muslos y ese arranque
de pierna, esa compacta
línea que te rodea y te suspende,
dichoso mar, abierta playa mía.
¿Cómo decirte, amor, en esta noche
solitaria de Génova, escuchando
el corazón azul del oleaje,
que eres tú la que vienes por la espuma?[6]
Bésame, amor, en esta noche triste.
Te diré las palabras que mis labios,
de tanto amor, mi amor, no se atrevieron.
Amor mío, amor mío, es tu cabeza
de oro tendido junto a mí, su ardiente
bosque largo de otoño quien me escucha.[7]
Óyeme, que te llamo. Vida mía,

---

5 En 1950 Alberti realizó un viaje a Europa durante el que recaló en varias ciudades europeas. Este poema describe la nostalgia que sintió por su mujer, María Teresa León, que se había quedado en Buenos Aires.

6 El poeta alude a Venus, la diosa del amor en la mitología romana, quien nació de la espuma de las olas después de que los genitales del dios Urano fueran arrojados al mar. En *La arboleda perdida*, Alberti evoca en términos similares su primer encuentro con María Teresa León: "Surgió ante mí, rubia, hermosa, sólida y levantada, como la ola que una mar imprevista me arrojara de un golpe contra el pecho. [...] Era la belleza, el hombro alzado de Diana, la clara flor maciza, áurea y fuerte de Venus". El mar, símbolo del paraíso perdido en Alberti, lo es también en este caso de la plenitud amorosa y erótica ("dichoso mar, abierta playa mía").

7 La rubia cabellera de la amada protege e ilumina al poeta: "Sobre mí derramaste tus cabellos / y ascendí al sol y vi que eran la aurora / cubriendo un alto mar en primavera", escribió en «Retornos del amor recién aparecido», poema que pertenece también a *Retornos de lo vivo lejano* y en el que rememora su encuentro con María Teresa León en plena crisis personal.

sí, vida mía, vida mía sola.
¿De quién más, de quién más si solamente
puedo ser yo quien cante a tus oídos:
vida, vida, mi vida, vida mía?
¿Qué soy sin ti, mi amor? Dime qué fuera
sin ese fuerte y dulce muro blando
que me da luz cuando me da la sombra,
sueño, cuando se escapa de mis ojos.
Yo no puedo dormir. ¡Cuántas auroras,
oscuras, braceando en las tinieblas,
sin encontrarte, amor! ¡Cuántos amargos
golpes de sal, sin ti, contra mi boca![8]
¿Dónde estás? ¿Dónde estás? Dime, amor mío.
¿Me escuchas? ¿No me sientes
llegar como una lágrima llamándote,
por encima del mar, en esta noche?

8 El batir del oleaje contra las costas de Génova refleja metafóricamente la soledad del poeta ("amargos / golpes de sal") y se contrapone a la exaltada sensualidad y luminosidad de las anteriores imágenes marítimas asociadas a la amada, sin cuya compañía el poeta se siente como un triste náufrago que nada en medio de unas "tinieblas" (vv. 28-30) semejantes a las descritas en *Sobre los ángeles*. En «Retornos del amor recién aparecido», el poeta utiliza una imagen similar: "Braceaba en lo oscuro, agonizando".

Luis Cernuda

Octavio Paz definió la poesía de Cernuda como la "biografía espiritual" de un hombre que vivió de manera trágica el choque frontal entre sus ansias de realización personal y el "muro" que le oponía una sociedad de rancios valores; de ese conflicto surgió el título de su poesía completa, *La realidad y el deseo*. Nacido en 1902 en Sevilla, Cernuda fue alumno de Pedro Salinas y, gracias a la mediación del poeta, fue lector de español en la Universidad de Toulouse. Vivió luego en Madrid, apoyó la causa republicana y en 1938 partió al exilio. Profesor en varias universidades inglesas y norteamericanas, en 1953 se instaló en Méjico, donde falleció en 1963. Su carácter sensible, tímido y retraído le hizo vivir de modo traumático su homosexualidad, una circunstancia que agravó su conciencia de marginado y le hizo desarrollar actitudes negativas ante el hombre y la sociedad. Tras sus inicios poéticos en la estela de Jorge Guillén, entra en contacto con el surrealismo y da rienda suelta a su pulsión erótica, al desengaño y a la rebeldía en *Un río, un amor* (1929) y *Los placeres prohibidos* (1931). Una amarga relación amorosa le llevó a escribir *Donde habite el olvido* (1934), cuya visión devastadora del amor y la vida es atemperada un tanto en *Invocaciones* (1935). La guerra y cierta inquietud religiosa irrumpen en *Las nubes* (1940), y ya en el exilio, medita sobre su obra y sobre el paso del tiempo con acento amargo en *Como quien espera el alba* (1944) y *Vivir sin estar viviendo* (1949). Su último libro, *Desolación de la quimera* (1962), es un balance de su vida y un ajuste de cuentas con su tiempo.

SI EL HOMBRE PUDIERA DECIR

Si el hombre pudiera decir lo que ama,
si el hombre pudiera levantar su amor por el cielo
como una nube en la luz;
si como muros que se derrumban,

para saludar la verdad erguida en medio,
pudiera derrumbar su cuerpo, dejando sólo la verdad
de su amor,
la verdad de sí mismo,
que no se llama gloria, fortuna o ambición,
sino amor o deseo,
yo sería aquel que imaginaba;
aquel que con su lengua, sus ojos y sus manos
proclama ante los hombres la verdad ignorada,
la verdad de su amor verdadero.[1]

Libertad no conozco sino la libertad de estar preso
en alguien[2]
cuyo nombre no puedo oír sin escalofrío;
alguien por quien me olvido de esta existencia mezquina,
por quien el día y la noche son para mí lo que quiera,
y mi cuerpo y espíritu flotan en su cuerpo y espíritu
como leños perdidos que el mar anega[1] o levanta
libremente, con la libertad del amor,
la única libertad que me exalta,
la única libertad por que muero.

---

1 *anegar*: sumergir.

1 Cernuda alude a su condición homosexual, largamente reprimida, aunque, tras leer la obra de André Gide e incorporar a su poesía algunas técnicas del surrealismo, acabó por aceptarla y airearla en sus versos sin temor a la sociedad, a veces incluso con orgullo desafiante. La frase condicional con que comienza el poema, sin embargo, evidencia la dificultad de "derrumbar" los "muros" de una sociedad castrante cuyos valores ("gloria, fortuna o ambición") nada tienen que ver con los que proclama el poeta: el "amor" o el "deseo", sobre todo cuando el amor es "oculto" (así lo califica Cernuda) y el deseo una avidez de posesión total que trasciende la mera ansia erótica y que, por ello, jamás encuentra satisfacción plena; el deseo es, en palabras del poeta, "una pregunta cuya respuesta no existe".

2 Bellísima y reveladora paradoja que nos remite a una larga tradición que arranca de la poesía de amor cortés y abunda en los sonetos de Shakespeare. La segunda parte del poema es una apasionada manifestación del modo en que Cernuda concibe el amor, el centro absoluto de su vida.

Tú justificas mi existencia:
si no te conozco, no he vivido;
si muero sin conocerte, no muero, porque no he vivido.[3]

[DONDE HABITE EL OLVIDO]

Donde habite el olvido,
en los vastos jardines sin aurora;
donde yo sólo sea
memoria de una piedra sepultada entre ortigas
sobre la cual el viento escapa a sus insomnios.

Donde mi nombre deje
al cuerpo que designa en brazos de los siglos,
donde el deseo no exista.

En esa gran región donde el amor, ángel terrible,
no esconda como acero
en mi pecho su ala,
sonriendo lleno de gracia aérea mientras crece el
tormento.[4]

Allá donde termine este afán que exige un dueño
a imagen suya,
sometiendo a otra vida su vida,
sin más horizonte que otros ojos frente a frente.

Donde penas y dichas no sean más que nombres,
cielo y tierra nativos en torno de un recuerdo;

---

3 El poeta emplea de nuevo una paradoja para expresar la intensidad de su amor. Si el amor es vida en su máxima expresión, quien no conoce el amor ignora también lo que es vivir. Amor, verdad, libertad y vida son conceptos muy entrelazados en la poesía de Cernuda y manifiestan el profundo deseo de autenticidad del poeta en una sociedad con valores morales caducos. Esta perspectiva vital y poética debe mucho al Romanticismo.

4 Al analizar la poesía de Bécquer, Cernuda escribió: "Un agudo puñal de acerados filos, alegría y tormento es el amor". La condición ambivalente del amor que describe Cernuda se refleja en las antítesis de estos versos.

donde al fin quede libre sin saberlo yo mismo,
disuelto en niebla, ausencia,
ausencia leve como carne de niño.

Allá, allá lejos;
donde habite el olvido.[5]

DÍPTICO ESPAÑOL

A Carlos Otero[6]

I

ES LÁSTIMA QUE FUERA MI TIERRA

Cuando allá dicen unos
que mis versos nacieron
de la separación y la nostalgia
por la que fue mi tierra,
¿sólo la más remota oyen entre mis voces?
Hablan en el poeta voces varias:
escuchemos su coro concertado,

5 Este testimonio desolador de la existencia tuvo su origen en la ruptura de Cernuda con el joven Serafín Fernández, un amor que el poeta, andando el tiempo, calificaría de "sórdido y lamentable". La composición, que aún conserva rasgos surrealistas, comienza y termina con un verso de la rima LXVI de Bécquer ("En donde esté una piedra solitaria / sin inscripción alguna, / donde habite el olvido, / allí estará mi tumba"). El poeta, que concibe el amor como una entrega y sometimiento absolutos a una persona de su mismo sexo (vv. 13-15), descubre que el amor es un "ángel terrible" cuyas alas de acero se clavan en su pecho, y, para acabar con ese "tormento", ansía refugiarse en una especie de limbo previo al nacimiento, "en los vastos jardines sin aurora [...] donde el deseo no exista", aunque los versos se refieren también a la muerte. "No es el amor quien muere, / somos nosotros mismos", escribe Cernuda en otro poema del libro, que, por otro lado, comienza con estas crudas palabras: "Como los erizos, ya sabéis, los hombres un día sintieron su frío. Y quisieron compartirlo. Entonces inventaron el amor. El resultado fue, ya sabéis, como en los erizos".

6 El filólogo Carlos Peregrín Otero fue compañero y amigo de Cernuda en la Universidad de California.

adonde la creída dominante[2]
es tan sólo una voz entre las otras.

Lo que el espíritu del hombre
ganó para el espíritu del hombre
a través de los siglos,
es patrimonio nuestro y es herencia
de los hombres futuros.
Al tolerar que nos lo nieguen
y secuestren, el hombre entonces baja,
¿y cuánto?, en esa escala dura
que desde el animal llega hasta el hombre.

Así ocurre en tu tierra, la tierra de los muertos,
adonde ahora todo nace muerto,
vive muerto y muere muerto;
pertinaz pesadilla: procesión ponderosa[3]
con restaurados restos y reliquias,
a la que dan escolta hábitos y uniformes,
en medio del silencio: todos mudos,
desolados del desorden endémico
que el temor, sin domarlo, así doblega.[7]

La vida siempre obtiene
revancha contra quienes la negaron:

2 Esto es, 'la voz que los demás creen dominante en el poeta'.

3 *ponderosa*: pesada.

7 Cernuda escribió este poema en 1960, una época en que la dictadura franquista aún reprimía con dureza la libertad de expresión y en que la Iglesia católica, aliada con el poder, ejercía un dominio absoluto sobre la sociedad. De ahí su alusión al secuestro del "patrimonio" del "espíritu del hombre" (un secuestro que hace bajar peldaños al ser humano en el proceso de hominización), la referencia a la procesión de "reliquias" escoltadas por "hábitos y uniformes" (que impone el silencio por el temor que inspira), o el comentario de que, en una tierra así, "todo nace muerto, / vive muerto y muere muerto", versos donde se ha visto una reminiscencia de las palabras de Larra: "El hombre abyecto, sin educación, sin principios [...] no hace esfuerzos por disimular su temor, y muere muerto".

la historia de mi tierra fue actuada
por enemigos enconados[4] de la vida.
El daño no es de ayer, ni tampoco de ahora,
sino de siempre.[8] Por eso es hoy
la existencia española, llegada al paroxismo,
estúpida y cruel como su fiesta de los toros.

Un pueblo sin razón, adoctrinado desde antiguo
en creer que la razón de soberbia adolece[5]
y ante el cual se grita impune:
muera la inteligencia,[9] predestinado estaba
a acabar adorando las cadenas[10]
y que ese culto obsceno le trajese
adonde hoy le vemos: en cadenas,
sin alegría, libertad ni pensamiento.

Si yo soy español, lo soy
a la manera de aquellos que no pueden
ser otra cosa:[11] y entre todas las cargas
que, al nacer yo, el destino pusiera
sobre mí, ha sido esa la más dura.
No he cambiado de tierra,

---

4 *enconados*: que actúan con odio y violencia.

5 O sea, 'enseñado desde tiempos antiguos que la razón padece de soberbia'.

8 Estos versos remiten a los de Antonio Machado en «Del pasado efímero»: "Este hombre no es de ayer ni es de mañana / sino de nunca". Cernuda sintonizaba plenamente con la crítica de Machado al atraso moral del país.

9 Cernuda alude a las palabras que el general Millán Astray pronunció en 1936 en el acto inaugural del curso académico de la Universidad de Salamanca. Astray proclamó su "odio a la inteligencia" y, en presencia de Unamuno, exclamó: "¡Viva la muerte! ¡Mueran los intelectuales!".

10 Nueva referencia a hechos históricos: acabada la guerra contra Napoleón, en 1814 el rey Fernando VII regresó a España, derogó la constitución de Cádiz de 1812 e implantó el absolutismo. El pueblo llano recibió al monarca al grito de "¡Vivan las cadenas!".

11 Cernuda hace suya una frase atribuida al político conservador Cánovas del Castillo mientras se redactaba la Constitución de 1876: "Son españoles los que no pueden ser otra cosa".

porque no es posible a quien su lengua une,
hasta la muerte, al menester de poesía.

La poesía habla en nosotros
la misma lengua con que hablaron antes,
y mucho antes de nacer nosotros,
las gentes en que hallara raíz nuestra existencia;
no es el poeta sólo quien ahí habla,
sino las bocas mudas de los suyos
a quienes él da voz y les libera.[12]

¿Puede cambiarse eso? Poeta alguno
su tradición escoge, ni su tierra,
ni tampoco su lengua; él las sirve,
fielmente si es posible.
Mas la fidelidad más alta
es para su conciencia; y yo a esa sirvo
pues, sirviéndola, así a la poesía
al mismo tiempo sirvo.

Soy español sin ganas
que vive como puede bien lejos de su tierra
sin pesar ni nostalgia. He aprendido
el oficio de hombre duramente,
por eso en él puse mi fe. Tanto que prefiero
no volver a una tierra cuya fe, si una tiene,
   dejó de ser la mía,
cuyas maneras rara vez me fueron propias,
cuyo recuerdo tan hostil se me ha vuelto
y de la cual ausencia y tiempo me extrañaron.

12 Las ideas aquí expresadas tienen su origen en el concepto de *tradición* unamuniano, y, más directamente, en el poema «Todo más claro» de Pedro Salinas: "¿De dónde, de dónde acuden / huestes calladas, / a ofrecerme sus poderes, / santas palabras? / [...] / así bajan por los tiempos / las milenarias. / ¡Cuántos millones de bocas tienen pasadas! / En sus hermanados sones, / tenues alas, / viene el ayer hasta el hoy, / va hacia el mañana."

No hablo para quienes una burla del destino
compatriotas míos hiciera, sino que hablo a solas
(quien habla a solas espera hablar a Dios un día)[13]
o para aquellos pocos que me escuchen
con bien dispuesto entendimiento.
Aquellos que como yo respeten
el albedrío libre humano
disponiendo la vida que hoy es nuestra,
diciendo el pensamiento al que alimenta
  nuestra vida.

¿Qué herencia sino esa recibimos?
¿Qué herencia sino esa dejaremos?[14]

13 El verso de Cernuda reproduce casi al pie de la letra otro de Antonio Machado en su famoso «Retrato»: "Converso con el hombre que siempre va conmigo / —quien habla solo espera hablar a Dios un día—".

14 En un estilo directo y a veces prosaico, Cernuda muestra en este poema de *Desolación de la quimera* una actitud un tanto ambivalente respecto a España, a la que suele denominar "madrastra". Por un lado, expresa su hostilidad hacia un país que describe de modo similar a Machado en el «El mañana efímero» (la "España inferior que ora y embiste, / cuando se digna usar la cabeza") y considera que ser español es la "carga [...] más dura" que el destino le ha impuesto; por otro lado, se siente identificado con la tradición y la lengua a la que el poeta debe servir y confía en que lo escuchen quienes "respeten / el albedrío libre humano". El destierro de Cernuda era geográfico y político, pero lo fue aún más espiritual, pues el poeta acaba defendiendo en esta composición la libertad vital y de ideas que había reclamado desde sus primeros libros.

Miguel Hernández

La vida y la obra de Miguel Hernández son un ejemplo de tesón y lucha contra las dificultades materiales y ambientales hasta conseguir una voz poética propia y un hueco en el exquisito ambiente literario de los años treinta. Nacido en 1910 en el seno de una familia modesta de tratantes de ganado en la ciudad clerical y conservadora de Orihuela (Alicante), se inicia en la poesía de forma autodidacta leyendo e imitando a poetas clásicos y a autores regionalistas y de vanguardia. Sin embargo, en *El rayo que no cesa* (1936), su voz apasionada se muestra ya inconfundible, aunque contenida en las formas clásicas del soneto y los tercetos encadenados. La amistad con Pablo Neruda y otros poetas y artistas en el politizado ambiente madrileño de los años de la República despierta su conciencia social, que le lleva a convertirse en la voz del pueblo y de los oprimidos al estallar la guerra civil. El tono combativo y exaltado de los poemas de *Viento del pueblo* (1937) pronto deja paso a una visión desalentada de la guerra, con sus odios y su rosario de dolor y muerte, aunque se niega a perder la esperanza, como advertimos en la «Canción última» de su libro *El hombre acecha* (1938). La dura experiencia de la cárcel, al finalizar la guerra en 1939, y la ausencia de la esposa y del hijo, quedan reflejados en una serie de sencillos, íntimos y emotivos poemas que serán publicados tras su prematura muerte en 1942, a los treinta y un años, en *Cancionero y romancero de ausencias*, libro en el que encontramos al poeta en la plenitud de su voz más personal y sincera.

[COMO EL TORO HE NACIDO PARA EL LUTO]

Como el toro he nacido para el luto
y el dolor, como el toro estoy marcado
por un hierro infernal en el costado
y por varón en la ingle con un fruto.

Como el toro lo encuentra diminuto
todo mi corazón desmesurado,[1]
y del rostro del beso enamorado,
como el toro a tu amor se lo disputo.[2]

Como el toro me crezco en el castigo,
la lengua en corazón tengo bañada
y llevo al cuello un vendaval sonoro.

Como el toro te sigo y te persigo,
y dejas mi deseo en una espada,
como el toro burlado, como el toro.

ELEGÍA

(En Orihuela, su pueblo y el mío, se me ha muerto como del rayo Ramón Sijé, con quien tanto quería.)[3]

Yo quiero ser llorando el hortelano
de la tierra que ocupas y estercolas,
compañero del alma, tan temprano.[4]

---

1 En este soneto Miguel Hernández se compara con el toro y se identifica con el destino trágico de este bravo animal. El toro simboliza tanto la pena existencial, tan presente en la poesía de Hernández, como su pasión amorosa, que no encuentra justa correspondencia. En los vv. 3-4 el poeta se compara con un toro porque esta res, al igual que el poeta, está marcada con el *hierro* ('marca de la ganadería' y, metafóricamente, 'fuego amoroso') y tiene su misma urgencia sexual (*fruto* vale aquí por 'genitales').

2 La huella de la poesía barroca, especialmente de Quevedo, es notoria en el libro *El rayo que no cesa*, al que pertenece este poema. El sentido de estos versos es: 'enamorado [yo] del rostro del beso [el rostro de la amada] se lo disputo [el beso] a tu amor [que se niega a dármelo]'.

3 Ramón Sijé, seudónimo del escritor José Marín Gutiérrez, fue amigo íntimo de Miguel Hernández, a quien orientó y ayudó en sus primeros pasos poéticos. Murió en 1935, a los veintidós años de edad. Miguel, que por entonces se había distanciado de las ideas religiosas, políticas y literarias de su amigo, vuelca todo su dolor en esta sincera y profunda *elegía* ('poema en que se manifiesta el dolor por alguna desgracia').

4 El destino del hombre debe ser, para Hernández, integrarse de nuevo a la naturaleza de la que procede, servir de estiércol para la tierra. Hay en es-

Alimentando lluvias, caracolas
y órganos mi dolor sin instrumento,[1]
a las desalentadas amapolas

daré tu corazón por alimento.
Tanto dolor se agrupa en mi costado,
que por doler me duele hasta el aliento.

Un manotazo duro, un golpe helado,
un hachazo invisible y homicida,
un empujón brutal te ha derribado.

No hay extensión más grande que mi herida,
lloro mi desventura y sus conjuntos
y siento más tu muerte que mi vida.

Ando sobre rastrojos[2] de difuntos,
y sin calor de nadie y sin consuelo
voy de mi corazón a mis asuntos.[5]

Temprano levantó la muerte el vuelo,
temprano madrugó la madrugada,
temprano estás rodando por el suelo.

No perdono a la muerte enamorada,
no perdono a la vida desatenta,
no perdono a la tierra ni a la nada.

---

1 El inmenso dolor del poeta le hará derramar lágrimas que caerán como una lluvia sobre la tierra, se expresará también a través de todos los órganos de su cuerpo y se difundirá con el sonido grave de las caracolas.

2 *rastrojos*: 'partes bajas de los tallos de la mies, que quedan al ser segada ésta'; el término se utiliza aquí metafóricamente.

tos versos un eco de los que pronuncia Nemoroso en la «Égloga I» de Garcilaso: "Yo hago con mis ojos / crecer, lloviendo, el fruto miserable".

5 El dolor por la muerte del amigo se expresa en esta primera parte del poema con recursos como la hipérbole ("me duele hasta el aliento"), imágenes de pesadilla, dantescas ("ando sobre rastrojos de difuntos"), y, sobre todo, mediante la imagen del poeta como desconsolado hortelano que cultiva la tierra donde yace el amigo.

En mis manos levanto una tormenta
de piedras, rayos y hachas estridentes,[3]
sedienta de catástrofes y hambrienta.

Quiero escarbar la tierra con los dientes,
quiero apartar la tierra parte a parte
a dentelladas secas y calientes.

Quiero minar[4] la tierra hasta encontrarte
y besarte la noble calavera
y desamordazarte[5] y regresarte.[6]

Volverás a mi huerto y a mi higuera:
por los altos andamios de las flores
pajareará tu alma colmenera

de angelicales ceras y labores.[7]
Volverás al arrullo de las rejas
de los enamorados labradores.[8]

Alegrarás la sombra de mis cejas,
y tu sangre se irán a cada lado
disputando tu novia y las abejas.

---

3 *estridente*: sonido agudo, fuerte y desagradable.

4 *minar*: abrir *minas* en un terreno, excavar la tierra.

5 *desamordazar*: quitar la *mordaza* ('tela o instrumento que se aplica a la boca de una persona para impedirle hablar'); usado aquí metafóricamente.

6 La rebelión contra la muerte, iniciada en los tercetos de versos paralelísticos (vv. 19-24), se expresa mediante imágenes de una violencia extrema, magistralmente reproducida en el plano fónico, sobre todo en los versos 26-27. La rabia del poeta por la muerte de su amado amigo le lleva a querer desenterrar su cadáver y devolverlo a la vida, aunque sólo consiga resucitar su espíritu, su *alma colmenera*.

7 Según Miguel Hernández, Ramón Sijé "venía a mi huerto cada tarde en marzo, abril, mayo, junio…, andaba entre los romeros con prisa de pájaro, hablaba con atropello y su voz iluminaba más que los limones del limonero, a cuya sombra y azahar platicábamos".

8 Era costumbre antigua que los enamorados se cortejaran (*arrullarse* quiere decir 'acariciarse', 'decirse palabras cariñosas') a través de las rejas de las ventanas de las plantas bajas de las casas.

Tu corazón, ya terciopelo ajado,[6]
llama a un campo de almendras espumosas
mi avariciosa voz de enamorado.

A las aladas almas de las rosas
del almendro de nata te requiero,
que tenemos que hablar de muchas cosas,
compañero del alma, compañero.[9]

CANCIÓN ÚLTIMA

Pintada, no vacía:
pintada está mi casa
del color de las grandes
pasiones y desgracias.

Regresará del llanto
adonde fue llevada
con su desierta mesa,
con su ruinosa cama.

Florecerán los besos
sobre las almohadas.
Y en torno de los cuerpos
elevará la sábana
su intensa enredadera
nocturna, perfumada.

---

6 *ajado*: viejo, estropeado, deslucido.

9 Tras la imprecación a la muerte, que ocupa los versos 19-33, viene la consolación de los versos 34-49, donde el poeta continúa la conversación interrumpida con el amigo. Obsérvese el cambio de tono, conciliador, amable, y la abundancia de aliteraciones en /l/ (v. 46), que refuerza la imagen alada, pura, espiritual, amorosa del reencuentro con Ramón Sijé. El amigo vuelve a la vida en las flores blancas (*de nata*, *almendras espumosas*) de los almendros alimentados con su corazón, motivo por el cual se disputarán su sangre "tu novia y las abejas".

El odio se amortigua
detrás de la ventana.

Será la garra suave.

Dejadme la esperanza.[10]

10 Hacia el final de la contienda civil, Miguel Hernández abandona los aires propagandísticos de muchos versos de *Viento del pueblo* y se debate entre el horror a la guerra y las ansias por ganarla. Pero aunque mantiene el tono combativo, rechaza el odio que ha generado el conflicto bélico y escribe: "No se puede atizar el odio primigenio. [Sólo utilizaremos nuestro odio como herramienta] defensiva de nuestro amor hacia todo cuanto significa vida creadora". No obstante, en algunos poemas de *El hombre acecha* alienta cierto desánimo y, en un repliegue intimista, se refugia en aquello que le da la vida: su mujer y el cálido reducto de su casa, como sucede en esta «Canción última» que cierra significativamente el libro.

Gabriel Celaya

Rafael Gabriel Múgica Celaya, nombre completo del poeta Gabriel Celaya (1911-1991), nació en Hernani (Guipúzcoa) y cursó estudios de ingeniería industrial en Madrid. En la capital se alojó en la Residencia de Estudiantes, donde entró en contacto con los artistas y movimientos de vanguardia. Sus primeros poemarios, de entre los que cabe destacar *Movimientos elementales* (1947) o *Tranquilamente hablando* (1947), reflejan preocupaciones existenciales y están influidos por el surrealismo y un hondo romanticismo. A partir de los años cincuenta deja de utilizar los nombres de Rafael Múgica o Juan de Leceta para firmar sus libros y adopta el de Gabriel Celaya, un signo externo de su compromiso político antifranquista, su renuncia a su trabajo como ingeniero y su ruptura con el entorno familiar de la alta burguesía vasca. Inicia entonces la escritura de una poesía crítica y de denuncia social que pone en primer plano al ser humano y sus circunstancias históricas bajo la dictadura militar. Libros como *Las cartas boca arriba* (1951), *Cantos iberos* (1955) o *Episodios nacionales* (1962) son buena muestra de la poesía social, de la que Celaya será uno de sus máximos representantes, una lírica en que defiende la sencillez expresiva para acercar su mensaje a toda clase de lectores. La fase última de su producción se caracterizó por una poesía experimental que no abandonó su veta social, de la que son buen ejemplo *Los espejos transparentes* (1968), *Campos semánticos* (1971) o *Buenos días, buenas noches* (1976), libros que en buena medida recuperan sus orígenes vanguardistas.

LA POESÍA ES UN ARMA CARGADA DE FUTURO

Cuando ya nada se espera personalmente exaltante,
mas se palpita y se sigue más acá de la conciencia,
fieramente existiendo, ciegamente afirmando,
como un pulso que golpea las tinieblas,

cuando se miran de frente
los vertiginosos ojos claros de la muerte,
se dicen las verdades:
las bárbaras, terribles, amorosas crueldades.

Se dicen los poemas
que ensanchan los pulmones de cuantos, asfixiados,
piden ser, piden ritmo,
piden ley para aquello que sienten excesivo.

Con la velocidad del instinto,
con el rayo del prodigio,
como mágica evidencia, lo real se nos convierte
en lo idéntico a sí mismo.

Poesía para el pobre, poesía necesaria
como el pan de cada día,
como el aire que exigimos trece veces por minuto,
para ser y en tanto somos dar un sí que glorifica.[1]

Porque vivimos a golpes, porque apenas si nos dejan
decir que somos quien somos,
nuestros cantares no pueden ser sin pecado un adorno.[2]
Estamos tocando el fondo.

Maldigo la poesía concebida como un lujo
cultural por los neutrales
que, lavándose las manos, se desentienden y evaden.

1 Celaya considera la poesía como una de las necesidades más elementales del ser humano, como el "pan de cada día" (frase en que se atisba una alusión a la oración del Padrenuestro) y el oxígeno.

2 La censura de la dictadura franquista obligó a los poetas sociales a aludir indirectamente a las circunstancias políticas de aquella época. Los versos 21-22, por ejemplo, se refieren a la represión ("vivimos a golpes") y a la falta de libertades ("apenas si nos dejan / decir que somos quien somos"), al igual que los vv. 10-12 reclaman justicia ("piden ley para aquello que sienten excesivo") para el pueblo oprimido ("asfixiados"). De ahí que se reniegue de una poética meramente esteticista (que sea "un adorno").

Maldigo la poesía de quien no toma partido hasta
mancharse.

Hago mías las faltas.[3] Siento en mí a cuantos sufren
y canto respirando.
Canto, y canto, y cantando más allá de mis penas
personales, me ensancho.[4]

Quisiera daros vida, provocar nuevos actos,
y calculo por eso con técnica, qué puedo.
Me siento un ingeniero del verso y un obrero
que trabaja con otros a España en sus aceros.[5]

Tal es mi poesía: poesía-herramienta
a la vez que latido de lo unánime y ciego.
Tal es, arma cargada de futuro expansivo
con que te apunto al pecho.

No es una poesía gota a gota pensada.
No es un bello producto. No es un fruto perfecto.[6]

---

3 Al criticar a la "poesía concebida como un lujo / cultural por los neutrales", Celaya alude de manera un tanto simplista a la poesía pura, cuyo máximo exponente fue Juan Ramón Jiménez. Frente al lenguaje depurado de esa tendencia literaria, Celaya asume sus "faltas" y opta por *mancharse*, esto es, por "tomar partido" y comprometerse políticamente para contribuir al cambio de una sociedad represora e injusta.

4 Para Celaya, el poeta debe superar los problemas íntimos o existenciales, integrarse en el pueblo y solidarizarse con su sufrimiento, y esa actitud le hará "ensancharse", ser mejor persona y poeta.

5 Pese a que buena parte de la poesía social privilegió los contenidos en detrimento de los aspectos formales, este poema pone de manifiesto la importancia del oficio y la técnica del gran poeta que fue Celaya. Así lo demuestra su meditada estructura y su cuidada composición métrica y rítmica. Por otro lado, los versos 35-36 contienen una alusión biográfica comentada por el propio escritor: «En 1956, ahorqué mis hábitos de ingeniero burgués, abandoné la fábrica de mi familia y me trasladé a Madrid, con el cielo arriba y la tierra abajo. [Fueron años] de multas, cárcel, persecuciones y dificultades económicas [...] que siempre añoraré. Porque entonces parecía que uno servía para algo».

6 Celaya describe el ideal de perfección de la poesía pura, que Juan Ramón Jiménez ejemplifica, por ejemplo, en el poema «La espiga» (p. 254).

Es algo como el aire que todos respiramos
y es el canto que espacia cuanto dentro llevamos.

Son palabras que todos repetimos sintiendo
como nuestras, y vuelan. Son más que lo mentado.[1]
Son lo más necesario: lo que no tiene nombre.
Son gritos en el cielo, y en la tierra, son actos.[7]

---

1 *mentado*: nombrado.

7 El carácter programático de esta composición hizo de ella un verdadero manifiesto de la poesía comprometida de los años cincuenta, y, cuando el texto fue musicado por el cantautor Paco Ibáñez, alcanzó una gran popularidad. Celaya concibe la poesía como "un instrumento, entre otros, para transformar el mundo" y por ello desdeña la que sólo se propone convertirse en un "bello producto". En consonancia con su objetivo de dirigirse "a la mayoría", el poeta adopta estrategias propias del discurso oral (reiteraciones, apelaciones al oyente...) y emplea un tono coloquial y un lenguaje llano, lindante a veces en lo prosaico: "canto respirando", afirma.

Blas de Otero

No sin razón se ha dicho que la trayectoria poética de Otero resume la evolución de la poesía en la España de posguerra. Sin embargo, la lírica de este escritor bilbaíno (1916-1979) no es un mero reflejo de corrientes literarias, sino, como él mismo dijo, su "propia vida expresada". Su carácter depresivo, su espíritu luchador y una profunda crisis religiosa se plasman en sus dos primeros libros, *Ángel fieramente humano* (1950) y *Redoble de conciencia* (1951). En ellos Otero se rebela contra un Dios que no satisface sus ansias de eternidad, e intenta aliviar su angustiosa soledad a través del amor, que no es sino una expresión más de su anhelo de absoluto. Con un dominio prodigioso de los recursos expresivos, Otero compone magistrales sonetos y versos cargados de dramatismo, cuyas palabras adquieren a veces sentidos inesperados. En 1958 funde en un solo volumen, titulado *Ancia*, los dos libros anteriores, y les agrega 48 poemas. La inquietud social y la solidaridad con los que sufren, que había asomado en *Ancia*, provocan un giro radical en su poesía, y así, en *Pido la paz y la palabra* (1955), *En castellano* (1959) y *Que trata de España* (1964) el poeta proclama con un lenguaje desprovisto de retórica su "fe en el hombre", denuncia la opresión y la falta de libertad en España y describe sus tierras con una mezcla de amor y pesar muy machadiana. En sus últimos libros, *Historias fingidas y verdaderas* (1970) y el inacabado *Hojas de Madrid*, se libera de la servidumbre del verso y medita con serenidad sobre su propia vida y sobre cuestiones de índole política y estética.

HOMBRE

Luchando, cuerpo a cuerpo, con la muerte,
al borde del abismo, estoy clamando
a Dios. Y su silencio, retumbando,
ahoga mi voz en el vacío inerte.

Oh Dios. Si he de morir, quiero tenerte
despierto. Y, noche a noche, no sé cuándo
oirás mi voz. Oh Dios. Estoy hablando
solo. Arañando sombras para verte.[1]

Alzo la mano, y tú me la cercenas.[1]
Abro los ojos: me los sajas[2] vivos.
Sed tengo, y sal se vuelven tus arenas.

Esto es ser hombre: horror a manos llenas.
Ser —y no ser—[2] eternos, fugitivos.
¡Ángel con grandes alas de cadenas![3]

UN RELÁMPAGO APENAS

Besas como si fueras a comerme.
Besas besos de mar, a dentelladas.

---

1 *cercenar*: amputar, mutilar.
2 *sajar*: cortar en la carne viva.

1 El verso evoca otro con el que comienza un soneto amoroso de Quevedo: "A fugitivas sombras doy abrazos".
2 Las palabras de Otero reproducen, con una ligera variante, las del famoso monólogo de *Hamlet*: "Ser o no ser" (III, I, 56-91).
3 En este magistral soneto de *Ángel fieramente humano*, Blas de Otero expresa la angustia existencial del hombre que se debate entre su afán de inmortalidad y su irremediable condición mortal, entre "ser —y no ser— eternos, fugitivos". El poeta invoca a su Creador y se rebela contra el silencio 'sonoro' (*retumbando*) que obtiene por toda respuesta ("poderoso silencio con quien lucho / a voz en grito", se lamentará en otro poema del mismo libro), pues ese Dios es el implacable Yahvé del Antiguo Testamento, sordo y mudo ante las desesperadas súplicas de sus criaturas. En los cuartetos nos describe su lucha con un angustioso ritmo creado por los encabalgamientos abruptos. En el primer terceto nos muestra la inutilidad —y la dramática frustración— de su intento de acercarse a Dios, y en el segundo terceto nos ofrece tres inquietantes definiciones de la condición trágica del hombre. Al fondo, la influencia de los *Comentarios en prosa* de San Juan de la Cruz y el eco de las ideas y los versos de Miguel de Unamuno: "Yo te llamé, grité, lloré afligido, / te di mil voces; / llamé y no abriste" («Salmo I»).

Las manos en mis sienes y abismadas
nuestras miradas. Yo, sin lucha, inerme,

me declaro vencido, si vencerme
es ver en ti mis manos maniatadas.
Besas besos de Dios. A bocanadas
bebes mi vida. Sorbes. Sin dolerme,

tiras de mi raíz, subes mi muerte
a flor de labio. Y luego, mimadora,
la brizas[3] y la rozas con tu beso.

Oh Dios, oh Dios, oh Dios, si para verte
bastara un beso, un beso que se llora
después, porque, ¡oh, por qué!, no basta eso.[4]

EN EL PRINCIPIO

Si he perdido la vida, el tiempo, todo
lo que tiré, como un anillo, al agua,
si he perdido la voz en la maleza,
me queda la palabra.

Si he sufrido la sed, el hambre, todo
lo que era mío y resultó ser nada,
si he segado las sombras en silencio,
me queda la palabra.

---

3 *brizar*: acunar.

4 Otero concibe el amor como una entrega total en que el amante, que no opone resistencia alguna a ser 'devorado' por la amada, pierde por completo su libertad y su vida. Como en la lírica amorosa petrarquista, la amada es un dios al que resulta imposible conocer y, menos aún, unirse a él; el beso, como expresión máxima del vínculo amoroso, es "un relámpago apenas" para poder verle la cara a ese dios/amada y unirse a él/ella. El poeta "vuelve a lo humano" imágenes religiosas pues, como en la noche oscura de la poesía mística, Dios (o la mujer) frustra el ansia de posesión del hombre, al que deja solo en lucha desesperada.

Si abrí los labios para ver el rostro
puro y terrible de mi patria,
si abrí los labios hasta desgarrármelos,
me queda la palabra.[5]

5 Tras la profunda crisis personal y espiritual que evidencian *Ángel fieramente humano* y *Redoble de conciencia*, Otero vuelve la mirada a los otros y da un nuevo sentido a su vida y su poesía. El resultado es *Pido la paz y la palabra*, libro al que pertenece «En el principio». Las dos primeras estrofas aluden a la etapa anterior de su vida, que reflejan tan bien los versos de su poema «A la mayoría»: "Aquí tenéis, en canto y alma, al hombre / aquel que amó, vivió, murió por dentro / y un buen día bajó a la calle: entonces / comprendió: y rompió todos sus versos". Por eso en «En el principio» siente que ha "perdido la vida, el tiempo", que ha "segado las sombras en silencio", ha buscado en vano a un Dios en el que no cree ya. Ahora el poeta, tras abrir "los labios" y "ver" a España desangrada y escindida, enarbola su "palabra" para servir con ella a sus compatriotas; y al igual que la palabra de Dios en el evangelio de San Juan ("En el principio existía la Palabra, y la Palabra estaba con Dios"), su poesía contribuirá a crear un nuevo mundo gobernado por la paz, la justicia y el amor.

Ángel González

Como otros poetas de la generación del 50, Ángel González (Oviedo, 1925-Madrid, 2008) se da a conocer con un libro de tono existencial que presenta una visión desolada y pesimista del hombre: *Áspero mundo* (1956). Sin abandonar el sentimiento de soledad o la conciencia del paso del tiempo, su poesía evoluciona hacia la búsqueda de una vida intensa y verdadera, el amor, la solidaridad con los desvalidos y la crítica de las convenciones sociales. *Sin esperanza, con convencimiento* (1961), *Grado elemental* (1962), *Palabra sobre palabra* (1965) y *Tratado de urbanismo* (1967) constituyen un testimonio desnudo y exigente de la época que le tocó vivir. Con un uso muy personal de la ironía que busca la complicidad de los lectores y un estilo directo, Ángel González modifica frases hechas, expresiones comunes o creencias aceptadas, de modo que la realidad corriente es presentada con una nueva perspectiva de gran eficacia crítica. Esta tendencia a experimentar con el lenguaje, así como la presencia del humor o la parodia, se acentúan en sus siguientes libros: *Breves acotaciones para una biografía* (1971), *Procedimientos narrativos* (1972), *Muestra de algunos procedimientos narrativos y de las actitudes sentimentales que habitualmente comportan* (1976) o *Prosemas o menos* (1984). Con *Otoño y otras luces* (2001) vuelve a los temas del paso del tiempo y a la meditación sobre los años vividos.

[PARA QUE YO ME LLAME ÁNGEL GONZÁLEZ]

Para que yo me llame Ángel González,
para que mi ser pese sobre el suelo,
fue necesario un ancho espacio
y un largo tiempo:
hombres de todo mar y toda tierra,
fértiles vientres de mujer, y cuerpos
y más cuerpos, fundiéndose incesantes

en otro cuerpo nuevo.
Solsticios y equinoccios alumbraron
con su cambiante luz, su vario cielo,[1]
el viaje milenario de mi carne
trepando por los siglos y los huesos.
De su pasaje lento y doloroso,
de su huida hasta el fin, sobreviviendo
naufragios, aferrándose
al último suspiro de los muertos,[1]
yo no soy más que el resultado, el fruto,
lo que queda, podrido, entre los restos;
esto que veis aquí,
tan sólo esto:
un escombro tenaz, que se resiste
a su ruina, que lucha contra el viento,
que avanza por caminos que no llevan
a ningún sitio. El éxito
de todos los fracasos. La enloquecida
fuerza del desaliento...[2]

1 Los *solsticios* de verano (22 de junio) y de invierno (21 de diciembre) son los días, respectivamente, más largo y más corto del año. Los *equinoccios* de primavera (21 de marzo) y de otoño (22 de septiembre) son los días del año en que el día y la noche tienen la misma duración. El poeta alude con ello al transcurso de los años a través de los siglos.

1 La idea de que el hombre es el resultado de una larga historia de encuentros amorosos mediante los cuales se prolonga la especie, unas relaciones amorosas que le vinculan a través de "vientres fértiles", "huesos" y "muertos" con sus antepasados, está inspirada en la poesía de Pablo Neruda y Miguel Hernández.

2 El poeta, al retratarse como el fruto de generaciones de hombres y mujeres que durante siglos han luchado por sobrevivir, se arraiga en un "largo tiempo" de amor, lucha y sufrimiento, y, por otra parte, afirma su desvalimiento actual y su visión agónica de la existencia. Nótense, en este sentido, los términos que emplea para referirse a sí mismo: *fruto podrido*, *escombro tenaz*, *ruina*, *fracaso*, *desaliento*... La temprana orfandad de Ángel González, el fusilamiento de un hermano y el exilio de otro en la guerra civil, y, por último, la enfermedad de la tuberculosis, contraída en 1944, dejaron sin duda una impronta en su carácter que aflora en muchos de sus poemas.

José María Valverde

José María Valverde (Valencia de Alcántara, 1926-Barcelona, 1996) estudia Filosofía en Madrid, universidad en la que se doctora con una tesis sobre Humboldt y la filosofía del lenguaje. Tras ejercer cinco años de lector de español en Roma, en 1956 obtiene la cátedra de Estética en la Universidad de Barcelona, a la que renuncia en 1964 en solidaridad con los profesores Tierno Galván, Aranguren y García Calvo, expulsados de la universidad por las autoridades franquistas, y emprende el exilio voluntario. Hasta 1977, año de su regreso a Barcelona, imparte clases de literatura en universidades de Estados Unidos y Canadá. Como poeta se da a conocer muy joven con *Hombre de Dios* (1945), un libro de raíz existencial en el que interroga a Dios sobre las injusticias de forma angustiada. En los poemarios siguientes, *La espera* (1949), *Versos del domingo* (1954), *Voces y acompañamientos para San Mateo* (1959) y *La conquista de este mundo* (1960), su hondo compromiso social y cristiano le lleva a un acercamiento a las cosas y a las gentes sencillas, a lo cotidiano. Con un lenguaje desnudo de retórica en el que predomina el tono coloquial e intimista, aunque no exento de ironía, reflexiona sobre la condición humana y la necesidad de forjar un mundo más justo y libre. *Enseñanzas de la edad* es una excelente selección de su obra poética hasta 1970. Posteriormente publicará un breve libro, *Ser de palabra y otros poemas* (1976), en el que funde su doble vertiente de poeta y ensayista en un encendido elogio de la palabra y su poder liberador.

EN EL PRINCIPIO

De pronto arranca la memoria,
sin fondos de origen perdido:
muy niño, viéndome una tarde
en el espejo de un armario,

con doble luz enajenada
por el iris de sus biseles,[1]
decidí que aquello lo había
de recordar, y lo aferré,[2]
y desde ahí empieza mi mundo,[1]
con un piso destartalado,
las vagas personas mayores
y los miedos en el pasillo.
Años y años pasaron luego
y al mirar atrás, allá estaba
la escena en que, hombrecito audaz,
desembarqué en mí, conquistándome.

Hasta que un día, bruscamente,
vi que esa estampa inaugural
no se fundó porque una tarde
se hizo mágica en un espejo,
sino por un toque, más leve,
pero que era todo mi ser:

---

1 La luz se descompone en múltiples colores (*iris*) al reflejarse en los cortes oblicuos de los bordes del espejo (*biseles*) y parece que está como fuera de sí, loca (*enajenada*).

2 *aferrar*: agarrar con fuerza.

1 La acción de contemplarse en el espejo simboliza el intento del niño por conocerse a sí mismo, un episodio donde Valverde remeda unos versos de Antonio Machado en los que, sin embargo, el poeta sevillano niega la posibilidad de ese autoconocimiento porque el espejo le devuelve una imagen múltiple de sí mismo y lo desconcierta: "allí te vi vagando en un borroso / laberinto de espejos", le dice la Noche al poeta. Para Valverde, no obstante, su "mundo" empieza en el instante que decide "recordar" la experiencia de contemplarse en el espejo, esto es, fijarla en palabras, con lo cual se activa la *memoria* que a todos nos sirve para conformar nuestra personalidad. El lenguaje es, en fin, lo que nos convierte en seres humanos, pues, como dice Valverde, somos "seres de palabra". El título del poema, que evoca la frase con que comienza el Evangelio de San Juan, "En el principio existía la Palabra" (1,1), alude, pues, a ese momento "sin fondos de origen perdido" (es decir, bíblico) en que el niño empieza a adquirir conciencia de sí mismo mediante el lenguaje y la memoria.

el haberme puesto a mí mismo
en el espejo del lenguaje,
doblando sobre sí el hablar,
diciéndome que lo diría,
para siempre vuelto palabra,
mía y ya extraña, aquel momento.[2]
Pero cuando lo comprendí
era mayor, hombre de libros,
y acaso fue porque en alguno
leí la gran perogrullada:
que no hay más mente que el lenguaje,
y pensamos sólo al hablar,[3]
y no queda más mundo vivo
tras las tierras de la palabra.[4]
Hasta entonces, niño y muchacho,
creí que hablar era un juguete,
algo añadido, una herramienta,
un ropaje sobre las cosas,
un caballo con que correr
por el mundo, terrible y rico,
o un estorbo en que se aludía,
a lo lejos, a ideas vagas:

---

2 El comienzo de la conciencia de sí mismo no reside tanto en el recuerdo de la imagen en el espejo, como en el acto verbal de decirse que debía recordar aquella escena (la "estampa inaugural"), es decir, en expresar con palabras lo que sintió y pensó en aquel momento. No se trata, pues, del espejo material sino del "espejo del lenguaje". Para Valverde, "el lenguaje, que nos han dado los demás, nos permite existir mentalmente, pero no como un Yo totalmente unitario, sino en una conversación entre un Yo-que-me-hablo y un Yo-que-me-escucho".

3 Para el poeta, es una verdad evidente (una *perogrullada*) que el pensamiento no existe al margen del lenguaje, esto es, que pensamos con palabras, tal y como opinaban el escritor alemán Wilhelm Humboldt o el filósofo austriaco Ludwig Wittgenstein; este último llegó a afirmar que los límites de nuestro pensamiento son los límites de nuestro lenguaje.

4 Esto es, que la vida para los seres humanos no tiene existencia más allá del mundo recreado por el lenguaje.

ahora, de pronto, lo era todo,
igual que el ser de carne y hueso,
nuestra ración de realidad,
el mismo ser hombre, poco o mucho.[5]

5 Lo que el poeta comprende en su madurez, cuando es ya "un hombre de libros", es que la palabra constituye la esencia de la naturaleza humana y de su percepción de la realidad, no un simple "juguete" ni una mera "herramienta" de comunicación, ni el "ropaje" que viste a las cosas, ni siquiera el medio con que los filósofos se refieren a conceptos abstractos, a "ideas vagas", que más bien puede ser un "estorbo" para la comprensión de tales ideas.

José Ángel Valente

La concepción de la creación poética como una forma específica de conocimiento de la realidad y la búsqueda de la máxima expresividad con los mínimos recursos retóricos son dos rasgos que definen la poesía de José Ángel Valente desde su primer libro, *A modo de esperanza* (1955). Nacido en Orense en 1929, se licencia en Filología Hispánica en Madrid y, en 1955, marcha a Oxford como profesor de su universidad. Posteriormente ejerce de traductor de organismos internacionales en Ginebra y trabaja para la UNESCO en París, hasta que en los años ochenta fija su residencia en Almería. La búsqueda de realidades profundas que caracteriza su poesía le acercará al misticismo cristiano, aunque sin connotaciones religiosas, y a tradiciones orientales como el sufismo, la cábala, el budismo o el taoísmo, hasta desembocar en la llamada "poesía del silencio". La reflexión sobre el propio lenguaje, al que quiere liberar de su uso manipulador, está presente en muchos poemas metapoéticos, así como la ironía y el sarcasmo, que implican una crítica radical al momento histórico que está viviendo. *Poemas a Lázaro* (1960), *La memoria y los signos* (1966), *Breve son* (1968) o *El inocente* (1970), muestran esta evolución desde un discurso ascético y existencial a un contradiscurso subversivo que, en sus últimos libros, se transforma en una poesía místico-materialista cargada de erotismo, presente en *Tres lecciones de tinieblas* (1980), *Mandorla* (1982), *El fulgor* (1984) o *Fragmentos de un libro futuro* (2000), obra publicada tras su muerte en Ginebra ese mismo año.

EL POEMA

Si no creamos un objeto metálico
de dura luz,
de púas aceradas,
de crueles aristas,

donde el que va a vendernos, a entregarnos,
de pronto
reconozca o presencie metódica su muerte,
cuándo podremos poseer la tierra.

Si no depositamos a mitad del vacío
un objeto incruento[1]
capaz de percutir[2] en la noche terrible
como un pecho sin término,
si en el centro no está invulnerable[3] el odio,
tentacular, enorme, no visible,
cuándo podremos poseer la tierra.

Y si no está el amor petrificado
y el residuo del fuego no pudiera
hacerlo arder, correr desde sí mismo, como
semen o lava,
para arrasar el mundo, para entrar como un río
de vengativa luz por las puertas vedadas,[4]
cuándo podremos poseer la tierra.

Si no creamos un objeto duro,
resistente a la vista, odioso al tacto,
incómodo al oficio del injusto,
interpuesto entre el llanto y la palabra,
entre el brazo del ángel y el cuerpo de la
víctima,
entre el hombre y su rostro,[1]

---

1 *incruento*: que no derrama sangre.
2 *percutir*: golpear.
3 *invulnerable*: que no puede ser herido o dañado.
4 *vedadas*: prohibidas.

1 Esto es, un *objeto duro* (el poema) que se interponga entre la espada de fuego del ángel enviado por Dios y su *víctima*, Adán, que fue expulsado del paraíso (Génesis, 3); o que se interponga entre la verdadera esencia del hombre y la imagen que ofrece a los demás (su *rostro*).

entre el nombre del dios y su vacío,[2]
entre el filo y la espada,
entre la muerte y su naciente sombra,
cuándo podremos poseer la tierra,
cuándo podremos poseer la tierra,
cuándo podremos poseer la tierra.[3]

2 Es decir, entre la idea de dios y la realidad de su inexistencia.

3 Mediante una serie de cuatro estrofas formadas por oraciones condicionales, Valente define su concepto de la poesía y lo que los poetas deben hacer si aspiran a ser oídos e influir en la sociedad ("poseer la tierra"). De esta enumeración se desprende una concepción del poema como arma hiriente que sirva para combatir la traición y la injusticia (un "objeto metálico" de "púas aceradas" y "crueles aristas"); pero junto a ese propósito moral y político, el poema también debe ser capaz de luchar contra el vacío de la existencia, de ahuyentar la angustia, o de prender la llama del amor hasta calcinar con ella la rígida moral de la sociedad. En la estrofa final se nos plantea, a modo de síntesis, una idea de la poesía como "objeto duro", esto es, opuesta a la poesía 'blanda', sentimental, evasiva. Valente, por tanto, funde el concepto combativo de la poesía social, como defiende Gabriel Celaya, con otro propio de las corrientes poéticas que entienden la poesía como algo *inefable* ('de una naturaleza que no puede expresarse con palabras') y transgresor, como pretendían los surrealistas.

Jaime Gil de Biedma

Jaime Gil de Biedma (Barcelona 1929-1990) nació en el seno de una familia burguesa con intereses comerciales en Filipinas, y estudió Derecho en Barcelona y Salamanca. Su breve obra poética, reunida bajo el título de *Las personas del verbo*, la constituyen cuatro títulos: *Según sentencia del tiempo* (1953), *Compañeros de viaje* (1959), *Moralidades* (1966) y *Poemas póstumos* (1968). Buena parte de su poesía viene a ser una autobiografía moral, dominada por el sentimiento amoroso, la búsqueda de la felicidad, la lucha contra el paso del tiempo, así como por la conciencia cívica o la denuncia de la hipocresía burguesa. Su aportación a la renovación del lenguaje poético es esencial y su influencia en los "poetas de la experiencia" muy destacable. Gil de Biedma renueva el lenguaje poético al emplear en sus versos un tono coloquial, a menudo conversacional, y al recurrir de continuo a la ironía y el distanciamiento, que aplica muchas veces a la reflexión sobre su experiencia personal.

INTENTO FORMULAR MI EXPERIENCIA DE LA GUERRA

Fueron, posiblemente,
los años más felices de mi vida,
y no es extraño, puesto que a fin de cuentas
no tenía los diez.

Las víctimas más tristes de la guerra
los niños son, se dice.
Pero también es cierto que es una bestia el niño:[1]
si le perdona la brutalidad
de los mayores, él sabe aprovecharla,

1 El verso parafrasea el poema de Manuel Machado titulado «Nuevo autorretrato», que comienza así: "Un niño es una fiera…".

y vive más que nadie
en ese mundo demasiado simple,
tan parecido al suyo.

Para empezar, la guerra
fue conocer los páramos[1] con viento,
los sembrados de gleba[2] pegajosa
y las tardes de azul, celestes y algo pálidas,
con los montes de nieve sonrosada a lo lejos.
Mi amor por los inviernos mesetarios
es una consecuencia
de que hubiera en España casi un millón de muertos.[2]

A salvo en los pinares
—pinares de la Mesa, del Rosal, del Jinete!—,
el miedo y el desorden de los primeros días
eran algo borroso, con esa irrealidad
de los momentos demasiado intensos.
Y Segovia parecía remota
como una gran ciudad, era ya casi el frente
—o por lo menos un lugar heroico,
un sitio con tenientes de brazo en cabestrillo[3]
que nos emocionaba visitar: la guerra
quedaba allí al alcance de los niños
tal y como la quieren.
A la vuelta, de paso por el puente Uñés,
buscábamos la arena removida
donde estaban, sabíamos, los cinco fusilados.

---

1 *páramo*: terreno sin cultivar, inhóspito y frío.

2 *gleba*: tierra.

3 *brazo en cabestrillo*: brazo sujeto por una banda o aparato al hombro debido a una herida, en este caso, de guerra.

2 El poeta se refiere a los inviernos de Castilla, pues pasó los tres años de la guerra civil (1936-1939) en el pueblo segoviano de Nava de la Asunción, donde su familia tenía diversas propiedades.

Luego la lluvia los desenterró,
los llevó río abajo.[3]

Y me acuerdo también de una excursión a Coca,
que era el pueblo de al lado,
una de esas mañanas que la luz
es aún, en el aire, relámpago de escarcha,
pero que anuncian ya la primavera.
Mi recuerdo, muy vago, es sólo una imagen,
una nítida imagen de la felicidad
retratada en un cielo
hacia el que se apresura la torre de la iglesia,
entre un nimbo[4] de pájaros.
Y los mismos discursos, los gritos, las canciones
eran como promesas de otro tiempo mejor,
nos ofrecían
un billete de vuelta al siglo diez y seis.
Qué niño no lo acepta?[3]

Cuando por fin volvimos
a Barcelona, me quedó unos meses
la nostalgia de aquello, pero me acostumbré.
Quien me conoce ahora
dirá que mi experiencia
nada tiene que ver con mis ideas,
y es verdad. Mis ideas de la guerra cambiaron

---

4 *nimbo*: círculo.

3 Desde la seguridad que proporciona la clase social a la que pertenece, el niño que fue Gil de Biedma contempla la guerra como una emocionante aventura… de la que forma parte la crueldad de los fusilamientos. Al fin y al cabo, el niño es una "bestia" tan "brutal" como los mayores (vv. 7-9).

4 El franquismo prometía devolverle a España la grandeza imperial que tuvo en el siglo XVI, y las hazañas y conquistas de las tropas españolas en esa época podían seducir a un niño como el poeta. Su experiencia de la guerra, por tanto, fue la de un tiempo heroico vivido en un hermoso entorno que le dejó "una nítida imagen de felicidad".

después, mucho después
de que hubiera empezado la postguerra.[5]

NO VOLVERÉ A SER JOVEN

Que la vida iba en serio
uno lo empieza a comprender más tarde
—como todos los jóvenes, yo vine
a llevarme la vida por delante.

Dejar huella quería
y marcharme entre aplausos
—envejecer, morir, eran tan sólo
las dimensiones del teatro.

Pero ha pasado el tiempo
y la verdad desagradable asoma:
envejecer, morir,
es el único argumento de la obra.[6]

---

5 La visión del poeta sobre la guerra cambió en los años cincuenta, cuando, al ingresar en la universidad, conoció, como tantos otros jóvenes burgueses de derechas, las verdaderas razones de la sublevación militar de 1936. Este descubrimiento lo llevó a adoptar una ideología de izquierdas opuesta a la de su clase social, pero Gil de Biedma vivió este conflicto de forma algo contradictoria. En este poema aflora esta pugna interior, no exenta de mala conciencia, que intenta racionalizar y justificar.

6 Meditación de madurez, desengañada, en la que el poeta toma conciencia de las consecuencias del paso irremediable del tiempo: "envejecer, morir". Si, en la juventud, contempla la muerte a lo lejos como si se tratara del marco (las *dimensiones*) del teatro de la vida, y ésta constituye un espectáculo del que piensa marcharse "entre aplausos", llegada la madurez descubre que "envejecer, morir" es en realidad la esencia de la vida, el "único argumento de la obra". Las expresiones coloquiales del poema, tan características del estilo de Gil de Biedma, esconden un doble sentido trascendente: el poeta comprende que "la vida iba en serio", porque no es una ficción como el espectáculo que suponía que era, y se percata de que, pretendiendo "llevarse la vida por delante", en realidad la vida se lo está llevando a él, como ser abocado a la muerte.

María Victoria Atencia

La intensa y depurada poesía de María Victoria Atencia (1931) se inicia con *Tierra mojada* (1953) y *Arte y parte* (1961). Tras quince años de silencio, reanuda la creación poética y publica más de una docena de títulos, entre los que cabe destacar *El mundo de M. V.* (1978), *Compás binario* (1984), *Música de cámara* (1986), *De la llama en que arde* (1988) y *Las contemplaciones* (1997), este último, Premio Nacional de la Crítica. Su estética, más cercana a la corriente culturalista de los jóvenes poetas de los años setenta que al realismo crítico de sus compañeros de generación, se caracteriza por su elegancia y serenidad, y por un clasicismo que no elude una fuerte tensión espiritual de raíz contemplativa.

PLACETA DE SAN MARCOS

Amárrate, alma mía; sujétate a este mármol,
Sebastián de su tronco, con cuantas cintas pueda
ofrecerte en Venecia la lluvia que te empapa.

Amárrate a este palo, alma Ulises, y escucha
desde donde la plaza proclama su equilibrio
el rugido de bronce que la piedra sostiene.[1]

1 La autora, que se halla en la plaza de San Marcos de Venecia, teme quedar hechizada por la belleza del lugar como dicen que les sucedía a quienes escuchaban el canto de las sirenas. Por eso le pide a su alma que se ate a una columna de mármol, imitando así a Ulises en la *Odisea*, que, amarrado al mástil del barco por sus marineros, pudo escuchar a las sirenas. "El rugido de bronce" alude a la escultura de un león alado que se halla en lo alto de una columna a la entrada de la plaza. El león, atributo del evangelista San Marcos, patrono de Venecia, es también el símbolo de la ciudad. El poema, en su brevedad, contiene otra referencia cultural. El alma, al amarrarse a la columna de mármol, se asocia también con San Sebastián, mártir cristiano que en esculturas y cuadros se representa atado a un árbol o pilar y atravesado por las flechas de los legionarios romanos.

APÉNDICE

Cantar de mio Cid

CAMINO DEL DESTIERRO

Llorando intensamente, [el Cid] volvía la cabeza y miraba [sus palacios]. Vio puertas abiertas y postigos sin candados, [y] perchas vacías, que ya no sustentaban mantos ni capas de piel, ni halcones o azores dispuestos para la caza. Mio Cid suspiró, pues eran muchas sus preocupaciones, y dijo con tino y mesura: «¡Gracias a ti, Señor, Padre que estás en los cielos! ¡Esto han tramado contra mí mis malvados enemigos!».

[El Cid y su tropa] empiezan a espolear a los caballos y sueltan las riendas. Al salir de Vivar, les salió una corneja por el margen derecho del camino, y al entrar en Burgos les salió otra por el lado izquierdo. Mio Cid se encogió de hombros, negó con la cabeza [y dijo]: «¡Alegrémonos, Álvar Fáñez, pues nos han echado de nuestra tierra!».

Mio Cid Ruy Díaz entró en Burgos, acompañado por sesenta caballeros. Salen a verlo mujeres y hombres. Los habitantes de la ciudad se asoman a las ventanas, con los ojos llenos de lágrimas, tan apenados estaban. De las bocas de todos salían las mismas palabras: «¡Dios, qué buen vasallo sería [el Cid], si tuviera un buen señor!».

De buena gana lo habrían alojado, pero nadie se atrevía, tan grande era la ira del rey don Alfonso. La noche anterior había llegado a Burgos la carta del rey, con grandes precauciones y fuertemente sellada. [Ordenaba] que nadie le diese alojamiento a Mio Cid Ruy Díaz. Quien se lo diera, que supiese lo que le esperaba: perdería sus bienes, y además los ojos, e incluso el cuerpo y el alma. Todos los habitantes [de Burgos] estaban sumidos en un gran dolor: se esconden de Mio Cid, pues no se atreven a decirle nada.

El Campeador se dirigió a su posada [habitual]. Pero, cuando llegó a la puerta, la encontró bien cerrada: así la habían dejado [los dueños de la casa] por miedo del rey Alfonso. [Estaba tan bien atrancada] que, o la rompían por la fuerza, o [no podrían entrar, pues] nadie se la abriría. Los [hombres] de Mio Cid llaman a grandes gritos, pero los de dentro se negaban a responder. Mio Cid espoleó [a su caballo y] se acercó a la puerta. Sacó el pie del estribo y dio una patada [a la puerta, pero] la puerta no se abre, pues estaba bien cerrada. Una niña de nueve años se le puso delante [y le dijo]: «¡Oh, Campeador, que en bendita hora te ceñiste la espada! El rey ha prohibido [que os acojamos]. Anoche llegó su carta, con grandes precauciones y fuertemente sellada. Por nada del mundo osaríamos abriros ni alojaros: si lo hiciéramos, perderíamos nuestras posesiones y nuestras casas, además de los ojos de la cara. Cid, con nuestro mal vos no ganáis nada. [Marchaos], y que Dios os proteja con sus poderes santos». Esto dijo la niña, y volvió a entrar en su casa.

LA CONQUISTA DE CASTEJÓN

Ya empieza a amanecer y venía la mañana. Salía el sol —¡Dios, qué hermoso asomaba!—. En Castejón, todos se levantaban. Abren las puertas, salían [de la ciudad] a toda prisa para ver sus cultivos y terrenos. Todos han salido; han dejado las puertas abiertas. Dentro de Castejón no han quedado más que unos pocos habitantes. Los que han salido, se han dispersado [por los alrededores]. El Campeador abandonó su escondite; hacia Castejón corría sin tropiezos. Moros y moras son su botín, lo mismo que el ganado que anda por los alrededores. Mio Cid don Rodrigo se dirigía hacia la puerta. Los que la guardan, al ver el ataque, sintieron miedo y dejaron [la puerta] sin protección. Mio Cid Ruy Díaz entraba por la puerta, con la espada desnuda en la mano. Alcanzó a quince moros y los mató. [Así] conquistó Castejón, y su oro y su plata. Sus caballeros se le acercan con el botín. Se lo dejan a Mio Cid, pues las riquezas no les importan en absoluto.

LA DEFENSA DE ALCOCER

Las filas de los moros ya avanzan, para capturar a mio Cid y a los suyos. [Dijo el Campeador]: «No os mováis, tropas. Que nadie se lance al ataque hasta que yo lo ordene». [Pero] Pedro Bermúdez no pudo reprimir [sus ganas de luchar]. Con la bandera en la mano, clavó las espuelas [en su caballo]. «¡Que Dios os ayude, leal Cid Campeador!» [dijo]. «¡Voy a colar la bandera allí donde hay más soldados! ¡Los que tenéis el deber [de ayudar a vuestro señor], veremos cómo defendéis la bandera!». Dijo el Campeador: «¡No lo hagáis, por caridad!». Respondió Pedro Bermúdez: «¡Ya es inevitable!». Espoleó el caballo y se metió donde había más soldados. Los moros le dejan que se cuele en su formación para arrebatarle la bandera: le dan fuertes golpes, pero no consiguen atravesarle la armadura. Dijo el Campeador: «¡Ayudadle, por caridad!».

Sitúan los escudos ante los corazones, bajan las lanzas con sus pendones. Inclinaron las caras sobre los arzones: con gran valentía, iban a herir [a sus enemigos]. A gritos dice el que en buena hora nació: «¡Heridlos, caballeros, por amor de Dios! ¡Yo soy Ruy Díaz, el Cid Campeador!». Todos atacan a las filas donde está Pedro Bermúdez; son trescientas lanzas, con sendos pendones. Con un solo golpe, cada lanza mató a un moro; cuando volvieron atrás, mataron a otros trescientos.

Vierais tantas lanzas bajar y subir, tanto escudo quedar traspasado, tanta armadura perforada, tantos buenos caballos avanzar sin dueño... Los moros gritan «¡Mahoma!», y los cristianos «¡Santiago!». En un pequeño espacio cayeron muertos mil trescientos moros.

¡Qué bien que lucha, sobre su dorado arzón, mio Cid Ruy Díaz, el gran batallador! [Y también] Minaya Álvaro Fáñez, que fue señor de Zorita; Martín Antolínez, excelente burgalés; Muño Gustioz, que se crió en la casa [del Cid]; Martín Muñoz, que mandó en Montemayor; Álvaro Álvarez y Álvaro Salvadórez; Galín Garçía, el buen [guerrero] de Aragón; Félez Muñoz, sobrino del Campeador... Y así el resto: todos los que están presentes van en auxilio de la bandera y de mio Cid Campeador.

A Minaya Álvaro Fáñez le mataron el caballo, [pero] bien lo socorrió la tropa de los cristianos. Le rompieron la lanza, blandió la espada. A pesar de que está de pie, buenos golpes va dando. Lo vio el mio Cid Ruy Díaz, el [guerrero] castellano. Se acercó a un oficial [moro] que tenía un buen caballo, [y] le dio tal espadazo con el brazo derecho [que] le cortó por la cintura [el cuerpo], cuya mitad superior cayó al campo de batalla. A Minaya Álvaro Fáñez le fue a dar el caballo. «¡Cabalgad, Minaya, que sois mi brazo derecho!

»Gran ayuda obtendré hoy de vos. Los moros se mantienen firmes, aún no abandonan la batalla». Cabalgó Minaya, con la espada en la mano, luchando bravamente entre las fuerzas [enemigas]. A todo el que alcanzaba, lo iba matando. Mio Cid Ruy Díaz, que en bendita hora nació, al general Fáriz le dio tres golpes. Los dos primeros fallaron, [pero] el tercero acertó: por la armadura abajo la sangre fue resplandeciendo. Dio [el moro] media vuelta a su caballo para escapar del campo de batalla. Gracias a aquel golpe, el ejército moro fue vencido.

Martín Antolínez asestó un golpe a Galve, [y] le hizo saltar los rubíes [que adornaban su] yelmo. [La espada] cortó el yelmo y llegó a la carne. Sabed [que] Galve no tuvo la valentía de esperar un segundo golpe. Vencidos son los generales Fáriz y Galve. ¡Fue un gran día para la cristiandad, pues los moros huyeron de aquel lugar. Los de mio Cid persiguieron a los fugitivos. El general Fáriz logró entrar en Terrer, pero a Galve no le permitieron refugiarse allí, [así que] partió a toda prisa hacia Calatayud. El Campeador iba a su alcance: hasta Calatayud duró la persecución.

REENCUENTRO EN VALENCIA

Cuando doña Jimena vio [al Cid], se arrodilló ante él [y le dijo]: «¡Gracias, Campeador, que en buena hora os ceñisteis la espada! ¡Me habéis librado de una gran deshonra! Aquí nos tenéis, señor, a mí y a vuestras dos hijas. Gracias a Dios y a vos, se encuentran sanas y ya están criadas». [El Cid] abrazó con fuerza a la madre y a las hijas, [y los cuatro] lloraban, tal era la alegría que sentían. Todos los guerreros [del Cid] disfrutaron mucho: jugaban a luchar y a romper tablados. Oíd lo que dijo el que en buena hora se ciñó la espada: «Vos, mujer, querida y honrada, y mis dos hijas, [que sois] mi corazón y mi alma, entrad conmigo en la ciudad de Valencia, tierra que he conquistado para vosotras». La madre y las hijas besaban las manos [del Cid, y] entraron en Valencia con grandes honores.

Mio Cid se dirigió con ellas al alcázar, y las subió al lugar más alto. Hermosos ojos miraban a todas partes: [por una parte] ven cómo se extiende la ciudad de Valencia, y por la otra tienen a la vista el mar. Miran la huerta, [que es] frondosa y amplia. Alzan [entonces] las manos para alabar a Dios por esta ganancia, tan buena y valiosa. Mio Cid y sus soldados están muy satisfechos. El invierno ha pasado, y marzo va a empezar. [Pero ahora] quiero contaros noticias del otro lado del mar: [voy a hablaros] del rey Yúcef, que está en Marruecos.

Le dolió al rey de Marruecos [lo que había hecho] don Rodrigo: «De mis tierras se ha adueñado, y sólo se lo agradece a Jesucristo. El rey de Marruecos reunía a sus ejércitos: con cincuenta mil armas, [los guerreros] quedaron preparados [para la guerra. Entonces], se embarcaron, se hicieron a la mar y zarparon hacia Valencia, para enfrentarse a mio Cid don Rodrigo.

Los paganos llegaron a Valencia, [la ciudad] conquistada por el Cid, plantaron sus tiendas y se instalaron. Tales noticias llegaron a oídos del Cid, [quien dijo así:]

«¡Gracias al Creador y al Padre espiritual! Los bienes que poseo, aquí delante los tengo. Con esfuerzo conquiste Valencia, y [ahora] me pertenece. A menos que muera, no la puedo dejar. ¡Agradezco al Creador y a Santa María, por tener aquí a mis hijas y a mi mujer. Una alegría me ha llegado de las tierras de allende el mar: entablaré batalla, no lo podré evitar; mis hijas y mi mujer me verán combatir, [y así] comprobarán cómo se vive en estas tierras extranjeras. ¡Bien verán con sus [propios] ojos cómo se gana el pan». A su mujer y a sus hijas las subió al alcázar. Al alzar los ojos, [ellas] vieron tiendas levantadas. [Dijo doña Jimena:] «¿Qué es esto, Cid, que Dios os salve?». «Oh, mujer honrada, no tengáis pesar: Es riqueza que nos aumenta, maravillosa y grande. [Como] acabáis de llegar, os quieren hacer un regalo; para que caséis a vuestras hijas, os proporcionan el ajuar». «A vos os lo agradezco, Cid, y al Padre espiritual». «Mujer, permaneced en este palacio, y si queréis, en el alcázar; no tengáis miedo de verme luchar: con la gracia de Dios y de Santa María, por teneros delante se acrecienta mi valor. ¡Con la ayuda de Dios esta batalla la he de vencer!».

UNA FIERA SUELTA

En Valencia estaba mio Cid con todos los suyos. Le acompañan sus dos yernos, los infantes de Carrión. Echado en un escaño, dormía el Campeador. Sabed que se llevaron una desagradable sorpresa: el león saltó de su jaula y quedó libre. Un gran miedo cundió en el salón: los [hombres] del Campeador se envolvieron los mantos en el brazo y rodearon el escaño y se quedaron junto a su señor.

Fernando González no vio allí dónde esconderse, ni una habitación abierta ni una torre [a la que subir]. Se metió, [pues], bajo el escaño, tanto miedo tenía. Diego González por la puerta salió, diciendo a gritos: «¡No volveré a ver Carrión!». Muerto de miedo, se metió en un lagar, [con lo que] quedaron del todo sucios su manto y su brial. En esto, se despertó el que en buena hora nació. [Al] ver rodeado el escaño por sus valiosos hombres, [dijo]: «¿A qué viene esto, soldados, o qué es lo que queréis?». «¡Oh, honrado señor nos ha asaltado el león». Mio Cid apoyó el codo [y] se puso en pie. Con el manto al cuello, se dirigió al león. El león, cuando lo vio, se mostró sumiso, bajó la cabeza ante el Cid, y agachó el hocico. Mio Cid don Rodrigo lo tomó por el cuello y lo condujo hasta la jaula, donde lo metió. Todos los presentes tomaron por un prodigio [lo que acababan de ver], y volviéronse a palacio y entraron en el salón. Mio Cid preguntó por sus yernos y no los encontró. Aunque [insisten en] llamarlos, nadie responde. Cuando los hallaron, y vieron lo pálidos que estaban, no os imagináis las risas que se oyeron por todo el salón. Mio Cid el Campeador prohibió [las burlas]. Muy ofendidos se sintieron los infantes de Carrión: muy gran disgusto se llevaron con esto que les sucedió.

LA AFRENTA DE CORPES

Ya se fueron de El Ansarera los infantes de Carrión. No dejan de avanzar ni de día ni de noche. A la izquierda dejan Atienza, un castillo inexpugnable en la cima de una roca. Luego pasaron la sierra de Miedes; en los Montes Claros espolearon [con fuerza] a sus caballos; a la izquierda dejaron Griza, que fue poblada por Álamos (allí están las cuevas subterráneas donde encerró a Elfa). A la derecha dejan San Esteban de Gormaz, que queda más lejos. Los infantes han entrado en el robledo de Corpes, [donde] los montes son altos y las ramas suben hasta las nubes, y vagan los animales salvajes. Encontraron un vergel en el que había una fuente [de agua] cristalina. [Entonces] los infantes de Carrión mandaron plantar su tienda. Aquella noche la pasan con todo su séquito. Abrazando a sus mujeres les dan grandes muestras de amor, [pero] ¡mal se lo demostraron al salir el sol! [Entonces] mandaron cargar las mulas con una gran cantidad de cosas [y] recoger la tienda en la que habían pasado la noche. Los criados partieron por delante, tal y como mandaron los infantes de Carrión, [quienes dijeron que] no debía permanecer nadie allí, ni hombre ni mujer, sino tan sólo sus dos esposas, doña Elvira y doña Sol, pues deseaban recrearse con ellas bien a gusto. Todos se habían ido: no quedaban más que ellos cuatro: tan gran maldad planearon los infantes de Carrión. «Tened por cierto, doña Elvira y doña Sol, que aquí seréis humilladas, en estos ásperos montes. Hoy nos marcharemos y os abandonaremos: nunca conseguiréis parte alguna de las tierras de Carrión. Estas noticias irán a oídos del Cid Campeador, y con esta deshonra vengaremos lo que pasó con el león». Allí les quitan los mantos y los vestidos, [y] las dejan en ropa interior. Las espuelas llevan calzadas los perversos traidores, [y] toman las correas [de sus caballos, que son] fuertes y resistentes. Cuando esto vieron las damas, dijo doña Sol: «¡Don Diego y don Fernando, os lo suplicamos por Dios! Dos espadas tenéis, fuertes y cortadoras: una llamada Colada y la otra llamada Tizona. Si nos cortáis las cabezas, seremos mártires: moros y cristianos hablarán de nosotras, pues moriremos sin merecimiento. No cometáis con nosotras tan gran crueldad. Si nos maltratáis, os envileceréis y seréis acusados por ello en un juicio ante el rey». [Pero] nada les aprovechan a las damas sus ruegos. Los infantes de Carrión comienzan al instante a golpear [a sus esposas]. Con las correas, las maltratan salvajemente; con las espuelas agudas, les hacen mucho daño. Les rompieron las camisas y las carnes a las dos. Clara corría la sangre sobre sus túnicas; bien lo notaban ellas en sus corazones. ¡Qué gran suerte sería, si Dios quisiera, que apareciese por allí ahora mismo el Cid Campeador! Tanto las maltrataron que las dejaron inconscientes, con las camisas y las túnicas ensangrentadas. Los dos están ya hartos de herir [a sus esposas], tanto han competido por dar los golpes más fuertes. Doña Elvira y doña Sol ya no pueden hablar: por muertas las han dejado en el robledo de Corpes.

Se les llevaron los mantos y las pieles de armiño; déjanlas desfallecidas en briales y camisas, abandonadas a las aves rapaces [que habitan en] el monte y a las bestias salvajes. Por muertas las dejaron, sabed, que no por vivas. ¡Qué gran suerte sería que asomara ahora mismo el Cid Campeador!

En el robledo de Corpes, los infantes de Carrión dejaron por muertas [a sus esposas]. Ninguna de las dos puede ayudar a la otra.

Por los montes que atravesaban, [los infantes] iban presumiendo: «Ya nos hemos vengado de nuestros casamientos. Nunca debimos tomarlas ni siquiera por amantes, pero nos lo rogaron tanto... No tenían la posición adecuada para ser nuestras esposas. ¡La deshonra del león así se irá vengando!».

LA APOTEOSIS DEL HÉROE

«¡Gracias doy al rey del cielo, [pues] mis hijas han sido vengadas y ahora ya son suyas las tierras de Carrión! ¡Sin vergüenza las casaré, pese a quien pese». Los acompañantes de los [infantes] de Navarra y Aragón entablaron negociaciones [y] se reunieron con Alfonso el de León, [y luego] celebraron sus casamientos con doña Elvira y doña Sol. Los primeros fueron grandes, pero éstos son mejores, pues ahora [el Cid] obtiene mayor honra que con aquellas otras bodas. ¡Ved cómo crece la honra del que en buena hora nació, cuando sus hijas son señoras de Navarra y de Aragón! Hoy los reyes de España descendientes suyos son. A todos les alcanza la honra del que en buena hora nació.

Fábula de Polifemo y Galatea

4

Allí donde el espumoso mar de Sicilia da un brillo de plata al pie del monte Lilibeo —techo de la herrería de Vulcano o tumba del gigante Tifeo—, hay un llano [cubierto de] cenizas. [Tales cenizas son] pálidas señales o bien del sacrílego deseo [de Tifeo, el gigante que intentó destronar a Júpiter], o bien del duro trabajo de Vulcano. Allí, una alta roca sirve de mordaza a la boca de una cueva.

5

Los bastos soldados que vigilan la dura roca [de la entrada de la cueva] son unos robustos árboles, cuyo espeso ramaje impide, más que la roca en sí, la entrada de luz y aire puro en la profunda caverna. La cueva sirve de tenebrosa cama a la oscura noche, como prueba [el hecho de que en la gruta haya una] horrible bandada de aves nocturnas que lanzan tristes gemidos y vuelan pesadamente.

6

El triste hueco de esta cueva, que es como un formidable bostezo de la tierra, sirve de bárbara choza a Polifemo, [auténtico] terror de aquella sierra. Asimismo, es refugio sombrío y espacioso redil en que el cíclope encierra a sus cabras, quienes [suelen] ocultar con su multitudinaria presencia las cumbres ásperas de los montes. El rebaño forma un hermoso conjunto que se agrupa cuando Polifemo silba y enseguida queda encerrado tras la peña [que sirve de puerta a la cueva].

7

Este cíclope (que es hijo fiero de Neptuno y decora el cielo de su frente con un ojo casi tan grande como el sol) es un monte del que sobresalen brazos y piernas. [Puesto que Polifemo tiene una estatura gigantesca], el pino más robusto le obedece y se convierte [en su mano] en ligero bastón. De hecho, [como el pino soporta] el enorme peso del cíclope, al segundo día deja de ser bastón y se convierte en cayado, [pues queda curvado por su parte superior].

8

El cabello [de Polifemo] es negro y ondulado, e imita [por su color] las oscuras aguas del río Leteo. Vuela sin orden y cuelga sin aseo mientras lo peina el viento con fuerza huracanada. La barba [del cíclope] es un torrente arrollador, hijo tostado de este Pirineo [que es Polifemo], e inunda [desordenadamente] el pecho [del cíclope], incluso cuando Polifemo se lo peina usando los dedos, [cosa que hace] muy de tanto en tanto, y siempre de forma torpe e inútil.

9

[Entre las bestias que ha criado], Sicilia no ha armado a ninguna con la crueldad o ligereza necesarias para que pueda salvar su piel manchada con cientos de colores ni por medio de un feroz ataque ni por medio de una veloz huida. [Por obra de Polifemo], ya se ha convertido en zamarra la fiera que causaba mortal horror [al campesino, el hombre que], con paso lento, recogía a los bueyes en su albergue mientras pisaba la luz incierta del atardecer.

13

[Polifemo] adora a la ninfa más bella que haya visto el mar, y que es hija de Doris. Se llama Galatea, y en ella Venus ha reunido [los encantos del] trío [que forman] sus Gracias. Sus lucientes ojos son dos estrellas luminosas [que destacan sobre] su piel blanquísima. [Galatea, en fin, es tan bella] que podemos llamarla «roca de cristal de Neptuno», o «pavón de Venus» o «cisne de Juno».

14

El Alba deshoja sobre Galatea rosas rojas y lirios blanquísimos, [pues tiene la piel muy blanca y los labios y las mejillas muy rojos, de tal modo que] el Amor duda sobre cuál es el color que predomina en ella: si es púrpura nevada o nieve roja. La perla del mar Rojo intenta inútilmente competir en blancura con la frente de Galatea. Amor, el dios ciego, se enoja [con el atrevimiento de la perla], así que la castiga por su brillo engastándola en un pendiente de oro que Galatea cuelga de su oreja, blanca como el nácar.

25

Acis era una lanza de Cupido, [pues enamoraba con su belleza igual que un venablo arrojado por el dios Amor]. Fue engendrado por un fauno (medio hombre, medio fiera) en [el vientre de] la hermosa ninfa Simetis, y era gloria del mar y honor de su orilla. Igual que un imán sigue al acero, el bello Acis venera como un idólatra al ídolo dormido, [es decir, a Galatea, y lo hace] ofrendándole lo más rico de su pobre huerto, la leche de sus vacas y la miel que fomentan sus robles [al permitir que las abejas habiten en el hueco de sus troncos].

38

Una vez ha sacudido el sueño de sus miembros, el gallardo joven [se pone en pie y] exhibe su figura. Enseguida se postra ante los pies de Galatea, blancos como el marfil, e intenta besar su coturno dorado. La propia ninfa, sobrecogida, podría decir lo mucho que se asustó con aquel movimiento: más de lo que asusta a un marinero un rayo anticipado o una tormenta pronosticada.

42

Antes de que Cupido permitiese a las palomas [que arrullaban junto a Acis y Galatea] que juntasen sus picos color rubí, el atrevido Acis chupó los labios de Galatea, semejantes a pétalos carmesíes. Todas las oscuras violetas y blancos alhelíes que se crían en Pafo y Gnido llueven [entonces] sobre el lugar que, por disposición del Amor, se ha convertido ya en lecho nupcial de Acis y Galatea.

44

[Polifemo se había] situado entre las montañas y la orilla del mar, en lo más alto de una roca, cuando el prodigioso fuelle de su boca sopló las cañas [de su zampoña], unidas con cera. La ninfa las oyó, y sintió ganas de ser una pequeña flor, una humilde hierba, un poco de tierra, antes [que lo que era]: una vid lasciva que rodeaba el tronco de su reciente esposo y que estaba muerta [a la vez] de amor y de miedo.

45

Pero, con sus brazos, semejantes a pámpanos de cristal, Galatea se enlaza por amor y se aferra por miedo al [cuerpo de] Acis, infeliz olmo que será despedazado por el hacha afilada de los celos. Mientras tanto, las cavernas y pendientes, [pese a haber sido] prevenidas por el sonido de la basta zampoña, han quedado fulminadas al oír la voz atronadora de Polifemo. «¡Oh, Piérides, os ruego que me ayudéis a reproducir su canto!'».

46

«¡Oh, bella Galatea, más delicada que los claveles que la Aurora tronchó [con el peso del rocío], más blanca que las plumas del [cisne], el ave que vive en las aguas y muere entonando un dulce canto; tan pomposa como el [pavo real], pájaro cuyo manto azul está [decorado] con tantos círculos dorados como estrellas hay en el zafiro del cielo. ¡Oh tú, que en las dos estrellas de tus ojos concentras la belleza de las estrellas más hermosas!

48

»¡Sorda hija del mar, cuyas orejas son tan insensibles a mis quejas como las rocas a la [embestida del] viento, escucha por una vez mi voz, aunque no sea en atención a mí, sino a la dulzura con que canto, [escúchala tanto si] estás durmiendo tras los rojos troncos de cientos de corales que impiden el paso de mis quejas, como si estás bailando en compañía al son de un discordante instrumento (propio del mar pero desagradable) hecho con [la concha de] un sinfín de almejas».

49

En ese punto, la horrenda voz [de Polifemo], aunque no su dolor, se vio interrumpida por unas cabras que pisaron con rápidos pies y sacrílegos cuernos unas plantas de Baco, [es decir, unas vides]. Cuando el fiero pastor vio que las cabras pisaban los pámpanos más jóvenes, dio tantos gritos, su honda arrojó tantas piedras, que traspasaron el muro de hiedras [que ocultaba a Acis y Galatea].

60

Con esto, los dos dulces amantes se desataron de los nudos [de amor] que los mantenían unidos, y echaron a correr hacia el mar sobre [un terreno cubierto de] duras piedras y molestas espinas, con tanta rapidez como si tuvieran alas en los pies. Ocurrió lo mismo que pasa cuando un meseguero, para librar sus sembrados de unos pájaros que quieren comérselos, separa a una pareja de liebres amigas, a quienes unió su distinto sexo y cobijó un surco.

61

Viendo el fiero gigante correr sigilosamente hacia el mar a la fugitiva Galatea, blanca como la nieve (pues la vista del cíclope es tan potente que le permite distinguir los pequeños escudos que usan los desnudos habitantes de Libia), y [viendo asimismo] al joven [Acis], Polifemo [lanzó un grito con el que] sacudió a tantas viejas hayas como lo haría un trueno celoso. [Su grito precedió a su violencia, igual que] antes de que la oscura nube de tormenta se rompa, el trueno (que suena como una trompa) avisa de que [va a caer un] rayo fulminante.

62

Con infinita violencia, [Polifemo] desgajó la punta mayor de una roca muy alta, y la arrojó sobre el joven. Para Acis, la piedra es una urna demasiado grande, o una pirámide [funeraria] desmesurada. La ninfa Galatea, con los ojos llenos de lágrimas, llama a las divinidades del mar, a las que [también] invoca Acis, y todas concurren [junto al cadáver. Al instante], la sangre que el duro peñasco ha exprimido se convierte en agua cristalina.

63

Apenas los miembros de Acis quedaron lastimosamente aplastados bajo la piedra fatal, el rocío líquido de sus venas calzó los pies de los árboles más gruesos. Convertidos al fin sus blancos huesos en plata que avanzaba lamiendo flores y dando un brillo de plata a las arenas, [al mar] llega, donde [lo recibe] Doris, quien, con llanto piadoso, reconoció a Acis como yerno y lo aclamó como río.

Rosalía de Castro

ADIOS

Adios, ríos; adios, fontes;
adios, regatos pequenos;
adios, vista dos meus ollos:
non sei cando nos veremos.

Miña terra, miña terra,
terra donde me eu criei,
hortiña que quero tanto,
figueiriñas que prantei,

prados, ríos, arboredas,
pinares que move o vento,
paxariños piadores,
casiña do meu contento,

muíño dos castañares,
noites craras de luar,
campaniñas trimbadoras
da igrexiña do lugar,

amoriñas das silveiras
que eu lle daba ó meu amor,
camiñiños antre o millo,
¡adios, para sempre adios!

¡Adios groria! ¡Adios contento!
¡Deixo a casa onde nacín,
deixo a aldea que conozo
por un mundo que non vin!

Deixo amigos por estraños,
deixo a veiga polo mar,
deixo, en fin, canto ben quero...
¡Quen pudera non deixar!...

Mais son probe e, ¡mal pecado!,
a miña terra n'é miña,
que hastra lle dan de prestado
a beira por que camiña
ó que naceu desdichado.

Téñovos, pois, que deixar,
hortiña que tanto amei,
fogueiriña do meu lar,
arboriños que prantei,
fontiña do cabañar.

Adios, adios, que me vou,
herbiñas do camposanto,
donde meu pai se enterrou,
herbiñas que biquei tanto,
terriña que nos criou.

Adios Virxe da Asunción,
branca como un serafín;
lévovos no corazón:
Pedídelle a Dios por min,
miña Virxe da Asunción.

Xa se oien lonxe, moi lonxe,
as campanas do Pomar;
para min, ¡ai!, coitadiño,
nunca máis han de tocar.

Xa se oien lonxe, máis lonxe.
Cada balada é un dolor;
voume soio, sin arrimo...
Miña terra, ¡adios!, ¡adios!

¡Adios tamén, queridiña!...
¡Adios por sempre quizais!...
Dígoche este adios chorando
desde a beiriña do mar.

Non me olvides, queridiña,
si morro de soidás...
tantas légoas mar adentro...
¡Miña casiña!, ¡meu lar!

ÍNDICE ALFABÉTICO

ÍNDICE ALFABÉTICO DE TÍTULOS DE POEMAS Y DE PRIMEROS VERSOS

ESTUDIO
DE LA OBRA

ANÁLISIS

1

EDAD MEDIA

1.1 Las jarchas y la lírica tradicional

La **jarcha** es un fragmento de una cancioncilla popular mozárabe que ha sido engastado en un poema culto escrito en árabe clásico.

a ¿A quién pertenece la voz que nos habla en las jarchas? (pp. 3-4) En general, ¿cómo se retrata el amor en estas cancioncillas? ¿Dirías que se presenta como una experiencia satisfactoria o más bien conflictiva?

Una característica llamativa de la **lírica tradicional** es su economía expresiva, es decir, su capacidad para transmitir sentimientos muy profundos por medio de recursos estilísticos muy simples, tales como la reiteración de palabras o el uso de fórmulas paralelísticas.

b ¿Qué sentimiento se nos transmite en la canción «En Ávila mis ojos» a través de la repetitiva mención del nombre de Ávila? (p. 5) ¿Qué paralelismos detectas en «Al alba venid, buen amigo»? (p. 7)

c ¿Qué recurso métrico se usa en «Que miraba la mar» para subrayar el drama que vive la protagonista de la canción? (p. 6)

La lírica popular se vale a menudo de la **expresión simbólica**. Los símbolos empleados en las canciones están tan arraigados en la mentalidad colectiva que poseen un valor casi universal.

d Aunque mencione tanto la muerte, ¿de qué experiencia nos habla en realidad la canción «Dentro en el vergel»? (p. 8) ¿Cuáles son las "rosas" que quiere "coger" la protagonista?

1.2 Cantar de mio Cid

El *Cantar de mio Cid* es un magistral poema épico protagonizado por una figura histórica, Rodrigo Díaz de Vivar, **el Cid Campeador**. En la obra, el Cid encarna el espíritu de frontera, es decir, la actitud de los guerreros castellanos que, a la altura del siglo XII, hacían incursiones en tierras musulmanas a fin de mejorar su situación social y económica. En general, el protagonista del *Cantar* constituye todo un modelo de comportamiento por su arrojo, astucia, humanidad, prudencia y afán de justicia.

a ¿Qué sorprendente actitud adopta el Cid cuando parte hacia el destierro? (p. 11) ¿Con qué adjetivo se califica entonces su modo de hablar? (p. 11) ¿Dirías que ese calificativo podría aplicarse en general a todo el comportamiento del héroe?

b ¿De qué modo se nos revela que el Cid es un guerrero querido por el pueblo? (p. 12)

c ¿Qué estrategia pone de manifiesto que, en sus empresas bélicas, el Cid conjugue la fuerza con la sabiduría? (p. 15)

d ¿Cómo te explicas que, cuando Yúcef acampa a las puertas de Valencia, el Cid identifique la guerra con un "delicio"? (p. 23)

En su voluntad de idealizar al héroe, el poeta épico recurre a menudo a la **exageración**.

e ¿Qué increíble hazaña lleva a cabo el Cid durante la batalla de Alcocer? (p. 19) ¿Y Pero Bermúdez? (pp. 16-17)

Todo poema épico incorpora a unos **antagonistas** que amenazan la prosperidad, la integridad física o el honor del héroe. Junto con los generales moros que le presentan batalla, los principales enemigos del Cid son los infantes de Carrión.

f En general, ¿cuál es el mayor defecto de los antagonistas del héroe? Para responder, repara en el comportamiento de Fáriz y Galve en Alcocer (p. 20) y en la actitud de los infantes durante el episodio del león (p. 25).

g ¿En qué pasaje del *Cantar* alcanzan los infantes de Carrión la cumbre de su vileza y degradación moral?

Al cantar o recitar sus poemas épicos, los juglares no dudaban en potenciar la emoción de lo narrado interpelando al público de forma directa o expresando con claridad sus opiniones sobre la forma de obrar de un determinado personaje.

h Ejemplifica el uso de tales estrategias repasando las pp. 18, 26 y 29.

En los cantares de gesta se suele utilizar el **epíteto épico**. Se trata de una fórmula convencional que se incorpora sistemáticamente cuando se menciona el nombre del héroe, y que incide en alguna de sus cualidades más relevantes.

i ¿Qué epíteto épico acompaña a la mención del nombre del Cid en las pp. 17, 19, 25 y 32? ¿Con qué otra fórmula se califica al héroe? (pp. 14 y 21) ¿Recuerdas en qué momento se suma el poeta a otra convención típica de la poesía épica, que es la enumeración de los guerreros que componen el ejército del protagonista?

1.3 Gonzalo de Berceo

Como todos los representantes del mester de clerecía, Berceo escribió sus versos con una finalidad práctica. En los *Milagros de Nuestra Señora*, en concreto, se propuso estimular la devoción del público y propagar la **fe en Santa María**.

a En el milagro XIV, ¿cómo se ponen de manifiesto los poderes sobrenaturales de la Virgen? (vv. 21-40) Según el poeta, ¿por qué nos conviene tener fe en la madre de Dios? (vv. 49-53)

Dado que aspiraba a llevar la doctrina cristiana a un público amplio, Berceo puso gran empeño en hacerse entender, así que escribió sus poemas en castellano en vez de hacerlo en latín y utilizó a menudo las **palabras del vulgo**.

b ¿En qué pasaje se aprecia particularmente bien la voluntad de Berceo de acercarse al lenguaje popular? (p. 34)

El mester de clerecía nació por oposición al mester de juglaría. La separación entre ambas corrientes se evidencia de forma muy elocuente en la **métrica**.

c Compara algún fragmento del *Cantar de mio Cid* con el milagro XIV y señala qué diferencias observas entre la métrica de una obra y otra.

1.4 Romancero

El romancero viejo abunda en piezas novelescas, algunas tan bellas como el «Romance del prisionero» (p. 38) y «El conde Arnaldos» (pp. 45-46), pero acoge también composiciones como «Abenámar» (pp. 38-41), en las que la ficción poética se pone al servicio de la recreación de un acontecimiento histórico.

a ¿Qué dos partes podemos distinguir en el «**Romance del prisionero**» y qué contraste se produce entre ambas?

b ¿Qué suceso histórico se recrea en «**Abenámar**»? ¿De qué manera, tan sorprendente como poética, intenta el rey don Juan conquistar Granada antes de bombardearla?

c ¿En qué momento irrumpe la magia en el romance «**El conde Arnaldos**»? ¿Cómo interpretas el final de la composición?

El romancero mantiene una continuidad temática y estilística con los cantares de gesta que se percibe muy bien en composiciones como «**La jura de Santa Gadea**» (pp. 41-45), donde se recrea un episodio legendario protagonizado por el Cid.

d ¿Para qué se reúnen el rey Alfonso y el Cid en la iglesia de Santa Gadea? ¿Qué actitud adopta el Cid frente al rey? ¿Cómo reacciona el héroe al ser castigado? ¿Se parece el Cid del romance al del *Cantar de mio Cid*? ¿Por qué?

Un rasgo característico de los romances, heredado del cantar de gesta, es la **alternancia de formas verbales** en presente y pasado.

e Señala algún pasaje en que se perciba esa característica.

f ¿Qué tipo de **métrica** y **rima** tienen los romances?

1.5 Libro de buen amor

Por su desconcertante ambigüedad, el *Libro de buen amor* ha generado interpretaciones muy dispares. Si bien parece una obra fundamentalmente lúdica, su autor le atribuye ambiciones didácticas. Consciente, en todo caso, de la dualidad del libro, el Arcipreste no duda en guiar la interpretación del poema para evitar lecturas desatinadas. Así, en una de las primeras estrofas,

a ¿Qué le pide el autor al lector y de qué se enorgullece? (p. 49) ¿Cómo ha de obrar el lector cuerdo ante el libro? ¿Y el frívolo?

El *Libro de buen amor* es la **autobiografía ficticia** de un arcipreste dominado por un poderoso apetito carnal.

b Según el narrador, ¿a qué se debe que el varón busque el *juntamiento* con la hembra? (p. 49) En ese sentido, ¿qué diferencia existe entre el ser humano y los animales? (p. 50)

c De acuerdo con el Amor, ¿a quién necesita el Arcipreste para conquistar a las mujeres? (p. 54) ¿Para qué le ha de servir el dinero? (p. 56)

El Arcipreste describe con particular detalle su relación con una hermosa viuda llamada **doña Endrina**. Gracias a la intervención de una alcahueta, el episodio acaba satisfactoriamente para el Arcipreste, lo que provoca que doña Endrina se sienta deshonrada.

d ¿Cómo reacciona el Arcipreste al ver a doña Endrina en la plaza? (p. 57) ¿Se comporta como un galán atrevido o se muestra más bien pusilánime? (pp. 57-58) ¿Cómo describe el amor que siente y qué le responde doña Endrina? (p. 59)

e Cuando doña Endrina se queja de su deshonra, ¿qué le aconseja Trotaconventos? (pp. 61-62)

f ¿Qué final, supuestamente feliz, tiene la aventura de doña Endrina? (p. 62) ¿Crees que es posible extraer alguna lección moral del pasaje, o te parece que el episodio es declaradamente inmoral? Razona tu respuesta. ¿Qué opina el propio autor del episodio, a juzgar por lo que dice en la copla 891?

Durante un viaje por la sierra de Guadarrama, el Arcipreste se cruza sucesivamente con cuatro serranas. El encuentro con la primera, la **Chata de Malangosto**, es relatado en dos versiones: la primera en cuaderna vía y la segunda, más extensa y explícita, en forma de coplas de versos octosílabos.

g ¿Por qué se interpone la Chata en el camino del protagonista? (p. 64) ¿Qué promete el Arcipreste para aplacar a la serrana y qué beneficio obtiene entonces? (p. 65)

La segunda versión del encuentro con la Chata es una parodia de un género poético típicamente medieval: la **serranilla**. Se trata de un tipo de poema que recreaba una situación arquetípica: la de un caballero que, al pasar por el campo, se enamoraba de una pastora joven, delicada y hermosa, y decidía conquistarla. Pero, por más que la requebraba entonces de amores, no conseguía nada, pues la muchacha lo rechazaba para preservar su virtud.

h ¿Cómo se parodia tal situación en la «Cántica de serrana»? (pp. 65-70) ¿Es la Chata una mujer virtuosa? ¿Por qué?

El *Libro de buen amor* incluye digresiones morales como la sátira sobre el **poder del dinero** y relatos alegóricos como la **batalla entre don Carnal y doña Cuaresma** o la **disputa por acoger a don Amor**.

i ¿Qué exageraciones emplea el Arcipreste para poner de manifiesto el desmesurado poder que el dinero tiene en la sociedad? (p. 56)

j Dadas las costumbres de la liturgia cristiana, ¿por qué es comprensible que el ejército de don Carnal esté compuesto por faisanes y gallinas y liderado por capitanes como don Tocino? (pp. 70-71) ¿Quiénes son, en cambio, los guerreros de doña Cuaresma?

k ¿Dirías que el Arcipreste se siente más cercano a don Carnal o te parece que comulga más con doña Cuaresma? ¿Por qué? En todo caso, ¿qué premio recibe el protagonista por el tipo de vida que lleva? (p. 75)

Tras acumular varios fracasos en su historial de galán, el Arcipreste busca el amor de una monja llamada **doña Garoza**.

l Cuando Trotaconventos va a ver a la monja, ¿con qué intención relata doña Garoza la fábula de la serpiente y el hortelano? (pp. 77-79)

m ¿Cómo contrastan los amores del Arcipreste y Garoza con el episodio previo de doña Endrina? (p. 81)

La **muerte de Trotaconventos** marca un punto de inflexión en el *Libro de buen amor*, pues el tono del poema se vuelve entonces más grave. Tras asumir que la muerte es una amenaza cotidiana,

n ¿Qué les aconseja el Arcipreste a sus lectores? (pp. 83-84)

Como otras muchas obras de la literatura medieval, el *Libro de buen amor* contiene **rasgos anticlericales**.

ñ ¿Qué reproches, a veces más directos y a veces más comedidos o sesgados, le hace el Arcipreste al clero de su época? (pp. 56, 74 y 76-77)

En el prólogo del *Libro de buen amor,* el Arcipreste señala que su poema puede servir para dos cosas contrarias: encaminar al hombre hacia el buen amor o adiestrarlo en estrategias útiles para triunfar en el loco amor.

o ¿Cómo interpretas la copla 1627, que habla sobre la utilidad del *Libro de buen amor*? ¿Te parece que, leyendo el poema, los lectores medievales se convertirían en mejores cristianos? ¿Por qué?

p ¿Qué sentido moral podemos darle al hecho de que casi todas las aventuras amorosas del Arcipreste acaben con un fracaso?

Tal vez la estrategia pedagógica de Juan Ruiz consista en mostrarles a sus lectores lo que no se debe hacer en vez de proponerles un modelo que imitar.

q ¿Qué te parece esta interpretación? Razona tu respuesta.

1.6 Marqués de Santillana

La serranilla de la **vaquera de la Finojosa** (pp. 87-89) es uno de los poemas más celebrados del Marqués de Santillana, por su gracia, frescura y sabia asimilación de los recursos de la lírica popular.

a ¿Qué es lo que más le sorprende al narrador al ver a la vaquera? (vv. 17-20) ¿De qué ardid se vale para insinuarle su amor y qué respuesta recibe? (vv. 33-44)

b ¿Cómo contrasta el poema de Santillana con la narración que se hacía de una situación semejante en el *Libro de buen amor*? (pp. 63-70)

1.7 Jorge Manrique

Jorge Manrique escribió sus *Coplas* a fin de homenajear a su padre, don Rodrigo Manrique, que era maestre de la orden religioso-militar de Santiago y falleció el 11 de noviembre de 1476. Ahora bien, el poeta no se limitó a recordar los méritos del difunto, sino que convirtió su poema en una **emotiva reflexión sobre la vida y la muerte**.

a ¿Qué sentido tiene el verbo *recordar* con que empieza el poema? ¿Qué le pide, en general, el poeta al alma? (vv. 1-6)

b ¿Cuál es la idea central que Manrique expone en la copla II?

Manrique utiliza **metáforas** sencillas pero muy eficaces para definir la vida y la muerte.

c ¿Con qué las equipara respectivamente en las coplas III, V y XIII? ¿Qué visión ofrece Manrique de los placeres que disfrutamos en vida? (copla XIII) ¿Qué sucede con las distinciones sociales cuando llega la muerte? (coplas III y XIV)

En las estrofas XVI y XVII, Manrique apoya su ascética meditación sobre el destino del ser humano en una **evocación melancólica de la vida cortesana** durante el reinado de Juan II de Castilla.

d ¿En qué aspectos de dicho reinado repara Manrique? ¿Qué idea subraya por medio del tópico del *ubi sunt*?

A partir de la copla XXV, el poeta se centra en la figura de su difunto padre, el maestre **Rodrigo Manrique**.

e ¿Qué virtudes le atribuye en la copla XXVI? ¿Qué recurso usa en las coplas XXVII y XXVIII para subrayar los méritos civiles y militares de don Rodrigo? ¿Cómo contrasta ese artificio retórico con lo que el poeta dijo en la copla XV?

Rodrigo Manrique murió en Ocaña en 1476. El momento de su fallecimiento es recreado en las *Coplas* por medio de una escena alegórica en la que se **personifica a la Muerte**.

f Según la Muerte, ¿cuál fue la principal motivación de don Rodrigo en vida? (copla XXXIV) ¿Por qué puede sentirse el maestre satisfecho al morir? (copla XXXV) ¿Gozará don Rodrigo de la vida eterna en el más allá? (copla XXXVII) ¿Por qué?

g ¿Qué actitud adopta don Rodrigo en la hora de la muerte? (copla XXXVIII) ¿A quién pide perdón en ese momento? (copla XXXIX) ¿Por qué podemos decir que don Rodrigo llega a la muerte en un contexto idóneo? (copla XL)

h Muerto don Rodrigo, ¿qué consuelo les queda a sus familiares? (copla XL)

En época de Jorge Manrique, la poesía de tema filosófico y moral solía escribirse en versos de arte mayor. En cambio,

i ¿Qué **metro y estrofa** se emplea en las *Coplas*? ¿Crees que esa innovación banaliza las ideas del poeta? Argumenta tu respuesta.

2

RENACIMIENTO Y BARROCO

2.1 Garcilaso de la Vega (y Gutierre de Cetina)

A pesar de su carácter innovador, la obra de Garcilaso es heredera en buena medida de la tradición medieval del **amor cortés**, en que el amante, retratado como fiel servidor de su dama, se obligaba a mantener en secreto su amor e idealizaba a la mujer amada hasta adjudicarle atributos divinos.

a ¿Cómo se aprecian los rasgos mencionados en el soneto V de Garcilaso? (p. 106)

Tanto en el amor cortés como en la poesía petrarquista, el amor suele desatar el sufrimiento. El amante se atormenta porque la mujer a la que adora lo trata con indiferencia o desdén, algo que se observa con particular claridad en la poesía de **Gutierre de Cetina**. A veces, es la muerte quien causa el sufrimiento del poeta, al arrebatarle a su amada.

b ¿Qué ingratos sentimientos desencadena el amor en el soneto X de Garcilaso? (p. 107)

c ¿De qué modo expresa Cetina la dependencia del amante con respecto a su amada en el madrigal «Ojos claros, serenos»? (p. 146)

d En el soneto «Como la simplecilla mariposa», ¿con qué serie de antítesis define Cetina los sentimientos contradictorios que provoca el amor? (p. 147)

El humanismo puso de moda la imitación de los poetas grecolatinos en general y el cultivo de la **poesía mitológica** en particular. Ejemplo de esta última es el soneto en que Garcilaso se ocupó de la fábula de Apolo y Dafne (p. 108).

e Al recrear el mito, ¿qué desgracia subraya más el poeta, la de Dafne o la de Apolo? ¿Con cuál de los dos personajes vendría a identificarse Garcilaso y por qué?

El **soneto** es una estrofa de origen italiano que Boscán y Garcilaso aclimataron a la poesía española. En este tipo de composición, el poeta compara a menudo una realidad material, descrita en los cuartetos, con sus propias emociones, a las que aluden los tercetos. Tal es la estructura del soneto de Garcilaso titulado «A Boscán, desde La Goleta» (p. 109).

f ¿Qué realidades históricas, una del pasado y otra del presente, describe Garcilaso en los cuartetos? En cambio, ¿para qué utiliza los tercetos? ¿Qué vínculo establece, en definitiva, entre lo exterior y lo interior?

Una de las cimas de la poesía de Garcilaso es sin duda su «Égloga III», en donde se nos propone una serena y dolorida reflexión sobre el amor a partir de una mínima acción narrativa que se desarrolla en un **paisaje natural idealizado**. De todas formas, la naturaleza no se presenta en el poema como un simple decorado ajeno a la experiencia del individuo, sino que es permeable a los sentimientos de los personajes.

g ¿Qué características presenta el *locus amoenus* en que Garcilaso enmarca la acción de su égloga? (estrofas 8-10)

h ¿Qué comparación utiliza Tirreno para definir lo que siente cuando tiene cerca a su amada? (estrofa 41) ¿Y a cuál recurre Alcino para definir la cólera de su Filis? (estrofa 42) Por otro lado, ¿qué efectos produce en la naturaleza la presencia o ausencia de la amada? (estrofas 43-44)

Desde los tiempos de Virgilio, el gran impulsor de la poesía bucólica, los poetas usaron a menudo a los personajes de las églogas para expresar de forma solapada **sus propias vivencias amorosas** o las de sus amigos.

i ¿Cómo prosigue Garcilaso esa tradición en la égloga III? (estrofas 30-32)

Garcilaso es un maestro a la hora de transmitir ideas por medio de la fonética de las palabras y la melodía de las oraciones. Así lo demuestran los dos versos finales de la estrofa 10, donde encontramos una **aliteración**. Para comprender cabalmente el alcance de dicho recurso conviene tener en cuenta que, en el siglo XVI, la *j* de *abejas* se pronunciaba de manera semejante a la *x* de *xilofón*.

j ¿Qué aliteración encontramos, pues, en esos dos versos, y qué intenta Garcilaso evocar con ella?

2.2 Fray Luis de León (y Francisco de Aldana)

Fray Luis de León consideraba la poesía y la música como vías de acercamiento a Dios. En la oda «**A Francisco de Salinas**», el alma del poeta realiza un viaje metafísico impulsada por una música terrenal.

a ¿Quién produce tal música? (vv. 1-5) ¿Qué conocimiento obtiene el alma gracias a ella? (vv. 6-15) ¿Qué *otra música* conoce el alma por medio de su viaje y qué efectos le produce? (vv. 16-50)

Aunque la estrofa conocida como **lira** fue incorporada a la lírica española por Garcilaso, alcanzó sus máximas posibilidades expresivas por medio de fray Luis de León, quien la empleó para trasladar al castellano ideas y temas procedentes de los poetas clásicos, y muy en especial de Horacio.

b Explica, analizando la oda «A Francisco de Salinas», en qué consiste la lira.

La oda «**Canción de la vida solitaria**» recrea el tópico del *beatus ille* y defiende ideas muy ligadas a la filosofía estoica.

c ¿Qué dos tipos de vida se oponen en el poema? ¿Qué cosas desprecia el poeta y cuáles son las que más valora? ¿Qué simboliza el «mar tempestuoso» al que se alude en el v. 25?

d ¿Qué relación observas entre la estrofa final de la «Canción de la vida solitaria» y la «Oda a Francisco de Salinas»? En definitiva, ¿quién genera la armonía que tanto anhela el poeta?

e ¿Qué ideas de la «Canción de la vida solitaria» se reiteran en el «**Reconocimiento de la vanidad del mundo**», el soneto de **Francisco de Aldana** (pp. 144-145)?

2.3 San Juan de la Cruz

En su poema «**Noche oscura del alma**» (pp. 129-131), San Juan describe una experiencia religiosa en los mismos términos que se usaría para relatar el amor entre un hombre y una mujer.

a Literalmente, ¿qué cuenta el poema? Sin embargo, cuando lo interpretamos como una alegoría, ¿qué simbolizan la amada y el Amado?

b En términos alegóricos, ¿por qué es preciso que la huida de la amada se produzca "a escuras"? ¿En qué consiste la luz que guía a la protagonista del poema? ¿Qué nos está diciendo en realidad el poeta cuando afirma que el Amado quedó "dormido" en el "pecho florido" de la amada?

Según los místicos, el proceso de unión del alma con Dios cubre **tres etapas**: la vía purgativa, la vía iluminativa y la vía unitiva.

c Señala, razonando tu respuesta, qué estrofas del poema se corresponden con cada una de esas etapas.

En la estrofa central del poema, la quinta, la amada **contacta con el Amado**.

d ¿Qué recursos estilísticos utiliza entonces el poeta para expresar el éxtasis que provoca ese encuentro?

El **«Cántico espiritual»** (pp. 131-142), poema inspirado en el bíblico *Cantar de los cantares*, recrea una situación casi idéntica a la «Noche oscura del alma», pues describe la peripecia de una mujer que es prisionera de un amor sobrehumano.

e ¿A qué se debe la inquietud que la esposa expresa al principio del poema? (vv. 1-50) ¿Por qué desea la muerte? (vv. 51-55) ¿Qué efectos produce en la Amada el amor del Amado? (vv. 86-100, 121-125...) ¿Qué sucede en el momento culminante del poema? (vv. 176-200)

f ¿Con qué animales se compara respectivamente a la pareja protagonista del poema? (vv. 1-5, 61-65 y 166-175) ¿Qué sentido simbólico tiene dicha elección?

El poeta místico tiene que **expresar lo inefable**, es decir, describir con el lenguaje de todos una experiencia única y sobrenatural que el idioma sólo puede reflejar de forma parcial e insuficiente.

g ¿Cómo alude San Juan a lo difícil que resulta describir la unión con la divinidad? (vv. 31-35) ¿Qué metáforas emplea la esposa para expresar la fuerza desmesurada del amor de Dios? (vv. 4, 33, 34, 41, 43, 115...)

h Señala algunos de los oxímorons utilizados en el «Cántico espiritual». ¿Cuál es la razón por la que el poeta utiliza tan a menudo dicha figura retórica?

2.4 Luis de Góngora (y Francisco de Rioja)

En el soneto «**Mientras por competir con tu cabello...**» (pp. 149-150), Góngora recrea el tópico del *carpe diem*. El poeta alaba la belleza de una muchacha, y la invita a gozar de la vida y del amor antes de que el tiempo destruya su belleza.

a ¿En qué partes de la anatomía de la joven repara el poeta y con qué las va comparando? ¿A qué entidades corresponden el «tú» y el «ello» del penúltimo verso? ¿Qué recurso utiliza Góngora en el verso final para potenciar su idea de que toda belleza está destinada a desaparecer?

Lee el poema «**A la rosa**» de **Francisco de Rioja**, uno de los seguidores de Góngora.

b ¿A partir de qué pretexto se plantea en esta composición el tema del *carpe diem*?

Góngora fue un excelente conocedor de la tradición popular, tal y como demuestra en su letrilla «**Ándeme yo caliente**». Se trata de una composición de apariencia ligera que, no obstante, presenta sólidos vínculos con la tradición culta, pues recrea el tópico horaciano del *beatus ille*, conecta con la filosofía estoica y prodiga las referencias a los mitos clásicos.

c ¿Qué dos tipos de vida opone Góngora en «Ándeme yo caliente»? ¿Se parece el modelo de vida por el que apuesta al que propugna fray Luis de León en la «Canción de la vida solitaria»? Razona tu respuesta.

d ¿Qué tono adopta Góngora al mencionar mitos clásicos en su letrilla? (vv. 31-44) ¿Es la misma actitud que encontramos en el «Soneto XIII» de Garcilaso?

La vertiente más innovadora de la poesía gongorina queda ejemplificada por la «**Fábula de Polifemo y Galatea**». El poema relata un mito grecolatino, y su tema central es la contraposición entre lo bello y lo horrendo, la sensibilidad y la violencia.

e ¿Cómo contrastan los rasgos físicos de Polifemo con los de Galatea? (estrofas 7-8 y 13-14) ¿Qué pasajes del poema ponen de manifiesto la sensibilidad de Acis y cuáles demuestran el temperamento colérico de Polifemo? Con todo, ¿en qué momento se nos da a entender que, pese a su tendencia a la ira, el corazón del cíclope es capaz también de albergar sentimientos nobles y profundos?

El **lenguaje poético de Góngora** se caracteriza por el empleo constante de cultismos, un uso intensivo del hipérbato que oscurece el estilo y la abundancia de recursos retóricos ornamentales: metáforas, comparaciones, hipérboles, perífrasis, personificaciones...

f ¿Cuál sería el orden lógico de las palabras en la expresión "al infelice olmo que pedazos la segur de los celos hará aguda"? (vv. 99-100) Cita tres casos más de hipérbatos que encuentres en los pasajes antologados de la «Fábula de Polifemo y Galatea».

g ¿Qué metáforas usa el poeta para describir a Polifemo? (estrofas 7-8) ¿Y para referirse al primer beso de Acis y Galatea? (estrofa 42) ¿Y para aludir al abrazo que une a los amantes? (estrofa 44)

h ¿Con qué compara Góngora la separación y huida de Acis y Galatea en la octava 60?

i ¿Qué dos perífrasis utiliza Góngora en la estrofa 46?

La enorme **dificultad de la poesía gongorina** desconcierta a menudo a los lectores.

j ¿Qué intención crees que albergaba Góngora al escribir unos versos tan oscuros? O dicho de otro modo, ¿de dónde procede el placer que depara su poesía?

2.5 Lope de Vega (y el soneto «A Cristo crucificado»)

Buena parte de los poemas de Lope reflejan episodios de su vida amorosa. Así, en el romance «**Mira Zaide, que te digo**», los moros Zaida y Zaide encubren respectivamente las identidades de la actriz madrileña Elena Osorio y del propio Lope. El poeta describe las disputas amorosas que ambos mantuvieron, si bien supera el nivel puramente anecdótico a través de su subyugante imaginación poética.

a ¿Qué virtudes destaca Zaida en su pretendiente? (vv. 13-24) No obstante, ¿por qué ha decidido romper con él? (vv. 25-36)

En su soneto «**Ir y quedarse, y con quedar partirse**», Lope define el amor como una experiencia ambivalente y paradójica.

b ¿Qué figuras retóricas usa el poeta para expresar esa idea? ¿Qué referentes del poema pertenecen a la mitología pagana y cuáles proceden del cristianismo?

En su poesía de tema religioso, tan bien representada por el soneto «**¿Qué tengo yo que mi amistad procuras?**», Lope se presentó a sí mismo como un hombre devoto pero incapaz de llevar una vida adecuada a sus creencias. En dicho poema,

c ¿Qué rasgos se atribuyen a Cristo y cuáles al poeta? ¿Qué frase resume la obstinación de Lope en la práctica del pecado?

La figura de Jesús sirve igualmente de inspiración para el célebre soneto anónimo «**A Cristo crucificado**» (pp. 203-204).

d ¿Por qué se siente el poeta tan conmovido ante Cristo? ¿En qué se diferencia la relación planteada entre el hombre y Dios en este poema y la que describe Lope de Vega?

En la maya «**En las mañanicas**», el poeta celebra la llegada de la primavera retratando la naturaleza desde una perspectiva armónica, alegre y sensual.

e ¿Qué elementos del paisaje personifica Lope? ¿Qué verbos y sustantivos se relacionan con el sonido y el color?

f Frente a lo que sucede en sus poemas de tono culto, ¿qué métrica usa Lope en esta maya de inspiración popular?

El vitalismo de «En las mañanicas» contrasta con la melancolía dominante en la epístola «**A don Juan de Arguijo**». En dicho poema,

g ¿Cuál es la "edad florida" de la que habla Lope? ¿Qué triste paradoja se produce cuando el individuo alcanza la madurez? ¿De qué aspecto relacionado con la creación literaria se lamenta Lope?

2.6 Andrés Fernández de Andrada

En su magnífica «**Epístola moral a Fabio**», Fernández de Andrada recrea el tópico del menosprecio de la corte, tan cantado por los poetas del Siglo de Oro, y defiende, al modo de fray Luis de León, el ideal estoico de la vida retirada. El poeta empieza aludiendo al caso particular de su amigo Fabio, pero pasa pronto a reflexionar en general sobre **la vida de los hombres**.

a ¿En qué situación se encuentra Fabio y qué le aconseja el poeta? (vv. 1-45) ¿Por qué conviene que Fabio siga dichos consejos de inmediato? (vv. 61-93) Consecuentemente, ¿con qué intención se mencionan las ruinas de Itálica? (vv. 61-63)

b ¿Qué actividades humanas rechaza el poeta? (vv. 100-105) ¿Cómo ha conseguido descubrir que el hombre está llamado "a mayores acciones"? (vv. 109-114)

Tras advertir a Fabio sobre el absurdo de ciertas actitudes humanas, el poeta pasa a describir su ideal de vida. Su objetivo máximo es la adquisición de la **virtud**, definida, según una idea aristotélica, como el término medio entre dos vicios opuestos.

c ¿Qué es lo único que desea el poeta para vivir? (vv. 127-130) ¿Cuál es el primer paso que debemos dar si queremos ser virtuosos? (vv. 136-137) ¿Con qué compara el poeta el lento proceso que permite la consecución de la virtud? (vv. 133-153)

d ¿Qué ejemplos refrendan la idea de que la virtud está en el término medio? (vv. 166-171) ¿Qué adjetivos usa el poeta para definir su ideal de vida? (vv. 172-174) ¿Con qué tópico de la antigua poesía latina entronca tal modelo de existencia?

e En consecuencia con su defensa de la templanza, ¿qué muerte desea el poeta? (vv. 181-186)

Al final de la epístola, el poeta **vuelve a dirigirse a Fabio** para pedirle que lo imite en su itinerario moral.

f ¿Qué dos fuerzas morales contrapone entonces? (vv. 193-201) ¿Cuál de ellas es más poderosa y por qué?

g En la última estrofa de la epístola, ¿qué quiere dar a entender el poeta con la expresión "rompí los lazos"?

2.7 Francisco de Quevedo

Quevedo fue un crítico implacable y sagaz de las lacras sociales, tal y como atestigua su «**Letrilla satírica**» (pp. 187-191). El poema, que glosa un conocido refrán castellano, esconde, tras la fachada de su jocosidad, un hondo sentimiento de decepción y tristeza.

a ¿Qué situación, típica de la lírica tradicional, toma Quevedo como punto de partida de su letrilla? ¿Qué es lo que denuncia el poema? ¿Crees que las críticas de Quevedo pueden aplicarse a la sociedad de nuestros días?

Los versos de Quevedo, exponente máximo del conceptismo, abundan en **recursos retóricos**, que el poeta utiliza para subrayar el sentido de sus palabras. Con mucha frecuencia, Quevedo usa expresiones que albergan diversos sentidos al mismo tiempo.

b Cita tres de las numerosas antítesis que emplea el poeta para definir las cualidades del dinero. ¿Qué diversos significados le atribuye el poeta al sustantivo *escudos* a lo largo de su letrilla? (vv. 43-46 y 77)

La angustia ante el paso del tiempo es un tema típicamente barroco que Quevedo abordó de modo magistral en sus celebrados **sonetos metafísicos**.

c En el poema titulado «**Significase la propia brevedad de la vida**», ¿por qué "la hora y el momento" son "azadas"? Según Quevedo, ¿tienen sentido los proyectos humanos? ¿Qué recurso utiliza el poeta en el v. 10 para expresar la fugacidad del tiempo?

d En los primeros versos de «**Represéntase la brevedad de lo que se vive**» (pp. 193-194), ¿qué situación evoca el poeta para dar a entender la soledad del hombre frente a su destino? ¿Qué tipo de sentimientos lo embargan al percatarse de su irreparable declive? ¿En qué dos ocasiones utiliza Quevedo la sustantivación y con qué fin? ¿Cómo se define el poeta a sí mismo en el verso final? ¿Existe, por tanto, una separación nítida entre la vida y la muerte?

A pesar de su recurrente pesimismo y de la misoginia que se detecta en gran parte de la obra de Quevedo, el conmovedor soneto «**Amor constante más allá de la muerte**» retrata el amor como una forma de trascendencia.

e ¿Con qué perífrasis alude el poeta a la muerte en el primer cuarteto? ¿Por qué al alma le agradará morir?

f ¿Con qué metáfora se nombra al amor en el segundo cuarteto? ¿Qué capacidad sobrenatural le atribuye el poeta a su sentimiento amoroso? ¿Con qué dos personificaciones, tan elocuentes como hermosas, concluye el poema?

2.8 Sor Juana Inés de la Cruz (y Bartolomé L. de Argensola)

Dejando de lado la idealización del amor característica de la poesía del Siglo de Oro, **sor Juana Inés de la Cruz** dedicó unas jugosas redondillas a retratar los problemas reales que, en su época, desencadenaban las relaciones entre el hombre y la mujer (pp. 197-200).

a ¿De qué acusa sor Juana a los hombres?

El poema de sor Juana ejemplifica a la perfección las características de la **poesía conceptista**, pues abunda en antítesis, paradojas y otras figuras retóricas. Una de las más llamativas es el quiasmo, que consiste en repetir palabras o expresiones de forma cruzada en versos consecutivos que tienen una estructura simétrica, como cuando Quevedo escribe: "Cuando pitos, flautas. / Cuando flautas, pitos".

b Señala dos ejemplos de quiasmo que detectes en el poema de sor Juana Inés de la Cruz.

También **Bartolomé Leonardo de Argensola** ofrece una visión realista e incluso burlesca del amor en su soneto **«A una mujer que se afeitaba y estaba hermosa»**. El poema describe la pasión que despierta en cierto individuo una mujer llamada doña Elvira.

c ¿A qué se debe en verdad la belleza de dicha dama? (vv. 1-4) Sin embargo, ¿qué paradoja se da cuando se compara su hermosura con la de otras mujeres menos sofisticadas? (vv. 5-8) En todo caso, ¿qué trascendente reflexión general hace el poeta partiendo del caso particular que presenta?

3
NEOCLASICISMO Y ROMANTICISMO

3.1 Neoclasicismo

El propósito didáctico que anima la literatura en el siglo XVIII queda patente en la revitalización de las fábulas, género que a veces ensalza ciertas virtudes de los seres humanos o les ofrece consejos prácticos, pero que más a menudo censura sus vicios o flaquezas y zahiere a la sociedad.

a En «**La zorra y las uvas**» de **Samaniego**, ¿qué debe aprender Fabio o el lector? ¿Cómo calificarías la actitud que el poeta nos recomienda adoptar en la situación que plantea? ¿Qué arquetípica cualidad demuestra poseer la zorra?

Meléndez Valdés es quizá el mejor poeta del siglo XVIII y el autor más celebrado de anacreónticas. En «**A Dorila**» advierte a su amada sobre la fugacidad de la vida y contrapone las desdichas de la vejez con los placeres de la juventud (pp. 209-210).

b ¿Con qué propósito? ¿Qué delicadas expresiones y recursos literarios emplea para describir la vejez y la muerte, por una parte, y los placeres de la juventud, por otra?

c El tópico del *carpe diem* es también el tema del soneto de Góngora «Mientras por competir con tu cabello» (p. 149). No obstante, ¿qué diferencias percibes en el tratamiento que Meléndez y el poeta cordobés dan a este tópico?

José Cadalso recurre al tema clásico del poder inexorable del tiempo para demostrarle a Filis la inmensidad de su amor por ella.

d ¿Qué metáfora acuña el poeta para describir el implacable poder del tiempo? En los versos 2 a 8, ¿qué mudanzas dice que obra el paso del tiempo? ¿Es alguna de ellas positiva?

3.2 Romanticismo

Para el romántico, el deseo no conoce límites: ambiciona una libertad absoluta y aspira a lograr la felicidad y el amor plenos, así como la gloria, la verdad, la justicia social… Pero el contraste entre lo que el romántico anhela y lo que el mundo le ofrece, provoca en él una honda frustración que abarca todos los aspectos de la existencia, como podemos observar en los poemas de **José de Espronceda**.

a En el soneto «**A ***, dedicándole estas poesías**» (p. 212), ¿de qué se lamenta el sujeto lírico en el primer cuarteto? ¿Qué contraste descubre entre su "fantasía" y la "realidad"? ¿Cómo reaccionan "el mundo" y "el cielo" ante su "mal profundo"?

En «**A Jarifa en una orgía**» el poeta acude a una prostituta en busca de consuelo para sus males. Su irrefrenable e insatisfecho deseo se ha proyectado hacia las mujeres y las glorias mundanas, se ha refugiado en la fantasía y le ha impulsado hacia Dios (vv. 33-36).

b Sin embargo, ¿qué decepciones ha sufrido en cada uno de esos anhelos? (vv. 25-31 y 57-75) A causa del desengaño, ¿qué siente por su propia vida? (vv. 15-16, 75-76 y 91-92)

El poeta cree que la virtud, la pureza y el cariño no son más que una "mentida ilusión de niño" (v. 11), y busca el amor venal.

c No obstante, ¿qué le inspiran las prostitutas? (vv. 5-8 y 21-24) Entonces, ¿por qué acude a ellas? ¿Qué respuesta encuentra el poeta a este interrogante? (vv. 45-56) ¿Qué remedio le proporciona el alcohol? (vv. 13-16) ¿Qué distinto propósito tiene la invitación a la bebida y al erotismo en el poema «A Dorila», de Meléndez Valdes? (p. 209)

d ¿Por qué crees que, en el desenlace del poema, Espronceda acaba por identificarse con Jarifa? (vv. 109-116)

e En última instancia, ¿qué sentido trascendente tiene la fracasada búsqueda del poeta, y en qué desemboca? (vv. 85-88)

La poesía de **Gustavo Adolfo Bécquer** es heredera del Romanticismo, pero rehúye los tópicos y el tono grandilocuente que caracteriza a la literatura romántica para derivar hacia un sincero y hondo intimismo. Su **rima LIII** evoca una relación amorosa truncada.

f ¿Qué sentimiento embarga al poeta? ¿Qué advertencias e implícitos reproches dirige a su amada?

La estructura de la rima se apoya en algunos recursos expresivos.

g Señala los paralelismos, antítesis y anáforas, y di con qué intención se emplean. ¿En qué versos se condensa el tema?

En la **rima LXVI** Bécquer se pregunta sobre su pasado y su futuro, y de ambos nos ofrece una desoladora imagen.

h ¿Cómo es el camino que conduce a su cuna, esto es, su pasada vida? ¿Qué sustantivos y adjetivos emplea para describirlo?

i ¿Cómo imagina su futuro? ¿A qué léxico recurre ahora? ¿Qué estado anímico revela la imagen final del poema?

Bécquer dedicó algunas rimas y otros textos en prosa a reflexionar sobre la creación poética. "Los extravagantes hijos de mi fantasía", escribió, "duermen [...] en los tenebrosos rincones de mi cerebro, [...] esperando en silencio que el Arte los vista de la palabra para poderse presentar decentes en la escena del mundo. [...] Pero la palabra, tímida y perezosa, se niega a secundar los esfuerzos [de los hijos de la fantasía para salir a la luz]".

j ¿Cuál es el significado alegórico del arpa en la **rima VII**? ¿Qué representa la "mano de nieve" que ha de "arrancar" las notas del arpa o la voz que ordena echar a andar al "genio"?

k Atendiendo a las palabras del poeta arriba citadas, ¿crees que el "genio" para Bécquer viene a ser la mera inspiración?

El drama de la emigración de los gallegos es recreado por **Rosalía de Castro** en su poema «**Adiós**». El hondo afecto que el emigrante siente por la tierra y las gentes que está a punto de dejar impregna todos y cada uno de los versos de esta emotiva composición.

l ¿Qué cosas echará de menos? (vv. 1-28) ¿Qué función expresiva desempeña su larga enumeración? ¿Y la profusión de frases exclamativas? ¿Qué palabra se årepite de manera incesante? ¿Qué posesivos y diminutivos ponen de relieve la vinculación emotiva del sujeto lírico?

m ¿A qué personas añorará el expatriado? ¿Qué sentimiento lo embarga ? (vv. 52-62) ¿De qué injusticia se queja? (vv. 29-33)

El contraste profundamente romántico entre el deseo y la realidad acongoja a Rosalía en «**Dicen que no hablan las plantas**».

n ¿Qué le recrimina a la poetisa la naturaleza entera? ¿Con qué calificativo la desdeña? ¿Y cuál se aplica la autora a sí misma? ¿Por qué no puede renunciar a sus sueños?

4
MODERNISMO

4.1 Rubén Darío (y Miguel de Unamuno)

Cuando escribe «**Venus**», Rubén Darío es un joven extremadamente sensible e hipocondríaco que atraviesa por una honda crisis espiritual. El libro *Azul...*, al que pertenece el poema, es de clara inspiración romántica, como lo da entender la connotación del color del título, que Rubén Darío asocia con "el ensueño, [...] la floración espiritual".

a ¿De qué modo se refleja en el soneto el estado anímico del poeta? ¿En qué rasgos formales y de contenido se advierte la evasión y el ensueño a los que aspira Darío?

En la prosa «A una estrella», Darío escribe: "Princesa del divino imperio azul, ¡quién besara tus labios luminosos! [...] ¡Cuántas veces mi espíritu quiso volar hacia ti y quedó desalentado!".

b ¿Qué anhelo y qué fracaso románticos refleja «Venus»?

Al evocar su juventud en «**Canción de otoño en primavera**», Rubén Darío nos describe una sucesión de relaciones amorosas.

c ¿Cómo son las tres mujeres de que nos habla y qué efecto obraron en el poeta? ¿Qué les reprocha a cada una de ellas? ¿Por qué crees que califica de "síntesis de eternidad" los besos y abrazos de la tercera mujer? Sin embargo, ¿qué amarga verdad descubre el poeta? (vv. 45-48)

d ¿A qué mujer no ha logrado hallar? ¿Qué relación tiene esta mujer con la imaginada en «Venus»? A pesar de su fracaso y del "tiempo terco", ¿renuncia el poeta a sus aspiraciones?

Horrorizado por la idea de la muerte, Darío escribe varias composiciones en que nos muestra su angustia por el final de la existencia y por la vida en el más allá. En la más famosa de ellas, «**Lo fatal**», abundan los versos bimembres y las estructuras paralelísticas.

e ¿Qué ideas opone en esas construcciones sintácticas, en particular, en los vv. 10-14? Para el poeta, ¿por qué la "vida consciente" es dolorosa? Con todo, ¿cuál es su peor tormento?

f ¿A qué se debe la abundancia de sustantivos abstractos en «Lo fatal»? ¿Qué sensación produce la polisíndeton?

Miguel de Unamuno desnuda su alma y da rienda suelta a sus congojas en toda su obra, pero sobre todo, en su creación poética, tal y como podemos constatar en «**A mi buitre**».

g ¿Qué simboliza el buitre? ¿Por qué dice el poeta que convertirá en "triunfo" su propia agonía el día en que muera?

h ¿Qué ideas y sentimientos comparte Unamuno con Rubén Darío en su poema «Lo fatal» (p. 233)?

4.2 Manuel Machado

En el poema «**Castilla**», Manuel Machado enaltece la figura del más famoso héroe medieval español: Rodrigo Díaz, el Cid Campeador. El contraste ente el calor asfixiante, las armaduras y la rudeza de los guerreros, por un lado, y la figura delicada y frágil de la niña, por otro, se destaca en las imágenes y en la sonoridad de las palabras de este poema de cautivadora plasticidad.

a Analiza dichos contrastes comparando los versos 1-14 y 14-20. ¿Qué se nos describe en cada una de esas partes? ¿Qué función desempeña el ambiente en que se desarrolla la escena? ¿Con qué tres adjetivos se describe a los guerreros?

b ¿Cómo consigue la niña conmover al Cid? Así pues, ¿qué rasgo de la personalidad del héroe castellano pone de relieve este episodio del *Cantar*, recreado en el texto de Machado?

c ¿Por qué crees que el poema se titula «Castilla»? ¿Qué valores y sentimientos propone el poema?

«**Felipe IV**» es un sutil retrato literario del monarca español.

d ¿Cómo es la vestimenta del rey? ¿Y la tez, el pelo y los ojos? ¿Qué adjetivos sinestésicos aplica el poeta al pelo, a los ojos y al terciopelo, y con qué intención? ¿Qué impresión de Felipe IV nos transmite este retrato poético? ¿Se corresponde con la que nos produce el cuadro de Velázquez?

4.3 Antonio Machado

En la primera etapa de su trayectoria literaria, Antonio Machado compone una poesía intimista, honda e introspectiva, en la que el inexorable paso del tiempo provoca en el poeta la nostalgia del pasado, como advertimos en «**El limonero lánguido suspende**».

a Al visitar el patio de la casa en que nació, ¿qué va buscando el poeta? ¿Qué circunstancias temporales y qué elementos sensoriales y materiales activan el proceso de evocación?

El limonero y sus frutos reflejados en la fuente aportan una de las claves interpretativas de la composición.

b ¿Qué diferencia media entre la "pálida rama polvorienta" del limonero y su reflejo en la fuente? ¿Por qué crees que el poeta llama "frutos de oro" o "encantados" al reflejo de los limones en el agua? ¿Qué interpretación podemos dar al hecho de que el niño que fue Machado, anhelando atrapar los limones, los confundiera con su reflejo en la fuente? ¿Qué relación puede tener la acción del niño con el impulso que mueve al Machado adulto al visitar el patio de su antigua casa?

Las composiciones reunidas en «**Campos de Soria**» constituyen una de las piezas maestras y más emblemáticas del libro *Campos de Castilla*. Los tres primeros apartados son una buena muestra del arte paisajístico y del amor a la naturaleza de su autor.

c ¿Sobre qué elementos del paisaje incide el pincel de Machado en esos tres apartados? ¿Qué colorido emplea? ¿En qué estación del año sitúa su descripción?

En las secciones IV y V el ojo del poeta enfoca varias figuras humanas integradas en el paisaje.

d ¿Qué hace cada uno de los tres miembros de la familia en la sección IV? ¿En qué estación del año y en qué parte del día sitúa la escena? ¿Qué impresión nos produce el conjunto?

e En la sección V se nos describe a otra familia. ¿Qué drama han vivido y cómo lo reflejan los viejos? ¿De qué modo destaca su soledad? El poema se abre con una estampa invernal y se cierra con una alusión a la primavera. ¿Qué relación simbólica tienen dichas estaciones con cada uno de los personajes?

En el apartado VI, Machado nos traslada desde los campos que dan título al poema hasta la ciudad de Soria.

f ¿Cómo plasma sus críticas de la ciudad y de sus habitantes?

En las tres últimas secciones (VII, VIII y IX) irrumpe avasalladoramente el yo íntimo del poeta.

g ¿Qué elementos del paisaje soriano reúne a modo de síntesis en la sección VII? ¿De qué modo se manifiesta en este poema la implicación emocional del autor?

h ¿Qué carga afectiva, de obvias resonancias personales, tienen los "álamos dorados" que protagonizan la sección VIII?

i Tras la crítica al atraso de la ciudad y de sus gentes de la sección VI, ¿qué deseo expresa el poeta al final de la sección IX?

4.4 Juan Ramón Jiménez

La pérdida de la fe religiosa y el fallecimiento de su padre desencadenaron en el joven e hipersensible Juan Ramón Jiménez una grave crisis nerviosa que le hizo obsesionarse de manera enfermiza por la muerte. En su poesía, Juan Ramón manifiesta a veces su pánico por la muerte, pero, con el transcurso del tiempo, acaba asumiéndola como la otra cara, complementaria, de la vida. En «**El viaje definitivo**»,

a ¿Qué visión nos ofrece de la muerte? ¿Qué tono impregna el poema? ¿Qué valor simbólico adquieren los pájaros?

Desde sus primeros libros, el escritor moguereño siente un desmedido anhelo de perfección.

b ¿De qué modo refleja ese anhelo la alegoría de «**La espiga**»? ¿En qué versos se condensa la perfección y la belleza alcanzadas, respectivamente, por la espiga y la poesía? ¿Qué relación tienen perfección, belleza y poesía con el espíritu o el alma a que se alude en el último verso?

La búsqueda de la perfección y la belleza corre pareja en el poeta con la búsqueda de sí mismo.

c En el poema «**Soledad**», ¿qué simbolizan el mar y las olas? ¿En dónde reside la idea del absoluto? ¿Cómo se expresa formalmente el proceso de búsqueda en el poema?

Luis Cernuda censuró a Juan Ramón porque consideraba que la poesía del Nobel andaluz estaba muy alejada de la realidad.

d ¿En qué sentido contradice ese juicio el poema «**Canción**»? ¿Con qué construcciones paralelísticas señala (y funde) el poeta los dos polos que el álamo-alma vincula?

El ser humano accede al conocimiento a través de las palabras, y para Juan Ramón la poesía es el único lenguaje capaz de penetrar en la realidad profunda de nosotros mismos y de cuanto nos rodea.

e Desde esa perspectiva, explica en qué consiste la poética del "nombre exacto de las cosas" descrita en «**Intelijencia, dame**».

«**El nombre conseguido de los nombres**» es una de las composiciones en que se muestra culminación del proceso casi místico de perfección de la poesía juanramoniana.

f ¿En qué ha concentrado el poeta toda su "esperanza" o anhelo? ¿A qué se refiere el "movimiento" al que alude y por qué dice que puede ya "detenerlo"? Explica el sentido del "mar paralizado" que menciona en el v. 14 y compáralo con el mar que describe en el poema «Soledad». ¿Qué valor, en fin, tiene para Juan Ramón la palabra "dios"?

5

GENERACIÓN DEL 27

5.1 Pedro Salinas

El deseo de penetrar en la esencia o el misterio de las cosas, heredado de Juan Ramón Jiménez, lleva a Pedro Salinas en el poema «**El alma tenías**» a intentar desvelar el enigma del alma de la amada.

a ¿Con qué paradojas nos describe su búsqueda? ¿Qué idea del alma de la amada debe de tener el poeta, habida cuenta de los caminos que sigue? ¿Qué acaba por descubrir?

La relación amorosa descrita en «**Qué alegría, vivir**» está mediatizada por la separación física entre los amantes.

b ¿Cómo vive el poeta el amor en la distancia? ¿Qué parecen certificarle "los espejos"? Sin embargo, ¿dónde dice encontrarse en "verdad"? ¿Qué versos revelan la íntima unión entre los amantes? ¿Qué efecto obrará en ellos la muerte?

Incapaz de soportar más la ausencia de la amada, Salinas compone el embriagador poema «**Las oyes cómo piden realidades**».

c ¿En qué estado se encuentran las "sombras" de los amantes? ¿De qué están "cansadas" y qué exigen para no acabar reducidas a la "nada"? Explica el sentido profundo de los vv. 31-32.

El lenguaje poético de Salinas es tan sencillo como la métrica que emplea, pero no carece de toda una serie de recursos retóricos.

d ¿Cuál es la métrica dominante en el último poema? ¿Qué clase de rima utiliza Salinas y en qué ocasiones? ¿A qué enumeraciones recurre y con qué propósito? Analiza el valor estilístico de las anáforas y las estructuras bimembres o paralelísticas.

5.2 Jorge Guillén

El libro *Cántico*, de Jorge Guillén, constituye una exaltación gozosa y maravillada del mundo, con el que el poeta mantiene una relación de armonía. La composición con que se inaugura el poemario, «**Más allá**», describe la reacción del sujeto lírico nada más despertar por la mañana.

a ¿Por qué los primeros versos se transcriben entre paréntesis? ¿Qué representa para el poeta la noche y por qué? (v. 17) ¿Cuál es su reacción al abrir los ojos? ¿Qué elementos y qué sentidos contribuyen a que se integre con la realidad? (vv. 3-20 y 57-58) ¿Qué papel desempeñan las "cosas" (vv. 13-16) y la realidad toda (vv. 59-60) en la configuración de su ser? ¿Y el pasado? (vv. 29-30)

Cántico es un libro de un exacerbado vitalismo.

b ¿En qué tiempo vive el poeta con intensidad? ¿En qué versos se agudizan esas ansias de vida? Para el poeta, ¿qué es la "absoluta dicha"? Sin embargo, ¿qué la supera y por qué? (v. 57)

El estilo de Guillén, preciso, nominal, carente de retórica, concuerda a la perfección con su universo poético.

c Señala los nombres, grupos nominales y verbos que mejor reflejan la intención del poeta en «Más allá». ¿Qué evidente cometido desempeña la profusión de exclamaciones?

La muerte no sólo suele contemplarse como la negación de la vida, sino que constituye una experiencia tan traumática que condiciona toda la existencia del ser humano. Guillén se rebela contra esa noción y escribe: "Muerte: para ti no vivo". En «**Muerte a lo lejos**»,

d ¿Qué sentimiento despierta en él la muerte al principio? ¿Con qué combate ese sentimiento y qué actitud se impone? Pese a calificar el día de la muerte como "el más triste", ¿qué actitud adopta al final ante la muerte? A lo largo del poema, ¿qué términos emplea para referirse a ella? Comenta qué visión filosófica se deriva de los dos últimos versos.

El rostro amargo de la vida no está ausente de *Cántico*, pues el propósito de Guillén es pintar "la realidad tal cual es. No hay más cera que la real, la que arde". En «**Cara a cara**» el poeta nos refleja la perturbadora experiencia de la guerra civil española.

e Frente al mundo solar predominante en buena parte de su poesía, ¿qué atmósfera prevalece en «Cara a cara»? ¿Con qué términos expresa la agresión de que es víctima el país? ¿Qué actitud adopta el poeta frente al "agresor general"?

5.3 Gerardo Diego

El santanderino Gerardo Diego compone «**Romance del Duero**» movido por su apego a las tierras castellanas e influido por la poesía de Antonio Machado, quien había residido, como Diego, en Soria.

a ¿Qué representa para el poeta el río Duero y el discurrir de sus aguas? ¿En qué ideas basa ese símbolo? ¿Por qué censura a los habitantes de la ciudad? ¿Por qué crees que ha escogido la forma estrófica del romance?

El poeta afirma que el río canta "el mismo verso / pero con distinta agua".

b ¿En qué idea filosófica se sustenta la comparación? ¿Qué relación tiene con el amor y los enamorados del poema?

La maestría formal de Diego se evidencia en el soneto de honda espiritualidad dedicado a «**El ciprés de Silos**».

c Anota las metáforas con que se describe el ciprés: ¿qué tienen en común y qué simbolizan? ¿Por qué ansía el poeta "diluirse" en el ciprés?

5.4 Federico García Lorca

En su *Romancero gitano* Lorca renueva el molde popular del romance y eleva a la categoría de mito al gitano. En «**Romance de la luna, luna**», sin embargo, cobra especial protagonismo el personaje de la luna, envuelta en un ambiente mítico-simbólico.

a ¿Qué simboliza la luna? ¿Cómo intenta el astro seducir al niño? ¿Se siente el niño atraído por ella? ¿Cómo procura rechazarla? ¿Qué alusiones del poema anticipan su trágico final?

García Lorca maneja recursos propios del romancero tradicional pero acuña metáforas originalísimas.

b ¿Qué efecto consigue con la reduplicación y la alternancia de tiempos verbales? ¿Qué aporta al poema la dramatización?

c Anota las metáforas con que Lorca se refiere a la luna, al llano y a los gitanos.

Muchos textos de *Poeta en Nueva York* deben más a la crisis sentimental de Lorca que al impacto que la gran urbe causó en el poeta granadino. «**Ciudad sin sueño**» es un retrato apocalíptico y surrealista de una ciudad de la que se ha enseñoreado la muerte. La estructura del poema está marcada por las estrofas en que se divide.

d ¿Dónde transcurre lo descrito en la primera estrofa? ¿Y lo narrado en la segunda? ¿Qué tienen en común ambas estrofas? ¿Qué amenazas se ciernen sobre quienes huyen al ámbito en que transcurre la primera estrofa? ¿En qué estado se encuentran quienes pueblan el espacio de la segunda estrofa?

En la tercera estrofa el poeta nos ofrece una clave de lo que ha provocado semejante situación.

e ¿Cuál parece el origen de tanto dolor?

No obstante, en las estrofas cuarta y quinta se vislumbra una esperanza.

f ¿En qué consiste esa esperanza? Toma nota del valor simbólico de "los caballos", "las mariposas" o de las "rosas" que manan de la lengua (vv. 23-29). Sin embargo, y antes de que llegue el "día" anunciado, ¿qué "panorama" nos pinta el poeta en la última estrofa?

g ¿Con qué repeticiones y construcciones paralelísticas nos trasmite Lorca la sensación de angustia? ¿Qué imágenes surrealistas del poema te han cautivado más?

La muerte del torero Sánchez Mejías inspiró a Lorca su «**Llanto por la muerte de Ignacio Sánchez Mejías**», una portentosa elegía en la que el poeta expresa su lacerante dolor por la muerte de su amigo. En ella, la figura del malogrado torero aparece mitificada.

h ¿Cómo afrontó el torero la cornada mortal? (vv. 42-43)? ¿Qué prodigios se suceden al producirse la muerte de Sánchez Mejías? (vv. 19-22 y 46-49) ¿Con qué comparaciones y adjetivos se elogia su figura? (vv. 50-69)

La implícita comparación de Sánchez Mejías con Jesucristo convierte al torero en la víctima sagrada de un sacrificio.

g En los versos 25-27 y 88-92 resulta evidente esta asimilación entre el torero y Jesucristo. Explica las razones.

El poeta se niega a contemplar la sangre derramada del amigo porque su muerte le resulta muy dolorosa.

h ¿De qué insistente y dramático modo expresa su deseo? ¿Con qué imágenes apocalípticas nos describe el mundo adonde ha ido a parar el fluido vital del amigo? (vv. 70-81) ¿Qué función desempeña la luna en este poema?

5.5 Vicente Aleixandre (y Dámaso Alonso)

El irracionalismo se adueña de dos libros capitales de **Vicente Aleixandre** cuyos títulos reflejan la pasión romántica que alienta en el poeta: *Espadas como labios* y *La destrucción o el amor*. El amor en estos libros es tan volcánico que sólo se cumple en la fusión absoluta con el universo entero, que incluye a los contrarios.

a En «**Se querían**», señala algunas imágenes que pueden asociarse al gozo y al dolor, al día y a la noche.

El irracionalismo poético de Aleixandre nada tiene que ver con la escritura automática de los surrealistas, de ahí que a muchas de las imágenes que emplea el poeta se les pueda encontrar un sentido, y a la composición entera cierta coherencia.

b ¿Estás de acuerdo con el significado que se atribuye en la nota 4 a los versos de la estrofa tercera? ¿Qué asociación establece el poeta entre el amor y la noche en la estrofa 4? ¿Y entre el amor, el día y el agua en la estrofa 5? ¿Qué sentido cabe dar a las contradicciones de la estrofa 6? ¿Y a las construcciones anafóricas del poema? ¿Y a la enumeración caótica con que concluye?

c ¿Crees que, como escribe Aleixandre, quererse es sufrir? ¿En qué sentido puede el amor ser vida y muerte a la vez?

«**En la plaza**» pertenece a *Historia del corazón*, un libro profundamente humano en que el poeta se solidariza con la indefensa criatura humana que sufre y se esfuerza por abrirse paso en la vida. En las dos primeras estrofas del poema,

d ¿Qué ideas se contraponen?

En varios versículos de la composición se reitera la idea de que es necesario mezclarse con la masa y reconocerse en ella.

e ¿Por qué el hombre debe ser "humilde" para "adentrarse" entre la multitud, y en qué sentido podrá "reconocerse" en los demás? ¿Qué censura el poeta a aquellos que se buscan "en el espejo"? ¿Qué es lo que el individuo debería perder para zambullirse en la masa? (vv. 32-39) Una vez convertido en una gota más del torrente humano, ¿perderá el hombre su "corazón diminuto"?

El poema «**Insomnio**» de **Dámaso Alonso** refleja el sombrío y desolado mundo de los primeros años de la posguerra española y la segunda guerra mundial.

f ¿Con qué reiteradas comparaciones nos revela el poeta el devastador alcance que aquel momento histórico tuvo sobre él? En los vv. 3 y 4, ¿con qué estructuras paralelísticas y violentas imágenes advertimos el impacto que recibió? ¿Achaca a Dios alguna responsabilidad en tanta desolación? ¿Qué sentimiento embarga al autor?

5.6 Rafael Alberti

En «**Si mi voz muriera en tierra**», el escritor gaditano Rafael Alberti alude con añoranza a uno de los espacios esenciales de su cosmovisión poética: el mar, paraíso perdido de su infancia.

a ¿A qué dimensión de su persona se refiere exactamente Alberti en este cantarcillo de estilo popular?

b ¿Con qué valores pueden asociarse los referentes expresados en la concatenación de la última estrofa?

En su libro *Sobre los ángeles* Alberti nos habla de una profunda crisis personal a través de sugerentes imágenes de corte surrealista. En «**Los dos ángeles**», el poeta nos describe su conflicto interior.

c ¿En qué estado se halla el sujeto lírico? (vv. 6-10 y 19-20)

d ¿Cómo es y en qué territorios domina el ángel que se ha adueñado del poeta? (vv. 3-4 y 12-17) ¿Y el ángel cuya ayuda reclama? (vv. 1 y 21-25)

e ¿Qué salida encuentra el poeta a su conflicto interior?

La añoranza que Alberti siente por la esposa mientras el escritor se encuentra de viaje en Italia lo induce a componer el emocionado poema «**Retornos del amor en la noche triste**».

f ¿Con qué insistentes invocaciones y apelativos reclama la presencia de su amada y le declara su amor? Además del cariño, ¿qué le aporta la esposa? (vv. 2-3 y 24-27) ¿Qué función desempeñan las preguntas retóricas con que se dirige a ella?

El poeta intenta compensar su sensación de soledad y desamparo radical mediante una sensual evocación de la amada.

g ¿Qué partes de su cuerpo describe? ¿Con qué las compara?

5.7 Luis Cernuda

A causa de su carácter huraño, rebelde e inadaptado, Luis Cernuda fue el poeta más solitario e incomprendido de su generación. En la composición en versículos «**Si el hombre pudiera decir**», se subleva contra la mordaza que impone la sociedad a la libre expresión de un amor homosexual.

a En la primera parte del poema, ¿qué valor supremo proclama Cernuda de manera insistente? ¿Cuáles son sus mayores anhelos? En cambio, ¿qué aspiraciones fomenta la sociedad? ¿Qué te da a entender el uso del tiempo condicional en esta parte?

b ¿En qué se centra la segunda parte de la composición? ¿Cómo concibe el poeta el amor? ¿Cómo calificarías las expresiones del amor contenidas en los versos 14-15 y 22-25?

La terrible amargura de un amor fracasado inspiró a Cernuda *Donde habite el olvido*, quizá el mejor de sus libros pero también el más estremecedor. "No espero nada", escribió el poeta en la misma época, "[salvo] morir allí donde no hubiese penetrado aún esta grotesca civilización". La composición homónima del título, «**Donde habite el olvido**», comienza con una oración subordinada.

c Pero ¿dónde está la oración principal? ¿Qué efecto produce en el lector esta insólita construcción sintáctica?

d ¿Cómo es y dónde está ese lugar "donde habite el olvido"? ¿Qué clase de vinculación exige el amor? (vv. 13-15) ¿Afirmaba el poeta lo mismo en «Si el hombre pudiera decir»? No obstante, ¿qué comporta esa forma de amar? (vv. 9-12) ¿De qué distinto modo entiende Cernuda la libertad en este poema en relación con el anterior? (vv. 18-20)

El compromiso con la derrotada República conduce a Cernuda al exilio, y ya en tierras americanas, se agudiza su soledad, su amargura y también su desarraigo de España, un país al que a veces añora pero por el que más a menudo siente hostilidad y resentimiento. «**Díptico español**» es uno de los poemas de *Desolación de la quimera* que mejor refleja la ambivalencia de sus sentimientos.

e ¿Qué defiende en los versos 10-18? Según el poeta, ¿en qué situación se encuentra su país y por qué? (vv. 19-27) ¿De qué adolece el pueblo español y con qué referencias históricas demuestra Cernuda sus convicciones? (vv. 36-43) ¿Con qué contundentes frases expresa el rechazo de su patria? (vv. 44-48)

Pese a esa inquina por España, el poeta reconoce los fuertes vínculos que lo unen a su pueblo.

f ¿Qué papel desempeñan la lengua, la poesía y el poeta? Sin embargo, ¿cuál es la "fidelidad más alta" de Cernuda? (vv. 49-66) ¿Qué esperanza conserva? (vv. 79-86)

5.8 Miguel Hernández

En *El rayo que no cesa* irrumpe apasionada y poderosa la voz inconfundible de Miguel Hernández. El soneto «**Como el toro he nacido para el luto**» parte de la tradición del determinismo amoroso ("yo no nací sino para quereros", había escrito Garcilaso) que conduce inexorablemente a la muerte por amor ("por vos he de morir, y por vos muero", concluye el poeta toledano).

a ¿Qué similitudes encuentra Hernández entre su condición de hombre enamorado y el toro?

b Anota los términos que impliquen dolor o violencia. ¿Cómo se destaca fónicamente la oscuridad del luto, el dolor y el color negro del toro? ¿De qué hipérboles y antítesis se vale el poeta para magnificar su amor y su sufrimiento?

La estructura del poema se basa en parte en los paralelismos.

c ¿En qué versos se recurre a los paralelismos? La progresión del tema culmina en el terceto final. ¿Qué recursos estilísticos emplea el poeta en el último terceto para subrayar esa progresión y cerrar el soneto magistralmente?

La muerte de su amigo Ramón Sijé inspiró a Miguel Hernández una de las **elegías** más sobrecogedoras de la literatura española.

d ¿Cón qué hipérboles manifiesta el poeta su dolor? (vv. 1-9) ¿Qué metáforas emplea para referirse a la muerte? (vv. 10-12)

El poeta manifiesta de forma dramática su rebeldía ante el inesperado fallecimiento de su "compañero del alma".

e ¿Qué efecto producen las anáforas de los versos 19-31? ¿Qué violentas acciones emprende el poeta para rebelarse contra la muerte y recuperar a su amigo? (vv. 25-31) ¿Cómo reproduce en el plano fónico la agresividad que siente?

A la "lamentación" característica de toda elegía sigue la "consolación" en los versos 34-39.

f ¿Qué consigue aliviar el dolor del poeta? ¿Con qué metáforas y aliteraciones reproduce el sosiego recuperado?

El odio, la violencia y el horror desatados en la guerra civil española acaban por desalentar al escritor. En «**Canción última**»,

g ¿Dónde encuentra refugio a tanto dolor? ¿A qué circunstancias personales pueden referirse "las grandes / pasiones y desgracias" y el "llanto / adonde fue llevada" la casa? ¿Cuál es el mejor antídoto para su sufrimiento?

6
POESÍA EXISTENCIAL Y SOCIAL

6.1 Blas de Otero

Al igual que otros escritores que se dan a conocer en la posguerra, Blas de Otero nos revela en sus primeras poesías su sentimiento de soledad, su angustia existencial y su desamparo ante la muerte. En el soneto «**Hombre**», invoca a Dios para que no le deje abandonado y sumido en sus tribulaciones espirituales. En los dos cuartetos destaca la lucha interior del poeta para que Dios lo escuche.

a ¿Cómo se refleja dicha pugna en el ritmo de los cuartetos? Los encabalgamientos aíslan y ponen de relieve ciertas palabras: ¿cuáles son y qué efecto expresivo se logra con ese recurso? ¿Qué función desempeñan los verbos en gerundio?

El terrible silencio de Dios y la sensación de vacío atormentan al poeta.

b ¿Con qué espléndidas antítesis cobra gravedad dicho silencio? ¿Por qué ha de estar Dios "despierto" a la muerte del poeta?

El primer terceto se organiza formalmente en estructuras paralelísticas, mientras que el segunto terceto se caracteriza por su valor definitorio, sustantivo.

c ¿Qué dolorosas contrariedades se expresan en cada verso del primer terceto? ¿Qué tienen en común los "impulsos" del poeta en la primera parte de los versos? ¿En qué se fundan las imágenes de la sed y las arenas del v. 11?

d ¿Qué honda significación tiene el único verbo que aparece en el segundo terceto? Analiza el valor expresivo de "horror a manos llenas" (por oposición al "vacío inerte" del v. 4) y el sentido profundo de las antítesis de los vv. 13 y 14.

En el soneto «**Un relámpago apenas**» Otero describe una relación amorosa con la misma pasión e intensidad con que expresa su angustia existencial en el poema anterior.

e ¿Cómo concibe la relación amorosa? ¿Qué distintos papeles asigna en esa relación al amante y la amada? ¿Qué sentidos participan en la unión amorosa?

Blas de Otero es un verdadero virtuoso del lenguaje poético y un espléndido sonetista.

f Analiza el valor expresivo y los juegos lingüísticos de los encabalgamientos de los vv. 3-4, 7-8 y 9-10. ¿Qué sentido trascendente tiene el sintagma "abismadas / nuestras miradas"? ¿Y "tiras de mi raíz", hasta subir "mi muerte / a flor de labio"? ¿Qué visión del amor se desprende de estos dos últimos versos?

g ¿Cómo funde Otero en este soneto la tradición petrarquista y su preocupación metafísica? ¿Qué significado tiene el juego paronomásico entre "si para verte bastara un beso" y "no basta eso"? (vv. 13-14) ¿Cómo interpretas el título del soneto?

Superada la crisis existencial, Blas de Otero vuelve la mirada a su país y a sus compatriotas y se solidariza con los humildes y los que sufren: "la inmensa mayoría". «**En el principio**» es uno de los poemas con los que rompe las amarras con su etapa anterior.

h ¿Qué paralelismos establece entre las tres estrofas de que se compone el poema? ¿Por qué dice Otero que ha "perdido la vida, el tiempo" y la "voz en la maleza"? ¿A qué se refieren "la sed" y "el hambre" que dice haber padecido? ¿Y las "sombras" que ha "segado en silencio"? (Para responder a estas cuestiones, consulta su soneto «Hombre»)

Tras constatar que su mundo ("todo lo que era mío") se ha quedado en "nada", el poeta da un giro radical a su vida y su obra.

i ¿Qué descubre Otero al "abrir los labios" hasta "desgarrárselos"? ¿Qué implicaciones personales, políticas y literarias tiene la afirmación con que cierra cada una de las tres estrofas?

6.2 Gabriel Celaya y Ángel González

Al igual que Blas de Otero, **Gabriel Celaya** transita de la poesía existencial o "desarraigada" al compromiso social tras tomar conciencia de la represión política y social de la España de posguerra. «**La poesía es un arma cargada de futuro**» es un poema emblemático donde Celaya proclama la finalidad de la poesía.

a ¿Qué motivos le inducen a decir "las verdades" y quiénes son los destinatarios de su poesía? ¿Qué comparaciones o metáforas emplea para definir su concepto de la poesía?

b ¿Con qué expresiones condena a los poetas que rehúyen el compromiso social y la denuncia de las injusticias?

c ¿Compartes esta concepción de la poesía, o crees que está superada y es producto de un momento histórico concreto?

La primera etapa de la poesía de **Ángel González** está presidida por el pesimismo y "la relación entre el yo y los otros", como afirma el autor y constatamos en «**Para que yo me llame Ángel González**».

d ¿De qué se considera "resultado" o "fruto" el poeta? ¿Qué imagen de sí mismo nos transmite? ¿A qué campo semántico pertenece el léxico que emplea? ¿Qué relación tiene esta visión desolada de la vida con circunstancias históricas y personales?

6.3 Jaime Gil de Biedma

El tono coloquial y la reflexión distanciada e irónica sobre aspectos autobiográficos son dos de los rasgos característicos de la poesía de Jaime Gil de Biedma que afloran en «**Intento formular mi experiencia de la guerra**».

a ¿Qué idea de la guerra se forma el "niño" que fue Gil de Biedma, y cómo intenta justificarla el adulto? En su opinión, ¿qué le pueden reprochar sus conocidos al leer el poema, y cuál es su respuesta? ¿Cómo interpretas los últimos versos?

b ¿Con qué recursos expresivos consigue el tono coloquial?

El paso del tiempo es uno de los grandes temas de la poesía universal y el núcleo de «**No volveré a ser joven**».

c ¿Con qué imágenes compara Biedma el modo en que experimenta la vida el joven poeta? Pasados los años, ¿a qué conclusión llega? ¿Qué coincidencias y divergencias presenta la actitud de Biedma en «No volveré a ser joven» con la de Rubén Darío en «Canción de otoño en primavera»?

6.4 Valverde, Valente y Atencia

En su poema «**En el principio**», **José María Valverde** medita sobre la esencia del lenguaje en relación con la memoria y el pensamiento. Su reflexión parte de un hecho anodino de su infancia que quedó grabado para siempre en su memoria.

a ¿De qué hecho se trata? ¿Por qué es tan trascendente para el poeta? Ya en su madurez, ¿qué nueva interpretación le da al episodio y cómo llega a tal interpretación?

La revelación que el poeta obtiene en su edad madura le permite contraponer dos concepciones del lenguaje.

b ¿Con qué imágenes describe el autor su percepción infantil del lenguaje? En cambio, ¿cómo lo define en su madurez?

c ¿Recuerdas alguna experiencia de tu infancia que tuviera un valor de "revelación" sobre tu propio yo, es decir, que te permitiera tomar conciencia de ti mismo?

La obra de **José Ángel Valente** evolucionó desde el realismo social a una poesía simbólica de aspiraciones filosóficas en que la palabra intenta revelar la esencia oculta de la experiencia humana. En todo caso, la reflexión sobre el propio quehacer poético es una seña de identidad constante de la lírica de Valente.

d ¿Qué finalidad le atribuye Valente a la poesía en «**El poema**»? ¿Por qué afirma que el poema debe tener "púas aceradas" y ser "odioso al tacto"? ¿Qué otras funciones, desligadas de la realidad histórica, le corresponden al poema según Valente?

En los últimos años del franquismo, abundó la poesía esteticista, opuesta al realismo social dominante en años precedentes. «**Placeta de San Marcos**», poema de **María Victoria Atencia**, es buen ejemplo de este cambio de rumbo.

e ¿Qué "experiencia" nos transmite la poetisa en su composición? ¿Qué diferencia encuentras, en lo temático y lo estilístico, entre este poema y los del realismo social?

f «Placeta de San Marcos» puede ser calificado justamente de "poema culturalista". ¿Por qué?

CLÁSICOS HISPÁNICOS

1. Mariano Azuela
Los de abajo
Edición y estudio de la obra de Marta Portal

2. Francisco Ayala
Muertes de perro
Edición de José-Carlos Mainer
Estudio de la obra de María Ángeles Naval

3. Fernando de Rojas
La Celestina
Edición y estudio de la obra de Bienvenido Morros

4. Anónimo
Lazarillo de Tormes
Edición y estudio de la obra de Bienvenido Morros

5. Gustavo Adolfo Bécquer
Rimas
(En preparación)

6. Miguel Hernández
Antología poética
Edición de Agustín Sánchez Vidal
Estudio de la obra de Manuel Otero

7. Francisco de Quevedo
El Buscón
(En preparación)

8. Blas de Otero
Poesía escogida
Edición de Sabina de la Cruz y Lucía Montejo
Estudio de la obra de Manuel Otero y Amelia del Caño

9. Juan Ramón Jiménez
Poemas escogidos
Edición y estudio de la obra de Richard A. Cardwell

10. Antonio Machado
Poesía
Edición de José-Carlos Mainer
Estudio de la obra de José Enrique Serrano

11. Francisco Ayala
Relatos
(En preparación)

12. Lope de Vega
El caballero de Olmedo
Edición y estudio de la obra de Felipe B. Pedraza Jiménez

13. Camilo José Cela
La colmena
Edición de Darío Villanueva
Estudio de la obra de María Ángeles Rodríguez Fontela

14. Calderón de la Barca
La dama duende
(En preparación)

15. Miguel Mihura
Tres sombreros de copa
Edición de Fernando Valls
Estudio de la obra de Delmiro Antas

16. Lope de Vega
Fuente Ovejuna
Edición de Alberto Blecua y Bienvenido Morros

17. Fernando Fernán Gómez
Las bicicletas son para el verano
Edición y estudio de la obra de Manuel Aznar Soler y José Ramón López García

18. Calderón de la Barca
La vida es sueño
Edición y estudio de la obra de Antonio Rey Hazas

19. Miguel de Cervantes
Novelas ejemplares
Edición y estudio de la obra de Antonio Rey Hazas

20. Benito Pérez Galdós
Misericordia
Edición de José-Carlos Mainer
Estudio de la obra de Juan Carlos Ara

21. Miguel de Cervantes
Don Quijote de la Mancha. Vol. I
Edición y estudio de la obra de Antonio Rey Hazas
(En preparación)

22. Miguel de Cervantes
Don Quijote de la Mancha. Vol. II
Edición y estudio de la obra de Antonio Rey Hazas
(En preparación)

23. Varios autores
Antología poética de los siglos de oro
Edición y estudio de la obra de José María Micó
Estudio de la obra de Xavier Tubau
(En preparación)

24. Jorge Manrique
Poesía
Edición y estudio de la obra de Bienvenido Morros

25. Federico García Lorca
La casa de Bernarda Alba
Edición y estudio de la obra de José Ramón López García

26. Miguel de Unamuno
Amor y pedagogía
Edición de Bénédicte Vauthier
Introducción y estudio de la obra de Manuel Otero

27. Antonio Buero Vallejo
El tragaluz
Edición y estudio de la obra de José Ramón López García

28. Varios autores
Poesía española
Edición y estudio de la obra de Francisco Antón,
José Ramón López García y Agustín Sánchez Aguilar

CLÁSICOS UNIVERSALES

1. Gustave Flaubert
   Madame Bovary
   (En preparación)
2. Plauto
   Comedia de la olla
   Anfitrión
   Traducción de Jaime Velázquez
   Edición y estudio de la obra de Jaime Velázquez
3. Franz Kafka
   La metamorfosis y otros relatos
   Traducción de María del Carmen Gauger
   Edición y estudio de la obra de Eustaquio Barjau
4. William Shakespeare
   Romeo y Julieta
   Traducción de Josep M. Jaumà
   Edición y estudio de la obra de Josep M. Jaumà
5. Molière
   Tartufo
   Traducción de Juan Bravo Castillo
   Edición y estudio de la obra de Juan Bravo Castillo
6. Goethe
   Werther
   Traducción de Eustaquio Barjau
   Edición y estudio de la obra de Eustaquio Barjau